工业和信息化部"十四五"规划教材

CAILIAO KEXUE JICHU

材料科学基础

王永欣　卢艳丽　赵宇宏　主编

西北工业大学出版社

西安

【内容简介】 "材料科学基础"课程是材料类专业最主要的技术基础课。本书以金属材料、陶瓷材料、高分子材料及复合材料为对象,从材料的电子、原子尺度入手介绍热力学、动力学理论,纳观、微观尺度组织,细观尺度断裂机制及宏观性能。本书主要内容包括材料结构及缺陷,固态材料中原子的迁移,材料的变形与强韧化,凝固与相变理论等。本书的主要目的是介绍材料的成分、微观结构、制备工艺及性能之间的关系,为从事材料设计、性能测试和材料加工等工作奠定基础。

本书可用作高等学校材料类、机械类等专业的教材及参考书,也可用作相关工程技术人员的参考书。

图书在版编目(CIP)数据

材料科学基础 / 王永欣,卢艳丽,赵宇宏主编.—
西安:西北工业大学出版社,2022.1
ISBN 978-7-5612-6224-5

Ⅰ.①材⋯ Ⅱ.①王⋯ ②卢⋯ ③赵⋯ Ⅲ.①材料科
学 Ⅳ.①TB3

中国版本图书馆 CIP 数据核字(2020)第 070125 号

CAILIAO KEXUE JICHU

材 料 科 学 基 础

王永欣 卢艳丽 赵宇宏 主编

责任编辑:胡莉巾		策划编辑:杨 军	
责任校对:曹 江		装帧设计:高永斌 李 飞	

出版发行:西北工业大学出版社
通信地址:西安市友谊西路 127 号   邮编:710072
电　　话:(029)88491757,88493844
网　　址:www.nwpup.com
印 刷 者:兴平市博闻印务有限公司
开　　本:787 mm×1 092 mm　　1/16
印　　张:16.625
字　　数:436 千字
版　　次:2022 年 1 月第 1 版　　2022 年 1 月第 1 次印刷
书　　号:ISBN 978-7-5612-6224-5
定　　价:58.00 元

如有印装问题请与出版社联系调换

前　言

　　材料是人类生存和文明的物质基础与先导，材料科技是直接推动社会发展的动力。材料的发展及应用是人类社会文明和进步的重要里程碑。没有材料科学的发展，就不会有人类社会的进步和经济的繁荣。"材料科学基础"课程探讨工程材料的结构及其转变、强韧化机理等的科学原理，为进一步学习材料科学与工程的专门知识奠定基础。

　　材料科学与工程学科的任务是研究材料的成分与结构、性能、制备和加工、服役四个方面及其相互关系。随着近代科学技术的发展，一方面，需要开发各种具有特殊效能的新材料；另一方面，需要充分改善和提高现有材料的性能。因此，必须对材料进行深入研究，掌握其规律，从理论上阐明其本质。通过与其他学科的交叉融合，采用各种实验手段、计算方法，从宏观现象到微观机理进行分析研究，结合生产实践，加以归纳、总结、深化。材料学科已成为当今社会发展的支柱之一，表现出强大的生命力。

　　对高等学校材料类专业的学生来说，"材料科学基础"是一门十分重要的专业基础课，它是学生在学完基础课程（如高等数学、大学物理、普通化学、物理化学、理论力学、材料力学等）后，进入专业课程（如材料的力学性能、材料的物理性能、钢的热处理原理及工艺、锻造原理及工艺加工、铸造原理及工艺、焊接原理及工艺等）学习前必须学习的一门课程。基础课与工程实际有较大的距离，而专业课程则与工程实际结合紧密。这两者在思维方式上有较大的差别，因此需要有一个过渡，同时也需要在知识上作进一步的准备。通过"材料科学基础"课程，学生除了学习材料基础的、共性的知识外，更重要的是学会如何分析、解决实际问题，建立基本的工程思维方式，这对于成长为一个合格的工程师或研究人员是非常重要的。

　　本书强调基本概念、基本公式以及基本理论，适当掌握深度和广度，注重基本工程思维方式的培养。本书主要内容包括两大部分：基础知识板块，涉及晶体结构、晶体缺陷、相结构和固体中的扩散；应用理论知识板块，涉及材料的变形与强化理论和凝固与相变理论。本书包括科学层次和工程层次两个层次的问题。

　　本书由王永欣教授、卢艳丽教授、赵宇宏教授主编，由上海交通大学李晓玲副教授(第1章)、西北工业大学王永欣教授(第1至3章)、西北工业大学张静副教授(第4章)、山东科技大学徐磊副教授(第5章)、西北工业大学卢艳丽教授(第5,6章)、中北大学赵宇宏教授(第7至9章)编写。

由于水平有限,书中难免存在缺点和不足,恳请各位读者提出宝贵意见。

编　者

2021年7月

目　　录

第1章 原子键合与晶体结构

工程上应用最广泛的材料多为晶体,它们的许多性能都与其内部原子排列有关。因此,作为材料科学工作者,首先要熟悉固体中原子的排列方式和分布规律,其中包括固体中的原子是如何相互作用并结合起来的,晶体的特征及其描述方法,晶体结构的特点,各种晶体间的差异,以及晶体结构中缺陷的类型及性质等,这些都是本章要重点介绍的内容。这些知识不仅是学习材料科学课程的基础,也是学习其他专业课程(如 X 射线衍射、电子显微分析等)必不可少的重要基础。

1.1 原 子 键 合

在固态下,当原子(离子或分子)聚集为晶体时,原子(离子或分子)之间产生较强的相互作用,这种相互作用称为结合键。固体中的结合键可以分为离子键、共价键和金属键三种化学键,以及分子键、氢键等物理键。

1.1.1 固体中原子的结合键

1. 金属键

金属元素的原子失去最外层价电子后就变成带正电的离子,失去的电子成为自由电子,围绕离子运动,如图 1-1 所示。自由电子已不再与某一特定的正离子相互吸引,而是被若干个正离子相吸引,通过正离子与电子之间的相互吸引结合起来。这种结合力就是金属键。

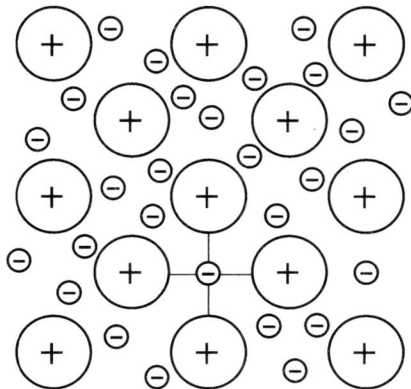

图 1-1 金属键示意图

当金属发生变形时,原子可以改变它们彼此之间的位置,但并不破坏键,因此金属一般具有良好的塑性。在电压作用下,自由电子将发生运动,因此金属一般也有良好的导电性。正离子在热的作用下,震荡加剧并传递热量,因此金属往往具有良好的导热性。

2.共价键

一些陶瓷和聚合物是通过共价键使其原子结合在一起的。以硅为例,如图1-2所示,1个4价的硅原子,与其周围4个氧原子共享最外层的电子,从而使每个硅原子最外层获得8个电子。1个共有电子代表1个共价键,所以1个硅原子有4个共价键与4个邻近的硅原子结合。

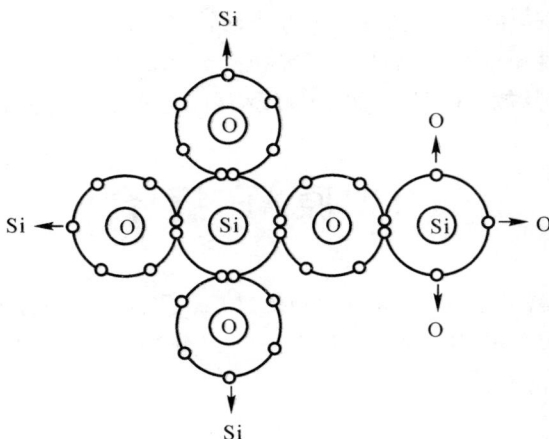

图1-2 SiO_2中硅和氧原子间的共价键示意图

通常2个相邻原子只能共用1对电子。1个原子的共价键数,即与它共价结合的原子数,最多只能等于$8-N$(N表示这个原子最外层的电子数),所以共价键具有明显的饱和性。另外,在共价晶体中,原子以一定的角度相接,各键之间有确定的方位,故共价键有着强烈的方向性。

共价键的结合力很大,所以共价晶体具有强度高、硬度大、脆性大、熔点高等性质,结构也比较稳定。受力时要么不变形,要么键被破坏,导致材料破坏和断裂。

3.离子键

部分陶瓷材料(如MgO,Al_2O_3,ZrO_2等)是依靠离子键将原子堆积排列在一起的。当相隔较远的一正电性原子和一负电性原子接触时,前者失去最外层价电子变成带正电荷的正离子,后者获得电子变成带负电荷的满壳层负离子。正离子和负离子由于静电引力相互吸引,当它们相距过近时会产生排斥,引力和斥力相等时即形成稳定的离子键。

氯化钠晶体是靠离子键结合的晶体,如图1-3所示。图中表明,Na的外层电子贡献给Cl,Na变为带正电的离子,而内层电子数为8,也是满层电子数;Cl接受1个电子,变为带负电的离子,并使外层电子数为8,也是满层电子数。所以,1个Na原子和1个Cl原子靠正负离子间的吸引力而结合在一起。

离子键的结合力很大,所以离子晶体的硬度高、强度大、热膨胀系数小,但脆性大。固态下,离子键中很难产生可以自由运动的电子,故离子晶体都是良好的绝缘体。

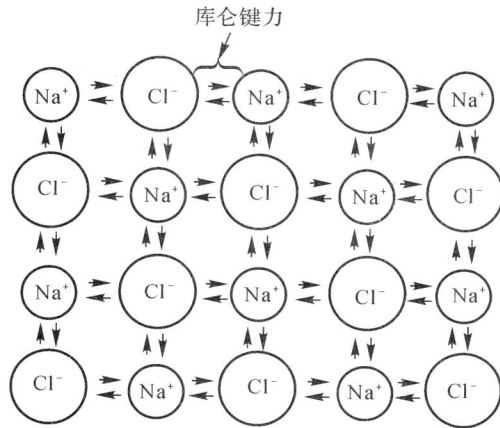

图 1 - 3　NaCl 离子键的示意图

4.分子键(范德瓦尔斯力)

有些物质,如塑料、陶瓷等,它们的分子或原子团往往具有极性,即分子中的一部分带正电,而另一部分带负电。一个分子带正电的部位,同另一个分子带负电的部位之间就存在比较弱的静电吸引力,这种吸引力就称为范德瓦尔斯力。这种存在于中性原子或分子之间的结合力称为分子键。如高分子材料聚氯乙烯,是由 C,H,Cl 构成的大分子。如图 1 - 4(a)所示,图中一个大分子链的内部,如 C—C 原子之间,主要由共价键结合,而两侧的 H 原子带正电,也可以是 Cl 原子带负电。在两个大分子链之间,带正电的 H 原子和带负电的 Cl 原子,存在着微弱的静电引力,即范德瓦尔斯力。

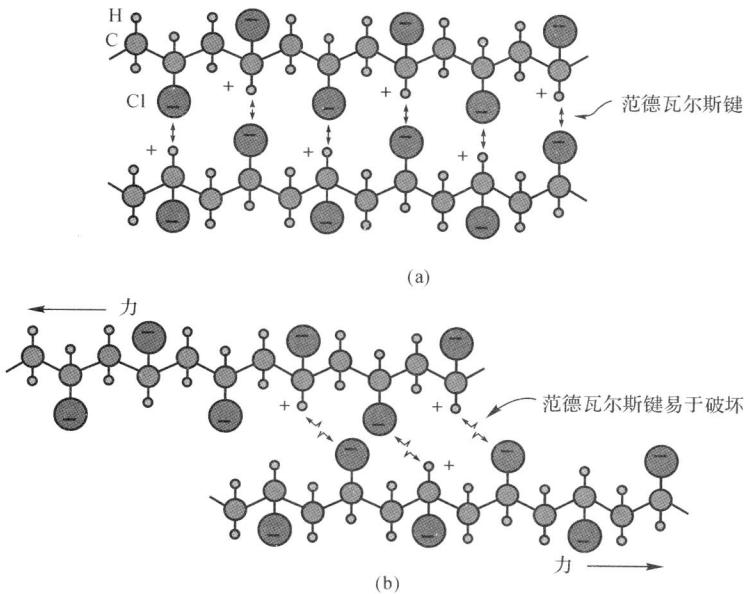

(a)

(b)

图 1 - 4　聚氯乙烯中的结合键

(a)聚氯乙烯中的范德瓦尔斯力;(b)聚氯乙烯受力后的情况

由于范德瓦尔斯力很弱,分子晶体的结合力很小,所以在外力作用下,易产生滑动并造成很大的变形,如图 1-4(b)所示。分子晶体熔点很低,硬度也很低。这种引力在其他化学键晶体中也存在,但常被忽略不计。

5. 氢键

在含氢的物质中,分子都是通过极性共价键结合的,而原子之间则是通过氢键连接的。氢键的产生主要是由于当氢原子与某一原子形成共价键时,共有电子向这个原子强烈偏移,使氢原子几乎变成一个半径很小的带正电荷的核,而这个氢原子还可以和另一个原子相吸引,形成附加的键,因此氢键是一种较强的、有方向性的分子键。氢键的结合力比离子键、共价键等小得多。

从以上讨论可以看出,金属键、共价键和离子键都涉及原子外层电子的重新分布。这些电子在形成结合键后不再仅仅属于原来的原子,故这三种键都称为化学键。相反,当形成分子键和氢键时,原子的外层电子分布没有变化或变化极小,它们仍然属于原来的原子,故这两种键称为物理键。

1.1.2 工程材料的分类

固体材料可以有各种不同的分类方法。工程上主要根据固体中结合键的特点或本性进行分类。主要用于制作结构、机件和工具等的固体材料称为工程材料,可分为金属材料、陶瓷材料、高分子材料和复合材料四大类。

在这四类工程材料中,金属材料应用面最广、用量最大、承载能力最强。有色金属中的轻合金在航空工业中有着特别重要的意义。

陶瓷材料是指硅酸盐、金属同非金属元素的化合物。工业上用的陶瓷材料可分为普通陶瓷、特种陶瓷和金属陶瓷等。

陶瓷的最大特点是有高的硬度、高的耐磨性、高的耐热性和高的抗氧化能力。其最大弱点是塑性极低、太脆,所以很少在常温下作为受力的结构材料。

高分子材料是由许多相对分子质量很大的大分子组成的。在工程应用中,根据性能和使用状态,高分子材料可分为工程塑料、橡胶和合成纤维。

复合材料就是由两种或两种以上同体物质组成的材料。复合材料的性能是组成它的任何单一材料所不具备的。例如玻璃钢,是由玻璃纤维布与热固性高分子材料复合而成的,而玻璃钢的性能,既不同于玻璃纤维,也不同于组成它的高分子材料。目前作为工程材料使用的复合材料主要有两类,一是树脂基复合材料,二是金属基复合材料。这两类材料在建筑、机械制造、交通和国防等方面有着日益重要的发展前景。

1.2　晶体学基础

1.2.1　晶体与非晶体

自然界中绝大多数固体都是晶体。天然晶体一般具有规则的几何外形,例如食盐(NaCl)晶体是立方体形。所谓晶体,是指原子(分子)在三维空间按一定规律作周期性排列的固体。相反,非晶体(如玻璃、松香)中原子则是散乱分布或仅有局部区域为短程规则排列。

晶体与非晶体由于原子排列不同在性能上表现出较大的差异。例如,晶体具有确定的熔点,它是晶体物质的结晶状态与非结晶状态互相转变的临界温度,而非晶体从液态冷却时尚未来得及变成晶体就凝固了,所以固态下的非晶体具有液态时的原子排列。另外,晶体的某些物理性能和力学性能在不同方向上具有不同的数值,此即晶体的各向异性,而非晶体则是各向同性的。

1.2.2　晶体结构与空间点阵

晶体的基本特征是原子排列的规则性。这些由原子、离子、分子或各种原子集团按一定几何规律的具体排列方式称为晶体结构或称为晶体点阵。

假定理想晶体中的原子都是固定不动的刚球,则晶体可被认为是由这些刚球堆积而成的,如图 1-5(a)所示。为了便于研究,常将构成晶体的质点(原子、离子、分子或原子集团)体积忽略,抽象成为纯粹的几何点,称之为阵点或节点。在"抽象"时,必须使每个阵点周围具有相同的环境,这种由周围环境相同的阵点在空间排列的三维列阵称为空间点阵。若用平行直线将空间点阵的各阵点连接起来,就构成了一个三维的空间格架,如图 1-5(b)所示,这种用以描述晶体中原子排列规律的空间格架称为晶格。

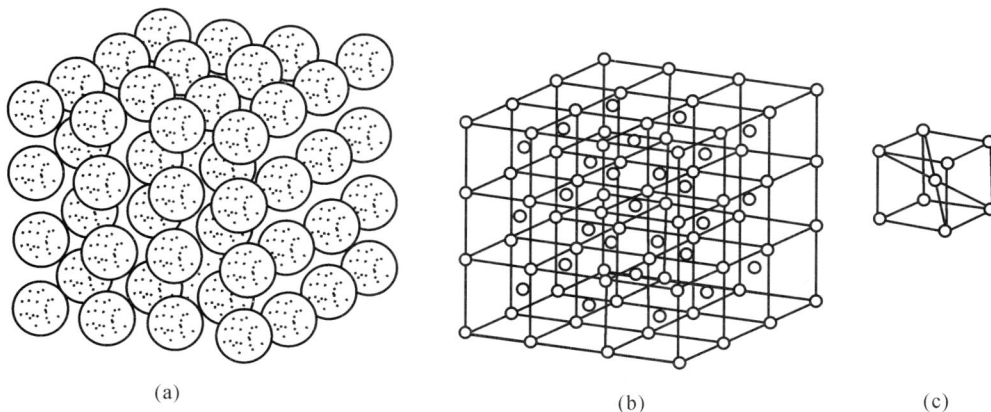

(a)　　　　　　　　(b)　　　　(c)

图 1-5　晶体中原子排列示意图
(a)原子堆垛模型;(b)晶格模型;(c)晶胞

由于晶体中原子排列具有周期性,故可从晶格中选取一个能够完全反映晶格特征的最小几何单元,这个最小的几何单元称为晶胞[见图 1-5(c)]。通常是在晶格中取一个最小的平行六面体作为晶胞,如图 1-6 所示,这种晶胞在空间重复堆垛就得到空间点阵。

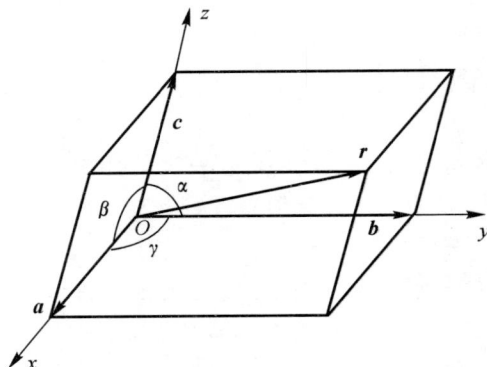

图 1-6 晶胞及晶轴

为了表示晶胞的形状和大小,可通过晶胞角上的某一阵点,沿其 3 个棱边作坐标轴 x, y, z(称为晶轴),坐标轴按右螺旋规则(也可以按左螺旋规则)排列。晶胞的形状和大小可由其 3 个棱边的长度 a, b, c(称为点阵常数,其单位为 nm)和晶轴之间的夹角 α, β, γ 共 6 个参数表达出来,如图 1-6 所示。

晶胞的选取原则主要有三条:一是能充分反映空间点阵的对称性;二是 α, β, γ 尽可能为直角;三是体积应尽可能小(但不一定是最小)。

如果在点阵晶胞的范围内,标出相应晶体结构中各原子的位置,这部分原子构成了晶体结构中有代表性的部分,含有这一附加信息的晶胞称为结构晶胞,这种晶胞在空间重复堆垛,就得到了晶体结构。通常把点阵晶胞与结构晶胞都称为晶胞,但这两者是有区别的。

1.2.3 布拉菲点阵

自然界中的晶体有成千上万种,它们都有各自的晶体结构。为了研究方便,引入了"空间点阵"的概念。那么,空间点阵有多少种呢?法国晶体学家布拉菲(A. Bravais)于 1848 年用数学方法证明空间点阵只能有 14 种。这 14 种空间点阵的晶胞如图 1-7 所示。根据其晶胞外形而不涉及晶胞中原子的具体排列情况,又可把 14 种空间点阵归纳为 7 个晶系。表 1-1 给出了 14 种点阵所属的 7 个晶系。

(1)三斜晶系:$a \neq b \neq c$, $\alpha \neq \beta \neq \gamma \neq 90°$;

(2)单斜晶系:$a \neq b \neq c$, $\alpha = \gamma = 90° \neq \beta$;

(3)正交晶系:$a \neq b \neq c$, $\alpha = \beta = \gamma = 90°$;

(4)六方晶系:$a = b \neq c$, $\alpha = \beta = 90°$, $\gamma = 120°$;

(5)菱方晶系:$a = b = c$, $\alpha = \beta = \gamma \neq 90°$;

(6)正方晶系:$a = b \neq c$, $\alpha = \beta = \gamma = 90°$;

(7)立方晶系:$a = b = c$, $\alpha = \beta = \gamma = 90°$。

其实,所有 14 种空间点阵都可以用简单点阵来描述,如面心立方点阵可以用简单菱方点阵表示,只是这种表示法的对称性较差,为了显示对称性,通常还是选用面心立方点阵。

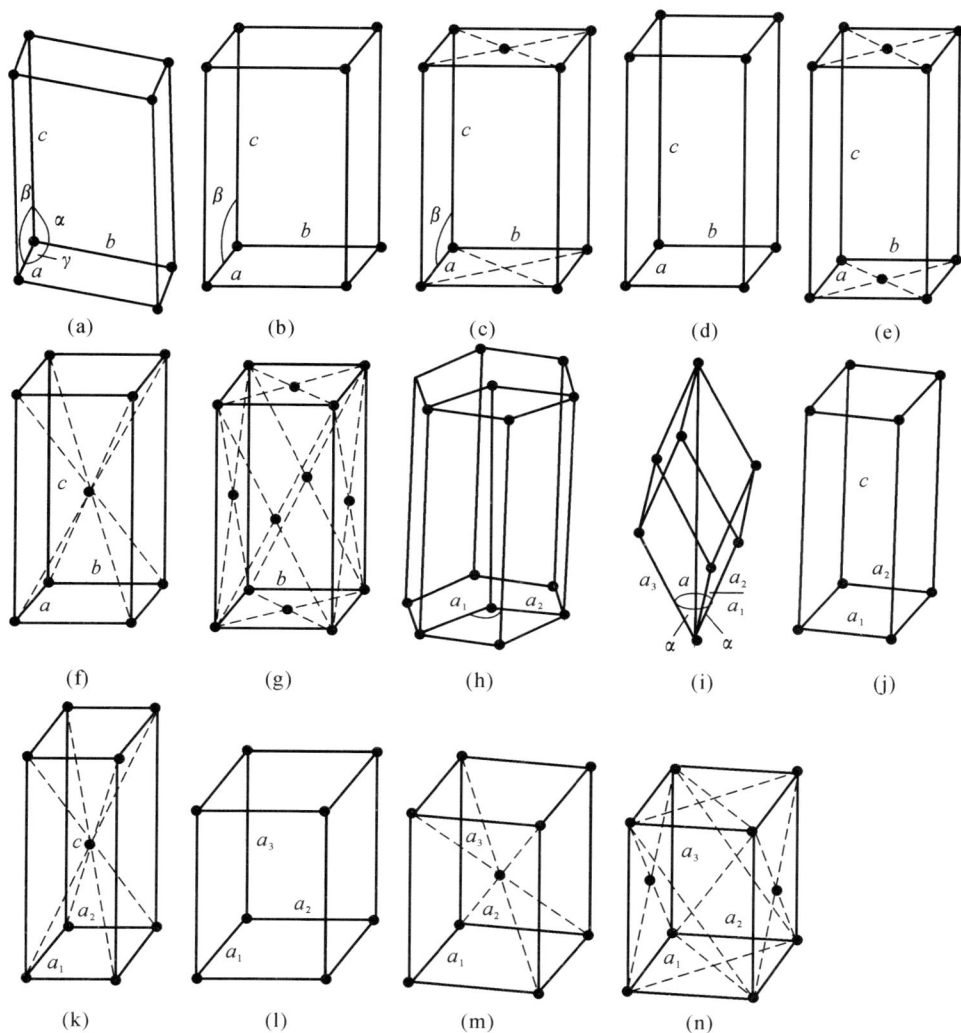

图 1-7 14 种布拉菲点阵

14 种布拉菲点阵概括了所有晶体结构中原子的排列规律,而且也可把它看成 14 种晶胞。

表 1-1 空间点阵与晶系

晶 系	空间点阵	分图号	晶 系	空间点阵	分图号
三斜	简单三斜	(a)	六方	简单六方	(h)
单斜	简单单斜	(b)	菱方	简单菱方	(i)
	底心单斜	(c)	正方	简单正方	(j)
正交	简单正交	(d)		体心正方	(k)
	底心正交	(e)		简单立方	(l)
	体心正交	(f)	立方	体心立方	(m)
	面心正交	(g)		面心立方	(n)

1.2.4 晶向指数与晶面指数

在晶格中，穿过两个以上节点的任一直线，都代表晶体中一个原子列在空间的位向，称为晶向；由节点组成的任一平面都代表晶体的原子平面，称为晶面。为了确定晶面、晶向在晶体中的相对取向，就需要一种符号，这种符号称为晶向指数和晶面指数。国际上通用的是密勒（Miller）指数。

1.晶向指数

晶向指数是按以下几个步骤确定的，如图 1-8 所示。

（1）以晶胞的某一阵点为原点，以三条棱边为坐标轴（x,y,z），并以晶胞棱边的长度为坐标轴的单位长度（a,b,c）。

（2）过原点作一有向直线 OP，使其平行于待标定的晶向 AB。

（3）在直线 OP 上选取离原点最近一个节点的坐标（x,y,z）。

（4）将上述坐标的比化为简单整数比，如 $x:y:z=u:v:w$。把所得最小整数加上方括号$[uvw]$即为 AB 晶向的晶向指数。如果其中某一数为负值，则将负号标注在该数的上方。

图 1-9 给出了正交点阵中几个晶向的晶向指数。

显然，一个晶向指数并不是仅表示一个晶向，而是表示一组互相平行、位向相同的晶向。如果晶向指数相同而正负号相反，则这两组晶向互相平行，但方向相反。

原子排列相同但空间位向不同的所有晶向称为晶向族，以$<uvw>$表示。在立方晶系中，$[111]$,$[\bar{1}11]$,$[1\bar{1}1]$,$[11\bar{1}]$和$[\bar{1}\bar{1}\bar{1}]$,$[1\bar{1}\bar{1}]$,$[\bar{1}1\bar{1}]$,$[\bar{1}\bar{1}1]$8 个晶向，是指 4 个体对角线的正、反方向，这些晶向上原子排列规律及密度相同，故属于同一晶向族$<111>$。

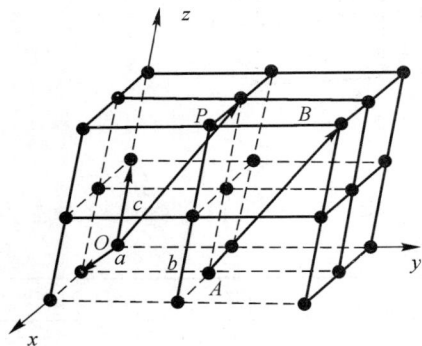

图 1-8 晶向指数的确定

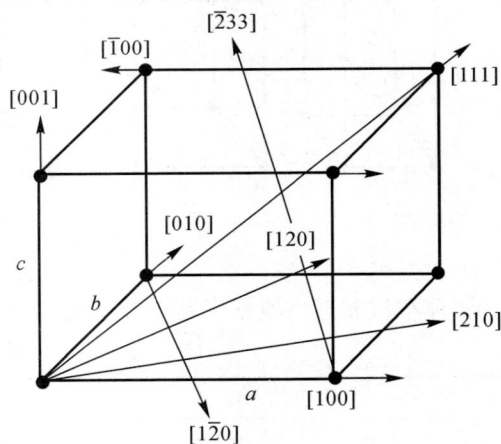

图 1-9 正交点阵中的晶向

2.晶面指数

晶面指数确定方法（见图 1-10）如下：

（1）建立以晶轴为坐标轴的坐标系 $Oxyz$，令坐标原点不在待定晶面上，各轴上的坐标单位为晶胞边长 a,b 和 c。

（2）找出待定晶面在三坐标轴上的截距 x,y,z。

（3）取截距的倒数 $\dfrac{1}{x},\dfrac{1}{y},\dfrac{1}{z}$。

（4）将这些倒数化成 3 个互质的整数 h,k,l，使 $\dfrac{1}{x}:\dfrac{1}{y}:\dfrac{1}{z}=h:k:l$。将 h,k,l 置于圆括号内，写成 (hkl)，此即待定晶面的晶面指数。

图 1-11 中标出了各种晶面及其晶面指数。

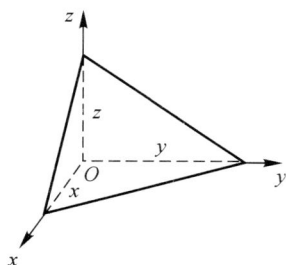

图 1-10　晶面指数的确定

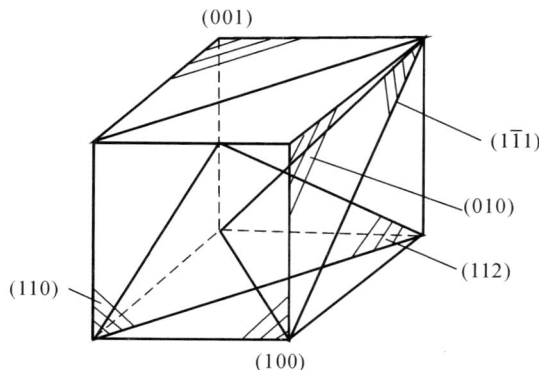

图 1-11　常用晶面指数

3.六方晶系中的晶向、晶面指数

以上介绍了用 3 个指数表示晶向和晶面，这种方法原则上适用于任意晶系。但是，用 3 个指数表示六方晶系的晶面和晶向有一个很大的缺点，即晶体学上等价的晶面和晶向不具有类似的指数。从图 1-12 中可以看出，六棱柱的两个相邻外表面是晶体学上等价的晶面，但其晶面指数却分别是 (110) 和 (100)，图中夹角为 $60°$ 的两个密排方向 D_1 和 D_2 是晶体学上的等价方向，但其晶向指数却分别是 $[100]$ 和 $[110]$。由于等价晶面或晶向不具有类似的指数，人们就无法从指数判断其等价性，也无法由晶面族或晶向族指数写出它们所包括的各种等价晶面或晶向，这就给晶体研究带来很大的不便。为了克服这一缺点，对六方晶体来说一般采用四指数表示，这一方法以 Oa_1,Oa_2,Oa_3 及 Oa_4 四个轴为坐标轴，如图 1-13 所示。晶面指数标定方法与三轴坐标相同，但须用 $(hkil)$ 4 个数字表示。由于在三维空间中独立的坐标轴不会超过 3 个，故上述方法中位于同一平面上的 h,k,l 中必定有一个不是独立的。可以证明，它们之间存在下列关系：$i=-(h+k)$。

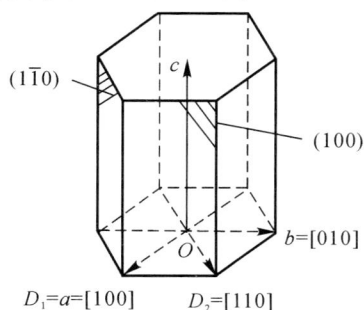

图 1-12　六方晶体的等价晶面和晶向指数

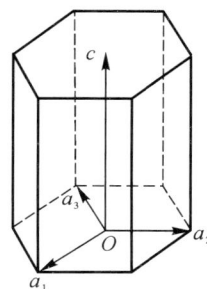

图 1-13　六方晶体的坐标系

采用四轴系表示法,6 个柱面的指数可写为 $(10\bar{1}0)$,$(0\bar{1}10)$,$(\bar{1}100)$,$(\bar{1}010)$,$(0\bar{1}10)$ 和 $(1\bar{1}00)$,数字全部相同,于是可把它们归并为 $\{10\bar{1}0\}$ 晶面族。

采用四指数表示晶向的方法与三指数法相同,但必须用 $[uvtw]$ 4 个数字表示。同理,u,v,t 之间也有关系:$u = -(t+v)$。这样,当沿着平行于 a_1,a_2,a_3 轴方向确定坐标值时,必须使沿着 a_3 轴移动的距离等于沿着 a_1,a_2 轴移动距离之和的负数。这种方法标定一般的晶向指数比较困难。比较可靠的标注指数方法是解析法,即用三轴坐标系先求出待标晶向的 3 个指数 u,v,w,再用三轴与四轴坐标系晶向指数的关系来换出四轴坐标系的晶向指数。

上述用解析法求密布式晶向指数的缺点是要用公式由密氏晶向指数换算得出,但是这个公式不易记住,故还可以用投影法,即首先也是求出晶向上任一点在 a_1,a_2,a_3,c 四晶轴的垂直投影,然后将前三个数值乘以 2/3,再和第四个数值一起化为最小简单整数,即可得出此晶向的密布式指数。应当指出,以上所说的垂直投影,都是以各晶向的点阵常数为度量单位的。

以上讨论表明,任何晶面、晶向都可以用"指数"表示。晶面指数并非仅表示某一晶面,而是代表一组平行的晶面;晶向指数亦代表一组平行的位向。在立方晶系中,指数相同的晶向和晶面必然垂直。例如 $[111] \perp (111)$。当一晶向 $[uvw]$ 位于或平行于某一晶面 (hkl) 时,则"指数"必须满足 $hu + kv + lw = 0$。

1.2.5　晶面间距

晶体中不同位向的晶面由于原子排列的差别,相邻两个平行晶面之间的垂直距离(晶面间距)各不相同。图 1-14 为简单立方点阵不同晶面的面间距(二维平面图),从中可以看出,低指数晶面的面间距较大,而高指数晶面的面间距较小,如图中的(100)面间距最大,而(320)面间距最小。对体心立方、面心立方等复合点阵,面间距最大的晶面并非(100),而分别为(110)和(111)。另外,晶面间距越大,则该晶面上原子排列越紧密,即该晶面的原子密度越大,相反,晶面间距越小的晶面,原子排列越稀疏。例如,简单立方点阵中的(100)、体心立方点阵中的(110)及面心立方点阵中的(111),在各自的结构中均具有最大的面间距。同理,原子线密度最大的晶向(密排晶向)其晶面间距最大。

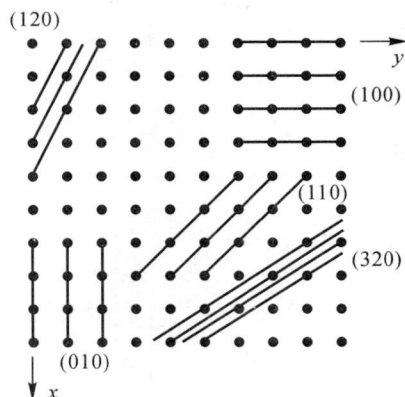

图 1-14　晶面间距

1.3　晶体结构及其几何特征

1.3.1　金属中常见晶体结构

工业上使用的金属约 40 种,除少数具有复杂的晶体结构外,大多数金属具有比较简单的高对称性晶体结构,最常见的有 3 种,即体心立方(BCC)、面心立方(FCC)及密排六方(HCP),前两种属于立方晶体,后一种属于六方晶系(分别见图 1-15～图 1-17)。属于体心立方结构的金属有碱金属,难熔金属(V、Nb、Ta、Cr、Mo、W)、α-Fe 等;属于面心立方结构的金属有 Al,贵金属,γ-Fe、Ni、Pb、Pd、Pt 等;属于密排六方结构的金属有 α-Ti、Be、Zn、Mg、Cd 等。下面对其晶体结构的特征进行简要分析。

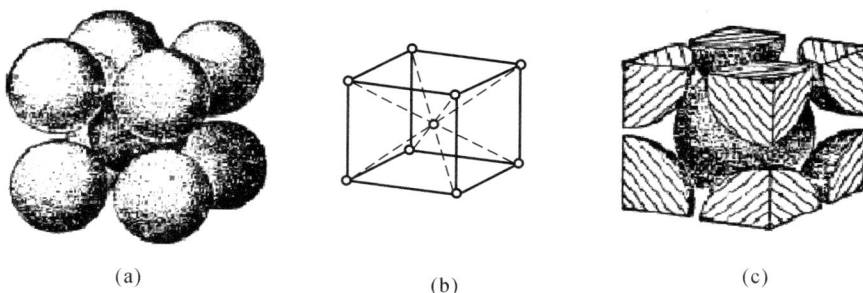

(a)　　　　　　　　(b)　　　　　　　　(c)

图 1-15　体心立方晶胞

(a)刚球模型;(b)球棍模型;(c)晶胞原子数

1.晶胞中的原子数 n

由于晶体是由大量晶胞堆砌而成的,故处于晶胞顶角或周面上的原子就不会为 1 个晶胞所独有,只有在晶胞体内的原子才为该晶胞独有。当计算晶胞中的原子数时,要注意立方晶体结构位于晶胞顶点的原子是相邻 8 个晶胞共有的,故属于 1 个晶胞的原子数是 1/8。位于晶胞界上的原子是相邻的 4 个晶胞共有的,故属于 1 个晶胞的原子数是 1/4。位于晶胞外表面(⟨100⟩)上的原子是 2 个晶胞共有的,故属于 1 个晶胞的原子数是 1/2。对于六方晶系的结构,顶角原子应为 6 个晶胞共有,属于 1 个晶胞的原子数是 1/6。这样,可计算出每种结构中晶胞拥有的原子数目 n,如对于面心立方结构,$n = 8 \times \dfrac{1}{8} + 6 \times \dfrac{1}{2} = 4$(个)。

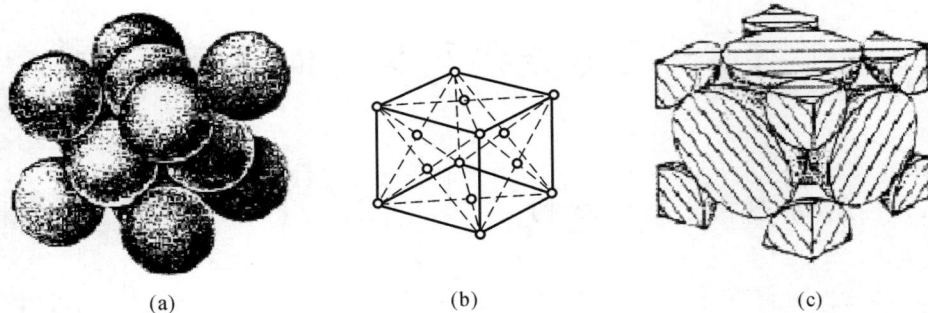

图 1 - 16   面心立方晶胞

(a)刚球模型;(b)球棍模型;(c)晶胞原子数

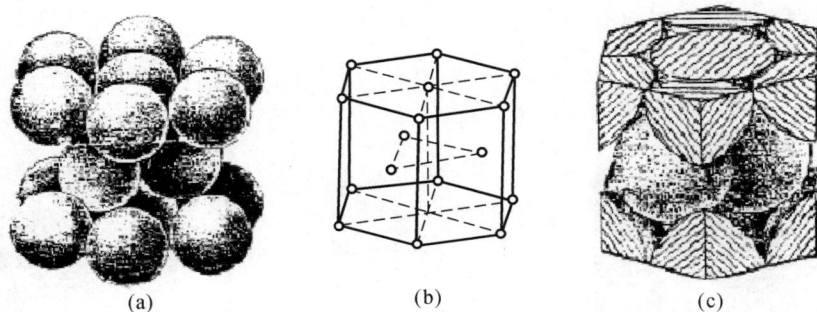

图 1 - 17   密排六方晶胞

(a)刚球模型;(b)球棍模型;(c)晶胞原子数

2.点阵常数

假设把原子看做大小相同、半径为 R 的刚球,由图 1 - 15～图 1 - 17 的图(a)可以看出,面心立方和密排六方结构中每个原子和最邻近的原子都是相接触的(相切),而体心立方结构中除位于体心的原子与顶角上的 8 个原子相切外,8 个顶角原子互不相切。可以求出点阵常数与原子半径之间的关系如下:

体心立方:$R = \dfrac{\sqrt{3}}{4}a$ 或 $a = \dfrac{4\sqrt{3}}{3}R$。

面心立方:$R = \dfrac{\sqrt{2}}{4}a$ 或 $a = 2\sqrt{2}R$。

密排六方:$R = \dfrac{1}{2}a$ 或 $a = 2R$,$\dfrac{c}{a} = 1.633$。

应该指出,实际密排六方结构金属的 c/a 值均与 1.633 有一定的偏差,这说明金属原子为等径刚球只是一种近似的假设。

3.晶体原子排列的紧密程度

晶体中原子排列的紧密程度,通常有两种表示方法:一是计算每个原子周围最近邻且等距离的原子数目,称为配位数 CN(Coordination Number),显然,CN 值越大,晶体排列得越紧密;二是计算单位晶胞中原子所占体积与晶胞体积之比,该比值称为致密度 k,同样,k 值越大,晶体排列得越紧密。下面对 CN 和 k 值作具体分析。

在体心立方结构中,若以晶胞内的体心原子为基准,则因其 8 个顶角原子是与其最近邻且等距离的原子,故 CN=8。

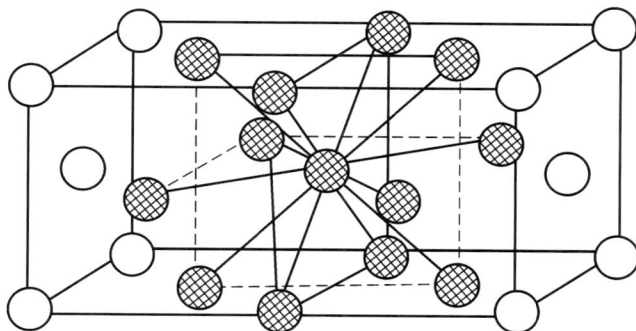

图 1-18　面心立方晶体的配位数

面心立方结构的配位数不易从一个晶胞中直接看出,但若在相邻晶胞中便容易观察,如图 1-18 所示,其 CN=12;同理,可以看出,密排六方晶胞中的 CN 也等于 12。应注意,这只是对理想密排六方结构而言,若 $c/a \neq 1.633$,则 CN=6+6,前边一个"6"表示最近邻原子数,后边一个"6"表示次近邻原子数,因为此时在 c 轴方向的原子到晶胞底面上原子的距离与在底面上原子之间的距离并不相等。

致密度可表示为

$$k = \frac{nv}{V}$$

式中:n 为晶胞原子数;v 是一个原子的体积;V 是晶胞体积。

以体心立方为例,$a = \frac{4}{\sqrt{3}}R$,$n=2$,因此

$$k = \frac{nv}{V} = \frac{2 \times \frac{4}{3}\pi R^3}{a^3} = 0.68$$

同样,可算出面心立方和理想密排六方结构的致密度 k 均为 0.74。

4. 晶体结构中的间隙

从对晶体致密度的分析可以看出,晶体中存在许多间隙。如体心立方结构的 k 为 0.68,说明仅有 68% 的体积被原子占据,而 32% 的体积却是间隙。图 1-19～图 1-21 表示出了三种常见晶体结构的间隙位置及形状,实心小球代表金属原子所处的中心位置,空心小球代表间隙的中心位置。由组成看,间隙形状可分为四面体间隙和八面体间隙两种,若金属原子的半径为 r_A,间隙半径为 r_B(r_B 表示能放入间隙内小球的最大半径),如图 1-22 所示,则由立体几

何知识可以求出这三种晶体结构中四面体和八面体间隙的 r_B/r_A 值,见表1-2。

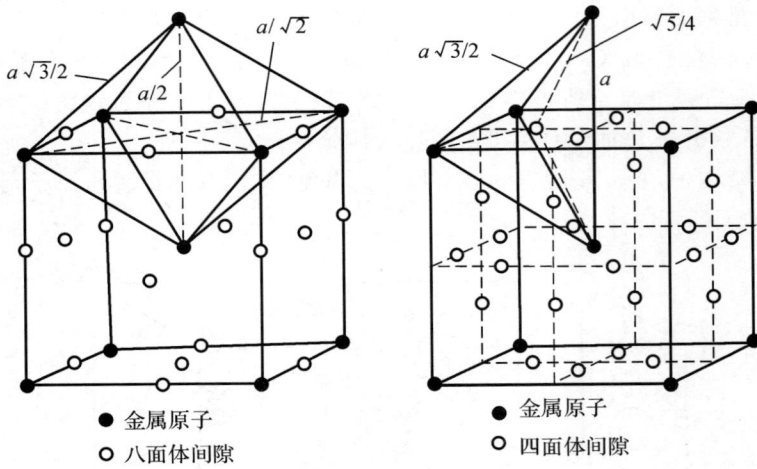

图1-19 体心立方中晶体的间隙

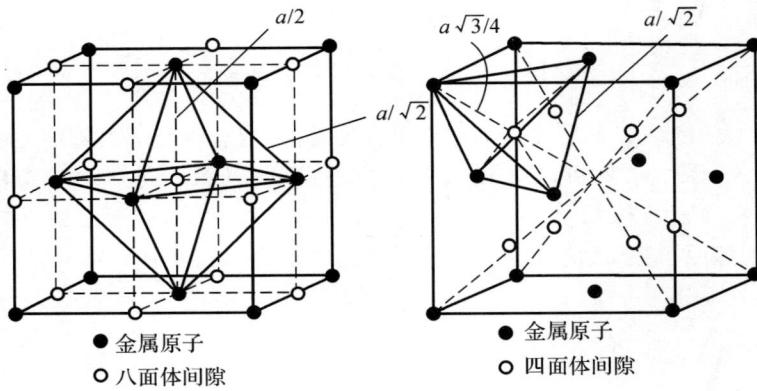

图1-20 面心立方晶体中的间隙

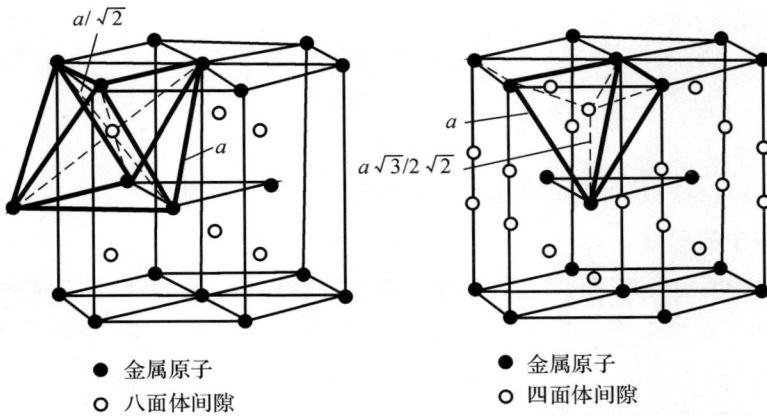

图1-21 密排六方中的间隙

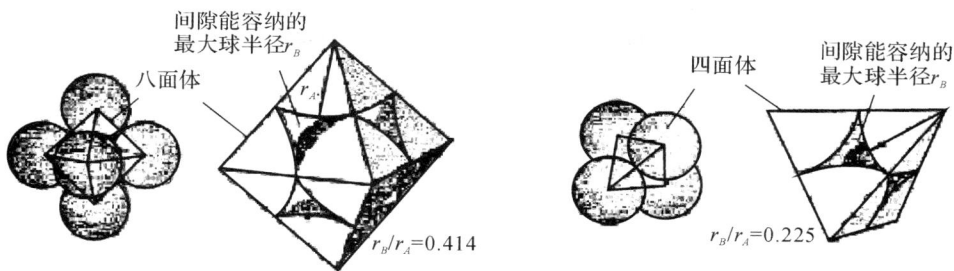

图 1-22 面心立方晶体中间隙的刚球模型

表 1-2 三种典型晶体结构中的间隙

晶体结构	间隙类型	r_B/r_A
体心立方	四面体间隙	0.29
	八面体间隙	0.15
面心立方	四面体间隙	0.225
	八面体间隙	0.414
密排六方	四面体间隙	0.225
	八面体间隙	0.414

由图 1-22 和表 1-2 可见,面心立方结构中的八面体间隙及四面体间隙与密排六方结构中的同类间隙的形状相似,都是正八面体和正四面体。当原子半径相同时,两种结构的同类间隙大小也相等,且八面体间隙大于四面体间隙。而体心立方结构中的八面体间隙却比四面体间隙小,且两者的形状都是不对称的,其棱边长度不全相等。

晶体结构中的间隙对金属的性能和合金的晶体结构及金属在固态下的扩散、相变等过程都有重要影响。

5.晶体中原子的堆垛方式

从前面讨论中发现,面心立方结构和密排六方结构具有相同的配位数及致密度,然而却有着不同的晶体结构。为了弄清这个问题,就必须对晶体中原子的堆垛方式进行分析。

密堆积结构可以看成是由二维的密排原子面以最密排的方式堆积而成的,不同的堆积方式可得到不同的晶体结构。图 1-23 所示为大小相同的圆球(代表原子)在二维的最密排方式。每个球的周围有 6 个球与其相切,每个球的周围有 6 个间隙,每个间隙周围有 3 个球。这种密排原子面又称六方最密排面,因为由每个球周围 6 个球的中心可连成一个正六边形。

由六方最密排面堆积,在三维获得密堆积结构的条件是每个球都与另外 12 个球相切,因为密堆积结构的配位数是 12,在图 1-23 中,第一层密排面(A 层)由中心在 A 的原子构成。第二层密排面的原子中心可以都放在间隙 B 之上,也可以都放在间隙 C 之上,由于空间的限制,只能取一种方案,其结构都是一样的。如果第二层原子中心都在 B 之上,第三层正好在 A 之上,其余类推,这就是 ABAB 堆垛顺序,即为密排六方结构,如图 1-24(a)所示;若第三层正好在 C 之上,其余类推,则堆垛顺序为 $ABCABC$,就会得到面心立方结构,如图 1 - 24(b)(c)所示。

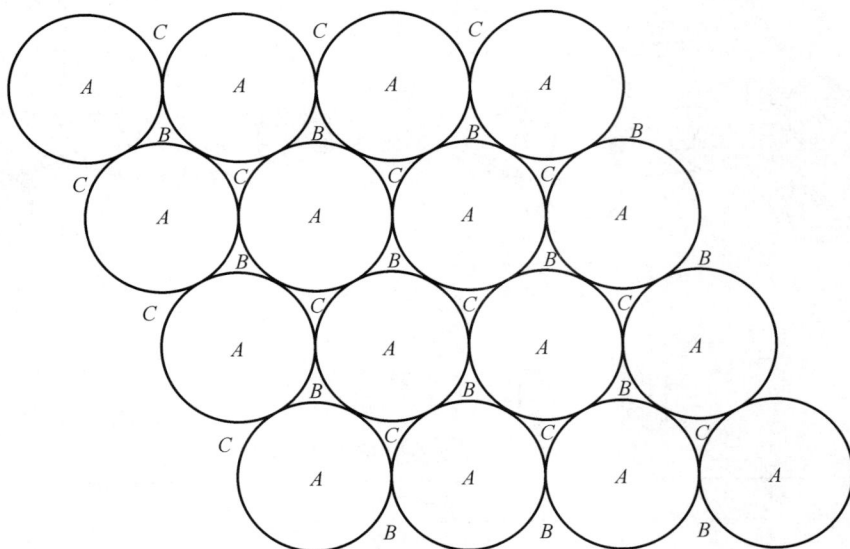

图 1 - 23   二维原子面及其原子堆垛方式

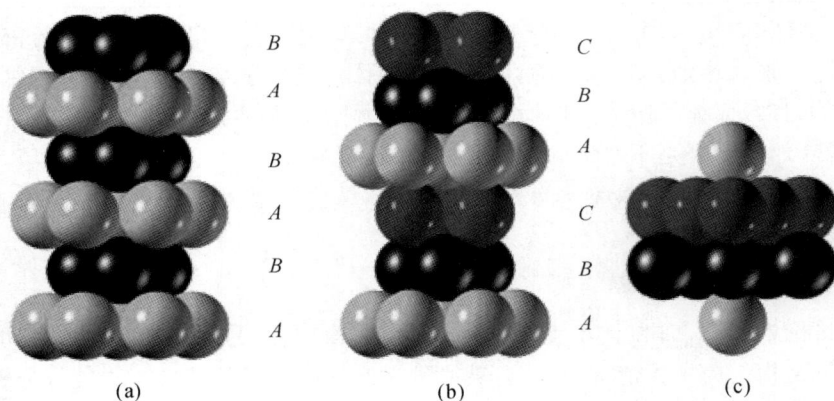

(a)   (b)   (c)

图 1 - 24   密排面的堆垛方式

(a)密排六方结构;(b)(c)面心立方结构

6.晶体结构的多晶型性

有些金属(如 Fe,Mn,Ti,Co,Sn,Zr 等)固态下在不同温度或不同压力范围内具有不同的晶体结构,这种性质称为晶体的多晶型性。例如,常压下铁在 912 ℃ 以下为体心立方结构,称为 α-Fe;在 912～1 394 ℃间具有面心立方结构,称为 γ-Fe;在 1 394 ℃至熔点之间又成为体心立方结构,但与 α-Fe 的晶格常数不同,故称 δ-Fe。具有多晶型的金属在温度或压力变化时,由一种结构转变为另一种结构的过程称为多晶型性转变,也称同素异构转变。当发生同素异构

转变时,金属的许多性能将发生突变。同素异构转变对于金属能否通过热处理来改变其性能,
具有重要意义。

1.3.2　陶瓷的晶体结构

陶瓷的晶体结构与金属的有较大不同。陶瓷的晶体结构复杂,原子排列不紧密,配位数低
等。其结构可分为两类:一类是按离子键结合的陶瓷,如 MgO,CaO,ZrO$_2$,Al$_2$O$_3$ 等金属氧化
物;一类是按共价键结合的陶瓷,如 SiC,Si$_3$N$_4$ 及纯 SiO$_2$ 等。现在分别介绍其晶体结构的
特点。

1.离子键晶体陶瓷的结构

离子键晶体陶瓷的结构很多,最常见的几种类型如图 1－25 所示。有几百种化合物都属
于 NaCl 型结构,如 MgO,NiO,FeO 及 MnO 等。NaCl 结构可以看成是由两个面心立方点阵
穿插而成的超点阵。如果把一个钠离子和一个氯离子看作一个集合体,当作一个节点,则这种
结构就属于面心立方点阵。单胞的离子数为 8,即 4 个 Na$^+$ 和 4 个 Cl$^-$。

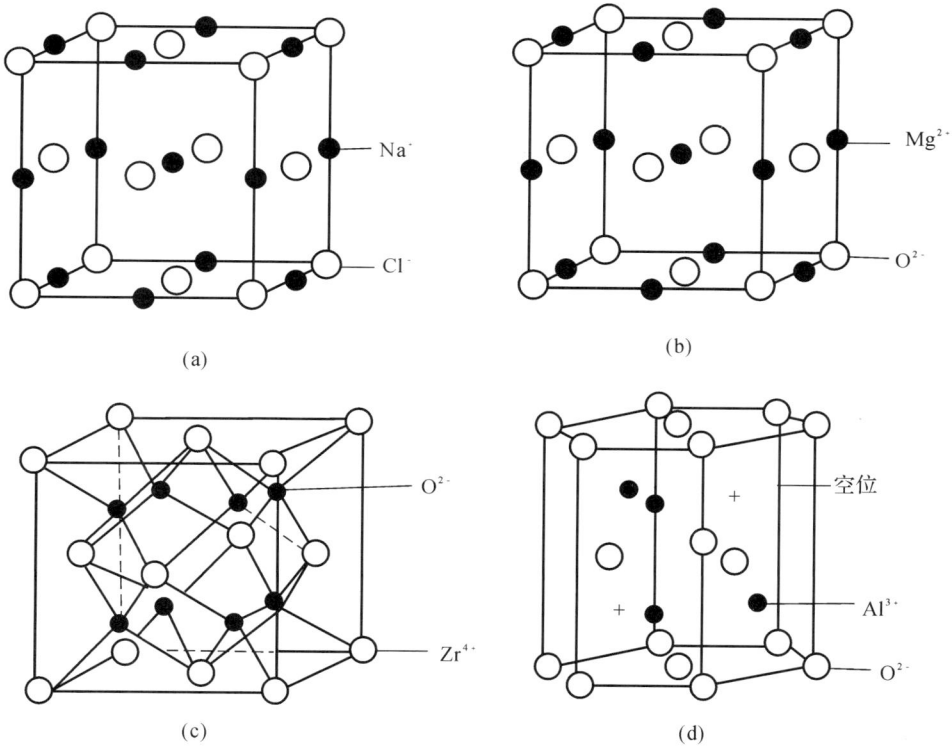

图 1－25　离子键晶体结构
(a)NaCl;(b)MgO;(c)ZrO$_2$;(d)Al$_2$O$_3$

在离子晶体里,一个正离子周围的最近邻负离子数称为配位数。因此,一个最稳定的结构
应当有尽可能大的配位数,而这个配位数又取决于正、负离子半径的比值。配位数直接影响着

晶体结构,这一关系示于图 1-25 中。通常正离子因失去电子,半径较小,负离子半径较大。例如在 MgO 晶体中,离子半径分别为

$$r_{Mg}^+ = 0.078 \text{ nm}, \quad r_O^- = 0.132 \text{ nm}$$

$$\frac{r_{Mg}^+}{r_O^-} = \frac{0.078}{0.132} = 0.59$$

由图 1-25 可知,其配位数为 6。

应该指出,离子晶体中配位数与正、负离子半径之比的关系,是从几何学的角度考虑的,对于多数离子晶体是有效的;当正离子具有大电荷,或者其周围的负离子具有大的原子序数、尺寸大且易变形时,上述对应关系就不一定存在了。

ZrO_2 是重要的工业陶瓷,其结构如图 1-25(c)所示,属于 CaF_2 型结构。与其类似的结构还有 UO_2,ThO_2,CeO_2 等。在 ZrO_2 结构里,Zr^{4+} 占据着正常面心立方结构的节点位置,而 O^{2-} 处于四面体间隙中心,即 $\left(\frac{1}{4}, \frac{1}{4}, \frac{1}{4}\right)$ 位置。在面心立方晶胞中每一原子平均可有一个八面体间隙、两个四面体间隙。由图 1-25(c)可知,四面体间隙全被 O^{2-} 占据,单胞中离子数为 $4Zr^{4+} + 8O^{2-}$,故其仍属面心立方,只是每个阵点包含 3 个离子。

Al_2O_3 是制作陶瓷刀具、砂轮的原料,又称为刚玉,其晶体结构如图 1-25(d)所示。O^{2-} 处于密排六方结构中的节点上,Al^{3+} 位于八面体间隙,为维持电荷平衡,只有 2/3 的八面体间隙位置被占据,还有 1/3 间隙位置空着。属于这种结构类型的还有 Cr_2O_3,$\alpha\text{-}Fe_2O_3$,Ti_2O_3,V_2O_3 等。

2.共价键晶体陶瓷的结构

共价键晶体陶瓷多属金刚石型结构。金刚石型结构如图 1-26(a)所示。除在面心立方结构的节点上有碳原子外,还有 4 个碳原子位于四面体间隙,每个单胞中共 8 个原子,每一阵点包含 2 个原子,属于面心立方结构。金刚石型结构虽属面心立方点阵,但其配位数仅为 4,和面心立方金属配位数相比,相差很大,故它不是密堆积结构。

SiC 的晶体结构和金刚石相似,如图 1-26(b)所示。图 1-26(c)所示是 SiO_2 高温时的一种晶型。它也是面心立方点阵,单胞中每 1 个硅原子被 4 个氧原子所包围,而每个氧原子则介于 2 个硅原子之间,起着连接 2 个四面体的作用。图 1-26 所示为 SiO_2 在空间形成的网络结构。这个单胞共有 24 个原子,$8Si^{4+} + 16O^{2-}$,简化成面心立方点阵时每一阵点包含 6 个原子,$4O^{2-} + 2Si^{4+}$。

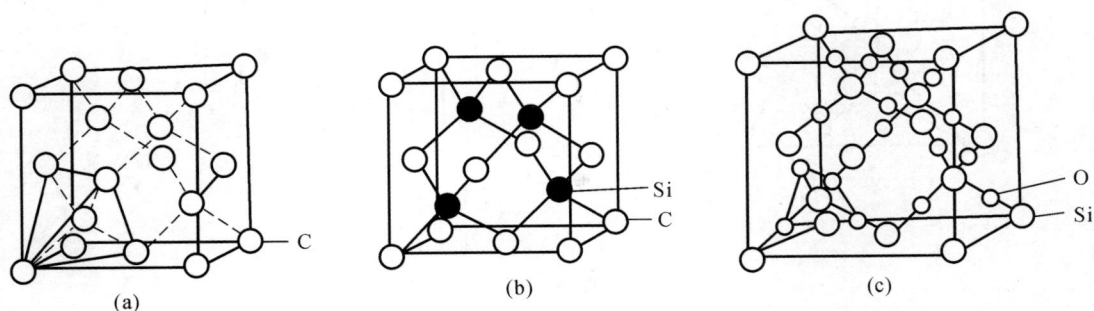

图 1-26 共价键晶体结构
(a)金刚石;(b)SiC;(c)高温 SiO_2

第 2 章　晶　体　缺　陷

在理想情况下,晶体的结构是长程有序的,构成晶体的粒子(原子、离子或分子等)在三维空间按照规则排列。实际晶体中,由于种种原因,必然有一定的粒子偏离理想晶体结构的区域,造成了晶体的不完整性。一般地,实际晶体中偏离理想点阵位置的区域称为晶体缺陷。

相对于晶体所有粒子而言,缺陷处的粒子数量是很少的,晶体的结构仍然可以被看作是接近完整的。但是,晶体缺陷对晶体的性能有重要的甚至是决定性的影响。因此,晶体缺陷一直是研究的热点。

按照晶体缺陷的形态特征,可以将其分为以下三类:

点缺陷:在三维空间的各方向上,尺寸都很小,亦称零维缺陷,如空位、间隙原子等。

线缺陷:在两个方向上的尺寸很小,在一个方向上的尺寸很大,亦称为一维缺陷,如各种类型的位错。

面缺陷:仅在一个方向上尺寸很小,在其余两个方向上尺寸很大,亦称为二维缺陷,如晶界、相界、层错、晶体表面等。

由于受到其他原子的作用力制约,晶体缺陷处的粒子排列也遵循某种规律。晶体缺陷的产生、分布以及运动等也都是有规律可循的。本章将以金属晶体为主,分别介绍这些晶体缺陷的结构及其基本性质。

2.1　点　缺　陷

点缺陷是晶体中最基本的一类缺陷,它是在晶格位置上以及邻近区域内偏离晶体结构正常排列方式的一种缺陷。

2.1.1　点缺陷的形成、类型和能量

晶体中,原子在其晶格位置上做热振动,对于给定的晶体而言,其平均能量是与温度有关的定值。但在某个瞬间某个原子具有的能量是不相同的。当某些原子具有的能量足够高时,就有可能克服周围原子对它的束缚发生迁移。如果脱离原来平衡位置的原子迁移到晶体外表面或内界面(如晶界),就在原位置上形成了一个空位,这种空位称为肖脱基空位;如果它迁移到晶格的间隙中,则形成的空位称为弗兰克空位,同时还会形成数量相同的间隙原子,如图 2 - 1所示。

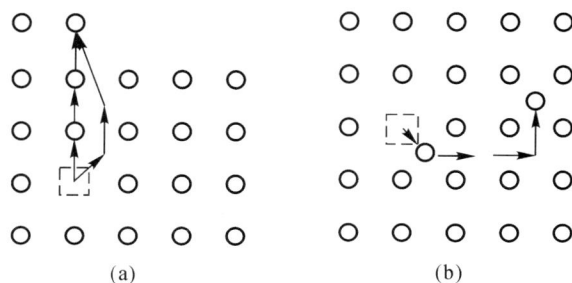

(a)　　　　　　　　(b)

图 2 - 1　晶体中的点缺陷
(a)肖脱基空位;(b)弗兰克空位

进入晶格间隙位置的原子称为间隙原子。间隙原子可以是同类原子,称为自间隙原子,也可以是由于某种原因进入晶格的异类原子,称为异类间隙原子。如果异类原子顶替了原晶格位置上的原子,则称为置换原子,如图 2-2 所示。

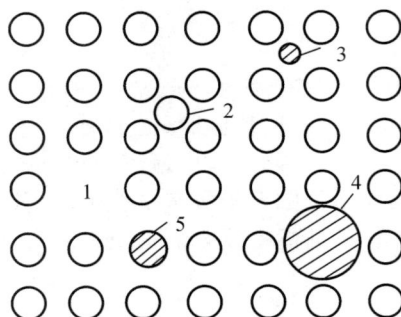

图 2-2 间隙原子与置换原子

1—空位;2—脱位原子;3—间隙小原子;4—间隙大原子;5—置换原子

当晶体中形成空位或小置换原子时,周围原子会向缺陷靠拢;而当晶体中形成间隙原子或大置换原子时,周围原子会被撑开。因此,当晶体中出现点缺陷时,周围原子必须调整位置,这意味着晶格出现了畸变,形成应力场。应力场具有能量,称为畸变能。

2.1.2 点缺陷的运动

由于原子的热运动,空位、间隙原子和置换原子等点缺陷在晶体中的位置不是固定的,而是不断运动着的。若某个原子在某一时刻获得了足够高的能量发生迁移,进入相邻空位中,就会在原位置上形成一个新空位,这个过程可以看作空位向相邻晶格位置的迁移。晶体中的间隙原子也会从一个间隙位置迁移到另一个间隙位置。

在运动过程中,如果空位与间隙原子相遇,则两者都消失,这一过程称为复合或湮灭。在某些情况下,间隙原子或置换原子会相互聚集,从而形成新的结构;空位也可能相互聚集形成空位片或空位团,进而演化成其他形式的缺陷(如位错或空洞)。

2.1.3 点缺陷的平衡浓度

根据热力学原理可知,晶体的稳定性与其内能和熵有关。点缺陷一方面引起晶格畸变,产生畸变能,使晶体的内能升高,降低晶体的热力学稳定性,但另一方面也改变点缺陷周围原子的热振动环境,增大晶体排列的混乱度,增大晶体的熵值,提高晶体的热力学稳定性。这两个因素相互矛盾,因此在一定温度下,两者达到平衡,表现为点缺陷具有一定的平衡浓度。

当温度为 T 时,晶体中点缺陷平衡浓度 C 为

$$C = \frac{n}{N} = \exp\left(\frac{\Delta S_f}{k}\right)\exp\left(-\frac{\Delta E_v}{kT}\right) \qquad (2-1)$$

式中:n 为平衡空位数量;N 为晶格位置总数;ΔS_f 为振动熵变化;ΔE_v 为形成一个点缺陷的能量变化(形成能)。计算时,式(2-1)可简写为

$$C = A \exp\left(-\frac{\Delta E_v}{kT}\right) \tag{2-2}$$

式中:A 是由振动熵决定的系数,一般取值在 1～10 之间。

由式(2-2)可知,点缺陷的平衡浓度与温度、形成能成指数关系。温度越高,点缺陷平衡浓度越大;形成能越大,平衡浓度越低。例如,纯铜在 1 273 K,空位平衡浓度约为 10^{-4},而在室温,空位平衡浓度约为 10^{-19},相差 15 个数量级。一般的晶体中,间隙原子的形成能约为空位形成能的 3～4 倍。因此在相同温度下,晶体中间隙原子的平衡浓度要比空位的平衡浓度低很多。仍以纯铜为例,空位形成能约为 1.7×10^{-19} J,而间隙原子形成能约为 4.8×10^{-19} J,在 1 273 K,间隙原子平衡浓度约为 10^{-14},与空位平衡浓度相差 10 个数量级。

2.1.4　点缺陷对晶体性能的影响

点缺陷对晶体有重要影响。在物理性质方面,点缺陷会使金属的电阻增大、体积膨胀、密度减小。在力学性能方面,过饱和的空位、间隙原子等会提高金属的屈服强度。

此外,点缺陷对扩散系数、内耗、无机非金属材料的介电常数等会产生影响。

2.2　线　缺　陷

晶体中的线缺陷是指各种类型的位错。最早在 1934 年,研究晶体塑性变形时,人们首先从理论上提出了位错的概念,建立了位错的模型。直到 1956 年才用电子显微镜证实了位错的存在。

2.2.1　位错的基本类型

1.刃型位错

刃型位错的结构如图 2-3 所示,在简单立方晶体的 $ABCD$ 晶面上半部多出了半块原子面 $EFGH$,该半块原子面中断于 $ABCD$ 面,类似于一把刀切入晶体中,沿着"刀刃"EF 形成了一线型的畸变区,这种晶体缺陷被称为刃型位错,简称刃位错。EF 称为刃型位错线。

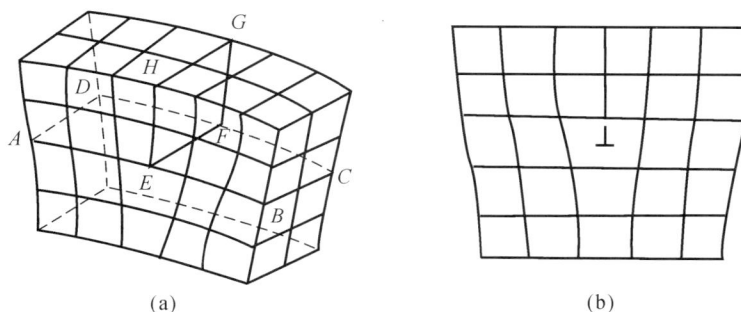

(a)　　　　　　　　　　　(b)

图 2-3　刃位错晶体模型

(a)立体模型;(b)平面模型

刃位错可以看成部分晶体沿 $ABCD$ 面发生局部滑移产生的,此时位错线是已滑移区和未滑移区的分界线,$ABCD$ 面称为滑移面。习惯上,将半原子面位于滑移面上方的称为正刃位错,记为"⊥";若半原子面位于滑移面下方,则称为负刃位错,记为"⊤"。这种正、负之分与晶体的放置方式有关,因此只具有相对意义,没有本质差别,如图 2-4 所示。

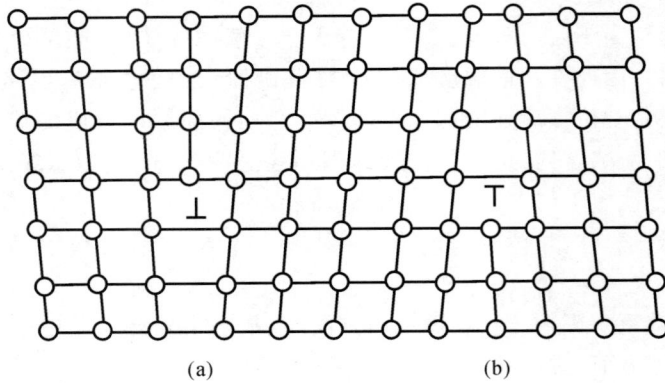

图 2-4　正、负位错示意图
(a)正刃位错;(b)负刃位错

刃位错线可能是直线,也有可能是折线或曲线,但刃位错线必然与晶体的滑移方向垂直,如图 2-5 所示。

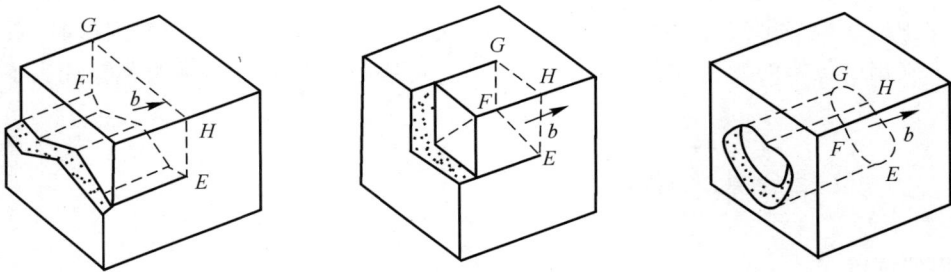

图 2-5　不同形状的刃位错线

在外加切应力作用下,晶体发生滑移变形,其变形量和变形方向可以用一个矢量来表示,称为滑移矢量。晶体的滑移面必然包含刃位错线和滑移矢量,且位错线与滑移矢量垂直。因此由几何定理可知,刃位错的滑移面是由位错线与滑移矢量共同决定的原子面,这个原子面是唯一的。

当晶体中包含有刃位错时,晶体沿位错线形成狭长的点阵畸变区,既有正应变,也有切应变。简单地说,含有半原子面的那部分晶体受压应力,原子间距减小;不含半原子面的晶体受拉应力,原子间距增大。在位错线周围几个原子间距范围内是位错的核心区,点阵畸变强烈,原子具有较高的平均能量。随着远离核心区,畸变逐渐减小。

2.螺型位错

螺型位错的结构如图 2-6 所示。螺型位错也可以看作部分晶体发生局部滑移的结果。假设在简单立方晶体的右半部施加一对切应力 τ,使右半块晶体的上下两部分晶体沿 $ABCD$

面发生局部错动,而左半块晶体保持不变。此时已滑移区和未滑移区的边界线为 bb',该边界线平行于滑移方向,如图 2-6(a)所示。

如果从晶体的顶端俯视观察,实心的"●"和空心的"○"分别表示 $ABCD$ 面上方和下方的原子,如图 2-6(b)所示,可以看出,晶体中大部分原子仍然保持上、下正对的排列方式,而在 bb' 和 aa' 之间的区域出现了一个大约几个原子间距宽度的上、下原子不对正的过渡区,这里的原子排列方式与正常位置不同。若以 bb' 为轴,按顺时针方向沿晶格绕行,则会得到一个右螺旋线,如图 2-6(c)所示。这说明此位错线附近的原子是按螺旋形排列的,因此将这种位错称为螺型位错,简称螺位错。

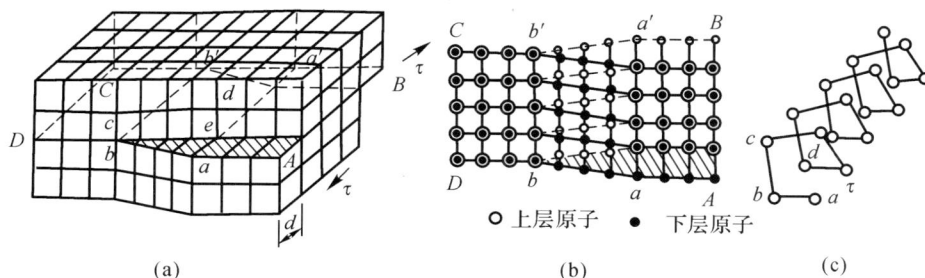

图 2-6 螺型位错晶体模型

(a)立体模型;(b)俯视图;(c)螺旋线

螺位错线附近原子排列是呈轴对称的。根据螺位错线附近螺旋方向的不同,螺位错可以分为右螺位错和左螺位错。与刃位错的正、负之分不同,右螺位错和左螺位错是绝对的,与晶体的放置方式无关。

螺位错线与晶体滑移矢量平行,因此螺位错线一定是直线,且位错线的运动方向与晶体的滑移方向垂直。

螺位错线附近也有点阵畸变,但在垂直于位错线的平面投影上,看不出原子的位移,也看不出有缺陷。因此螺位错引起的畸变只有平行于位错线的切应变,没有正应变。随着距离位错线距离的增加,畸变逐渐减小。

3.混合位错

除了刃位错和螺位错以外,晶体中还有一种更加普遍的位错,其位错线与晶体的滑移矢量既不平行也不垂直,而是成任意角度,这种位错称为混合位错。图 2-7 所示为晶体局部滑移时形成的混合位错示意图。在 A 点处,位错线与滑移矢量平行,是螺位错;在 C 点处,位错线与滑移矢量垂直,是刃位错。沿位错线由 A 至 C,位错线与滑移矢量既不平行也不垂直,位错性质由螺位错逐渐变成刃位错,每一小段位错均包含螺位错分量和刃位错分量。

因为位错线是已滑移区和未滑移区的分界,因此,位错不能终止于晶体中间,只能终止于晶体的外表面、内界面(如晶界),或与其他位错相接,或形成封闭的位错环。

图 2-7 所示是晶体中的一段弯曲的位错线,靠近 B 角处是已滑移区,其他区域为未滑移区。根据图示的滑移矢量与位错线间的夹角关系,可以分析知道 A 处和 C 处为螺位错,其余各处都是混合位错。

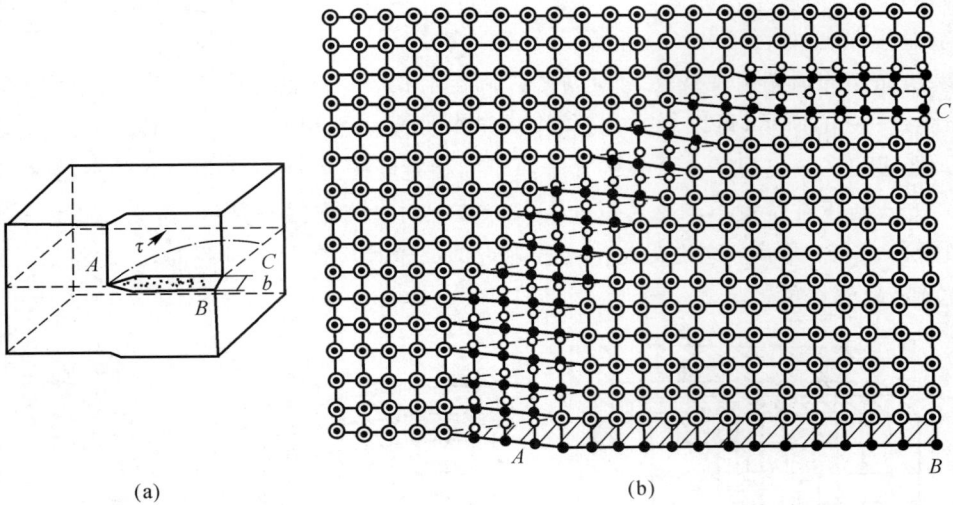

图 2-7 混合位错晶体模型

(a)立体模型;(b)混合位错线附近的原子组态俯视图

2.2.2 柏氏矢量

1.柏氏矢量的确定

为了便于采用数学方法表达与研究位错的特征,柏格斯(J. M. Burgers)提出了采用柏氏回路定义位错柏氏矢量的方法揭示位错的本质。

确定柏氏矢量的主要步骤如下:

(1)选取一个包含位错的晶体,规定位错线的正方向,通常以出纸面为正方向。

(2)在避开位错严重畸变区的区域,从任一原子出发,围绕位错线作一封闭的右旋回路,即柏氏回路。

(3)在完整晶体中,以完全相同的方法(旋向和步数)作相同的回路,该回路不封闭,由终点向起点补一矢量 *b*,使该回路封闭。这个矢量 *b* 就是该位错的柏氏矢量,如图 2-8 所示。

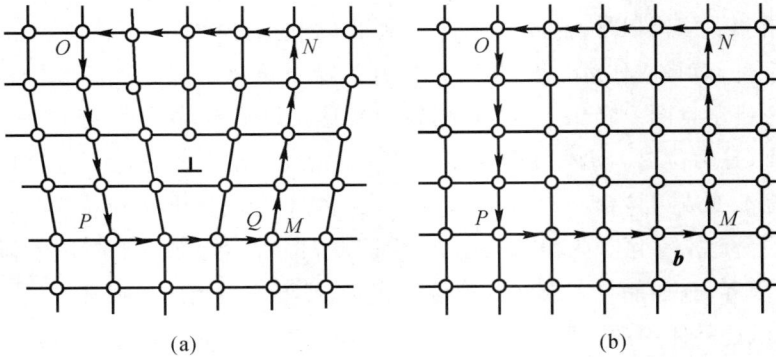

图 2-8 刃位错柏氏矢量的确定

(a)含刃位错晶体中的柏氏回路;(b)完整晶体的相应回路

图 2-8(a)是含有一刃位错的晶体,规定位错线以出纸面为正方向,按右螺旋方式确定回路旋向为逆时针。由 M 点出发,作回路 $MNOPQ$。按同样旋向与步数,在图 2-8(b)所示的完整晶体中作相同回路 $M'N'O'P'Q'$,Q' 与 M' 不重合。由 Q' 向 M' 补一矢量 b,使回路闭合。矢量 b 就是该位错的柏氏矢量。

螺位错的柏氏矢量也可以按照相同的方法来确定,如图 2-9 所示。

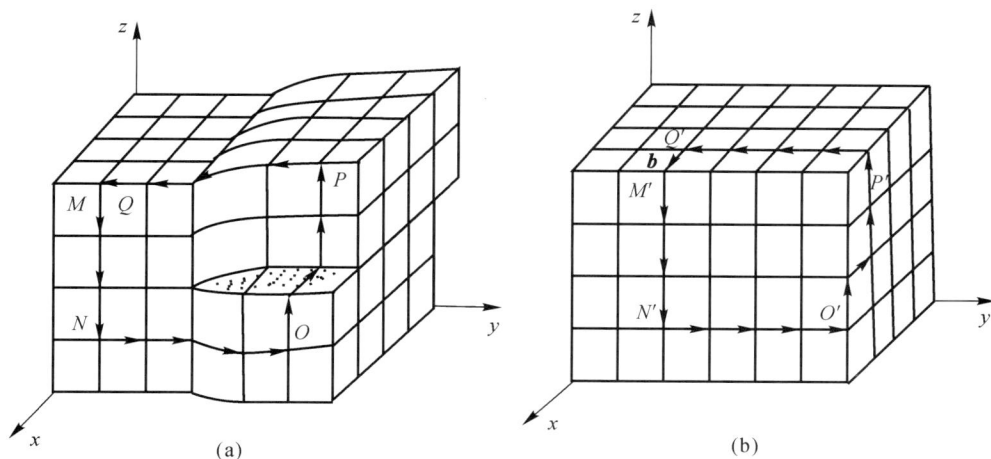

图 2-9　螺位错柏氏矢量的确定

(a)含螺位错晶体中的柏氏回路;(b)完整晶体的相应回路

刃位错的柏氏矢量与位错线垂直,而螺位错的柏氏矢量与位错线平行,这是刃位错与螺位错的重要特征,也是两类位错的主要区别。

对于混合位错,其柏氏矢量与位错线既不平行也不垂直,两者之间夹角为 $\varphi(0<\varphi<\frac{\pi}{2})$。该柏氏矢量可以分解为垂直于位错线的刃型分量 $b_e = b\sin\varphi$ 和平行于位错线的螺型分量 $b_s = b\cos\varphi$。

对于刃位错的正、负的确定,需要首先人为规定位错线正方向。然后根据情况采用两种方法来确定。一是当给出了晶体图时,用右手法则来判断,即右手拇指、食指和中指分别代表半原子面、位错线方向和柏氏矢量方向,规定拇指朝上的为正刃位错,反之为负刃位错。二是当仅给出一条位错线时,采用旋转法来判断,即将柏氏矢量顺时针旋转 90°,若柏氏矢量方向与位错线正方向同向,则为正刃位错,反之为负刃位错。刃位错的正、负是相对的,与人为规定的位错线方向有关。

螺位错的左、右螺确定也有两种情况。一是当给出了晶体图时,其判断方法与螺纹的左、右螺判断方法相同。此时螺位错的左、右螺是绝对的,与位错线方向无关。二是当仅给出一条位错线时,首先人为规定位错线正方向,若柏氏矢量方向与位错线正方向同向,则为右螺位错,反之则为左螺位错。此时螺位错的左、右螺是相对的,与位错线方向有关,如图 2-10 所示。

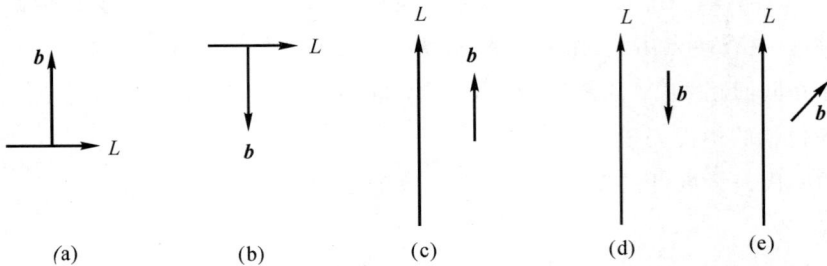

图 2-10　位错类型与柏氏矢量的关系
(a)正刃位错;(b)负刃位错;(c)右螺位错;(d)左螺位错;(e)混合位错

2.柏氏矢量的特征

柏氏矢量反映了位错周围点阵畸变的总量。柏氏矢量的方向表示位错的性质与位错引起畸变的取向,也就是位错运动导致晶体滑移的方向;柏氏矢量的大小表示畸变的程度,称为位错强度。

作柏氏回路时,规定了回路的旋向和需要避开严重畸变区,但对回路的起点、形状没有限制,这说明柏氏矢量与回路的起点及其具体路径无关。在不包含其他位错的情况下,无论如何扩大、缩小,或移动,或改变形状,由此确定的柏氏矢量是一致的,此特性称为柏氏矢量的守恒性。

根据柏氏矢量的守恒性可知,若一个位错不分叉,不论其形状如何变化、位错线上各点的位错类型是否相同,其各部分的柏氏矢量都相同。而且当位错运动时,其柏氏矢量仍然保持不变。

当一个柏氏矢量为 b 的位错分解形成柏氏矢量为 $b_1,b_2,\cdots,b_n$ 的 n 个位错时,各个分位错的柏氏矢量和等于原位错的柏氏矢量,即

$$b=\sum_{i=1}^{n}b_i$$

3.柏氏矢量的表示法

柏氏矢量的大小和方向可以由它在晶轴上的分量,即点阵矢量 a,b 和 c 来表示。对于立方晶系,由于 $a=b=c$,因此可以用与柏氏矢量同向的晶向指数来表示。一般立方晶系中柏氏矢量可以表示为 $b=\frac{a}{n}<uvw>$,其中 n 为正整数。

位错强度用位错的模 $|b|=\frac{a}{n}\sqrt{u^2+v^2+w^2}$ 来表示。

例如,体心立方晶体从顶角到体心的柏氏矢量 $b=\frac{a}{2}+\frac{b}{2}+\frac{c}{2}$,可以写成 $b=\frac{a}{2}[111]$。

面心立方晶体一个常见位错的柏氏矢量 $b=\frac{a}{6}+\frac{b}{6}+\frac{c}{3}$,可以写成 $b=\frac{a}{6}[112]$。

若一个柏氏矢量 b 是另外两个柏氏矢量 $b_1=u_1a+v_1b+w_1c$ 和 $b_2=u_2a+v_2b+w_2c$ 的和,根据矢量和加法法则有

$$b = b_1 + b_2 = (u_1 + u_2)a + (v_1 + v_2)b + (w_1 + w_2)c$$

2.2.3　位错的密度

与点缺陷不同,位错不是热力学稳定缺陷。

位错密度在很大程度上决定着晶体的强度。图 2-11 是金属晶体强度 τ_C 随位错密度 ρ 变化规律的示意图。可以看出,当位错密度较小时,晶体具有很高的强度,而当位错密度较大时,晶体的强度也比较高。强度的最低值对应于金属晶体充分退火时的位错密度。

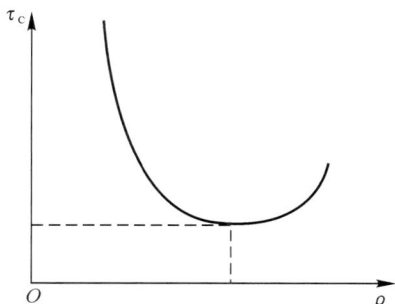

图 2-11　金属晶体强度 τ_C 随位错密度 ρ 变化规律的示意图

位错密度有两种表达方式,一是单位体积晶体中包含的所有位错的总长,其表达式为

$$\rho = \frac{L}{V}$$

式中:L 是位错线总长;V 是晶体体积。另一种是晶体中穿过单位截面面积的位错数目,其表达式为

$$\rho = \frac{n}{A}$$

式中:n 是穿过截面的位错数目;A 是晶体的截面面积。两种表达的量纲均为 $1/m^2$。

2.2.4　位错的运动

1.位错的滑移

位错的滑移是在外加切应力的作用下,位错线依次逐排地沿柏氏矢量方向运动,同时实现晶体的错动。位错线的移动实际上是通过位错中心附近原子在滑移面上进行的少量位移实现的。

以刃位错为例,如图 2-12 所示,位错中心附近原子只发生了小于一个原子间距的位移,就使得半原子面前进了一个原子间距。在切应力的不断作用下,上述过程重复发生,位错将持续一步一步运动。

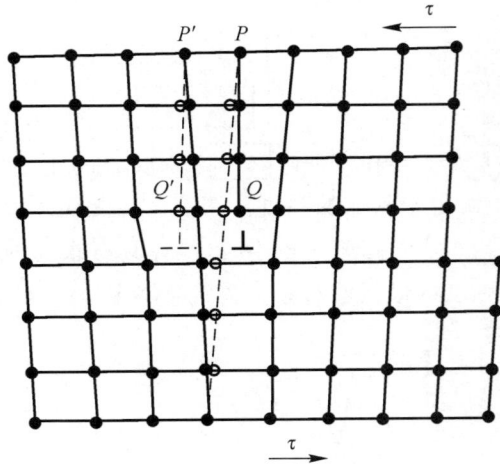

图 2-12 刃位错滑移时中心区附近原子的位移

螺位错滑移时中心区附近原子的位移情况如图 2-13 所示。与刃位错类似,螺位错滑移时,位错中心区附近原子也只发生很小的位移,位错线就运动了一个原子间距(由图中的虚线位置运动到实线位置)。在切应力的不断作用下,位错也将持续一步一步运动。

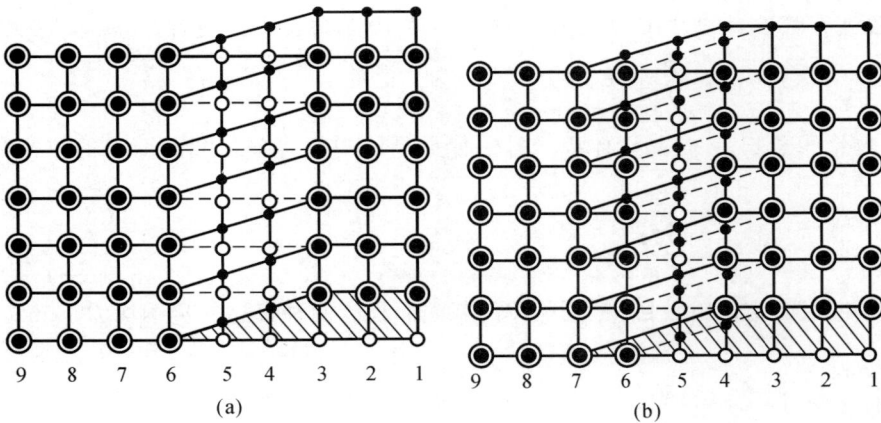

图 2-13 螺位错滑移时中心区附近原子的位移

当位错线沿滑移面扫过整个晶体时,就会在晶体表面产生一个宽度为柏氏矢量大小的台阶,即造成晶体的塑性变形。在这个过程中,已滑移区 ABCD 不断扩大,未滑移区不断减小,两区域始终以位错线为界。对刃位错而言,位错线的运动方向平行于柏氏矢量,垂直于位错线方向,平行于晶体运动方向,平行于切应力方向;对螺位错而言,位错线运动方向垂直于柏氏矢量方向,垂直于位错线方向,垂直于晶体运动方向,垂直于切应力方向。位错的滑移过程如图 2-14 所示。

(a)

(b)

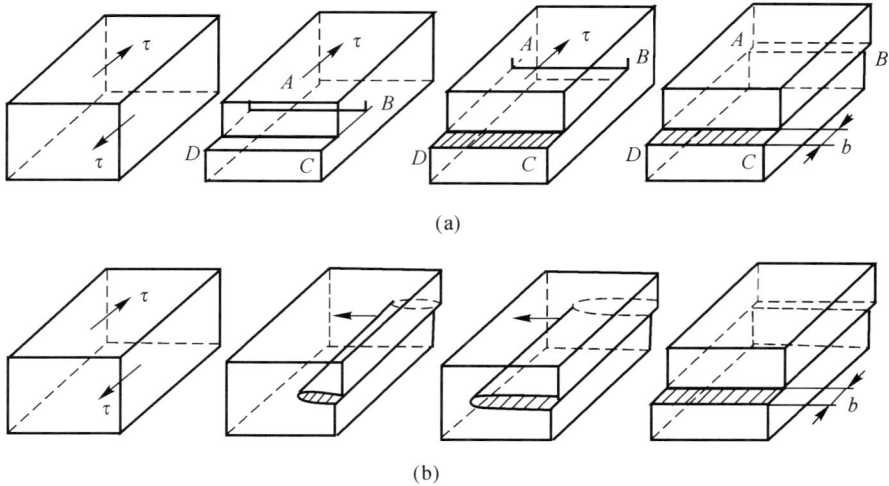

图 2-14　位错的滑移过程
(a)刃位错的滑移过程;(b)螺位错的滑移过程

2.螺位错的交滑移

由于刃位错线与柏氏矢量确定了唯一一个平面,因此刃位错只能在该面滑移,滑移面是单一的。而所有包含螺位错线的晶面都可以成为其滑移面。如果螺位错在原滑移面运动受阻,则有可能从原滑移面改到与之相交的另一滑移面继续滑移,这个过程称为交滑移。如果交滑移后的位错再次改回到原滑移面,则称为双交滑移。螺位错的交滑移如图 2-15 所示。

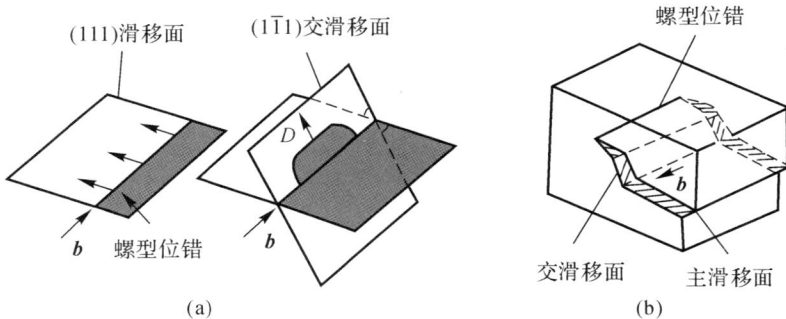

图 2-15　螺位错的交滑移
(a)交滑移;(b)双交滑移

3.刃位错的攀移

刃型位错除了可以在滑移面上滑移外,在满足某些条件时还可以在垂直于滑移面的方向上运动,即发生攀移。通常把多余半原子面向上移动称为正攀移,向下运动称为负攀移,如图 2-16 所示。可见,位错发生正攀移时需要失去半原子面最下排的原子,这可通过空位扩散到半原子面下端或半原子面下端原子扩散到别处来实现;与此相反的过程可产生负攀移。

位错攀移时伴随着物质的迁移,这需要扩散才能实现。因此,位错攀移在低温下较难进行,在高温下容易进行。另外,作用于半原子面的正应力以及晶体中的过饱和空位均有利于攀移的进行。

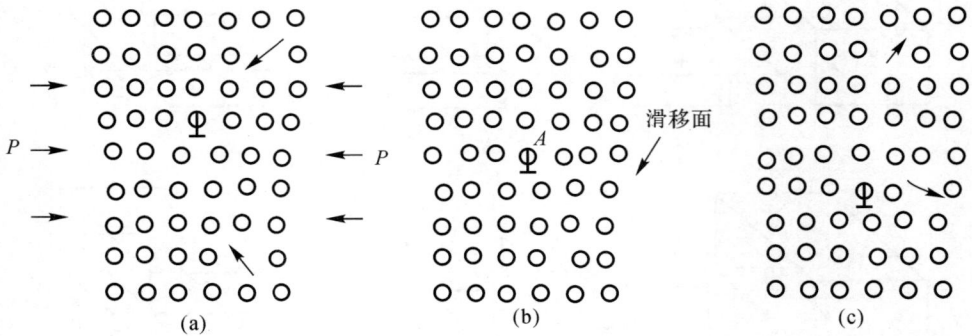

图 2-16　刃位错的攀移
(a)正攀移;(b)原位错;(c)负攀移

2.2.5　作用在位错上的力

晶体中的位错在外加应力或其他内应力的作用下将会发生运动或有运动的趋势。为了描述位错的运动,我们假定在位错上作用了一个力 **F**,此力驱使位错运动。按照这个假定,**F** 必垂直于位错线。为了求出外力场对位错产生的这个假想的作用力,可以利用虚功原理进行计算。

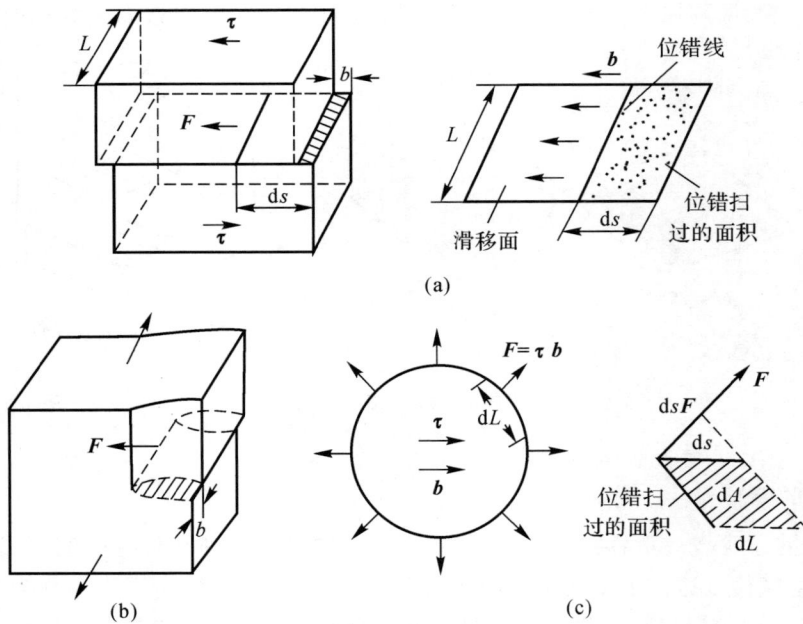

图 2-17　作用在位错上的力
(a)作用在刃位错上的力;(b)作用在螺位错上的力;(c)作用在混合位错上的力

假设晶体内[见图 2-17(a)],在滑移面上有一柏氏矢量为 b、长度为 L 的刃型位错,在外加切应力 τ 的作用下,沿滑移面移动了 ds 的距离。此时,已滑移区域的面积为 $L\,ds$,作用在该区域上的外力为 $\tau L\,ds$,该区域滑移的量为 b,则滑移所消耗的功为

$$W_1 = (\tau L\,ds)\,b$$

另外,设作用在位错线上的力为 F,则使位错线移动 ds 所做的功为

$$W_2 = F\,ds$$

因为 $W_1 = W_2$,即

$$F\,ds = \tau L\,ds\,b$$

故有

$$F = \tau L b$$

则作用于单位长度位错线上的力为

$$F = \tau b \tag{2-3}$$

式(2-3)表明,F 与切应力分量 τ 和柏氏矢量成正比。由于同一位错线上各点的 b 相同,只要切应力均匀地作用在晶体上,则位错线上各处力 F 的大小也相同。

力 F 的方向永远垂直于位错线,并且指向滑移面上的未滑移区。显然,刃型位错上的力 F 与外加切应力 τ 的方向一致,而作用在螺型位错上的力 F 则与 τ 垂直,如图 2-17(b)所示。这个事实说明,力 F 并不是 τ 的分力,τ 是位错附近原子实际受到的力,F 只是作用在位错这种特殊组态上的假想力。

同理可证,任意形状的位错线,其单位长度所受的力仍为 τb,力的方向为位错线上各点的法线方向,如图 2-17(c)所示。

2.2.6　位错的应力场与应变能

2.2.6.1　位错的应力场

位错周围的原子都不同程度地偏离了其原来的平衡位置而处于弹性应变状态,这就引起能量升高并产生内应力,若把这些原子所受的应力合起来,便可形成一个以位错线为中心的应力场。位错类型不同,应力场也各不相同。

1.螺型位错的应力场

螺型位错应力场分析模型如图 2-18 所示。设想将一个很长的厚壁圆筒沿径向平面切开一半,然后使两个切开面沿 Z 方向作相对位移,位移量为一个柏氏矢量 b,再把这两个面黏合起来,这就相当于制造了一个螺型位错,位错线即为圆筒的中心轴线,位错的中心区就相当于圆筒的空心部分,而圆筒实心部分的应力分布就反映了螺型位错周围的应力分布。

从模型中可以看出,圆柱体产生的切应变为

$$\varepsilon_{\theta z} = \frac{b}{2\pi r} \tag{2-4}$$

其相应的切应力为

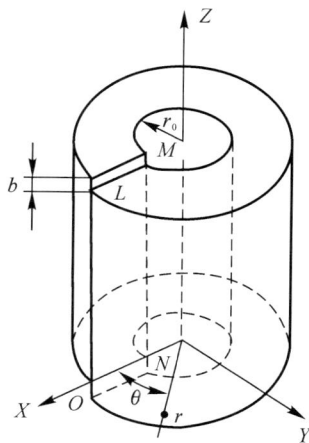

图 2-18　螺型位错应力场模型

$$\tau_{z\theta} = \tau_{\theta z} = \frac{Gb}{2\pi r} \qquad (2-5)$$

若采用直角坐标系,则应力分量为

$$\left.\begin{array}{l} \tau_{zy} = \tau_{yz} = \dfrac{Gb}{2\pi} \dfrac{x}{x^2+y^2} \\[3mm] \tau_{zx} = \tau_{xz} = \dfrac{Gb}{2\pi} \dfrac{y}{x^2+y^2} \\[3mm] \sigma_{xx} = \sigma_{yy} = \sigma_{xx} = \tau_{xy} = \tau_{yx} = 0 \end{array}\right\} \qquad (2-6)$$

从式(2-4)~式(2-6)可以看出,螺型位错的应力场有两个特点:一是没有正应力分量;二是切应力对称分布,即在同一半径 r 上,无论 θ 角大小如何,切应力都相等。

2.刃型位错的应力场

刃型位错的应力场也可采用上述方法分析。将一个很长的厚壁圆筒沿径向平面切开一半,并使切面两边沿径向相对滑移一个原子间距 b,然后再将切面两边黏合起来,如图2-19所示,这样就相当于形成了一个刃型位错。按弹性理论可求得刃型位错周围的应力场,其在直角坐标系中的应力分量为

$$\left.\begin{array}{l} \sigma_{xx} = -A \dfrac{y(3x^2+y^2)}{(x^2+y^2)^2} \\[3mm] \sigma_{yy} = A \dfrac{y(x^2-y^2)}{(x^2+y^2)^2} \\[3mm] \sigma_{zz} = v(\sigma_{xx}+\sigma_{yy}) \\[3mm] \tau_{xy} + \tau_{yx} = A \dfrac{y(x^2-y^2)}{(x^2+y^2)^2} \\[3mm] \tau_{xz} = \tau_{zx} = \tau_{yz} = \tau_{zy} = 0 \end{array}\right\} \qquad (2-7)$$

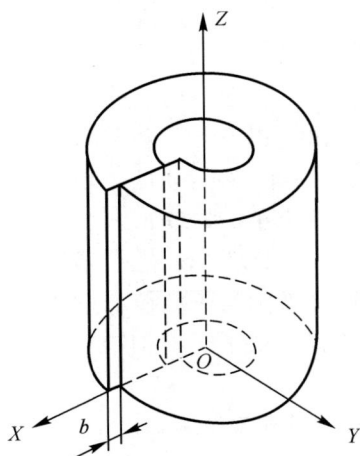

图 2-19　刃型位错应力场模型

由式(2-7)可以看出刃型位错应力场有以下特点：

(1) 正应力分量与切应力分量同时存在。

(2) 应力场中任意一点位置，$|\sigma_{xx}| > |\sigma_{yy}|$。

(3) 当 $y > 0$ 时(滑移面以上区域)，$\sigma_{xx} < 0$ (压应力)；当 $y < 0$ 时(滑移面以下区域)，$\sigma_{xx} > 0$ (张应力)；当 $y = 0$ 时(在滑移面上)，$\sigma_{xx} = \sigma_{yy} = 0$，即滑移面上没有正应力，只有切应力。刃型位错周围的应力场分布如图 2-20 所示。显然，如同螺型位错一样，式(2-7)也不能用于刃型位错中心区。

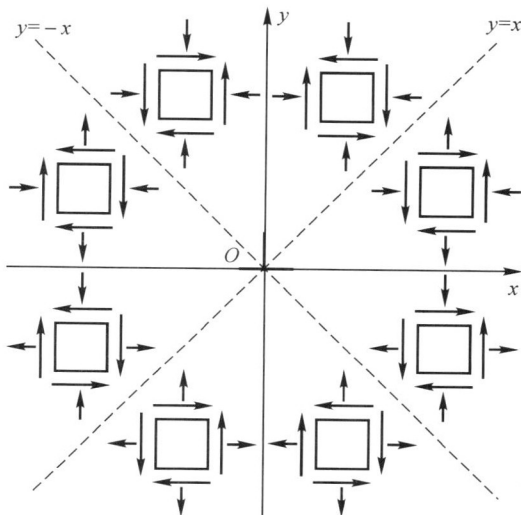

图 2-20　刃型位错应力场

2.2.6.2　位错的应变能

晶体中位错的存在引起点阵畸变，导致能量增大，此增量称为位错的应变能，或称为位错的能量。位错应变能包括位错中心部分的能量和位错周围的弹性能。由于位错中心区点阵重畸变，已不能作为弹性连续介质，故其能量难以计算，但因该区域很小，这部分能量在总能量中所占份额不大，常被忽略掉，通常所说的位错能量就是指位错的弹性能。

根据弹性理论，圆柱坐标系中单位体积内的应变能表示为

$$\frac{W}{V} = \frac{1}{2} \left[\sigma_{rr}\varepsilon_{rr} + \sigma_{\theta\theta}\varepsilon_{\theta\theta} + \sigma_{zz}\varepsilon_{zz} + \sigma_{r\theta}\varepsilon_{r\theta} + \sigma_{\theta z}\varepsilon_{\theta z} + \sigma_{zr}\varepsilon_{zr} \right] \tag{2-8}$$

对于螺型位错，只有切应力分量和切应变分量，由式(2-8)可得到

$$dW = \frac{1}{2}\sigma_{\theta z}\varepsilon_{\theta z}\, dV$$

其中 $dV = 2\pi r\, dr\, L$，L 为位错线长度。将式(2-4)和式(2-5)代入式(2-8)得

$$\begin{cases} dW = \dfrac{Gb^2}{4\pi}\,\dfrac{dr}{r}L \\[2mm] \dfrac{dW}{L} = \dfrac{Gb^2}{4\pi}\,\dfrac{dr}{r} \end{cases}$$

设位错中心区的半径为 r_0，位错应力场作用为 R，则单位长度螺型位错的弹性畸变能为

$$W_s = \int_0^{W/L} \left(\frac{dW}{L} = \int_{r_0}^R \frac{Gb^2}{4\pi} \frac{dr}{r} = \frac{Gb^2}{4\pi} \ln \frac{R}{r_0} \right) \tag{2-9}$$

同理，可求出单位长度刃型位错的弹性应变能为

$$W_e = \frac{Gb^2}{4\pi(1-\nu)} \ln \frac{R}{r_0} \tag{2-10}$$

式中：r_0 为位错核心区半径，一般 $r_0 \approx b \approx 2.5 \times 10^{-10}$ m；R 为位错应力场作用半径，一般 $R = 10^{-6}$ m；ν 为泊松比，取 $0.3 \sim 0.4$。

可见，刃型位错弹性应变能约为螺型位错的 1.5 倍。

以上分析表明，单位长度位错的能量与其柏氏矢量的模的二次方成正比，即 $W = \alpha Gb^2$。α 是与位错类型有关的系数，约为 $0.75 \sim 1$。b 越小，其能量越低，越稳定。

2.2.7　位错之间的交互作用

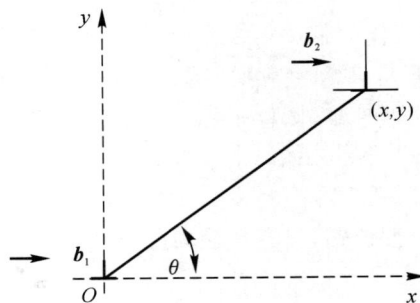

晶体中含有许多位错，任一位错在其相邻位错应力场作用下都会受到作用力。例如，同一滑移面上两条平行的同号刃型位错，当它们相距很远时，产生的总应变能为两者之和，即一条位错线能量的 2 倍，当相距很近时，就可以近似地看成是一个柏氏矢量为 $2b$ 的大位错，于是产生的总应变能将为一条位错线能量的 4 倍，因而这两个同号位错必然相互排斥以降低总能量。相反，两个异号位错相距很近时，柏氏矢量为零，总应变能降低，所以这两个位错必然互相吸引，直到相遇而消失。可见，位错之间相互作用而产生的作用力对位错的分布和运动有很大影响。

1.两个平行螺位错间的作用力

在图 2-21 中，坐标原点和 (r,θ) 处有两个平行于 z 轴的螺型位错 S_1，S_2，其柏氏矢量分别为 b_1，b_2。位错 S_1 在 (r,θ) 处的应力场为 $\tau_{\theta z} = \frac{Gb_1}{2\pi r}$，位错 S_2 在此应力场中受到的力为 $f_\tau = \tau_{\theta z} b_2 = \frac{Gb_1 b_2}{2\pi r}$。

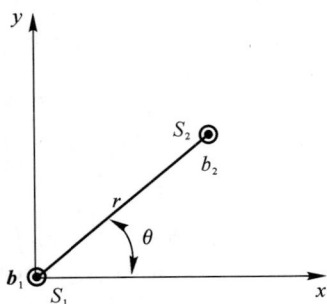

图 2-21　螺位错间的交互作用　　　　图 2-22　刃位错见的交互作用

f_τ 的方向为矢径 r 的方向，同理，位错 S_1 在 S_2 的应力场作用下也将受到一个大小相等、方向相反的作用力。

当 b_1 与 b_2 同向，即为同号螺型位错时，$f_\tau > 0$，为斥力；若 b_1 与 b_2 反向，则 $f_\tau < 0$，为

吸力。

2.两个平行刃位错之间的作用力

图 2-22 表示位于坐标原点及 (x,y) 处两个平行于 z 轴的同号刃型位错,其柏氏矢量 b_1 和 b_2 都与 x 轴同向,由于两个位错位于平行的滑移面上,所以在 b_1 位错的应力场中,只有 τ_{yz} 和 τ_{xx} 两个应力分量对 b_2 位错有作用。前者使 b_2 位错受到沿 x 轴方向的滑移力。后者使 b_2 位错受到沿 y 轴方向的攀移力,即

$$f_y = -\sigma_{xx}b_2 = \frac{Gb_1b_2}{2\pi(1-v)}\frac{y(x^2-y^2)}{(x^2+y^2)^2}$$

式中:f_x,f_y 均以指向坐标轴正向时为正。

f_x 是引起滑移的作用力。它的变化比较复杂,随 b_2 位错所处位置的不同而改变。

f_y 是使 b_2 位错沿 y 轴攀移的力。当两个位错同号时,若 b_2 位错在 b_1 位错的滑移面以上,即 $y>0$,则 $f_y>0$,b_2 位错向上攀移;反之 $y<0$,则向下攀移。可见,两个同号位错沿 y 轴方向互相排斥。而异号位错间的 f_y 与 y 符号相反,所以沿 y 轴方向互相吸引。

3.位错交割

在晶体变形过程中任意一条位错线的运动,除了受与其相连接的位错线牵制外,还会遇到具有不同方向和不同滑移面上的其他位错线,这就出现了位错线的相互交割。图 2-23 是位错交割的简单例子,设图中一位错线已沿其滑移面 $ABCD$ 移出晶体,则晶体上、下两部分产生了相当于 b 的切变。在滑移前,有另一个垂直于滑移面的位错环与滑移面相交于两点,为了方便,设位错环线的垂直部分为刃型位错。当晶体上、下两部分发生相对滑移时,必然也会使这两段垂直位错线沿滑移面发生相当于 b 的相对切变,由于位错线不能中断,故出现了图中所示的小台阶。它相当于一小段螺型位错线,称为位错割阶。位错的交割会影响位错的运动,进而影响滑移过程。以下具体说明发生交割的过程。

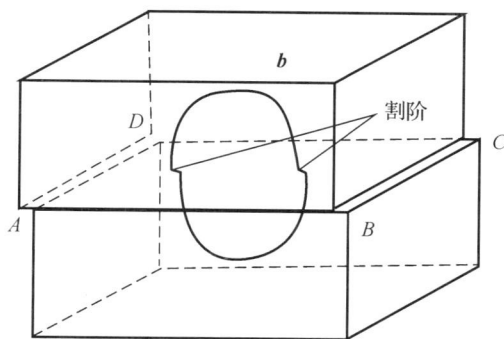

图 2-23　位错交割形成的割阶

图 2-24 所示为两个相互垂直的刃型位借的交割。位错 AB 位于 P 滑移面上,位错 CD 位于与 P_a 垂直的 P_b 滑移面上,它们的拍氏矢量分别为 b_1 与 b_2。假定位错 CD 不动,当位错 AB 自右向左运动时,在位错扫过的区域内,晶体上、下两部分产生了相当于 b_1 的位移。当通过两滑移面的交线时,与位错 CD 发生交割。这时,位错 CD 也随晶体一起被切成两段(Cm 和 nD),并相对位移 mn,整个位错线变成一条折线 $CmnD$。因为 mn 不在原位错线的滑移面

P_b上,故称之为割阶。显然,mn 是一段新的位错,其柏氏矢量仍为 b_2。由于 b_2 与 mn 垂直,故 mn 也是刃型位错,它的滑移面为 mn 与 b_2 所决定的平面,即 P_a 面。这种割阶的形成,增加了位错线的长度,需要消耗一定的能量,因此,交割过程对位错运动来说实际上是一种阻碍。此外,尚有刃型位错与螺型位错的交割、螺型位错与螺型位错的交割等。交割的结果都要形成割阶,这一方面增加了位错线的长度,另一方面还可能形成一种难以置动的固定割阶,成为后续位错运动的障碍。这些都将使位错运动的阻力增加、变形更加困难,因此产生应变硬化。

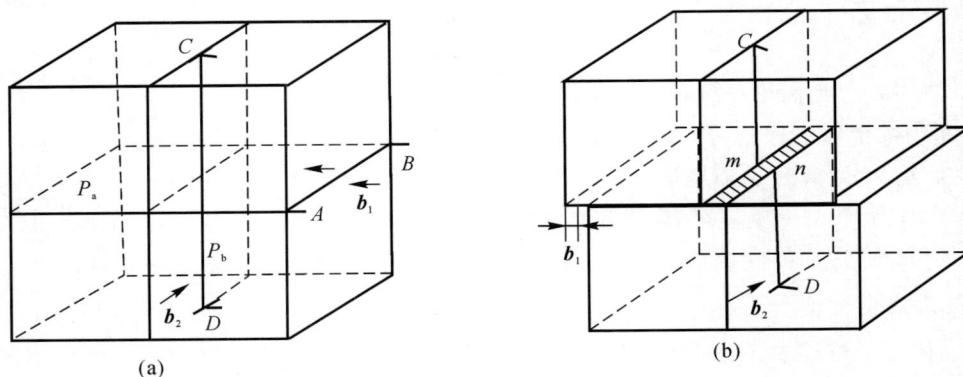

图 2-24　位错交割形成的割阶

2.2.8　位错塞积

在切应力的作用下,当位错源所产生的大量位错沿滑移面运动时,如果遇上障碍物(如固定位错、杂质粒子、晶界等),领先位错会在障碍物前被阻止,后续位错被堵塞起来,形成位错的塞积,如图 2-25 所示。这类塞积的位错群体就称为位错的塞积群,最靠近障碍物的位错称为领先位错。

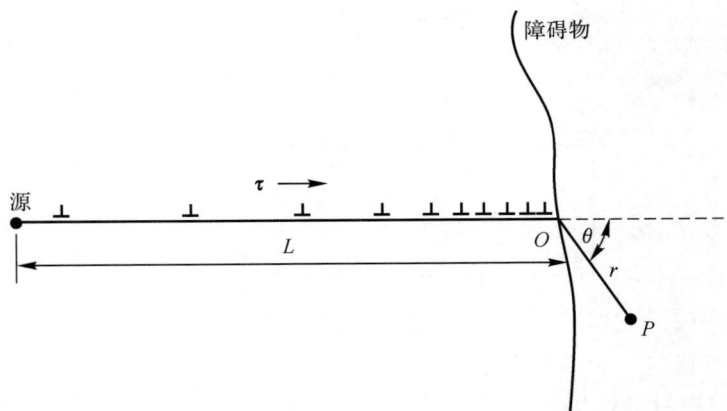

图 2-25　位错塞积

塞积群中位错所受的力比较复杂:首先它们都受到外加切应力产生的滑移力 τb,这个力促使位错运动,并尽量靠拢;其次是位错之间产生的排斥力,这个力使位错在滑移面上尽量散开;最后是障碍物的阻力,这是一个短程力,它只作用在领先位错上。显然,塞积群中的每一个位错都处在作用力平衡的位置上。

塞积群的领先位错除受到外加切应力的作用外,还受到其他所有位错的挤压,故在领先位与障碍物之间存在着很大的局部应力,即障碍物对领先位错有一个反作用力 τ_0,如果位错塞积群是由 n 个柏氏矢量均为 b 的位错组成,那么这个塞积群(作为一个整体)对障碍物的作用力为 $n\tau_0$。由此得到到障碍物对领先位错的反作用力也为 $n\tau_0$。

可见,n 个位错塞积,头部的应力集中是外加切应力的 n 倍。这种应力集中在材料加工硬化、脆性断裂中有重要的作用。

位错塞积群对位错源会产生反作用力。当这种反作用力与外加切应力平衡时,位错源就会关闭,停止产生位错,只有进一步增加外力,位错源才会重新开动。这说明对位错运动的阻碍能提高材料的强度。

2.2.9　位错的增殖

经过剧烈冷变形的金属中位错密度比经过充分退火的金属要高出 $4 \sim 5$ 个数量级,这个事实说明,变形过程中位错肯定是以某种方式不断增殖的,而能增殖位错的区域称为位错源。

位错增殖的机制有多种,其中最重要的是弗兰克(Frank)和瑞德(Read)在 1950 年提出并已被实验所证实的 Frank - Read 源,简称 F - R 源。

图 2 - 26(a)中的 CD 是滑移面上的一段刃型位错,其两端与 AC,BD 位错相连。假设 AC,BD 两个位错不在滑移面上,即不能运动,则 C,D 就是被钉住的固定节点,当外加切应力 τ 作用时,CDP 将受到驱动力 $F = \tau b$ 的作用,但因两端固定而只能向前弯曲,如图 2 - 26(b)(c)所示。CD 上一小段位错的受力情况为,当 F 使位错弯曲时,位错两端的线张力 T 将产生一个指向曲率中心的恢复力,若位错弯曲后的长度为 d,曲率半径为 r,ds 所对的圆心角为 $d\theta$,则位错要保持这一弯曲状态不变,力 F 就必须与恢复力平衡,故在切应力 τ 的

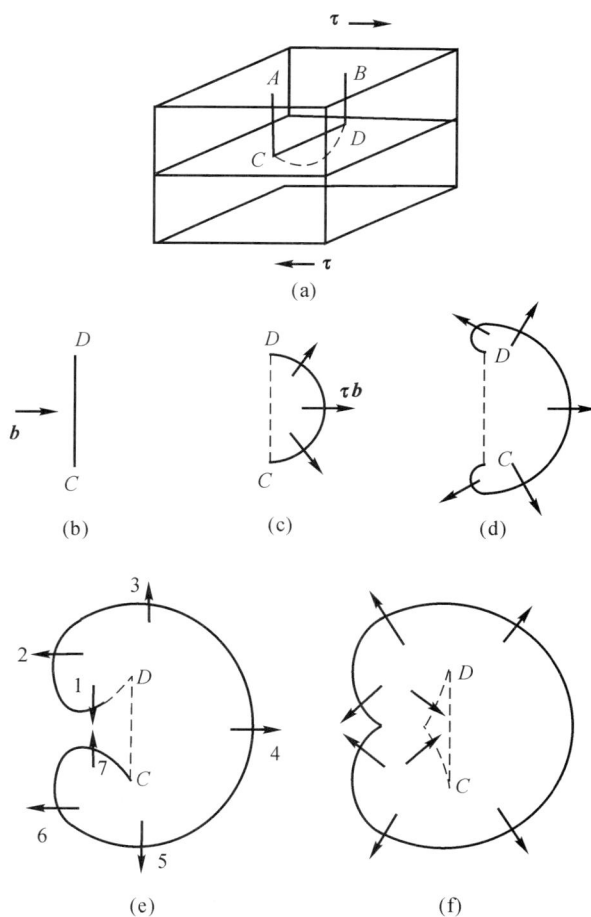

图 2 - 26　位错增殖
(a)两端固定的位错;(b)～(f)位错增殖过程

作用下,位错线的平衡半径 $r = \dfrac{T}{\tau b}$,或使位错弯曲到半径为 r 所需的切应力最大。

从图 2-26（c）中不难看出，当位错线弯曲成半圆时，$r = r_{max} = \dfrac{l}{2}$（等于 CD 间距之半时具有最小曲率半径），为了维持平衡所需的切应力 τ_{max} 就是使 F-R 源起动所需要的切应力。当 $r \leqslant \tau_{max}$ 时，位错线处于稳定状态；而当 $r > \tau_{max}$ 时，位错线就不再保持稳定的平衡状态，它会在恒定的切应力 τ 的作用下不断地扩展。当位错线沿法线方向向外扩展时，其各点移动的线速度相同，而角速度不同。距离 C、D 越近的地方，角速度越大。所以当位错线弯曲成半圆以后，两端将围绕 C、D 两点发生卷曲，如图 2-26(d) 所示。

在位错线弯曲和扩展的过程中，由柏氏矢量和位错线的关系可知，位错线上各点的性质发生了变化。例如在图 2-26(e) 中，若 2、6 两点为负刃型位错，则 4 点为正刃型位错，而 1、5 两点为左螺型位错，3、7 两点为右螺型位错。在切应力作用下，位错圈不断扩大。在 1、7 两个异号位错相遇以后，彼此就会抵消。这样，原来整根的位错线便断成两部分：外面是一个封闭的位错环，里面是一段连接 C、D 的位错线，如图 2-26(f) 所示。位错环在切应力作用下继续扩展，直到走出滑移面以后，晶体便产生一个 b 的滑移量；而环内的 CD 位错线在滑移力和线张力的共同作用下，则逐渐变直并回到原始状态。之后，在切应力的继续作用下，CD 不断重复上述过程，结果便放出大量位错环，造成位错的增殖。

除上述 F-R 源或称双轴位错增殖机制外，还有单边 F-R 源（或称 L 型位错增殖机制）、双交滑移增殖等机制。

2.2.10 实际晶体中的位错

1.常见金属晶体中的位错

实际晶体中，位错的柏氏矢量不能是任意的，它应符合晶体的结构条件和能量条件。所谓晶体结构条件是指柏氏矢量必须连接晶体中一个原子平衡位置到另一个平衡位置，而能量条件是指柏氏矢量必须使位错处于最低能量。在某种晶体结构中，如从结构条件看柏氏矢量可取很多，但从能量条件看，能量越低，位错越稳定，故柏氏矢量越小越好。因此实际晶体中存在的位错其柏氏矢量只有少数几个。表 2-1 列出了三种常见金属晶体中全位错和不全位错的柏氏矢量，由表 2-1 可见，全位错柏氏矢量的模等于同晶向上原子间距，不全位错柏氏矢量的模小于同晶向上原子间距。

表 2-1 三种常见金属晶体结构中位错的柏氏矢量

晶体结构	位错类型	柏氏矢量
BCC	全位错	$\dfrac{a}{2}<111>$ $a<100>$
	不全位错	$\dfrac{a}{3}<111>$, $\dfrac{a}{6}<111>$, $\dfrac{a}{8}<110>$, $\dfrac{a}{3}<112>$
FCC	全位错	$\dfrac{a}{2}<110>$ $a<100>$
	不全位错	$\dfrac{a}{6}<112>$, $\dfrac{a}{3}<111>$, $\dfrac{a}{3}<110>$, …
HCP	全位错	$\dfrac{a}{3}<11\bar{2}0>$, $\dfrac{a}{3}<11\bar{2}3>$, $c<0001>$
	不全位错	$\dfrac{c}{2}<0001>$, $\dfrac{a}{6}<20\bar{2}3>$, $\dfrac{a}{3}<10\bar{1}0>$

下面对面心立方晶体中的不全位错进行讨论。

（1）堆垛层错。面心立方结构是由密排面{111}堆积而成的,其堆垛顺序为 $ABCABC\cdots$ 为了简便,常用符号"$\triangle$"表示 AB ,BC , CA 的堆垛顺序,而用符号"$\triangledown$"表示 BA , AC , CB 的堆垛顺序,故上述结构的堆垛顺序可表示为 $\triangle\triangle\triangle\triangle\cdots$

如果面心方立结构中某个区域的{111}面堆垛顺序出现了差错,成为

$$A \qquad B \qquad C \qquad B \qquad C \qquad A$$
$$\triangle \qquad \triangle \qquad \triangledown \qquad \triangle \qquad \triangle$$

则在"$\triangledown$"处少了一层 A ,形成了晶面错排的面缺陷,这种缺陷称为堆垛层错,层错也可能出现在其他晶体中。层错是一种晶格缺陷,它破坏了晶体的周期完整性,引起能量升高。通常把产生单位面积层错所需要的能量称为层错能。层错出现时仅表现在改变了原子的次近邻关系,几乎不产生点阵畸变,所以,层错能相对于晶界能而言是比较小的。层错能越小的金属,则层错出现的概率越大。

（2）不全位错。当层错只在某些晶面的局部区域内发生、并不贯穿整个晶体时,层错区与完整晶体之间就存在着边界线,边界线处原子的最近邻关系被破坏,排列产生畸变,因而形成了位错。这种位错的柏氏矢量 $\boldsymbol{b}$ 小于点阵矢量,故为不全位错。不全位错引起的能量变化介于全位错和堆垛层错之间。

根据层错的形成方式不同,面心立方晶体中有两种不全位错。

1）肖克莱(Shockley)不全位错。图 2 - 27 所示是肖克莱不全位错的模型,图中纸面代表 $(10\bar{1})$ 面,面上的"○"代表前一个面上的原子,"●"代表后一个面上的原子。图中每一横排原子是一层垂直于纸面的(111)面,这些面沿[111]晶向的正常堆垛顺序为 $ABCABC\cdots$ 如果使晶体的左上部相对于其他部分产生 $a/6[12\bar{1}]$ 的滑移,则原来的 A 层原子移到 B 层原子的位置,A 以上的各层原子也依次移到 C , A , $B\cdots$ 层原子的位置。这样堆垛顺序变成 $ABCBCAB$,即形成层错,而晶体右半部仍按正常顺序堆垛,这样层错区与完整晶体区的交线 M （垂直于纸面）即为肖克莱不全位错。由图 2 - 27 可以看出,该位错与其柏氏矢量 $a/6[11\bar{2}]$ 相垂直,属于刃型肖克莱不全位错。

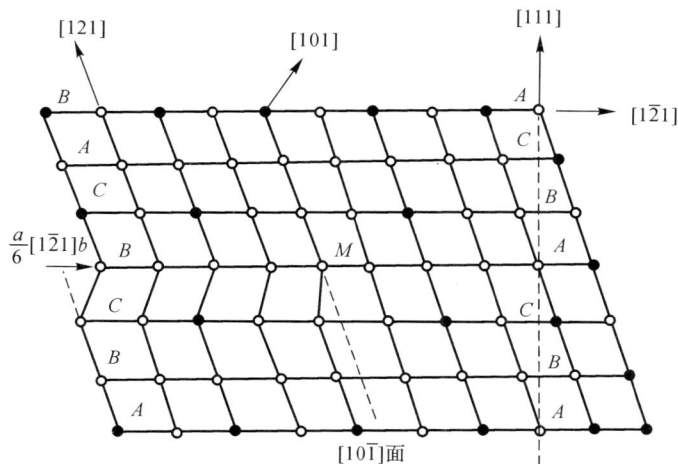

图 2 - 27　肖克莱(Shockley)不全位错

这种不全位错有一定的宽度,其位错线可以是{111}面上的直线或曲线,因此也可能出现螺型或者混合型的肖克莱不全位错。与全位错不同的是这种位错的四周不全是原来的晶体结构。另外,由于层错是由平面发生的,故其位错线不可能是空间曲线。

2)弗兰克(Frank)不全位错。图 2-28 所示为弗兰克不全位错。在完整晶体的左半部抽去半层密排面的 B 原子,则这部分晶体的堆垛顺序变为 $ABCACABC\cdots$在第五层产生了堆垛层错,层错区与右半部完整晶体之间的边界(垂直于纸面)就是弗兰克不全位错。其特征是柏氏矢量与层错面{111}相垂直,柏氏矢量为 $a/3[111]$。由于柏氏矢量不在层错面上,所以它不能滑移,是一种不动位错。不过,这种位错可以通过吸收或放出点缺陷而在层错面上攀移,攀移的结果可使层错面扩大或缩小。

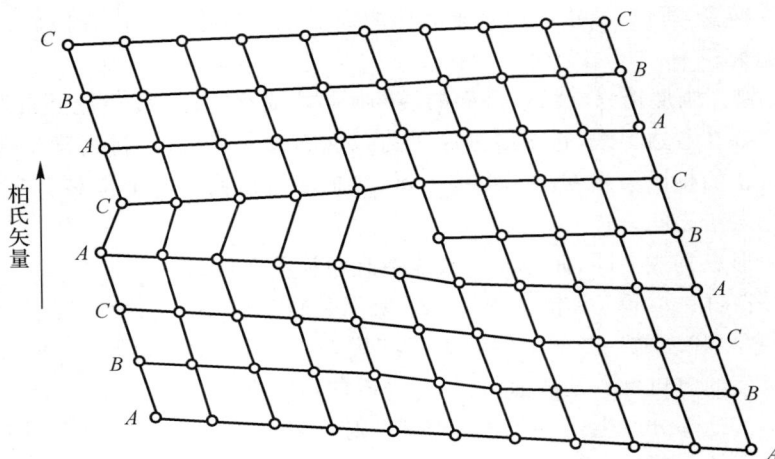

图 2-28　弗兰克(Frank)不全位错

2.位错反应

由几个位错合成为一个新位错或由一个位错分解为几个新位错的过程称为位错反应。

位错反应能否进行,取决于以下条件。

(1)几何条件,即反应前各位错的柏矢量之和应等于反应后的柏氏矢量之和。例如面心立方晶体中,能量最低的全位错 $\dfrac{a}{2}[\bar{1}10]$ 可以在(111)面上分解为两个肖克莱位错,即

$$\frac{a}{2}[\bar{1}10] \rightarrow \frac{a}{6}[\bar{2}11] + \frac{a}{6}[\bar{1}2\bar{1}] \rightarrow$$

这个反应完全满足几何条件。但是,如果由上式右边的两个不全位错合成左边的全位错,在几何上也符合要求,那么,位错究竟以哪种形式存在呢?这还需要从能量上作进一步判定。

(2)能量条件,即反应后各位错的总能量小于反应前的总能量。由于位错的能量正比于柏氏矢量的二次方,故此条件可写为

$$\sum |\boldsymbol{b}_{前}|^2 > \sum |\boldsymbol{b}_{后}|^2$$

据此可判断位错反应方向。反应前、后的能量关系为

$$\frac{a^2}{2} > \frac{a^2}{6} + \frac{a^2}{6}$$

因此全位错$\frac{a}{2}[\bar{1}10]$可以自发分解为不全位错。

以上两条是位错反应的必要和充分条件,前者可用来判断位错反应的可能性,后者则可确定位错反应进行的方向。

3.离子晶体中的位错

图 2-29 所示为 NaCl 晶体中的刃型位错。图示为滑移面$(1\bar{1}0)$,$\boldsymbol{b} = -1/2[110]$的纯刃型位错在(001)面上的原子组态。其中图(a)和图(b)的图面分别垂直于生位线的两个相邻的(001)面。图中显示,位错露头处具有有效电荷[图 2-29(a)所示为负电荷,图 2-29(b)所示为正电荷]。从图 2-29 可以看出离子晶体中的位错有下述特点:

(1)滑移面不一定是最密排面,但柏氏矢量仍为最短的点阵矢量。例如,NaCl 的主滑移面是{110},其次是{100},偶尔也有{111}{112}等滑移面,但柏氏矢量均为 1/2<110>。

(2)刃型位错的附加半原子面包括两个互补的附加半原子面。

(3)刃型位错在滑移面上滑移时,沿着位错线没有离子和电荷的移动,因而位错露头处的有效电荷不改变符号。

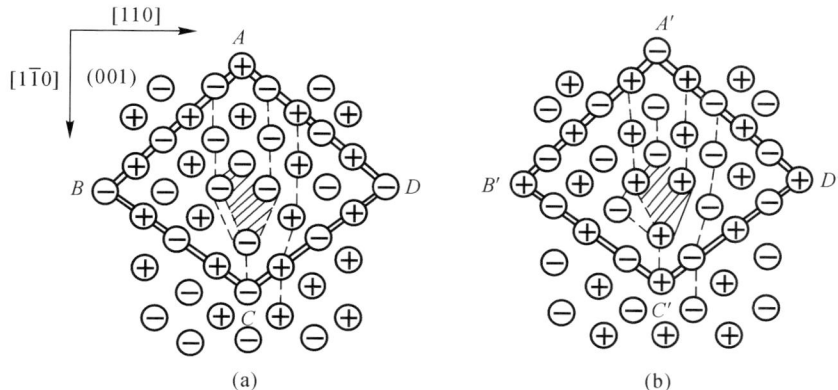

图 2-29　NaCl 晶体中的刃型位错

4.共价晶体中的位错

共价键具有明显的方向性和饱和性,因而使晶体的微观对称性下降,这对于位错的特性有较大影响。例如,具有 fcc 的金属,{111}面的堆垛顺序为 $ABCABC\cdots$柏氏矢量为$a/2<\bar{1}10>$的全位错可以位于任意一层(111)面上,其性质都相同。但是,对于具有同样点阵的金刚石来说,虽然滑移系统也是{111}<110>,全位错的柏氏矢量也是$a/2<\bar{1}10>$,但位错的特性却与它的滑移面位置有关,这一点可以用图 2-38 来说明。图 2-38 是原子在(110)面上的投

影。可以看出,(111)面的堆垛顺序是 $AaBbCcAa\cdots$ 其中同名字母所表示的(111)面的面间距为 $\sqrt{3}a/4$,异名字母的相邻(111)面间距为 $\sqrt{3}a/3 - \sqrt{3}a/4 \approx 0.144\,a$。容易出现的滑移面应位于异名字母的相邻(111)面之间。有时称易滑的位错为滑动型位错,称难滑位错为拖动型位错。

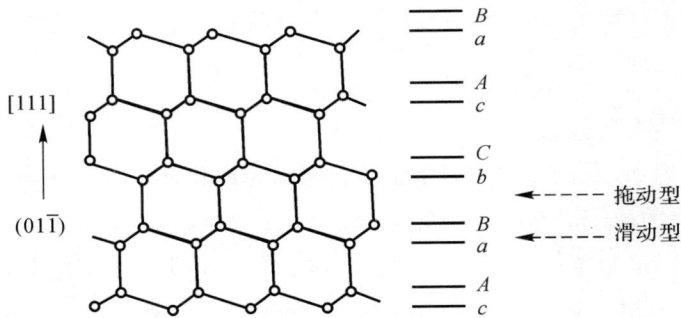

图 2-30　金刚石原子在(110)面上的投影

　　总之,共价晶体和离子晶体中都含有位错。与金属相比,共价晶体和离子晶体中固有的位错,特别是可动的位错很少;另外,金属在变形时可大量增殖位错,而共价晶体和离子晶体由于结合力很强,位错运动时点阵阻力大,这些都导致其变形比金属难。

2.3　面　缺　陷

　　晶体的面缺陷包括两类:一是晶体的外表面,二是晶体的内界面。其中内界面又包括晶界、亚晶界、孪晶界、相界和堆垛层错等。面缺陷对金属的物理性能、化学性能和力学性能都有重要影响。这里仅就几类重要的面缺陷加以介绍。

2.3.1　晶界

　　多晶体都是由许多晶粒组成的,每个晶粒就是一个小单晶体。相邻晶粒之间的界面称为晶界,根据相邻晶粒位向差的大小,可把晶界分为小角晶界和大角晶界两种类型。

1.小角晶界

两个相邻晶粒位向差小于 10°的晶界称为小角晶界。小角晶界又可分为下列几种。

(1)对称倾侧晶界。

图 2-31 所示为一简单的对称倾侧晶界的模型。由于相邻两晶粒的位向差 θ 角很小,其晶界可看成是由一列相隔距离一定的刃型位错所组成的,由于晶界平面是两个相邻晶粒的对称平面,故称为对称倾侧晶界,θ 称为倾侧角。

可见,随着取向差 θ 的增大,位错间距将要减小。当 $\theta > 10°$时,D 只有 5~6 个原子间距,此时位错密度太大,该模型就不适用了。

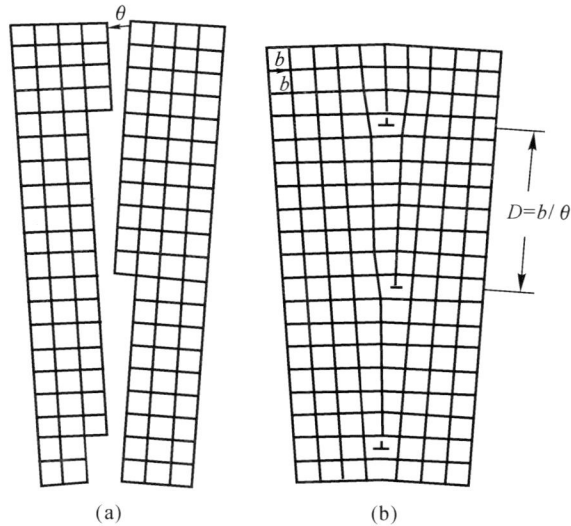

图 2 - 31　对称倾侧晶界模型

（2）扭转晶界。

小角扭转晶界的形成模型如图 2 - 32 所示，其中图 2 - 32（a）表示将一块晶体沿横断面切开，并使右半部晶体绕 y 轴转动 θ 角，再与左半部晶体黏合在一起，便形成了图 2 - 32（b）所示的扭转晶界。该晶界上的原子排列如图 2 - 33 所示，图 2 - 33 表明，扭转晶界是由两组螺型位错交叉成网络结构的，晶界两侧的原子位置在位错处不吻合，而其余处是吻合的。

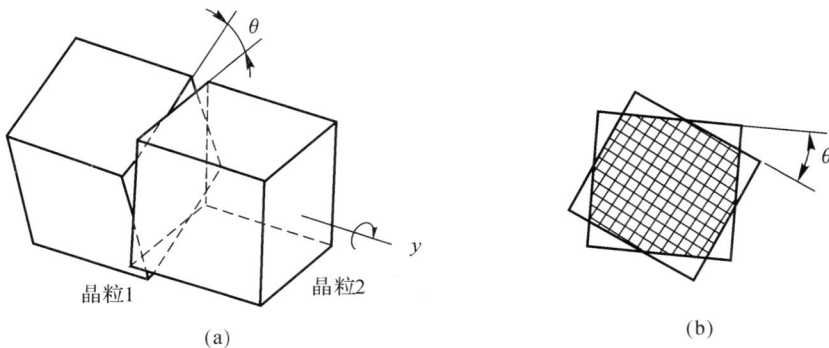

图 2 - 32　扭转晶界的形成

（a）晶粒扭转 θ 角；（b）晶粒的网格

上述两种晶界都是小角晶界的特殊形式，对于一般的小角晶界，其旋转轴与界面之间可以保持任意的取向关系。故这种界面具有由刃型和螺型位错组成的更复杂的结构。

2.大角晶界

在小角晶界上，相邻晶粒的错配集中于位错附近，而位错以外的其他位置原子匹配得较好，但是当晶粒之间的取向差增大，界面处因位错核心连在一起产生很大畸变时，把晶界看成是由独立位错组成就不合适了。

近年来有人应用场离子显微镜研究晶界,提出晶界的重合位置点阵模型,设想把两个相邻晶粒的阵点向晶界以外无限延伸,再经过微小的位置调整(如绕某一轴旋转一定角度)后,必有一部分阵点重合,如图 2 - 34 所示。由这些重合阵点构成的新点阵称为"重合位置点阵"。

图 2 - 34 表示体心立方晶体绕公共的[110]轴旋转 50.5°后,两晶粒的原子排列模型。该图中重合位置的原子为晶体原子的 1/11,即每 11 个原子中有一个重合位置。重合位置的原子占晶体原子的比例,称为重合位置密度。按照这种模型,界面上包含的重合位置密度越高,两晶粒在界面上配合得越好,晶界能就越低。因此,一方面,两个相邻晶粒力求保持特殊的取向差,以便形成密度较大的重合位置点阵;另一方面,晶界趋向与重合位置点阵中的密排面重合,以便减少晶界能。

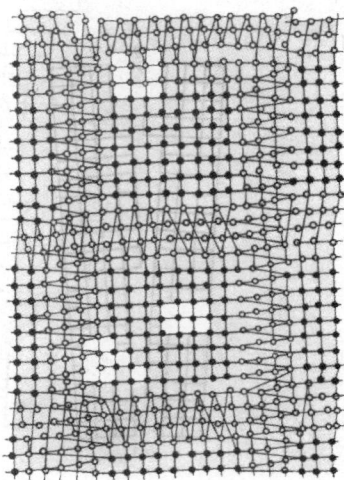

图 2 - 33 扭转晶界模型

这样,晶界便进行小面化,即把大部分面积分段与密排面重合,而各段之间则以台阶相连(见图 2 - 34 中的 BC),虽然台阶处的原子错排比较严重,但因面积不大,所以总能量还是比较低的。

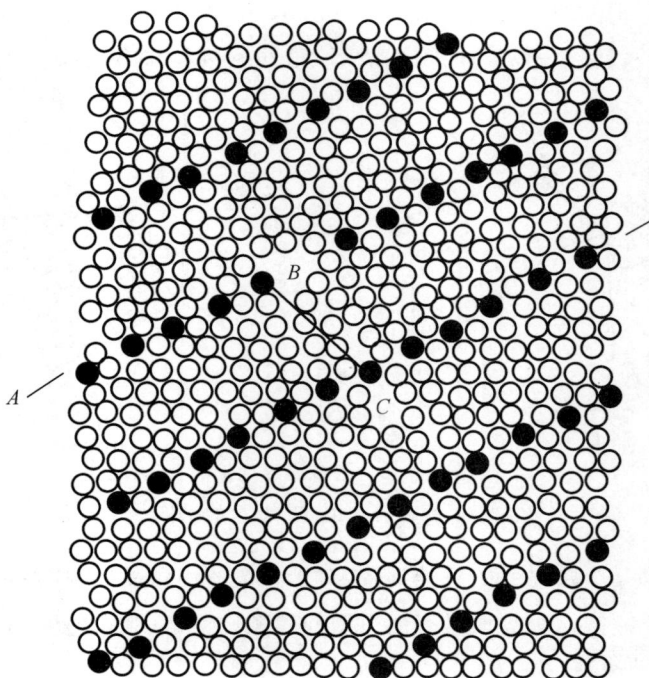

图 2 - 34 体心立方晶体的重合位置点阵

不同结构的晶体相对于各自的特殊晶轴旋转一定角度后均能出现重合点阵。不同结构晶体中获得重要重合位置点阵的旋转轴、旋转角度及重合位置密度。实际上对很多晶轴旋转都有相应的数值,能出现重合位置点阵的位向很多。

应该指出,重合位置点阵毕竟是在某些特殊取向大角晶界结构的模型,还需要进行补充和修正,以便把重合位置点阵的概念用到更宽广的范围。

2.3.2 界面能

由于晶界上原子排列不规则,将产生点阵畸变,引起能量升高,这部分能量称为界面能。界面能用单位面积的能量表示,类似于表面张力,其单位为 J/m^2。

小角度界面能与相邻两晶粒之间的位向差 θ 有关系,其关系式为

$$v = r_0\theta(B - \ln\theta)$$

式中:$r_0 = \dfrac{Gb}{4\pi(1-v)}$ 为常数,其值取决于材料的切变模量 G 和位错的柏氏矢量 $\boldsymbol{b}$;B 为积分常数,取决于位错中心原子错排能。

可见,小角度界面能随着取向差 θ 的增大而增大。

大角界面能基本是一恒定值(在 $0.25\sim1.0\ J/m^2$),与位相差 θ 无关,且比小角界面能大很多。图 2-35 所示为铜的不同类型界面下的界面能。

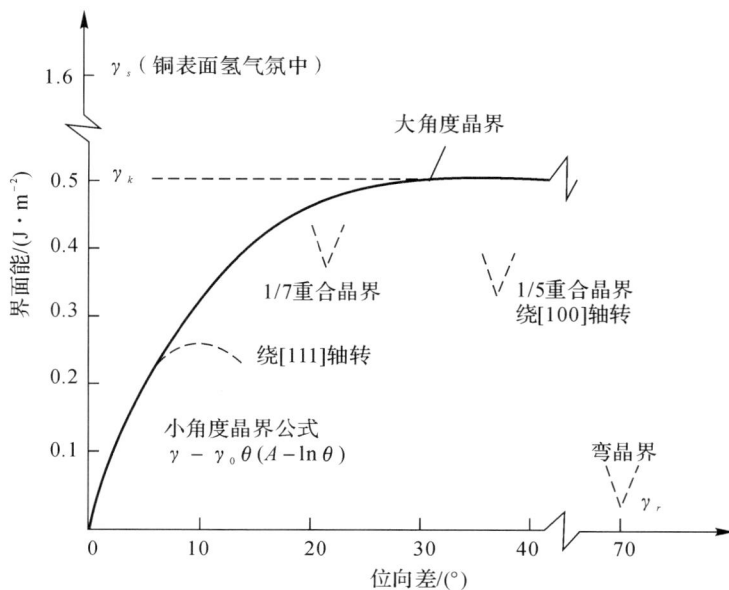

图 2-35 铜的不同界面能量

2.3.3 孪晶界和相界

1. 孪晶界

孪晶是指相邻两个晶粒或一个晶粒内的相邻两部分的原子相对于一个公共晶面里镜面对称排列,此公共晶面称为孪晶面,如图 2-36(a)所示。在孪晶面上的原子为孪晶两部分晶体所共有,同时位于两部分晶体点阵的节点上,这种形式的界面称为共格界面。孪晶之间的界面称为孪晶界。如果孪晶界与孪晶面一致,称为共格孪晶界;如果孪晶界与孪晶面不一致,称为非共格孪晶界,如图 2-36(b)所示。

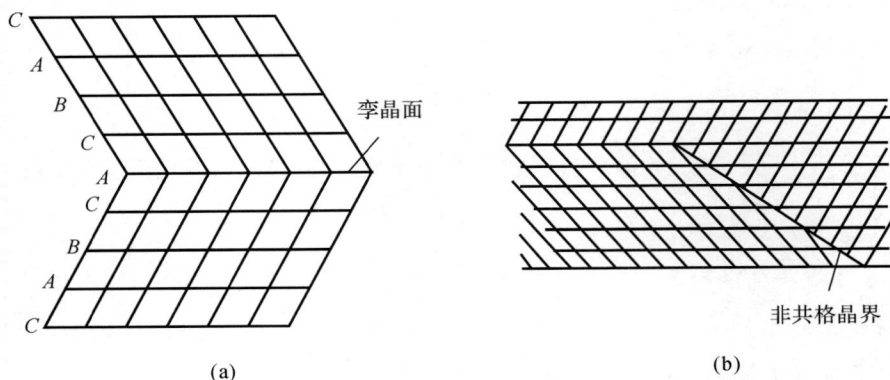

图 2-36 孪晶界
(a)共格孪晶界;(b)非共格孪晶界

2. 相界

合金一般由两个或两个以上的相组成。相邻两个相之间的界面称为相界。

相界可以是共格、半共格和非共格的。共格相界的特征是界面两侧的"相"保持一定的位向关系,沿着界面,两相具有相同或近似的原子排列,故两相在交界面上原子匹配得较好。图 2-37(a)所示是一种具有完善共格关系的相界,在相界上的原子匹配得很好,几乎没有畸变。这种相界的能量特别低,但较为少见。比较常见的是共格面两侧晶体的原子面间略有差别。这样就会在相界附近引起一定的弹性畸变,如图 2-37(b)所示。这时相界的能量比前一种高,在某些情况下,当相界的畸变能高至不能维持共格关系时,共格关系将被破坏而变为一种非共格相界,如图 2-37(d)所示,非共格相界的畸变能虽然减小,但又出现了表面能,其界面能较图 2-37(b)中的高。

另一种能量较低的相界是图 2-37(c)所示的半共格相界。其特征是沿相界面每隔一定距离产生一个刃型位错,除刃型位错线上的原子外,相界上其余的原子都是共格的。由于这种界面是由共格区和非共格区相间组成的,两相的原子在界面上只是部分地互相匹配,故称之为半共格界面。

各种界面能都可通过实验方法(如界面张力平衡法或动力学方法等)进行测量。

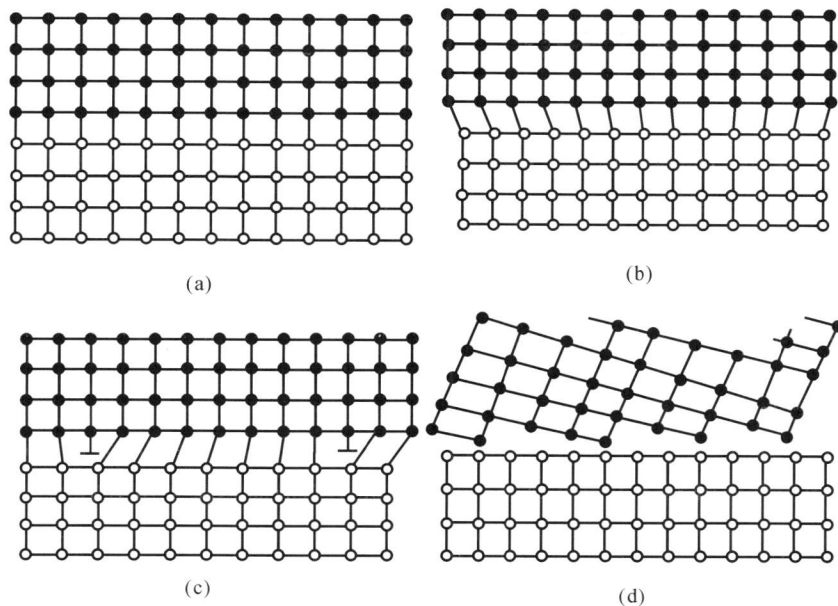

图 2 - 37 相界面的共格关系

(a)共格;(b)有弹性畸变的共格;(c)半共格;(d)非共格

第3章 相 结 构

　　无论是金属材料,还是陶瓷和高分子材料,都是由不同结构的各种相组成的。所谓"相"是指在任一给定的物质系统中,具有同一化学成分、同一原子聚集状态和性质的均匀连续组成部分。不同相之间有界面分开。固态物质可以是单相,也可以是多相,例如固体纯金属、聚乙烯等是单相物质;当由金属和其他一种或多种元素通过化学键合而形成合金材料时,一定成分的合金可以由若干不同的相组成,例如钢是由 α-Fe 和 Fe_3C 两相组成的,普通陶瓷则是由晶相、玻璃相和气相组成的。

　　虽然固体中有各种不同的相,但从结构上可将其分为固溶体、化合物、陶瓷晶体相、玻璃相及分子相等五类。本章将讨论各类相的组成、结构类型、形成规律及性能特点等。

3.1 固 溶 体

3.1.1 固溶体的定义

　　固溶体是固态下一种组元(溶质)溶解在另一种组元(溶剂)中而形成的新相,其特点是具有溶剂组元的点阵类型。晶格与固溶体相同的组元称为溶剂,其他组元称为溶质。

　　溶质原子在溶剂中的最大含量(极限溶解度)称为固溶度(摩尔分数)。

　　固溶体可以从不同角度进行分类。按照溶质原子在溶剂点阵中所占据的位置不同,可分为置换固溶体和间隙固溶体,如图 3-1 所示;按溶解度大小又可分为无限固溶体和有限固溶体;按各组元原子在点阵中排列的秩序性又可分为无序固溶体和有序固溶体。

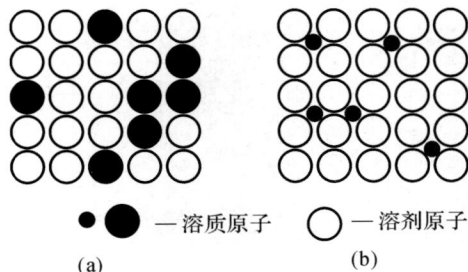

● ⬤ —溶质原子　　　○ —溶剂原子

(a)　　　　　　　　　　(b)

图 3-1　固溶体类型
(a)置换固溶体;(b)间隙固溶体

3.1.2　置换固溶体

不少金属元素彼此之间都能形成置换固溶体,并且具有或大或小的固溶度(摩尔分数),但不同元素的固溶度(摩尔分数)差别很大。欲利用固溶方法改善金属材料的性能,就必须了解各种元素在金属中的固溶度(摩尔分数)范围。Hume-Rothery 通过大量实验首先提出影响固溶度(摩尔分数)的三大经验规律:

一是如果形成合金的元素其原子半径之差对溶剂原子半径的比(取绝对值)超过 14% ～ 15% ,则固溶度(摩尔分数)极为有限;二是溶剂和溶质的电化学性质相近;三是两个给定元素的相互固溶度(摩尔分数)与它们各自的原子价有关。

这里仅第一条是定量的规律,后两条只能定性地说明,且第三条只适用于一价贵金属与大于一价的 A 主族元素形成合金时的情况。后来,人们又做了大量研究工作,发现不同元素间的原子尺寸、化学亲和力(电负性)、电子浓度和晶体结构等因素对固溶度(摩尔分数)均有明显的规律性影响。

影响置换固溶体的因素有以下几项。

1.原子尺寸因素

一般来说,溶质和溶剂的原子尺寸差别越小,越容易形成置换固溶体,并且所形成固溶体的溶解度(质量分数)越大,这是由于两组元的原子尺寸差别越大,畸变能的增加也越大。在畸变能增加到一定程度后,晶体就变得不稳定了,于是溶解度(质量分数)就不能再增大了。Hume-Rohery提出有利于大量固溶的原子尺寸条件为两组元的原子半径差对溶剂原子半径的比不超过 15%。若参照合金元素的原子直径数值,可以看出,凡是与铁的原子直径差对铁原子直径的比在 15% 以上者,在铁中的溶解度(质量分数)均很小,如镁、钙、锶等;而能与铁形成无限固溶体的元素,如镍、钴、铬、钒等,与铁的原子直径差对铁原子直径的比不超过 10% 。

2.晶体结构因素

对于置换固溶体,溶质与溶剂的晶体结构类型相同是它们能够形成无限固溶体的必要条件。只有满足这个条件,溶质原子才有可能连续不断地置换溶剂晶格中的原子,而仍能保持固溶体原来的晶格类型。对于间隙固溶体,由于溶剂晶格类型不同,晶格中间隙的形状和大小也不相同,因而溶解度(质量分数)也有差异。一般来说,同一种间隙原子在面心立方中的溶解度(质量分数)大于其在体心立方中的溶解度(质量分数)。

3.负电性因素(化学亲和力)

元素的负电性是指从其他原子夺取电子而变为负离子的能力。如果溶质原子与溶剂原子的负电性相差很大,即两者之间化学亲和力很大,则它们往往容易形成比较稳定的化合物;如果负电性差值不大,随负电性差值增加,异种原子间的亲和力加强,则有利于增大固溶度(摩尔分数)。

4.电子浓度因素

在合金中,两个组元的价电子总数(e)和两组元的原子总数(a)之比称为电子浓度,即

$$c = \frac{e}{a} = xu + (1-x)v \tag{3-1}$$

式中:v 和 u 是溶剂和溶质的原子价;x 是溶质的摩尔分数。

实验发现,以一价贵金属铜、金、银作溶剂,加入不同原子价的溶质元素时,在原子尺寸因素同样有利的条件下,溶质元素的原子价愈高,则形成固溶体的极限固溶度愈小。溶质原子价的影响实质上是由电子浓度决定的。如果用电子浓度为坐标表示 Zn 和 Ga 在铜中的固溶度(摩尔分数),则两者的固溶度(摩尔分数)变成几乎一样,如图 3-2(b)所示。

由图 3-2(b)可见,当溶剂为一价面心立方金属时,不同溶质元素的最大固溶度(摩尔分数)所对应的电子浓度具有一定的极限值,超过此极限值后,就不能再溶解了,将会形成另一种具有更高电子浓度的新相。因此,溶质元素的原子价愈高,同样数量的溶质原子溶解时,其电子浓度增加愈快,其固溶度(摩尔分数)就愈小。

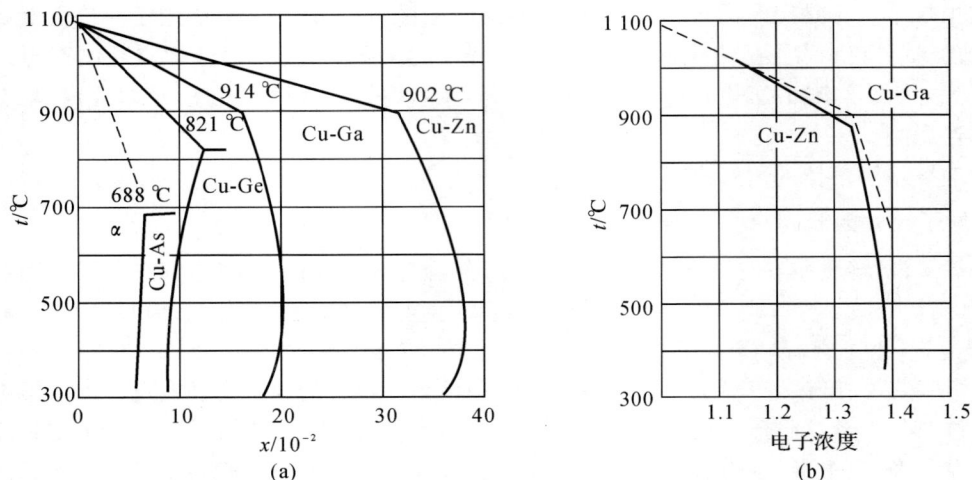

图 3-2　Zn,Ga,Ge 和 As 在 Cu 中的固溶度
(a)摩尔分数;(b)电子浓度

3.1.3　间隙固溶体

间隙固溶体是由那些原子半径小于 0.1 nm 的非金属元素,如氢(0.046 nm)、氮(0.071 nm)、碳(0.077 nm)、硼(0.097 nm)及氧(0.060 nm)溶入溶剂金属晶体点阵的间隙中所形成的固溶体。由于它们只能填在晶格的间隙位置,故只能形成有限固溶体。

碳和氮在铁中形成的间隙固溶体具有重要的实际意义。在面心立方的 γ-Fe 中,最大间隙是八面体中心,间隙半径为 $0.414 R$(R 为铁原子半径),相当于半径为 0.052 nm 的球空间。因碳原子半径稍大,当填入时,必然会引起点阵畸变,所以碳原子不能把所有间隙填满。实际上碳在 γ-Fe 中的最大溶解度(质量分数)仅为 0.211。体心立方的致密度虽然低于面心立方的致密度,但因为它的间隙数量多,因此单个间隙半径反而比面心立方的要小。若以同样大小的间隙原子填入,将产生较大的畸变。这就是碳在 γ-Fe 中的固溶度(摩尔分数)比在 α-Fe 中大的原因。

3.1.4　有序固溶体

过去人们曾认为原子在固溶体中的分布是统计的、均匀的和无序的排列,如图 3 - 3(a)所示。但是近年来的研究表明,所谓无序固溶体只是宏观上的一种近似说法,从微观尺度看,它们并不均匀,可能出现偏聚、部分有序和完全有序,如图 3 - 3(b)～(d)所示。究竟取哪一种分布状态主要取决于同类原子(A - A)或异类原子(A - B)间的结合能。

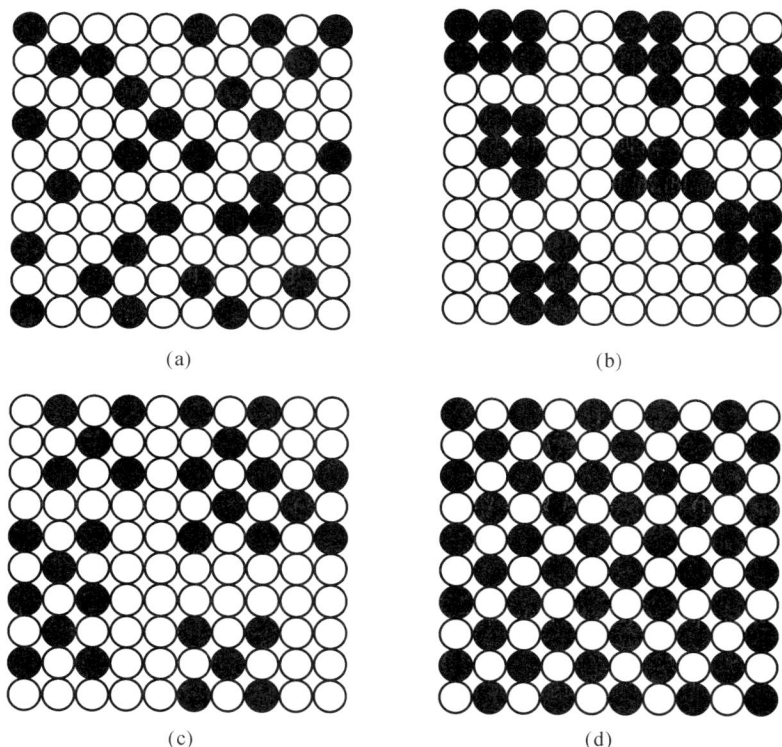

(a)　　　　　　　　　　　　(b)

(c)　　　　　　　　　　　　(d)

图 3 - 3　固溶体中溶质原子的分布

(a)完全无序;(b)偏聚分布;(c)部分有序;(d)完全有序

当同类原子间的结合能小于异类原子间的结合能时,就会呈现图 3 - 3(c)所示的原子分布。此时,若原子达到一定的原子分数,则会呈完全有序分布,即形成有序固溶体,如图 3 - 3(d)所示。可见有序固溶体有确定的化学成分,可以用化学式表示。例如,在 Cu - Au 合金中,当其原子数之比等于 1:1 或 3:1 时,可分别形成 CuAu 和 Cu_3Au 两种有序固溶体。前者铜和金原子分层排列于(001)晶面上;后者铜原子位于晶胞面心位置,金原子则占据顶角位置,如图 3 - 4 所示。

当有序固溶体加热至某一临界温度时,将转变为无序固溶体,而当缓慢冷却至这一温度时,又可转变为有序固溶体。这一转变过程称为有序化,临界转变温度称为有序化温度。

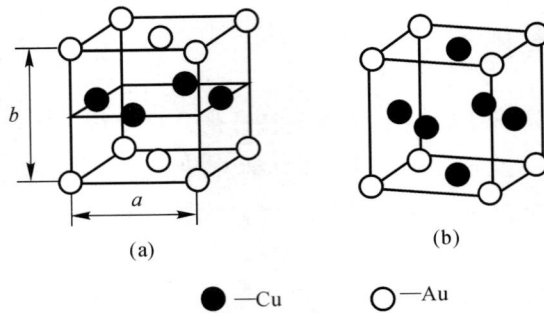

●—Cu   ○—Au

图 3-4　有序固溶体结构

(a)CuAu；(b)Cu₃Au

3.1.5　固溶体的性能

固溶体的硬度、强度往往高于组成它的各组元,而塑性则较差,这种现象称为固溶强化。强化的程度(或效果)不仅取决于它的成分,还取决于固溶体的类型、结构特点和固溶度等一系列因素。固溶强化的特点及规律如下:

间隙式溶质原子的强化效果一般要比置换式溶质原子的更显著。这是因为间隙式溶质原子往往择优分布在位错线上,形成间隙原子"气团",将位错牢牢钉扎住,从而造成强化。相反,置换式溶质原子往往均匀分布,虽然由于溶质和溶剂原子尺寸不同,造成点阵畸变,从而增加位错运动的阻力,但这种阻力比间隙原子气团的钉扎力小得多,因而强化作用也小得多。

显然,溶质和溶剂原子尺寸相差越大或固溶度越小,固溶强化越显著。

对于某些具有无序-有序转变的固溶体而言,有序状态的强度高于无序状态。这是因为在有序固溶体中最近邻原子是异类原子,所以结合键是 $A-B$ 键,而在无序固溶体中结合键是平均原子间的键。由于在具有无序-有序转变的合金中,$A-B$ 原子间的引力必然大于 $A-A$ 或 $B-B$ 原子间的引力,故有序固溶体要破坏大量的 $A-B$ 键而发生塑性变形和断裂就比无序固溶体困难得多,这种现象也称为有序强化。

溶质原子的溶入还会引起固溶体某些物理性能发生变化。对电阻的影响规律是随溶质原子的增多,电阻升高,且电阻值与温度关系不大。工程上一些高电阻材料(如 Fe-Cr-A1 和 Cr-Ni电阻丝等)多为固溶体合金。

3.2　金属间化合物

金属与金属,或金属与类金属之间所形成的化合物统称为金属间化合物。由于它们常处在相图的中间位置上,故又称中间相。长程有序固溶体也包括在中间相之中,但它与金属间化合物有区别。前者的晶体结构与以纯金属为基的固溶体结构相同,而后者的结构则与其各组元的结构不同。

影响金属间化合物的形成及其结构的主要因素和固溶体的一样,也包括电负性、电子浓度和原子尺寸,每一种主要影响因素对应一类化合物,如正常价化合物、电子化合物和间隙化合物等。下面对这三类金属间化合物的形成规律及特点分别进行讨论。

3.2.1　正常价化合物

正常价化合物就是符合原子价规则的化合物。在这种化合物 A_mB_n 中,正离子的价电子数正好能使负离子具有稳定的电子层结构。

金属元素与周期表中ⅣA、ⅤA、ⅥA 族元素形成正常价化合物,化合物的稳定性与两组元电负性差值有关。电负性差值愈大,稳定性愈高,愈接近于盐类的离子化合物。电负性差值较小的 Mg_2Pb 显示典型的金属性质;电负性差值较大的 Mg_2Sn 则显示半导体性质,主要为共价键结合;电负性差值更大的 MgS 则为典型的离子化合物。

正常价化合物具有比较简单、不同于其组成元素的晶体结构,其分子式一般有 AB,A_2B(AB_2)两种类型。图 3-5 所示为几种常见正常价化合物的结构类型。

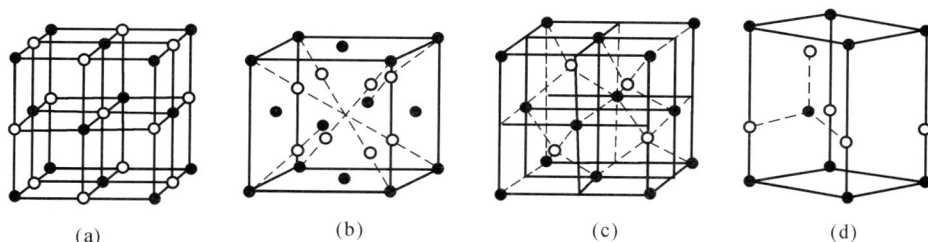

图 3-5　几种正常价化合物晶胞
(a)NaCl;(b)CaF_2;(c)闪锌矿;(d)硫锌矿

NaCl 结构是典型的离子结构,每种离子沿立方体的棱边交替排列,这种结构可视为由两种离子的面心立方结构彼此穿插而成的。在 ZnS(闪锌矿)立方结构中,每个原子具有 4 个相邻的异类原子,它亦是由两种原子各自的面心立方点阵穿插而成的。若晶胞由同类原子组成,则具有金刚石结构。在六方 ZnS(硫锌矿)结构中,每个原子也具有 4 个相邻的异类原子,如图3-5(d)所示(图中只显示了六方晶胞的 1/3)。两种原子各自组成密排六方结构,但彼此沿 c 轴方向错开一个距离。在 CaF_2 结构中,Ca^{2+} 构成面心立方结构,而 8 个 F^- 位于该面心立方晶胞内 8 个四面体间隙的中心,因此晶胞中 Ca^{2+} 与 F^- 数的比值为 4:8,即 1:2。所谓反CaF_2结构就是两种原子调换所得的结果。

这类化合物的熔点、硬度及脆性均较高。

3.2.2　电子化合物(电子相)

电子化合物是由ⅠB 族或过渡族金属元素ⅡB、ⅢA、ⅣA 族金属元素形成的金属化合物。它不遵守化合价规律,而是按照一定电子浓度值形成的化合物。电子浓度不同,所形成化合物的晶格类型也不同。对大多数电子化合物来说,其晶体结构与电子浓度都有如下的对应关系:当电子浓度为 3/2 时,呈体心立方结构,称为 β 相;当电子浓度为 21/13 时,具有复杂立方晶格,称为 γ 相;当电子浓度为 21/12 时,则为密排六方晶格,称为 ε 相。对含有过渡族元素的电子化合物,计算电子浓度时,过渡族元素的价电子数常视为零。

电子浓度为 3/2 的 β 相,除呈现体心立方结构外,在不同条件下还可能呈复杂立方的 β-Mn 结构(μ 相)或密排六方结构(ε 相)。这是因为相除了受电子浓度影响外,还受原子尺寸、溶质原子价和温度等的影响。一般来说,B 族元素的价越高、尺寸因素越小、温度越低等,均不利于形成 β 相,而有利于 μ 相或 ε 相的形成。

电子化合物虽然可用化学式表示,但其成分可在一定范围内变化,故可以认为电子化合物是以化合物为基的固溶体。

电子化合物中以金属键为主,故有明显的金属特性。

3.2.3　间隙化合物

间隙化合物主要受组元的原子尺寸因素控制,通常由过渡族元素与原子半径很小的非金属元素组成,后者处于化合物晶格的间隙中。

根据非金属原子(X)与过渡族金属原子(M)半径的比值(R_X/R_M)对这类化合物进行分类:当 $R_X/R_M<0.59$ 时,化合物具有比较简单的结构,称为简单间隙化合物(又称间隙相);当 $R_X/R_M>0.59$ 时,须要求 $\Delta R\left(\dfrac{R_M-R_X}{R_M}\times100\%\right)<30\%$,形成的化合物具有非常复杂的晶格类型,称为复杂间隙化合物。

1.简单间隙化合物

形成简单间隙化合物时,金属原子形成与其本身晶格类型不同的一种新结构,非金属原子处于该晶格的间隙之中。例如,钒为体心立方晶格,但它与碳组成碳化钒(VC)时,钒原子却构成面心立方晶格,碳原子占据了该面心立方晶格的所有八面体间隙位置,构成了 NaCl 型晶体结构,如图 3-6 所示。

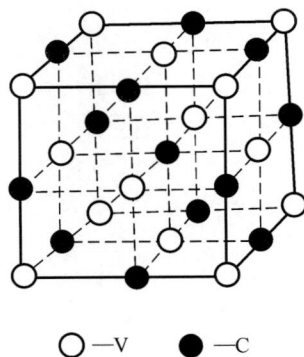

○—V　●—C

图 3-6　VC 的晶体结构

简单间隙化合物的分子式通常为 MX、M_2X、MX_2、M_4X 等,但实际成分常常包括一定范围,这与间隙的填充程序有关。有些结构简单的间隙化合物甚至可以互相溶解,形成连续固溶体,如 TiC-ZrC、TiC-VC、TiC-NbC 等。但是当两种间隙相中金属原子的半径差大于等于15%时,即使两者结构相同,相互的溶解度(质量分数)也很小。

2.复杂间隙化合物

复杂间隙化合物主要是铬、锰、铁、钴的碳化物以及铁的硼化物等。在合金钢中常见的有 M_3C 型(如 Fe_3C)、M_7C_3 型(如 Cr_7C_3)、$M_{23}C_6$ 型(如 $Cr_{23}C_6$)和 M_6C 型(如 Fe_3W_3C)等。在这些合物中,金属原子常常可以被另一种金属原子所置换。

复杂间隙化合物的晶体结构都很复杂,有的一个晶胞中就含有几十到上百个原子。Fe_3C 是钢中很重要的一种复杂间隙相,通常称为渗碳体,它属于正交晶系。

3.2.4 金属化合物的特性

虽然金属化合物种类繁多,晶体结构十分复杂,但它们都有共同的特性,即具有极高的硬度、较高的熔点,而塑性很差。这是因为金属化合物中含有较多的离子键及共价键的成分。根据这一特性,绝大多数的工程材料将金属化合物作为强化合金的第二相来使用。例如,一些正常价化合物和多数电子化合物可作为有色金属的强化相。简单间隙化合物在合金钢及硬质合金中得到广泛应用,复杂间隙化合物同样是合金钢及高温合金中的重要强化相。

此外,有些金属间化合物具有许多特殊的物理、化学性质,诸如电学性质、磁学性质、声学性质、电子发射性质、催化性质、化学稳定性、热稳定性和高温强度等,其中已有不少金属间化合物作为新的功能材料和耐热材料正在得到开发和应用,对现代科学技术的进步起着巨大的推动作用。例如,砷化镓具有优异的半导体性能,它在信息技术领域的应用已引起世界范围的广泛关注,有一些金属化合物,如 $TiAl$,Ti_3Al,Ni_3Al 等,具有随温度升高强度也升高的反常特性,若能克服其脆性较大的缺点,就可能用作耐热材料。

3.3 陶瓷晶体相

晶体相是组成陶瓷的基本相,也称主晶相,它往往决定着陶瓷的力学、物理、化学性能。如由离子键结合的氧化铝晶体组成的刚玉陶瓷,具有机械强度高、耐高温及抗腐蚀等优良性能。

陶瓷和金属类似,具有晶体构造,但与金属不同的是其结构中并没有大量的自由电子,这是因为陶瓷是以离子键或共价键为主的离子晶体(如 MgO、Al_2O_3 等)或共价晶体(如 SiC、Si_3N_4 等)。氧化物结构和硅酸盐结构是陶瓷晶体中最重要的两类结构,它们的共同特点如下:

(1)结合键主要是离子键,或含有一定比例的共价键。

(2)有确定的成分,可以用准确的分子式表示。

(3)具有典型的非金属性质等。

现在就这两类结构进行讨论。

3.3.1 氧化物结构

陶瓷氧化物都具有典型离子化合物的结构,根据结构特点,可以分为以下几类。

1. AB 型化合物的结构

这种类型的陶瓷材料,多具有 NaCl 型结构[见图 3-5(a)]、闪锌矿(立方 ZnS)结构[见图

3-5(c)]、硫锌矿(立方 ZnS)结构[见图 3-5(d)]。

2. AB_2 型化合物的结构

这类化合物以萤石(CaF_2)为代表,具有面心立方结构,如图 3-5(b)所示。属于此类型的化合物有 ThO_2、UO_2、CeO_2、BaF_2、PbF_2、CrF_2 等。

CaF_2 熔点低,在陶瓷材料中用作助溶剂,优质的萤石单晶能透过红外线。UO_2 是重要核材料。

此外,还有金红石型结构,也是陶瓷材料中比较重要的一种结构。

3. A_2B_3 型化合物的结构

刚玉(α-Al_2O_3)是 A_2B_3 型化合物的典型代表,它具有简单六方点阵,其结构晶胞如图 3-7 所示。图中氧离子构成密排六方结构,其密排面(001)的堆垛次序是 $ABAB$,而 Al^{3+} 离子位于该结构的八面体间隙中。

除了 α-Al_2O_3 外,属于刚玉型结构的 A_2B_3 化合物还有 Cr_2O_3、α-Fe_2O_3、Ti_2O_3、V_2O_3 等。

α-Al_2O_3 是极重要的陶瓷材料,它是刚玉-莫莱石瓷及氧化铝瓷中的主晶相,纯度在 99% 以上的半透明氧化铝瓷可以作高压钠灯的内管及微波窗口。掺入不同的微量杂质元素可使 Al_2O_3 着色,如掺铬化铝单晶即成红宝石,可作仪表、钟表轴承等。

4. ABO_3 型化合物的结构

此处以钙钛矿($CaTiO_3$)作为 ABO_3 型化合物的例子。图3-8所示是钙钛矿结构胞的可能结构。从图可见,其结构为简单立方点阵,也可以看成是由两个简单立方点阵穿插而成。其中一个被 O^{2-} 占据,另一个被 Ca^{2+} 占据,而较小的 Ti^{4+} 则位于八面体间隙中。

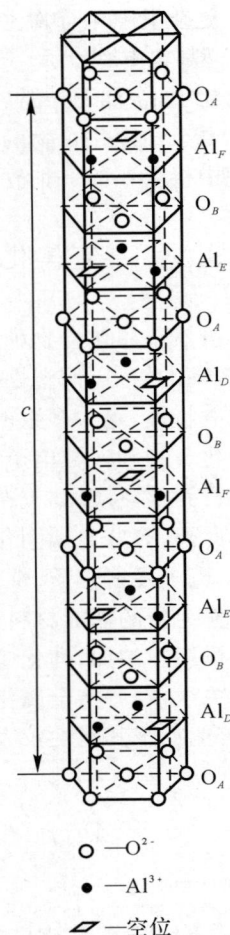

○ —O^{2-}

● —Al^{3+}

⬭ —空位

图 3-7 刚玉的结构

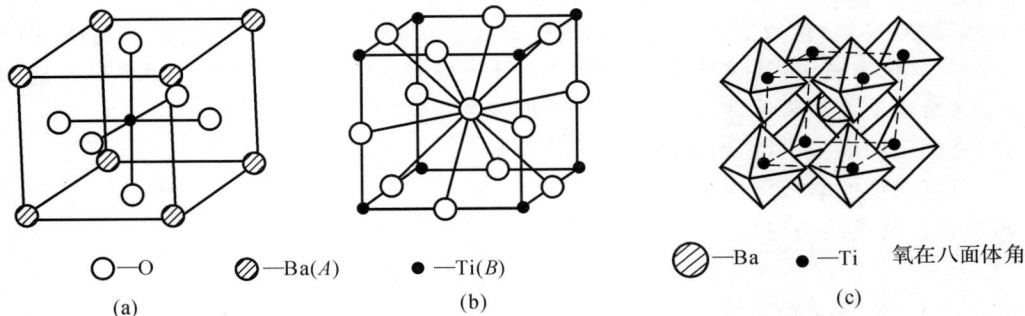

○—O　　⬭—Ba(A)　　●—Ti(B)　　⬭—Ba　　●—Ti　　氧在八面体角

(a)　　　　　　　　(b)　　　　　　　　(c)

图 3-8 钙钛矿可能的结构

钙钛矿型结构在电子陶瓷材料中十分重要,许多具有铁电性质的晶体(如 $BaTiO_3$,$PbTiO_3$ 等)都具有这种结构。

5. AB_2O_4 型结构

这类化合物中最重要的一种结构就是尖晶石($MgAl_2O_4$),图 3 - 9 所示是尖晶石的结构胞,它具有面心立方点阵,其结构特点如下:

(1)Mg^{2+} 形成金刚石结构。

(2)在每个四面体间隙中有 4 个密堆的氧离子,形成四面体,其中心即为四面体间隙的中心,各四面体的位向都相同。

(3)在中心没有 Mg^{2+} 的氧离子四面体的其余 4 个顶点上分布有 Al^{3+},这样,在一个结构胞中 Mg^{2+} 总数为 $8×1/8+6×1/2+4=8$ 个,O^{2-} 总数为 $4×8=32$ 个,Al^{3+} 总数为 $4×4=16$ 个,故化学式符合 $MgAl_2O_4$。

尖晶石

(a)　　　　　　　(b)　　　　　　　(c)

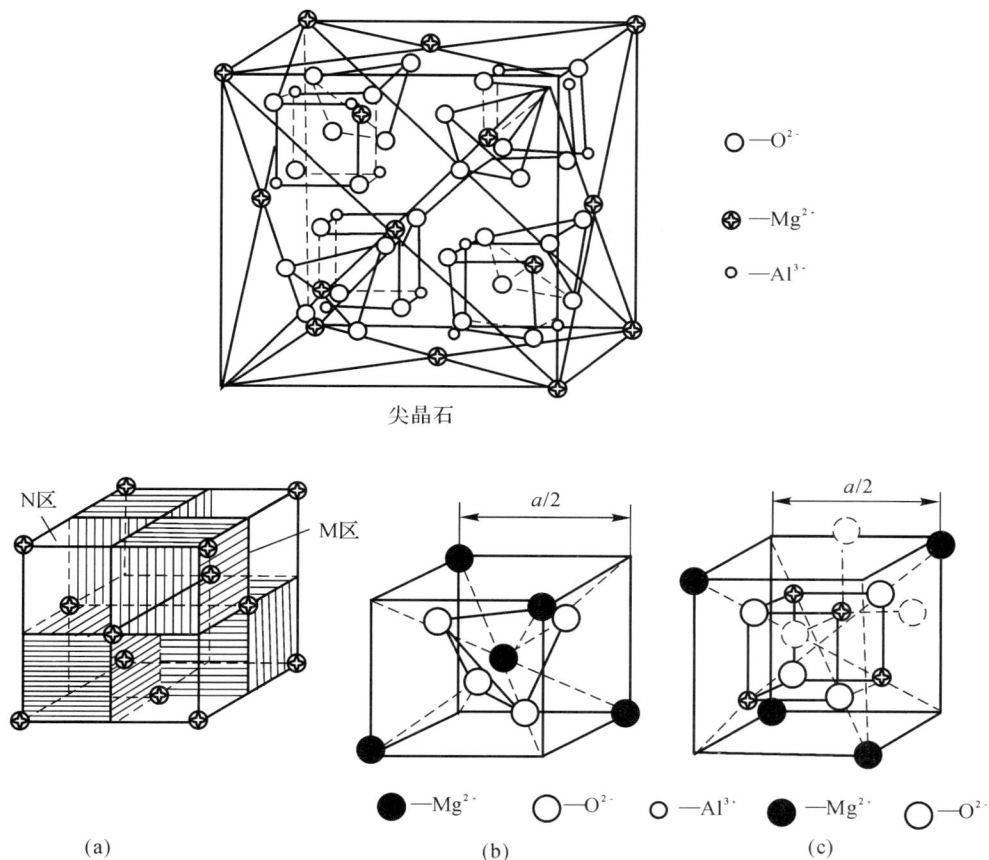

图 3 - 9　尖晶石的结构
(a)结构胞;(b)M 区;(c)N 区

3.3.2　硅酸盐结构的特点及分类

硅酸盐是一种廉价的陶瓷材料。普通水泥是人们最熟悉的硅酸盐,许多陶瓷材料,如瓦、玻璃、搪瓷等都是由硅酸盐制成的。用于制造陶瓷材料的主要硅酸盐矿物有长石、高岭土、清石、镁橄榄石等。

硅酸盐的成分和结构都比较复杂,但在所有的硅酸盐结构中起决定作用的是硅-氧间的结合,而硅-氧结合比较单纯且有规律,它是我们理解各种硅酸盐结构的基础。

3.3.2.1 硅酸盐结构的特点

硅酸盐的基本结构单元是 SiO_4 四面体,如图 3-10(a)所示,硅原子位于氧原子四面体的间隙中,硅、氧之间的平均距离为 0.160 nm,此值小于硅、氧离子半径之和,说明硅、氧之间的结合不只是离子键,还有一定的共价键成分,因此,SiO_4 四面体的结合很牢固。不论是离子键还是共价键,每个四面体的氧原子外层只有 7 个电子,故为 -1 价,还能和其他金属离子键合。

此外,每一个氧原子最多只能被两个 SiO_4 四面体所共有,此时该氧原子的外层电子数刚好达到 8。

SiO_4 四面体可以互相孤立地在结构中存在,也可以通过共顶点互相连接,此时会形成多重的四面体配位群,如图 3-10(b)所示,中心的氧原子被每一个四面体单元所共用,因此变成了一个氧桥。硅酸盐结构中的铝离子与氧离子既可以形成铝氧四面体,又可形成铝氧八面体。

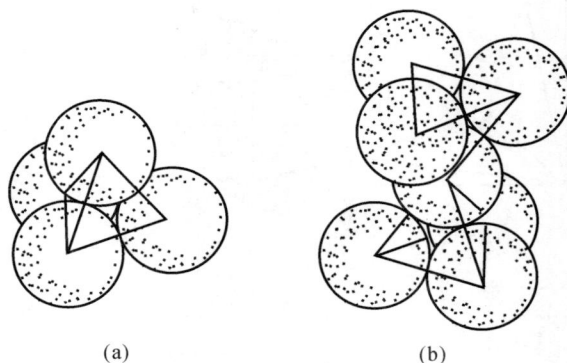

(a)   (b)

图 3-10　硅酸盐的基本结构

(a)SiO_2 四面体;(b)双重四面体结构

3.3.2.2 硅酸盐结构分类

按照硅氧四面体在空间的组合情况,可将硅酸盐分成岛状、链状、层状、骨架状四类。下面分别讨论各类硅酸盐。

1.含有有限硅氧团的硅酸盐(也称岛状硅酸盐)

在硅氧四面体中氧为 -1 价,因而单个硅氧四面体为 -4 价。这样硅氧四面体有可能和其他正离子(如金属离子)键合而使化合价达到饱和,从而形成由孤立硅氧四面体构成的稳定结构。这里所讲的孤立硅氧四面体是指四面体之间不通过离子键或共价键结合。

含孤立有限硅氧团的典型硅酸盐有镁橄榄石(Mg_2SiO_4)和锆石英($ZrSiO_4$)等。

镁橄榄石是镁橄榄石瓷中的主晶相。这种瓷料的电学性能很好,但膨胀系数大,抗热冲击性差,镁橄榄石中的 Mg^{2+} 的离子半径和 Fe^{2+} 及 Mn^{2+} 的相近,因而这些离子可以相互置换而形成固溶体。

图 3-11 所示为镁橄榄石的理想结构。图中显示,氧离子接近密排六方结构,图面即为密排面(0001),其堆垛次序为 $A\,B\,A\,B\,\cdots$ Si^{4+} 离子位于 HCP 的四面体间隙中,Mg^{2+} 则位于八面体间隙中。硅氧四面体都是孤立的。每个四面体都有一个面(底面)平行于图面,亦即有 3 个氧离子要么在 A 层,要么在 B 层,而第 4 个氧离子或在图面以上,或在图面以下,总共有 4 种不同位向的四面体,如图 3-11 所示。在每个硅氧四面体近邻,对称分布着 3 个镁离子。这 3 个镁离子位于同一层(A 层或 B 层)。由于每个镁离子同时属于 3 个氧离子,其中 2 个氧离子在所讨论四面体的顶点,故属于该四面体的镁离子数为 2 个,故这个结构单元的分子为 Mg_2SiO_4。从图中虚线可见,其布拉菲点阵是简单正交点阵。

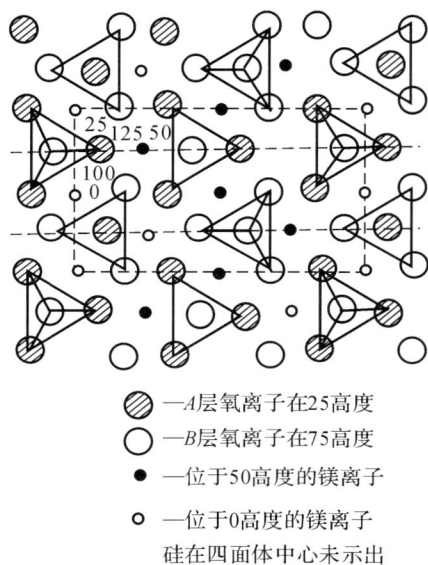

—A 层氧离子在25高度

—B 层氧离子在75高度

—位于50高度的镁离子

—位于0高度的镁离子
硅在四面体中心未示出

图 3-11　镁橄榄石结构

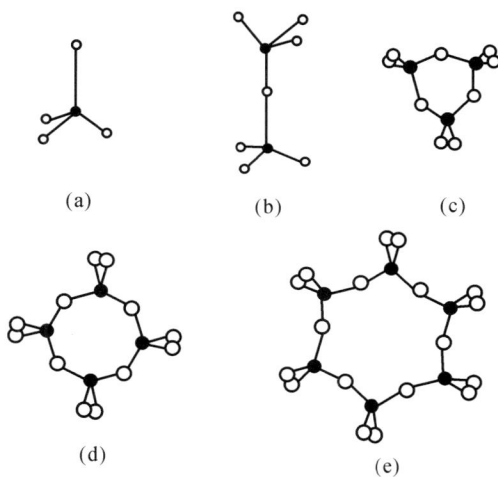

图 3-12　硅氧团结构

含成对有限硅氧团和环状有限硅氧团的硅酸盐除上述孤立有限硅氧团外,硅氧四面体还可以成对地连接,或连成封闭环。图 3-12 所示为几种硅氧团结构的比较。其中图 3-12(c)表示 3 节单环,图 3-12(d)表示 4 节单环,图 3-12(e)表示 6 节单环。

在单一硅氧团的硅酸盐中,氧硅比为 4;在含成对硅氧团的硅酸盐中,氧硅比为 3.5(如硅钙石 $Ca_3[Si_2O_7]$);在环状有限硅氧团中,氧硅比为 3(如绿柱石 $Be_3Al_2[Si_6O_{18}]$)。

2.链状硅酸盐

链状硅酸盐是由大量硅氧四面体通过共顶连接而形成的一维结构。它有两种形式,即单链结构和双链结构,如图 3-13 所示。由图可见,单链结构的基本单元就是一个硅氧四面体,其分子式为 $[SiO_3]^{2-}$;双链结构基本单元是四个硅氧团,其中 Si^{4+} 排成六角形。在基本单元中,Si^{4+} 离子数为 4,O^{2-} 离子数为 11,因而分子式为 $[Si_4O_{11}]^{6-}$。

单链结构又可按一维方向的周期性分成 1 节链、2 节链、3 节链、4 节链、5 节链和 7 节链。

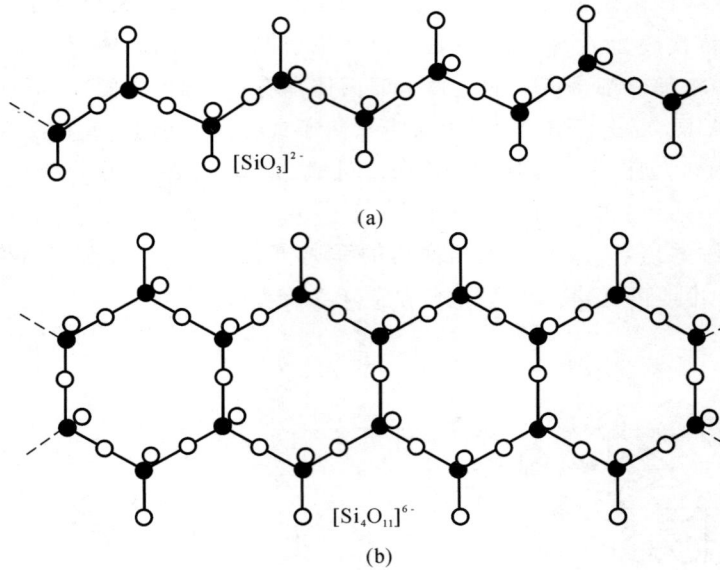

(a)

(b)

图 3-13　链状硅酸盐中的硅氧四面体

(a)单链;(b)双链

3.层状硅酸盐

层状硅酸盐是由大量的、底面在同一平面上的硅氧四面体通过在该平面上共顶连接而形成的具有六角对称的二维结构,如图 3-14 所示。图中表明,这种结构的基本单元是虚线所示的区域,其分子式为 $[Si_4O_{10}]^{4-}$,因而整个这一层四面体可表示为 $[Si_4O_{10}]_n^{4n-1}$。单元长度约为 $a \approx 0.520$ nm,$b \approx 0.90$ nm,这也是大多数层状硅酸盐结构的点阵常数范围。

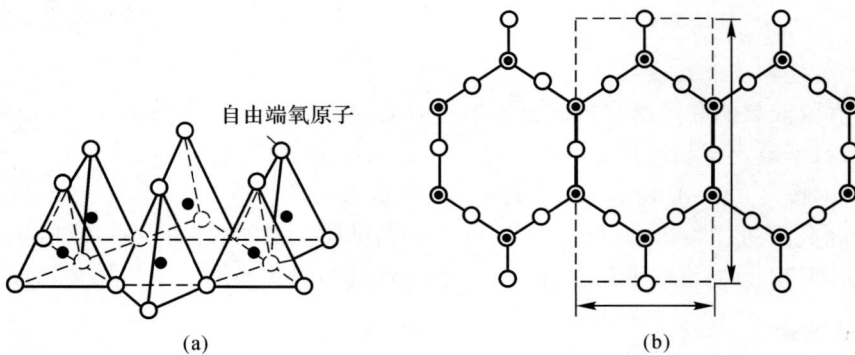

自由端氧原子

(a)

(b)

图 3-14　层状硅酸盐中的硅氧四面体

(a)立体图;(b)层面上的投影图

4.骨架状硅酸盐

骨架状硅酸盐也称为网络状硅酸盐,它是由硅氧四面体在空间组成的三维网络结构。硅石即为这类硅酸盐的典型代表。硅石有三种同素异形体,即石英、鳞石英和方石英。

方石英的晶体结构如图 3-15 所示。从图可见,Si^{4+} 排成金刚石结构,O^{2-} 则位于沿 <111> 方向的一对 Si^{4+} 之间。位于四面体间隙的 4 个 Si^{4+} 就是 4 个硅氧四面体中心,这些硅氧四面体通过氧离子彼此相连,形成空间网络(或骨架)。

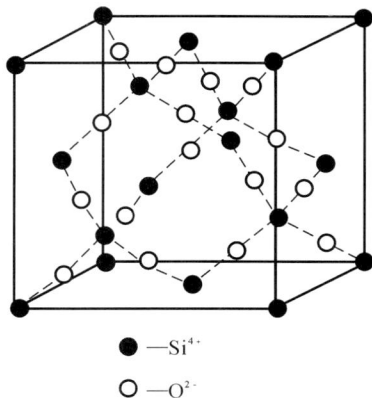

●—Si^{4+}

○—O^{2-}

图 3-15　方英石的晶体结构

熔融的硅石经过快冷即得到石英玻璃。这种玻璃很硬、热膨胀系数小、黏度高。为了得到特定性能(如成型性、折射率、色散等)的玻璃,往往在石英玻璃中加入各种正离子氧化物,如 Na_2O,CaO,Al_2O_3 等。

除硅石外,长石也是陶瓷中常用的一种骨架状硅酸盐,它是由硅酸四面体及铝氧八面体联合组成的空间网络结构。

3.4　玻　璃　相

玻璃一般是指从液态凝固下来的、结构与液态连续的非晶态固体。形成玻璃的内部条件是黏度,外部条件是冷却速度。

如果材料熔融态时黏度很大,即流体层间的内摩擦力很大,冷却时原子迁移比较困难,则组成晶体的过程很难进行,于是形成过冷液体。随着温度的继续降低,过冷液体的黏度急剧增大,达到一定温度时,即固化成玻璃。黏度小,很难凝成玻璃;黏度很大,容易凝成玻璃体。

对于黏度较小的物质,当冷却速度很快时也可以得到非晶态结构。研究表明,当冷却速度达 $10^5 \sim 10^{10}$ K/s 时,能使一些很难得到非晶态结构的材料玻璃化。例如,铁基非晶磁性材料就是这样获得的。这类非晶态合金也称金属玻璃。

关于玻璃的结构,说法不一。无规网络学说认为,物质的玻璃态结构与晶体结构相似,是由离子多面体组成的空间网络。但在玻璃态的网络结构中,多面体的排列无规律。图 3-16 (a)(b) 分别表示硅氧四面体组成的石英晶体结构和石英玻璃结构。

玻璃的结构特点是:组成物质的原子、分子的空间排列不呈现周期性和平移对称量,只存在小区间内的短程有序;其衍射花样由较宽的晕和弥散的环组成,没有表征结晶态的任何斑点和条纹。当温度连续升高时,在某个较窄的温度区会发生明显的结构相变,是一类亚稳定材料。

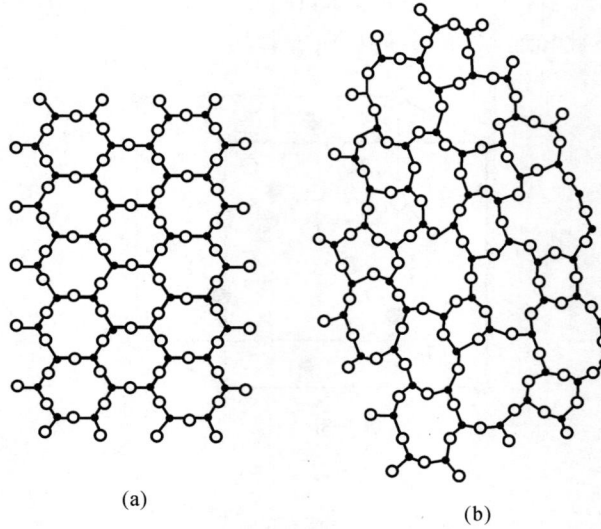

图 3-16 SiO_2 的结构

(a)石英晶体机构;(b)石英玻璃无规结构

第 4 章　固体中的扩散

晶体中原子或分子脱离它原来平衡的位置跃迁到另一平衡位置的过程,称为迁移;这种原子或分子的迁移过程以及迁移所造成的宏观现象称为扩散。气体和液体中的原子迁移,通常以对流和扩散方式实现,气体的扩散速率以"cm/s"衡量,液体的扩散速率以"mm/s"衡量。对于固体,扩散是实现原子迁移的唯一方式,其速度非常慢,且与温度密切相关:当温度在 $T_m/2$ (T_m:固体的熔点)时,扩散速率以"nm/s"衡量,当温度接近熔点时,扩散速率迅速增大,以"μm/s"衡量。

从产生扩散的原因来看,扩散主要分为两类:一类称为化学扩散(或互扩散),它是扩散物质在晶体中分布不均匀导致的化学势梯度驱动产生的扩散;另一类是自扩散,它是在没有化学势梯度的情况下,仅仅由于热振动而产生的扩散。自扩散是发生在纯物质晶体中的原子扩散,纯物质晶体没有化学势梯度,所有交换位置的原子都是同一类型。扩散科学的研究尺度,最为常见的是宏观扩散理论和微观扩散理论。宏观扩散理论,有时也称为扩散的唯象理论、扩散的连续理论,即把扩散系统看成是连续介质,研究扩散过程扩散物质的浓度分布和时间的关系,菲克方程和求解菲克方程属于这一范畴;扩散的微观理论充分考虑扩散的原子特性,是关于扩散本质的讨论,扩散机制、随机行走理论、相关因子等问题的讨论隶属于扩散的微观理论。

固体扩散的研究,尤其是从原子或分子迁移层面的研究,有助于理解材料中的各种现象、制定各种热处理工艺流程。固态相变控制的材料微观组织,时效合金及其组织稳定性,材料的热处理流程制度等均是基于对扩散的认知。固态相变理论是通过改变微观结构来改变材料性质的,大部分相变是扩散型相变,通过扩散实现;金属材料的热处理,除钛、铁碳等合金淬火马氏体相变以外的所有过程均涉及扩散,如时效涉及扩散型固态相变,回复与再结晶涉及微观组织演变,以及非平衡凝固铸锭的均匀化热处理过程等,对于热处理温度、时间、冷却速度的选择则是基于原子的扩散速率。

4.1　宏观扩散规律

4.1.1　扩散方程

1.菲克第一定律

1855 年,Adolf Fick 描述盐-水体系的扩散,引入了扩散系数的概念,并提出了浓度梯度和盐水混合物的线性相关性。

首先考虑一维方向(x 方向)的扩散通量。图 4-1 所示是扩散物质浓度 C 与位置 x 的关系曲线,该曲线的斜率就是浓度梯度,表示为

$$\frac{\partial C}{\partial x} = \frac{\Delta C}{\Delta x} = \frac{C_A - C_B}{x_B - x_A} \qquad (4-1)$$

扩散物质沿 x 方向扩散,在单位时间内,通过垂直于 x 轴平面上单位面积的物质的量 J_x 和该物质在 x 方向的浓度梯度 $\partial C/\partial x$ 成正比,这个关系式称为菲克第一定律,表示为

$$J_x = -D \frac{\partial C}{\partial x} \qquad (4-2)$$

式中:J_x 是扩散通量;比例因子 D 是扩散物质的扩散系数;"一"表示扩散通量的方向与浓度梯度的方向相反,即扩散是沿着浓度梯度降低的方向,从高浓度区向低浓度区扩散。均匀固溶体中没有浓度梯度,观察不到宏观上的扩散。扩散是使体系浓度均衡的过程,溶质从高溶质浓度区向低浓度区流动,扩散物质可以是原子、分子或者离子。扩散通量以单位时间通过单位面积的粒子数表示 $[kg/(m^2 \cdot s)$ 或个 $/(m^2 \cdot s)]$,浓度以单位体积的粒子数表示 $(kg/m^3$ 或个 $/m^3)$,因此,扩散系数 D 的单位是长度^2/时间 $(m^2/s$ 或 $cm^2/s)$。

用一个向量符号把一维方向的菲克第一定律推到三维空间,记作

$$\boldsymbol{J} = -D \ \nabla C \qquad (4-3)$$

扩散通量 $\boldsymbol{J}$ 指向浓度梯度 ∇C 相反的方向。$\nabla C = \frac{\partial C}{\partial x}\boldsymbol{i} + \frac{\partial C}{\partial y}\boldsymbol{j} + \frac{\partial C}{\partial z}\boldsymbol{k}$,$\boldsymbol{i}, \boldsymbol{j}, \boldsymbol{k}$ 是单位向量,∇ 符号是 Nabla 算子,∇C 表示对 $C(x, y, z)$ 在 x, y, z 方向的矢量运算,得到浓度梯度场 ∇C 。浓度梯度矢量总是指向浓度场增加最快的方向,其量级与该方向浓度增加的最大速度等价。对于各向同性介质,扩散通量与浓度梯度平行,方向相反。

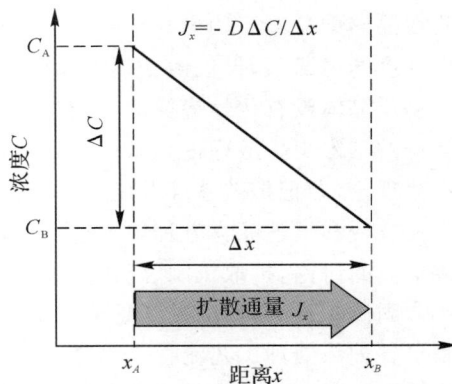

图 4-1 菲克第一定律示意图

对于稳态扩散,即浓度不随时间而变化($\partial C/\partial t = 0$),各处的浓度梯度 ∇C 有确定值,可根据菲克第一定律测量扩散通量 $\boldsymbol{J}$。图 4-2 是稳态扩散的示意图,在薄板两侧扩散物质浓度(或压力)保持恒定,气体从左侧向右侧扩散。渗碳、除氢等都是常见的稳态扩散。

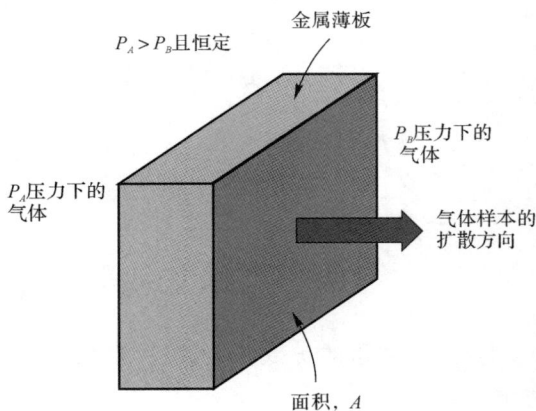

图 4-2 薄板的稳态扩散

2.菲克第二定律

菲克第一定律适用于稳态扩散$\left(\dfrac{\partial C}{\partial t}=0\right)$,在这一条件下,各处的浓度梯度$\nabla C$才有确定值,才有可能测量扩散通量$\boldsymbol{J}$。然而,在多数实际情况下,扩散是非稳态扩散,即$\partial C/\partial t\neq 0$。此时,菲克第一定律仍成立,但此时的$\boldsymbol{J}$不是稳定值,实验上难以测定。依据质量守恒定律,单位体积内的成分变化率$\partial C/\partial t$是流入该体积的物质通量和流出的物质通量之和,菲克第一定律[式(4-3)]结合质量守恒方程,发展了应用范围更为广泛的菲克第二定律。

首先,考虑一维x方向的情况,如图4-3所示,单位时间扩散物质流入的通量为$\boldsymbol{J}(x)$,通过$x+\mathrm{d}x$处,单位时间扩散物质的流出的通量为$\boldsymbol{J}(x+\mathrm{d}x)$,有

$$\boldsymbol{J}(x+\mathrm{d}x)=\boldsymbol{J}(x)+\frac{\partial \boldsymbol{J}}{\partial x}\mathrm{d}x \tag{4-4}$$

如果流入和流出这个单元的通量不相等,那么两者之间的差就是积量,即"流入量-流出量=积存量",那么,x方向积存量为

$$\boldsymbol{J}(x)-\boldsymbol{J}(x+\mathrm{d}x)=-\frac{\partial \boldsymbol{J}}{\partial x}\mathrm{d}x \tag{4-5}$$

那么根据质量守恒定律,上述积存量会使$\mathrm{d}x$单元的扩散物质浓度发生相应变化,其变化为$\dfrac{\partial C}{\partial t}\mathrm{d}x$,故

$$\frac{\partial C}{\partial t}\mathrm{d}x=-\frac{\partial \boldsymbol{J}}{\partial x}\mathrm{d}x \tag{4-6}$$

积存速率$\dfrac{\partial C}{\partial t}$用浓度对时间的偏微分表示。

对于$\dfrac{\partial C}{\partial t}\neq 0$的情况,菲克第一定律仍成立。把菲克第一定律[式(4-2)]代入式(4-6)的等号右边,有

$$\frac{\partial C}{\partial t}=-\frac{\partial (-D\frac{\partial C}{\partial x})}{\partial x} \tag{4-7}$$

当D为常数时,有

$$\frac{\partial C}{\partial t}=D\frac{\partial^2 C}{\partial x^2} \tag{4-8}$$

式(4-8)就是菲克第二定律。

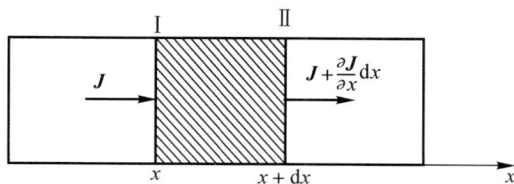

图4-3　菲克第二定律的推导

把一维方向的菲克第二定律推广到三维。图4-4所示的是一个扩散体系的任意一点

$P(x,y,z)$,该体积单元尺寸为 $\Delta x,\Delta y,\Delta z$。该体积单元内,扩散通量 $\boldsymbol{J}$ 和其分量 $\boldsymbol{J}_x,\boldsymbol{J}_y,\boldsymbol{J}_z$ 是变化的,即流入和流出这个体积单元的通量不相等。在 x,y,z 三个方向的积存量之和为

$$[\boldsymbol{J}_x(P) - \boldsymbol{J}_x(P + \Delta x)]\Delta y\Delta z +$$
$$[\boldsymbol{J}_y(P) - \boldsymbol{J}_y(P + \Delta y)]\Delta x\Delta z +$$
$$[\boldsymbol{J}_z(P) - \boldsymbol{J}_z(P + \Delta z)]\Delta x\Delta y = 积存量 \tag{4-9}$$

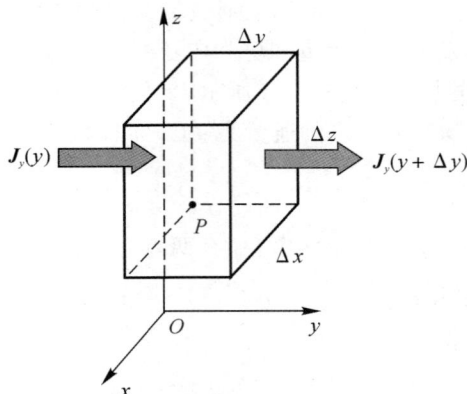

图 4-4 扩散通过一无穷小单元

注:$\boldsymbol{J}_y(y)$——y 方向流入的通量;$\boldsymbol{J}_y(y+\Delta y)$——$y$ 方向流出的通量。x,z 方向与 y 方向类似。

式(4-9)方括号内依次用 $\Delta x\partial \boldsymbol{J}_x/\partial x$、$\Delta y\partial \boldsymbol{J}_y/\partial y$、$\Delta z\partial \boldsymbol{J}_z/\partial z$ 替代,得到

$$-\left(\frac{\partial \boldsymbol{J}_x}{\partial x} + \frac{\partial \boldsymbol{J}_y}{\partial y} + \frac{\partial \boldsymbol{J}_z}{\partial z}\right)\Delta x\Delta y\Delta z = \frac{\partial C}{\partial t}\Delta x\Delta y\Delta z \tag{4-10}$$

引入向量运算符 $\boldsymbol{\nabla}\cdot$ 作用于扩散通量,将式(4-10)表示成如下紧缩形式:

$$-\boldsymbol{\nabla}\cdot\boldsymbol{J} = \frac{\partial C}{\partial t} \tag{4-11}$$

式(4-11)是连续方程。

把三维方向的菲克第一定律式(4-3)与连续方程式(4-11)合并,得到三维方向的菲克第二定律为

$$\frac{\partial C}{\partial t} = \boldsymbol{\nabla}\cdot(D\,\boldsymbol{\nabla}C) \tag{4-12}$$

从数学角度来讲,菲克第二定律是一个二阶偏微分方程。当扩散系数 D 与成分无关时,如示踪原子在化学均匀体系的扩散或在理想固溶体中的扩散问题,式(4-12)右边简化为

$$D\,\boldsymbol{\nabla}^2 C = D\,\frac{\partial^2 C}{\partial x^2} + \frac{\partial^2 C}{\partial y^2} + \frac{\partial^2 C}{\partial z^2} = D\,\Delta C \tag{4-13}$$

式中:$\Delta C = \dfrac{\partial^2 C}{\partial x^2} + \dfrac{\partial^2 C}{\partial y^2} + \dfrac{\partial^2 C}{\partial z^2}$,$\Delta$ 为拉普拉斯算符。这种形式的菲克第二定律有时又称为线性扩散方程,是对浓度 $C(x,y,z,t)$ 的线性二阶偏微分方程。给定边界和初始条件,可以得到该方程的解析解。

各向异性介质,其物理和化学性质均依赖于方向;各向同性介质,其物理和化学性质均独立于方向。气体、大多数液体、玻璃态固体、无织构的多晶材料、立方结构晶体和二十面体准晶等均是各向同性材料,这些介质中的扩散是各向同性的。各向同性材料的扩散系数是一个标

量。大多数常见的金属材料及其合金都具有立方结构,如 FCC 结构的金属 Cu,Ag,Au,Al,Pb,Ni…BCC 结构的金属 V,Nb,Ta,Cr,Mo,W,β - Ti,β - Zr…BCC 结构的 α-Fe。金刚石结构的半导体 Si 和 Ge、闪锌矿结构的半导体化合物等都属于立方结构,许多离子晶体如碱金属卤化物、氧化物都具有立方结构或者立方衍生结构。对于非立方结构晶体或者某些准晶扩散是各向异性的。本章讨论菲克定律用于各向同性介质的扩散。对于各向异性介质的扩散,需查阅专门书籍。

4.1.2　扩散方程的解

当扩散系数 D 为常数时,扩散方程表示为式(4 - 8)的二阶线性偏微分方程形式。给定初始条件和边界条件,有多种方法可以求得该方程的解,即得到浓度随时间和空间分布的变化。对于简单的边值和初值问题,可以求得解析解,对于复杂的情况则需要通过数值方法求数值解。本小节针对简单的边值和初值问题,讨论稳态扩散和非稳态扩散的解。

1.稳态扩散

稳态扩散是浓度不随时间变化的扩散,即

$$\frac{\partial C}{\partial t} = 0 \tag{4-13}$$

对于一维方向的扩散,式(4 - 13)代入式(4 - 8),得

$$D\frac{\partial^2 C}{\partial x^2} = 0 \text{ 且 } C(x) = a + Ax \tag{4-14}$$

式中:A 和 a 是常数。从式(4 - 14)可以看出,如果扩散系数 D 是常数,在稳态扩散条件下,浓度梯度 $\frac{\partial C}{\partial x}$ 恒定,浓度线性变化。

考虑在厚度为 $L(0 < x < L)$ 的半无限大平板上进行扩散,边界条件满足

$$C(0, t) = C_1$$
$$C(L, t) = C_2$$

利用边界条件求式(4 - 14)积分常数,可得到一维稳态解,即

$$C(x) = C_1 - \frac{C_1 - C_2}{2}\frac{x}{L} \tag{4-15}$$

代入菲克第一定律(4 - 2)得到

$$J = -D\frac{\partial C}{\partial x} = D\frac{C_1 - C_2}{2} \tag{4-16}$$

即,沿扩散方向浓度线性变化,扩散通量恒定且与斜率成正比。

在柱坐标系($Or\theta\varphi$)下,对于轴向扩散,将式(4 - 13)代入式(4 - 8),得

$$\frac{\partial}{\partial r}\left(r\frac{\partial C}{\partial r}\right) = 0, \quad C(r) = B\ln r + b \tag{4-17}$$

式中:B 和 b 是常数。

在球坐标系($Or\theta\varphi$)下,对于球形扩散,将式(4 - 13)代入式(4 - 8),得

$$\frac{\partial}{\partial r}\left(r^2\frac{\partial C}{\partial r}\right) = 0, \quad C(r) = \frac{C_a}{r} + C_b \tag{4-18}$$

式中：C_a 和 C_b 是常数。

2. 非稳态扩散

给定边界和初始条件，可以得到菲克第二定律的解析解，即得出浓度 C 随时间 t 和位置 x 的分布曲线 $C(x, t)$。本节简要给出笛卡儿坐标下一维空间半无限长区域的求解过程。将浓度为 C_2 的 A 棒和浓度为 C_1 的 B 棒焊接在一起，焊接面位于 x 轴零点，且垂直于 x 轴，假定试棒足够长以保证扩散偶两端浓度不变（见图 4-5），则初始条件与边界条件满足

$$\begin{cases} \text{对于 } t=0, & \begin{array}{l} C=C_2, \ -\infty < x \leqslant 0 \\ C=C_1, \ 0 \leqslant x < \infty \end{array} \\ \text{对于 } t>0, & \begin{array}{l} C=C_2, \ x \rightarrow -\infty \\ C=C_1, \ x \rightarrow \infty \end{array} \end{cases}$$

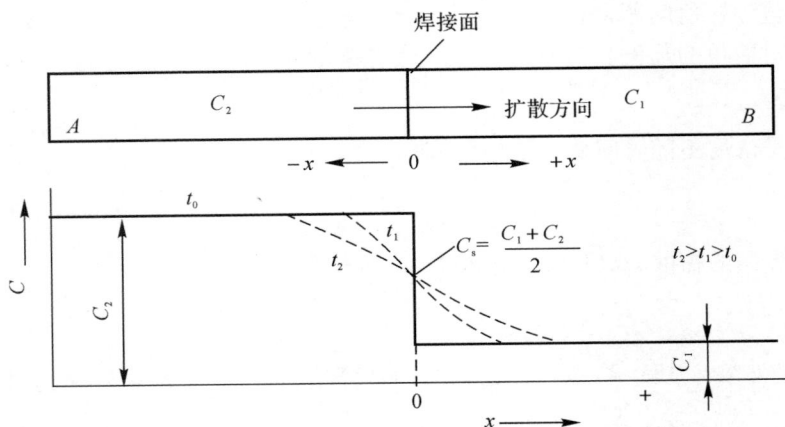

图 4-5　两无限长扩散偶初始条件及浓度分布

设中间变量 $z = x/2\sqrt{Dt}$，通过该中间变量代换，代入菲克第二定律式（4-8）的偏微分方程的左边，有

$$\frac{\partial C}{\partial t} = \frac{\partial C}{\partial z}\frac{\partial z}{\partial t} = \frac{\partial C}{\partial z}\frac{\partial(x/2\sqrt{Dt})}{\partial t} = -\frac{z}{2t}\frac{\partial C}{\partial z} \tag{4-19}$$

代入式（4-8）右边，有

$$\frac{\partial^2 C}{\partial x^2} = \frac{\partial^2 C}{\partial z^2}\left(\frac{\partial z}{\partial x}\right)^2 = \frac{\partial^2 C}{\partial z^2}\frac{1}{4Dt} \tag{4-20}$$

将式（4-19）和式（4-20）代入菲克第二定律方程式（4-8），有

$$-\frac{z}{2t}\frac{\partial C}{\partial z} = D\frac{\partial^2 C}{\partial z^2}\frac{1}{4Dt} \tag{4-21}$$

即 $D\dfrac{\partial^2 C}{\partial z^2}\dfrac{1}{4Dt} + \dfrac{z}{2t}\dfrac{\partial C}{\partial z} = 0$，可解出（具体求解可参照更多专业书籍）

$$\frac{\partial C}{\partial z} = A_1 \exp(-z^2) \tag{4-22}$$

积分，最终通解为

$$C = A_1 \int_0^z \exp(-z^2)\mathrm{d}z + A_2 \tag{4-23}$$

式中：A_1，A_2 是待定常数。

引入高斯误差函数

$$\mathrm{erf}(z) = \frac{2}{\sqrt{\pi}} \int_0^z \exp(-z^2)\mathrm{d}z \tag{4-24}$$

该误差函数是奇函数，可以证明

$$\mathrm{erf}(-z) = -\mathrm{erf}(z), \quad \mathrm{erf}(\pm\infty) = \pm 1, \ \mathrm{erf}(0) = 0$$

不同 z 值对应的误差函数值见表 $4-1$。

表 4-1　高斯误差函数值

z	$\mathrm{erf}(z)$	z	$\mathrm{erf}(z)$	z	$\mathrm{erf}(z)$
0	0	0.55	0.563 3	1.3	0.934 0
0.025	0.028 2	0.60	0.603 9	1.4	0.952 3
0.05	0.056 4	0.65	0.642 0	1.5	0.966 1
0.10	0.112 5	0.70	0.677 8	1.6	0.976 3
0.15	0.168 0	0.75	0.711 2	1.7	0.983 8
0.20	0.222 7	0.80	0.742 1	1.8	0.989 1
0.25	0.276 3	0.85	0.770 7	1.9	0.992 8
0.30	0.328 6	0.90	0.797 0	2.0	0.995 3
0.35	0.379 4	0.95	0.820 9	2.2	0.998 1
0.40	0.428 4	1.0	0.842 7	2.4	0.999 3
0.45	0.475 5	1.1	0.880 2	2.6	0.999 9
0.50	0.520 5	1.2	0.910 3	2.8	0.999 9

根据上述误差函数的定义和性质可得

$$\int_0^\infty \exp(-z^2)\mathrm{d}z = \frac{\sqrt{\pi}}{2}, \quad \int_{-\infty}^0 \exp(-z^2)\mathrm{d}z = -\frac{\sqrt{\pi}}{2}$$

将该值代入式（4-23），结合给定的边界条件，得到

$$A_1 = \frac{C_1 - C_2}{2}\frac{2}{\sqrt{\pi}}, \quad A_2 = \frac{C_1 + C_2}{2}$$

把 A_1 和 A_2 的值代入式（4-23），有

$$C = \frac{C_1 - C_2}{2}\frac{2}{\sqrt{\pi}}\int_0^z \exp(-z^2)\mathrm{d}z + \frac{C_1 + C_2}{2} = \frac{C_1 + C_2}{2} + \frac{C_1 - C_2}{2}\mathrm{erf}\left(\frac{x}{2\sqrt{Dt}}\right) \tag{4-25}$$

式中：C 表示 t 时刻 x 处的浓度。

在界面处，即 $x=0$ 处，$\mathrm{erf}(0)=0$，所以，该处的浓度与时间无关，始终是 $C_0 = \frac{C_1 + C_2}{2}$，扩散偶界面处的浓度是扩散偶浓度的平均值，在扩散过程中始终保持不变。由于误差函数是奇函数，从式（4-25）中可以看出，A 棒减少的扩散物质总是等于 B 棒增加的扩散物质。利用界

面浓度 C_0，式$(4-25)$通常改写成

$$\frac{C-C_0}{C_1-C_0} = \frac{C-C_0}{C_0-C_2} = \text{erf}\left(\frac{x}{2\sqrt{Dt}}\right) \qquad (4-26)$$

当 B 棒的浓度 $C_1=0$（半无限长扩散）时，式$(4-25)$写成

$$C(x,t) = \frac{C_2}{2}\left[1 - \text{erf}\left(\frac{x}{2\sqrt{Dt}}\right)\right] \qquad (4-27)$$

式$(4-26)$正是这样一种关于浓度、时间、位置的关系式。浓度 C 是无量纲 $\frac{x}{\sqrt{Dt}}$ 的函数，如果知道界面浓度 C_0，初始浓度 C_1（或 C_2）和 D，那么可以确定任何时间和任何位置的浓度 C 值。

4.2 微观扩散理论

菲克定律把扩散体系看作连续介质，基于实验数据和实验现象描述了扩散的宏观规律，并给出了给定边值和初值问题的解，但未考虑扩散体系的原子特性。扩散的原子尺度描述为宏观唯象扩散理论提供了更为深刻的物理基础。对原子跃迁的描述涉及热力学中的平衡和非平衡概念，1915 年，阿尔伯特·爱因斯坦（Albert Einstein）将连续介质扩散理论与单个原子的随机运动关联，架构了宏观扩散理论与微观扩散理论之间的桥梁。本节首先给出原子在晶格点阵间的扩散机制，然后从原子跃迁频率和跃迁距离推导出宏观扩散系数。

4.2.1 扩散的微观机制

一个原子如何从一个位置跃迁到另一个位置？对于晶态固体来说，是通过晶体点阵进行的体扩散，但晶体点阵限制了原子跃迁的位置和路径。因此，通过晶体点阵的原子构型对具体的原子位移进行描述，提出了以下几种微观机制。

1.间隙机制

当溶质原子的尺寸小于溶剂原子的尺寸时，溶质原子进入溶剂点阵的间隙位置，形成间隙固溶体。间隙原子位于晶体点阵的四面体或八面体间隙中，一个间隙原子可以从一个间隙位置跃迁到其相邻的间隙位置，如图 $4-6$ 所示，这种间隙原子在点阵间隙位置的跃迁称为间隙机制。

考虑原子的一次跃迁。间隙原子位于其间隙位置时是平衡的，原子跃迁到鞍点位置产生最大晶格畸变，然后跃迁到近邻的间隙位置。在鞍点位置，间隙原子必须向周边挤压基体原子才能通过，跃迁完成，不会产生永久性基体原子位移。间隙原子以间隙机制扩散，其跃迁无须缺陷参与，其扩散系数与缺陷浓度无关，扩散过程无缺陷形成能对激活能的贡献。综上，间隙原子的跃迁无需等待缺陷形式，因而具有很大的扩散系数。这种扩散机制适用于金属及其他材料中的间隙小原子，如 H，C，N 和 O。小原子进入间隙位置，这些原子的跃迁引起较小的晶格畸变。从概念上讲，这是最简单的扩散机制，通常也称之为直接间隙机制（direct interstitial mechanism)。稍后讨论的推隙机制(interstitialcy mechanism),通常又称为间接间隙机制(indirect interstitial mechanism)。

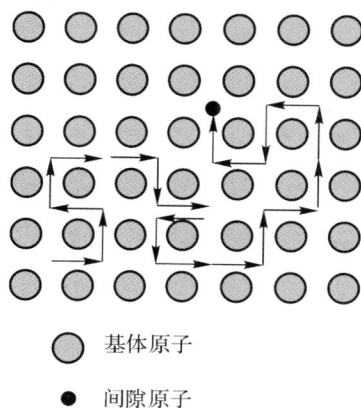

图 4 - 6 扩散的间隙机制

2. 集体机制

当溶质、溶剂原子尺寸差别不大时,溶质通常以替代溶剂的正常点阵溶入基体,形成替代固溶体。溶质、溶剂原子的扩散不能用间隙机制来解释。20 世纪 30 年代,通常用相邻原子同时运动的"直接交换"来解释替代固溶体的原子迁移,如图 4 - 7 所示。对于密排结构点阵,原子以"直接交换"迁移,原子挤压引起的晶格畸变较大,迁移具有高的激活势垒,因此,从能量角度来看行不通。美国冶金学家 Jefferies 及 Zener 提出了一种晶态固体的环形扩散机制(ring mechanism),环形机制以三个(或更多)原子为一组同时旋转一个原子间距实现原子迁移。这种扩散机制引起的晶格畸变较直接扩散机制的小,原子交换具有低的激活能,但是,它增加了原子的集体运动。因此,这种相对复杂的机制对于大多数晶态材料来说是不大可能发生的。

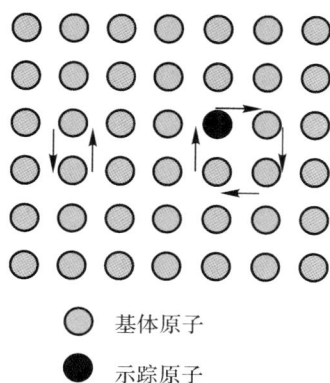

图 4 - 7 直接交换机制和环形机制

直接交换机制和环形机制的一个共同点是无缺陷参与。20 世纪 30 年代,Kirkendall 研究黄铜和铜的交互扩散,发现两相界面发生迁移,证实 Zn 和 Cu 的扩散速率不同,该发现就是所谓的"Kirkendall effect"（柯肯达尔效应），无论是直接交换机制还是环形机制均无法解释这一现象，因此，二者逐渐被摒弃。越来越多的证据证实，在实际金属中，置换原子扩散或自扩散（基体原子或示踪原子在没有浓度差下的扩散）均与空位运动有关。

集体机制涉及多个原子的同时位移，在非晶态体系中较为常见。Teichler 用分子动力学模拟扩散以及 Faupel 的同位素实验，均证实在非晶态合金中，集体机制在过冷金属熔体和金属玻璃中起作用。这种集体机制涉及若干原子以链状或类毛虫状方式同时移动。图 4-8 是非晶态 Ni-Zr 合金的分子动力学模拟观察到的集体机制。集体跃迁过程在离子导电金属氧化物玻璃的碱离子运动中也起着重要作用。由于一次位移多于一个原子，产生了永久位移，从某个角度来看，推隙机制也是集体机制的一种。

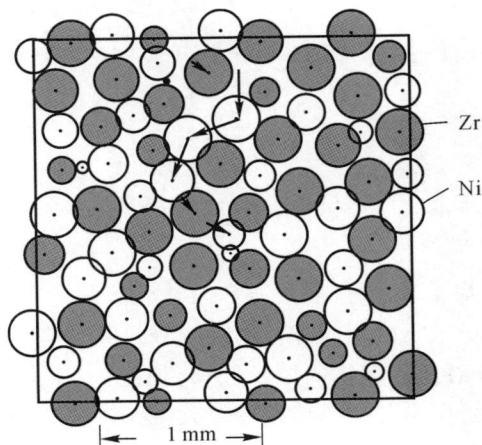

图 4-8　分子动力模拟的非晶态 Ni-Zr 合金的原子链运动

3. 空位机制

在金属和离子晶体中，空位是最重要的一类热激活原子缺陷。基体原子或替代原子以空位机制扩散，每一个原子在晶体中的移动都是通过该原子与相邻空位的一系列交换实现的，如图 4-9 所示。对于密排结构点阵来说，与直接交换机制或环形机制相比，空位机制引起的晶格畸变相对较小。

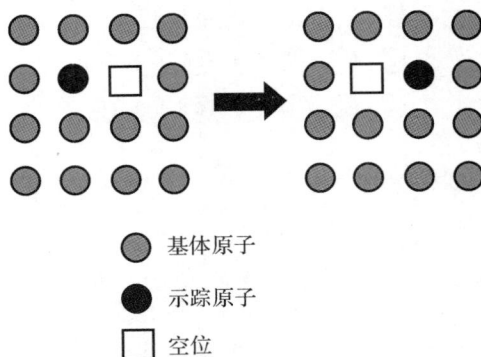

● 基体原子

● 示踪原子

□ 空位

图 4-9　空位机制

热力学计算表明,在一定温度下,晶体中总是存在一定的平衡空位浓度,接近金属熔点时,空位浓度高达 $10^{-4} \sim 10^{-3}$。空位浓度为 C,w 是原子和空位的交换频率,一个基体原子跃迁到其相邻位置的交换跃迁频率是 $\Gamma = wC$。一个原子配位数为 Z,其跃迁频率是 $\Gamma_{tot} = Z\Gamma$。空位机制是金属自扩散和替代固溶体中原子扩散的主要扩散机制,对离子晶体、陶瓷材料以及 Ge 等的扩散也有贡献。

4. 双空位机制

束缚能作用下易于形成空位团簇,扩散可通过空位团簇进行,如图 4 – 10 所示。双空位平衡浓度随温度的升高而增大,高温下,其浓度迅速增大达到相当高的值。FCC 结构的金属中双空位较单空位更易于移动,因此,FCC 结构的金属的自扩散通常有部分双空位的贡献。但当温度低于 $\frac{2}{3}T_{\mathrm{m}}$ 时,仍然以单空位扩散为主。空位团簇也可能是三空位,但三空位扩散机制通常忽略。

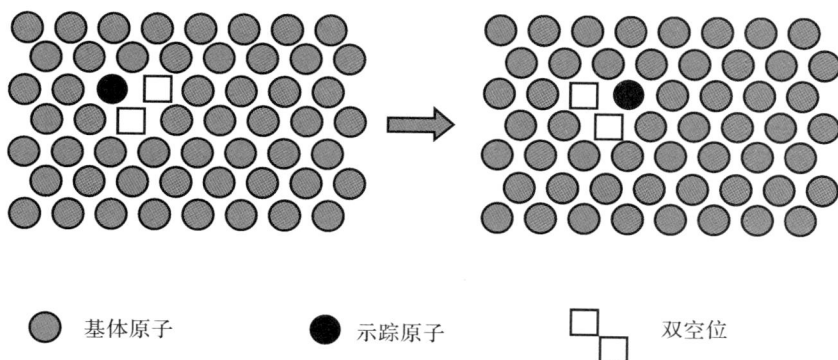

⬤ 基体原子　　⬤ 示踪原子　　⬜ 双空位

图 4 – 10　密排结构中的双空位扩散

5. 推隙机制

当间隙原子的大小与晶体原子大小接近时,扩散可能通过推隙机制进行,也称之为间接间隙机制。首先,以自扩散为例,自间隙原子(self – interstitials,占据间隙位置的原子与晶格位置的原子相同),扮演"扩散交通工具"的角色,图 4 – 11 所示的示意图说明了共线推隙机制。两个原子协同运动,一个自间隙原子替代了一个正常点阵位置的原子,而正常点阵位置的原子被推到间隙位置后,又替代了其相邻位置的一个原子。对于非共线形式的推隙机制,原子可以某个角度从一个位置跃迁到另一个位置。推隙机制是集体机制,至少涉及两个原子同时移动。

合金中自间隙的平衡构型是"哑铃状",FCC 结构的金属的哑铃轴是<100>,BCC 结构的金属哑铃轴是<110>,图 4 – 12 是 FCC 点阵的自间隙原子的哑铃构型。在哑铃状构型中,两个原子占据的位置是对称的,每一个原子在正常晶格中的位置是等价的。使哑铃中心从一个位置移动到下一个位置需要三个原子同时运动,因此,哑铃状间隙原子的运动是集体机制。

金属中,由于自间隙和空位相比具有高的形成焓,因而推隙机制在扩散中起的作用很小。然而,对于辐照诱导扩散,推隙机制非常重要。当一个晶体被高能粒子(质子、中子、电子)辐照,原子离开其点阵位置,同时留下一个空位,离开的原子沉积在晶格间隙位置,形成"空位和自间隙对"(Frenkel pairs)。这些缺陷以空位扩散机制运动,产生了辐照诱导扩散,这也是在晶体学中的一个课题——辐照损伤。

自间隙在以 Ag 为基体的卤化物中较为常见。金刚石结构的 Si 具有足够的空间容纳间隙原子,因此,Si 自扩散的扩散机制为推隙机制和空位机制,掺杂 Si 的扩散,推隙机制作用尤为显著。

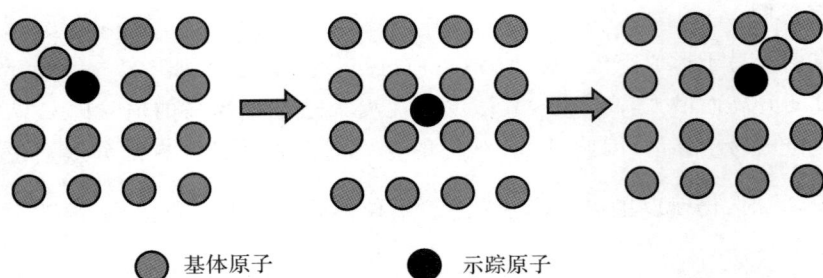

○ 基体原子　● 示踪原子

图 4 - 11　扩散的推隙机制(共线跃迁)

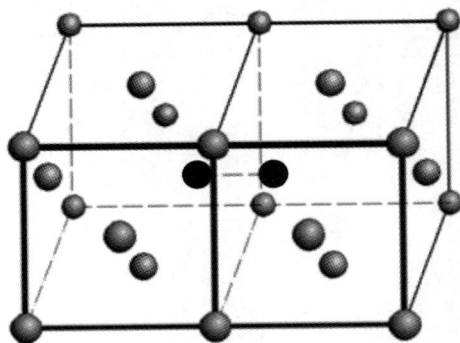

图 4 - 12　FCC 点阵自间隙原子的哑铃构型

6. 间隙-替代交换机制

有些溶质原子 B,既可以溶入溶剂 A 的间隙位置(B_i),又可以替代正常点阵原子(B_s),那么该原子的扩散可以通过间隙-替代交换机制进行,如图 4 - 13 所示。这种溶质称为"杂化溶质",间隙位置的杂化溶质扩散系数 D_i 通常远远大于替代式扩散系数 D_s,而间隙原子的溶解度 C_i^{eq} 通常远远小于替代原子的溶解度 C_s^{eq}。

当间隙-替代交换有空位参与时,$B_i + V \rightleftharpoons B_s$,这种机制是解离机制(dissociative mechanism)。Frank 和 Turnbull 提出,将其用于解释 Cu 在 Ge 中的快速扩散。后来,也用它来解释多价金属中的外来金属元素的扩散,如 Pb,Zr 和 Ti。

当间隙-替代涉及自间隙(A_i),$B_i \rightleftharpoons A_i + B_s$,这种机制是踢出机制(kick-out mechanism)。由 Gosele 提出,将其用于解释 Au 在 Si 中的快速扩散。一些杂化外来元素如 Au、Pt、Zn 在 Si 中的扩散,Zn 在 Ga 中的扩散均可用该机制解释。

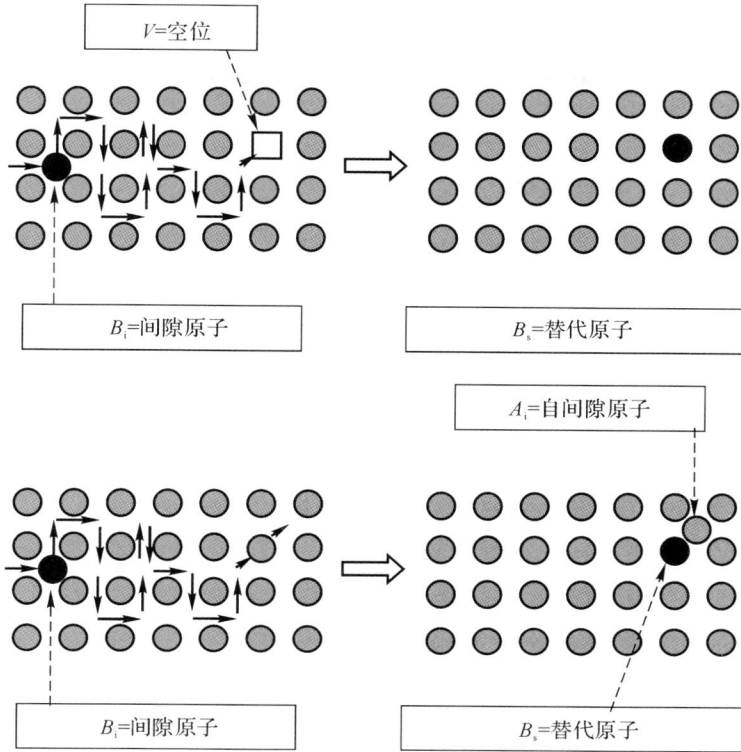

图 4-13　溶质原子的间隙-替代交换机制（上：解离机制；下：踢出机制）

4.2.2　扩散的微观解释

4.2.2.1　扩散系数

　　宏观扩散流是由大量原子无数次随机跳迁而形成的，这里假定原子向各个方向的跃迁概率是一样的。那么，从统计角度看，从浓度高的一侧跃迁到浓度低的一侧的原子数比反方向跃迁的多，这就是浓度梯度引起宏观扩散流的原因。由此看出，扩散系数由原子热运动的特性决定。

　　图 4-14 是原子在面间距为 d 的两个平行面跃迁的示意图，1 和 2 面的原子面密度分别为 n_1 和 n_2，Γ 是单位时间内的跃迁频率。在 Δt 时间内，从 1 平面上跳跃到 2 平面上的原子数目为 $\frac{1}{6}n_1\Gamma\Delta t$，而从 2 平面跳跃到 1 平面上的原子数目是 $\frac{1}{6}n_2\Gamma\Delta t$，认为在三维正交坐标 6 个方向上跃迁概率相等，在实际跃迁过程中，可取晶体的配位数，则该单元内的实际扩散通量为

$$J = \frac{1}{6}(n_1 - n_2)\Gamma \tag{4-28}$$

1 和 2 面的体积浓度分别是 $\frac{n_1}{d}=C_1$，$\frac{n_2}{d}=C_2$，则式（4-28）变为

$$J = \frac{1}{6}(C_1 - C_2)d\Gamma \qquad (4-29)$$

由于 d 很短，所以 $\frac{\partial C}{\partial x} \approx \frac{C_2 - C_1}{d}$，代入式（4-29）得

$$J = -\frac{1}{6}d^2\Gamma\frac{\partial C}{\partial x} \qquad (4-30)$$

和菲克定律式（4-2）比较，得

$$D = \frac{1}{6}d^2\Gamma \qquad (4-31)$$

式（4-31）将宏观理论的扩散系数和晶格的微观特性关联起来。

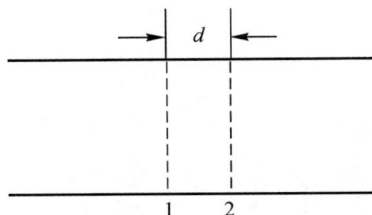

图 4-14　两个相距为 d 的平行面

4.2.2.2　随机行走理论

从微观角度分析，扩散是原子或分子作布朗运动随机行走的结果。1905 年，Einstein 发表了关于布朗运动的论文，建立了布朗运动的分子理论。第二年，Smoluchowski 也独立发表了相似的理论。布朗运动的随机行走理论强有力的证实了离散粒子（"原子"）的存在，建立了宏观菲克定律定义的扩散系数和微观扩散原子之间的关联。该理论的发展使扩散科学从"如何使体系均匀化"的问题转变成用于研究固态相变过程的原子跃迁和晶体缺陷的工具。

晶体中，假设某个原子的配位数是 Z，则该原子向某一方向跃迁的概率是 $1/Z$，跃迁距离通常是该原子到其最近邻位置的间距，如图 4-15 所示。用微观矢量 $\boldsymbol{r}_i$ 表示单次跃迁，$\boldsymbol{r}_i$ 跃迁的距离 λ 相同，指向 Z 个不同方向。从起点到终点的宏观位移矢量 $\boldsymbol{R}$ 在晶粒 n 次跃迁之后由下式给出：

$$\boldsymbol{R} = \sum_{i=1}^{n}\boldsymbol{r}_i \qquad (4-32)$$

那么，二次方形式的总位移是

$$\langle R^2 \rangle = \sum_{i=1}^{n}\sum_{j=1}^{n}\boldsymbol{r}_i\boldsymbol{r}_j = \sum_{i=1}^{n}\langle r_i^2 \rangle + 2\sum_{i=1}^{n-1}\sum_{j=i+1}^{n}\langle \boldsymbol{r}_i\boldsymbol{r}_j \rangle \qquad (4-33)$$

角括号表示一组原子总位移均值（ensemble average）。由于单次跃迁的距离 d 相同，式（4-33）第一项等于 d 二次方的 n 倍。跃迁是随机的，每一次跃迁的方向与前次跃迁方向无关，则式（4-33）的第二项平均之后消失，即

$$\langle R^2 \rangle = \langle n \rangle d^2 \qquad (4-34)$$

在空位参与的扩散机制中，通常跃迁具有记忆效应，即跃迁出去的原子返回该原子留下的空位，跃迁不再是完全随机的过程，那式（4-33）的第二项不再为零，通常定义一个相关因子（correlation factors）f 为

$$f = 1 + \lim_{n \to \infty} \frac{2 \sum_{i=1}^{n-1} \sum_{j=i+1}^{n} \langle \boldsymbol{r}_i \boldsymbol{r}_j \rangle}{n \, d^2} \tag{4-35}$$

该因子可以量化真实扩散系数和完全随机行走值之间的比例。则扩散系数可写成

$$D = f \frac{1}{6} d^2 \Gamma \tag{4-36}$$

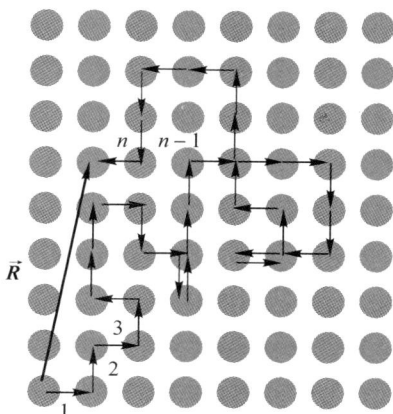

图 4-15　常规晶格上的随机行走

注：每一次跃迁距离 d 相同，方向不同。n 次跃迁之后的总位移为 R。

4.2.2.3　相关因子

1951 年，Bardeen 和 Herring 认为，在空位机制的扩散中，示踪原子的连续跃迁方向之间存在关联。之后的研究工作证实，在由点缺陷充当扩散媒介的固体扩散过程中，相关效应起着重要的作用。在单纯的随机行走扩散中，认为原子的跃迁概率不依赖于前一个跃迁的方向，一个简单模型的相关因子已由式(4-35)给出。而在实际晶体中，跃迁概率通常依赖于前一个跃迁方向。原子的连续跃迁之间不遵从单纯的随机行走，而是相互关联的，因此引入与扩散机制和晶体几何构型有关的相关因子。下面简单介绍纯金属自扩散和杂质扩散的相关因子。

1.纯金属中自扩散

此处以示踪原子的跃迁为例。示踪原子浓度非常小。示踪原子的跃迁需要相邻晶格位置有一个空位，完成一次跃迁之后，空位与示踪原子仍是近邻关系。那么，下一次跃迁空位和该示踪原子各自回到其原来位置的概率大为增加。如图 4-16 所示，示踪原子原位置在 6，空位原位置在 7，二者交换后，示踪原子在 7，空位在 6 位置，那么，示踪原子和相邻空位再一次交换的概率最大。如果示踪原子要跳到 1 位置，需等待 1 和 6 交换；如果示踪原子要跳到 2 位置，需等待的交换次数更多。因此，从交换的难易程度来看，7 跳回 6 的概率最大，其次是跳到 1 和 5，再是跳到 2 和 4，跳到 3 位置最难。如果示踪原子跃迁回去，两次跃迁步取消，两次扩散过程没产生任何实质性的结果。因此，一级近似下相关因子表示成

$$f = 1 - 2 \frac{1}{z} \tag{4-37}$$

由于空位往返包含一系列中间路径，式(4-37)并不精确，但可以反映出相关因子的一般特性。相关因子随配位数减少而减小，低配位数的晶格，增加了空位返回的概率。那么，FCC

晶格($z=12$)的相关因子是 0.833,而对于一个一维原子链($z=2$)其相关因子为 0。对于后者,通过空位机制进行长程扩散是不可能的。再举一个极端的例子,通常间隙型原子溶解度非常小,其相邻间隙位置都是空的,因此,可以自由选择下一个跃迁方向。因此,对于任何晶格结构,间隙扩散($f=1$)通常没有任何关联。

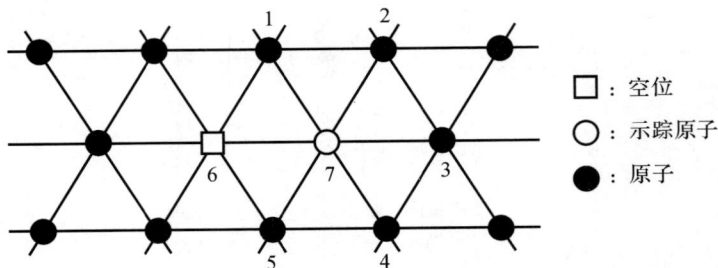

图 4-16　二维密排结构中示踪原子扩散移动相关性示意图

表 4-2 给出了不同晶格结构和不同扩散机制下纯金属中原子扩散的相关因子。在实际情况中,相关因子常被忽略。对比表格中不相同晶体结构不同跃迁机制的值,发现相关因子强烈地依赖于缺陷。因此,对相关因子的精确测量可以确定该合金的扩散机制。与纯金属相比,合金的相关因子较为复杂,金属间化合物的超晶格结构也可以产生强关联效应。

表 4-2　不同晶格结构和不同扩散机制下纯金属中原子扩散的相关因子

晶格点阵	扩散机制	相关因子
1D 链	空位	0.0
2D 正方	空位	0.467
2D 六方	空位	0.560 06
3D 简单立方	空位	0.653 1
3D 立方 BCC	空位	0.721 5
3D 立方 FCC	空位	0.781 5
3D 立方金刚石	空位	0.5
3D 立方 FCC	双空位	0.457 9
3D 立方 BCC	双空位	0.335~0.469
3D 立方 FCC	哑铃型间隙〈001〉	0.439 5
3D 立方金刚石	共线推隙	0.727
3D 任意晶格	间隙	1.0

2.杂质扩散的关联

杂质扩散的关联效应远远比自扩散的复杂,也更为重要。考虑杂质原子浓度非常低,扩散系数与浓度无关的情况。对于 FCC 晶格,最近邻和次近邻的距离相差较大,忽略溶剂-溶剂交互作用,可以只考虑空位与最近邻原子的相互作用。这种情况下采用五频率模型,如图 4-17 所示。①②③分别表示溶质(黑色点)的第一、第二、第三近邻原子。设溶质-空位的交换频率是 w_2,空位与溶质第一近临原子的交换频率为 w_1。空位与远离溶质的位置的交换频率为 w_3,这种跃迁的结果是使空位远离溶质,又称"分离跃迁"。分离跃迁的逆过程称"亲和跃迁",通过这种跃迁空位移动到溶质原子的最近邻,这种跃迁的频率为 w_4。其余,未受溶质影响的溶剂原子的跃迁频率为 w_0。

Manning 证明。对五频率模型,溶质相关因子 f_2 由下式给出:

$$f_2 = \frac{w_1 + \frac{7}{2}\,H_3\,w_3}{w_1 + w_2 + \frac{7}{2}\,H_3\,w_3} \tag{4-38}$$

式中：$H_3 = w_3/w_0$，代表正在分离的概率。

把式(4-38)代入式(4-36)，得到考虑相关效应的扩散系数。

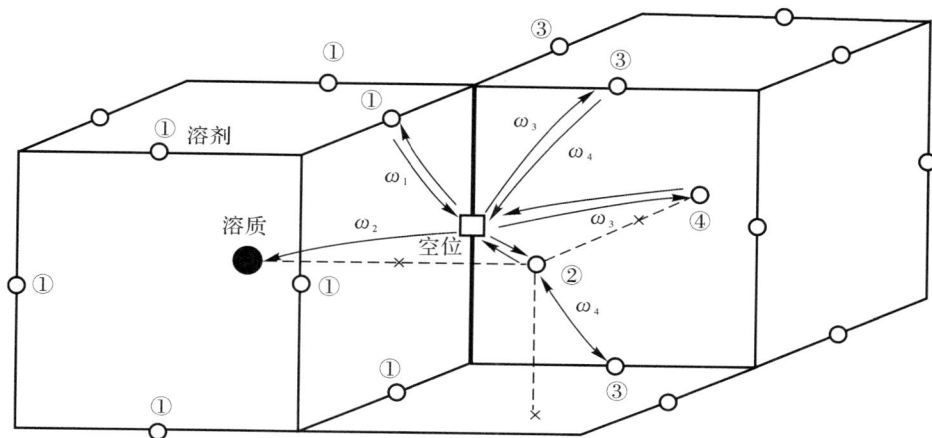

图 4-17   面心立方晶体中，溶质原子通过空位机制扩散的五频率模型

在体心立方晶体中，第一近邻和第二近邻的距离相差不到 15%，因此，不能忽略次近邻间的溶质-空位交换作用。

4.2.2.4   Arrhenius 公式和扩散激活能

从式(4-36)中的 $D = f\frac{1}{6}d^2\Gamma$ 可以看出，扩散系数和原子每次跳动距离的二次方 d^2 以及原子迁移频率 Γ 成正比，由 4.2.1 节的讨论得知，总的跃迁速率 $\Gamma = ZwC$。扩散原子能跳离平衡位置的频率 w 对温度非常敏感，对于空位扩散，C 也对温度敏感，所以，Γ 对温度较为敏感。虽然，温度改变时热膨胀使 d 有所变化，但扩散系数 D 对温度的敏感特性主要源于 Γ。

间隙固溶体的间隙原子从一个间隙位置跃迁到相邻一个间隙位置时必须经历一个挤开溶剂原子的过程，如图 4-18 所示。即间隙原子通过两个间隙位置时需克服势垒 ΔG_m，这个能垒称为迁移激活能。一个间隙原子能够获得这种跳动机会取决于 ΔG_m 和原子平均能量 $k_B T$ 的比值，故

$$w = \nu\exp\left(-\frac{\Delta G_m}{k_B T}\right) \tag{4-39}$$

式中：ν 为原子的振动频率(德拜频率)。温度升高，原子平均动能增大，$\Delta G_m/k_B T$ 减小，扩散原子能跃迁临近间隙位置的概率增大。另外，因为间隙固溶体的饱和浓度都很低，可以近似看作间隙原子周围的间隙位置都是空着的，都可以让原子跃迁，所以 $P \approx 1$。显然，原子跳动前后无相关性，$f_0 = 1$，故

$$D = \frac{1}{6}d^2 Z\nu\exp\left(-\frac{\Delta G_m}{k_B T}\right) \tag{4-40}$$

把迁移激活能自由能写成 $\Delta G_m = \Delta H_m - T\Delta S_m$,其中 ΔH_m 是迁移激活焓,$T\Delta S_m$ 是迁移激活熵,式(4-40)变成

$$D = \frac{1}{6}d^2 Z\nu \exp\left(\frac{\Delta S_m}{k_B}\right)\exp\left(-\frac{\Delta H_m}{k_B T}\right) = D_0 \exp\left[-\frac{Q}{k_B T}\right] \tag{4-41}$$

将式(4-41)写成 Arrhenius 形式的一般表达式。即

$$D = D_0 \exp\left[-\frac{Q}{k_B T}\right] \tag{4-42}$$

式中:D_0 近似看作不随温度变化的常数,称为频率因子;Q 称为扩散激活能,可以 eV 为单位,通常也以 kJ/mol 为单位;当 Q 单位为 kJ/mol 时,k_B 应换成气体常数 R。

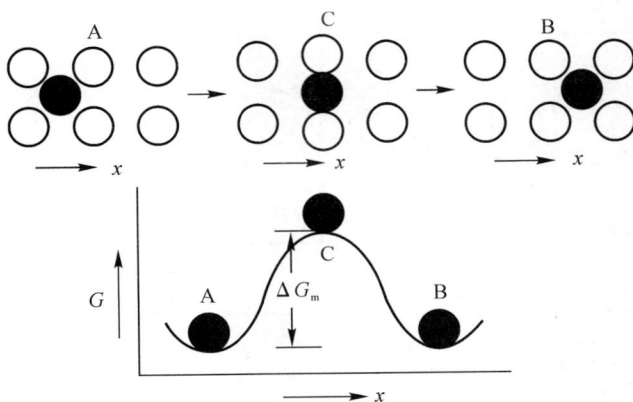

图 4-18 间隙原子从一个平衡位置 A 跳到相邻平衡位置 B 所经历的中间过程 C
及需要克服的能垒

4.3 扩散驱动力及多组元互扩散

化学组元的扩散通量可能由几种不同类型的驱动力产生。例如,施加静电场使带电粒子沿电场方向流动;位错应力场、共格沉淀应力场,或变形引起内应力区域易吸引特定的原子;晶界、相界、自由表面也会吸引某些原子导致溶质偏析现象。化学组元倾向于从其高扩散势能区流向低势能区,在外场或微观组织不均、成分不均的情形下流动,形成物质的扩散通量。在本章,仅讨论在浓度分布不均的情况下,浓度梯度驱动扩散的情况。

当仅考虑浓度场的影响时,菲克第一定律中扩散通量表示为浓度梯度 ∇C(一维扩散为 dC/dx,即 $\nabla_x C$)的函数,宏观观测到的扩散是在浓度梯度 $dC/dx \neq 0$ 时扩散物质沿浓度梯度反方向的流动,即从高浓度向低浓度方向的流动。事实上,并非所有的扩散都是如此,实验上也观察到组元从浓度低的地方向浓度高的地方扩散,即所谓的上坡扩散,如发生在热力学不稳定过饱和固溶体中的失稳分解现象、奥氏体钢分解形成渗碳体的过程、时效过程从过饱和固溶体析出沉淀相等,就是沿浓度梯度方向的扩散,即物质从低浓度区向高浓度区的扩散。从热力学角度来看,上坡扩散本质上是从化学势高的地方流向化学势低的地方,即扩散物质的迁移驱动力不是浓度梯度 dC/dx,而是化学势梯度 $d\mu/dx$。化学势梯度的概念既可以解释溶质均匀

化的扩散现象,也可以解释溶质簇聚的上坡扩散现象。除了化学势梯度,热、力、电等物理场以及材料自身的微观组织结构也会影响扩散。本节在考虑化学势梯度情况下,进一步讨论了多组元体系互扩散以及柯肯达尔效应。

4.3.1　化学势梯度驱动扩散

扩散是物质从高扩散势能区向低扩散势能区的流动。对于一个恒温体系,且没有其他物理场及其界面作用时,固溶体中某一组分的扩散势与其化学势相同。因而,固溶体中某一组元的流动方向取决于其化学势梯度 $\mathrm{d}\mu/\mathrm{d}x$。

以 i 和 j 二组元体系为例,i 和 j 组元的浓度满足 $C_i + C_j = 1$。在理想固溶体假设下,i 组元的化学势 μ_i 与其浓度 C_i 有如下关系:

$$\mu_i = \mu_i^0 + RT \ln C_i \tag{4-43}$$

式中:μ_i、μ_i^0 的单位是 $\mathrm{J \cdot mol^{-1}}$,$\mu_i^0$ 是 i 的纯物质在 298 K 和 1 bar 大气压下的标准化学势;R 是理想气体常数($R = 8.314\,3\ \mathrm{J\ mol^{-1} \cdot K^{-1}}$),$T$ 是绝对温度。把引起物质迁移的驱动力称为 $\boldsymbol{F}$,扩散驱动力 $\boldsymbol{F}$ 表示为化学势梯度,在一维方向上,有

$$F = -\frac{\partial \mu_i}{\partial x} = -\frac{RT}{C_i} \frac{\partial C_i}{\partial x} \tag{4-44}$$

即对理想固溶体而言,化学势梯度与浓度梯度成正比,扩散的驱动力由溶质浓度的空间分布不均提供。其中,"—"表示驱动力方向与化学势降低(浓度降低)的方向一致。

理想固溶体不考虑组元之间的相互作用,对于实际固溶体而言,需要考虑组元之间的相互作用,引入校正浓度 a_i 对式(4-43)加以修正。a_i 通常称为活度,$a_i = r_i C_i$,r_i 是 i 组元的活度系数,是固溶体偏离理想溶液的校正因子。$r_i > 1$,为正偏差,表示组元之间互相排斥;$r_i < 1$ 为负偏差,表示组元之间相互吸引。非理想固溶体的化学势表示为

$$\mu_i = \mu_i^0 + RT \ln a_i = \mu_i^0 + RT(\ln r_i + \ln C_i) \tag{4-45}$$

采用活度表示组元 i 的化学势后,偏离理想固溶体的扩散驱动力,通过把式(4-45)代入式(4-44)得到,即

$$F_i = -\frac{\partial \mu_i}{\partial x} = -RT\left(\frac{\partial \ln r_i}{\partial x} + \frac{\partial \ln C_i}{\partial x}\right) \tag{4-46}$$

式(4-46)表明,对非理想固溶体扩散驱动力,不仅要考虑组元浓度的空间分布差异,还应考虑固溶体组元间相互作用的影响。

以 i 组元为例,在驱动力 $\boldsymbol{F}$ 的作用下,组元 i 的平均扩散速度 $\boldsymbol{v}_i$ 为

$$\boldsymbol{v}_i = B_i \boldsymbol{F}_i = -B_i \frac{\partial \mu_i}{\partial x} = -\frac{B_i RT}{C_i}\left(1 + \frac{\partial \ln r_i}{\partial \ln C_i}\right)\frac{\partial C_i}{\partial x} \tag{4-47}$$

其中,B_i 为 i 组元的迁移率系数。那么,扩散通量等于扩散物质的浓度 C_i 和其平均扩散速度的积,菲克第一定律表示为

$$\boldsymbol{J}_i = C_i \boldsymbol{v}_i = -RTB_i\left(1 + \frac{\partial \ln r_i}{\partial \ln C_i}\right)\frac{\partial C_i}{\partial x} \tag{4-48}$$

式(4-48)表明,扩散由浓度梯度 $\dfrac{\partial C_i}{\partial x}$ 驱动,但是其扩散方向与 $1 + \dfrac{\partial \ln r_i}{\partial \ln C_i}$ 的符号有关。

由菲克第一定律知

$$J = -D \frac{dC}{dx}$$

对比菲克第一定律和式(4-48),扩散系数 D_i 为

$$D_i = RT B_i (1 + \frac{\partial \ln r_i}{\ln C_i}) \tag{4-49}$$

式中:$1 + \frac{\partial \ln r_i}{\partial \ln C_i}$ 称为热力学因子,由式(4-48)可知,扩散通量 J_i 的方向与热力学因子的符号有关。

在理想固溶体($r_i = 1$)、自扩散或稀溶液固溶体($r_i =$ 常数)中,热力学因子为 1,扩散系数为

$$D_i = RT B_i \tag{4-50}$$

式(4-50)就是能斯特-爱因斯坦关系式(Nernst-Einstein relation)。该式说明,在理想固溶体、自扩散或稀溶液固溶体中的扩散系数 D_i 恒大于 0,i 组元扩散恒为下坡扩散。

在非理想固溶体中,当 $1 + \frac{\partial \ln r_i}{\ln C_i} > 0$ 时,扩散通量与浓度梯度方向相反,i 组元为下坡扩散,从高浓度向低浓度扩散,扩散使 i 组元成分均匀化,形成均匀固溶体相;但是当 $1 + \frac{\partial \ln r_i}{\partial \ln C_i} < 0$ 时,扩散通量与浓度梯度方向一致,i 组元从低浓度向高浓度扩散,即上坡扩散。由上述讨论可知,上坡扩散与固溶体组元间的相互作用有关,上坡扩散引起局域溶质浓度高于体系溶质平均浓度,诱发固溶体分解形成第二相。

4.3.2 其他类型扩散驱动力

在不考虑其他物理场作用,仅考虑浓度梯度的情况下,4.3.1 节中的扩散驱动力是化学势梯度,扩散驱动力与扩散通量通过迁移率线性相关。在实际材料中,应力、温度、电场以及界面等也是影响扩散的重要因素,扩散驱动力需包括热、力、电等物理场及材料微观缺陷引起的势能梯度的贡献。常见的驱动原子扩散的驱动力类型见表 4-3。

表 4-3 原子迁移的驱动力

力	表达式	备注
电势梯度	$q^* E$	$E = -\nabla U$,q^* 是有效电荷,U 是电势
化学势梯度	$-\nabla \mu$	μ 是化学势
温度梯度	$-(Q^*/T) \nabla T$ 或 $-S \nabla T$	Q^*:传输的热量,S 是 Soret 系数
应力梯度	$-\nabla U_{el}$	U_{el} 是弹性交互作用能
重力	mg	m 是粒子质量,g 是重力加速度

对于离子晶体,电导率源于离子的运动,离子在电场影响下的运动(即电迁移)用离子电导率来描述。考虑电场作用后的扩散通量为

$$J_i = -D_i \nabla C_i - \frac{D_i C_i q_i^2}{k_B T} \nabla U \tag{4-51}$$

由式(4-51)可知,质量扩散可以由成分或电势的梯度引起,也可以由两者同时引起。电荷通量 $J_q = -q_i J_i$,电导率 ρ 通过欧姆定律把电流密度与外加电场 E(电势梯度 $-\nabla U$)关联起来,有 $J_q = -\rho \nabla U$,在忽略浓度梯度的情况下对照二者,得电导率 ρ 为

$$\rho = \frac{D_i C_i q_i^2}{k_B T} \tag{4-52}$$

即电导率与扩散率(diffusivity)成正比。

当考虑金属中的电迁移时,需要考虑电流通量和物质通量的相互作用,通量耦合作用较为复杂,本书不深入讨论。

材料中的温度梯度也可以作为扩散原子的驱动力。由此产生的效应称为热传递(也称为热迁移)。在同时存在温度梯度和浓度梯度的情况下,扩散通量为菲克第一定律和热导方程的结合,即

$$J_i = -D_i \nabla C_i - \frac{D_i C_i Q_i^{trans}}{k_B T^2} \nabla T \tag{4-53}$$

由式(4-53)可知,质量扩散可以由成分或温度梯度引起,也可以由两者同时引起。质量扩散与热梯度的耦合程度由输运热 Q_i^{trans} 决定。

应力梯度具有与电势梯度和温度梯度相同的作用,粒子同样可以在应力场作用下迁移。典型的,如在位错应力场中形成的柯垂尔气团(Cottrell atmospheres)。

重力作用相对较弱,在固体扩散中一般不予以考虑,但在气体和液体中会引起沉降效应,如铸造过程由重力引起的对流效应对铸造组织有重要影响。

晶界、相界、自由表面等界面缺陷是材料中常见的缺陷结构。界面扩散是组织形貌、晶粒粗化、低温蠕变等现象的主控因素。界面附近各组分的扩散势取决于局域界面曲率。举一个简单例子:对于一个起伏表面,在凸面处原子的扩散势比在凹面处的要高,因此原子从凸面向凹面流动形成一个扩散流,该扩散流促使界面平滑,减小界面面积,降低体系界面能。由曲率驱动的扩散又称毛细作用。

4.3.3　自扩散和互扩散

对于纯物质,原子都是同一类型、均匀的分布,原子向新的位置扩散就是自扩散。自扩散是固体中最基本的扩散过程,通过空位机制发生。自扩散现象可以采用放射性示踪同位素或与稳定同位素具有相同化学性质的标记原子来测量。通过测量示踪原子的浓度,并从浓度分布的演变推出示踪原子的扩散率(自扩散率)。自扩散是由该材料的同位素梯度驱动。在熔点附近,FCC 和 HCP 金属的自扩散系数约为 $10^{-8} \mathrm{~cm^2 \cdot s^{-1}}$,绝大多数情况下原子都在其平衡位置振动。

对于非均匀固溶体,溶质和溶剂在晶格点阵上是相互扩散的,称为互扩散。对于非均匀二组元固溶体互扩散体系,求解菲克第二定律时,通常考虑恒定扩散系数下的解,扩散系数 D 似乎是 i 和 j 组元扩散系数的平均,这与实际情况不符。20 世纪初的实验证明,固体中的扩散系数不是一个常数,而是成分和温度的函数。随成分变化,扩散系数可能在若干个数量级的范围内变化。扩散过程组分随着空间和时间在变化,采用浓度有关的互扩散系数的 $\widetilde{D}(C)$,菲克第二定律表示为

$$\frac{\partial C}{\partial t} = \frac{\partial}{\partial x}\left(\widetilde{D}\,\frac{\partial C}{\partial x}\right) \qquad\qquad (4-54)$$

该方程是一个非齐次方程,通常不能求出解析解。通过该方程,实验上可以从测量的浓度场确定与浓度相关的扩散系数 $\widetilde{D}$,具体方法包括经典的 Boltzmann-Matano 方法和由 Sauer-Freise 方法,本书不详细讨论。

4.3.4 柯肯达尔效应

在式(4-54)中,采用一个与浓度相关的扩散系数 $\widetilde{D}(C)$ 描述了二组元体系的扩散。一般来说,两种组元的扩散系数通常不相等,分别用 D_i^I 和 D_j^I 表示组元 i 和 j 的本征扩散系数,二者也依赖于合金成分。由组元 i 和 j 浓度梯度导致的本征扩散通量表示为

$$J_i = -D_i^I\,\frac{\partial C_i}{\partial x}\,, \qquad J_j = -D_j^I\,\frac{\partial C_j}{\partial x} \qquad\qquad (4-55)$$

J_i 和 J_j 的扩散通量的差异导致净质量流,从而使物质质量在一侧收缩而在另一侧膨胀。对于二元固溶体,如果 i 组元比 j 组元扩散得快,那么初始 i 组元富集的区将会由于净通量流出而收缩,初始 j 组元富集区将会由于获得净通量而膨胀。多组元体系由于各组元扩散系数差异导致的现象,称为柯肯达尔效应。

在 20 世纪 40 年代 Kirkendall 及其同事 Smigelkas 在锻造黄铜(Cu-30%Zn,均匀替代固溶体)时发现柯肯达尔效应的实验过程,如图 4-19 所示。矩形的锻造黄铜棒(18 cm×1.9 cm)经研磨和抛光处理,在两侧表面放置 130 μm 的 Mo 线惰性标记物;然后沉积 2 500 μm 厚的电镀铜层;最后形成以 Mo 为界的黄铜/Cu 扩散偶。其中,惰性标记物 Mo 线即不会参与扩散,也没有与 Cu 或 Zn 发生化学反应。该扩散偶在 785 ℃ 退火,不同退火时长下的截面如图 4-19所示,随着时间延长:Mo 线向黄铜内侧移动、两侧标记物间距缩短,黄铜芯区收缩、扩散区 α 黄铜的厚度增加。如果 Cu 和 Zn 的扩散速率相等,那么标记物两侧净质量通量为零,Mo 线不会移动、黄铜芯区不会收缩。该实验说明 Cu 和 Zn 的扩散速度不同,且 Zn 原子向外扩散的速度快于 Cu 原子向内扩散的速度。

以直接交换或环形机制交换的扩散机制意味着二组元合金中各组元的扩散率是相等的。实验观测到的互扩散过程物质以不同的速率扩散,柯肯达尔效应为扩散的空位机制提供了有

力的支持。

　　柯肯达尔效应证实了固体扩散的空位机制,在许多情况下由于扩散失去质量的一侧空位浓度过饱和,会导致小空隙的析出,形成多孔结构,即柯肯达尔空洞。柯肯达尔效应重要的实际意义之一是防止或抑制合金或金属结合界面处形成空洞。在复合材料、涂层技术、微电子器件等技术领域,异质材料结合界面两侧的组分差异即各组元扩散系数差异伴随柯肯达尔效应,引起微观组织迁移、空隙,可以诱发在宏观尺度上应力甚至变形。

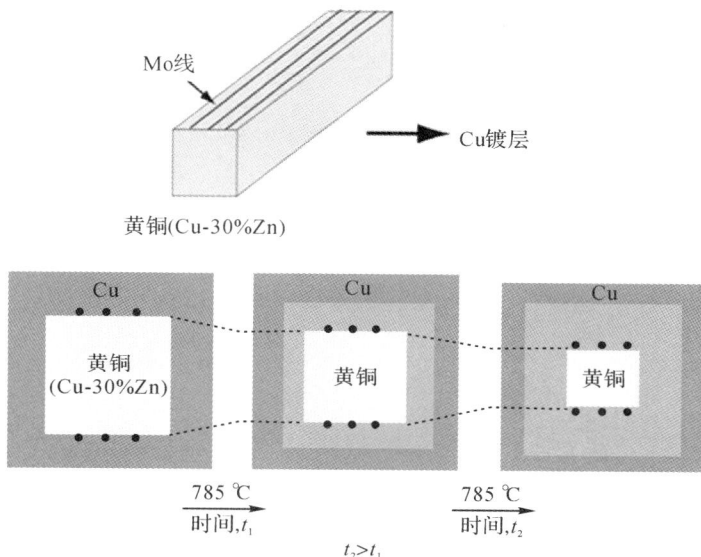

图 4 - 19　柯肯达尔实验的示意图

4.3.5　达肯(Darken)分析

　　柯肯达尔效应在材料扩散中具有重要作用,受 Smigelskas 和 Kirkendall 实验的启发,1948 年 Darken 给出了关于合金中柯肯达尔效应的互扩散与本征扩散关系的分析。对于 i 和 j 二组元替代固溶体合金,定义上述黄铜/铜扩散偶中惰性标记物 Mo 所在的标记平面为柯肯达尔平面,如果组元 i 的扩散系数比组元 j 的高(如黄铜/铜实验中所示),柯肯达尔平面将会移动,对各组元的本征通量和本征扩散系数可以在柯肯达尔标记平面上进行评估。其示意图如图 4 - 20 所示,初始柯肯达尔平面位于参考平面 x_0 处,i 和 j 的本征扩散通量由式(4 - 55)确定。加热保温过程,扩散加速,柯肯达尔标记平面 x_K 以速度 v_K 向右移动,相对于 x_0 处的 x_K 的扩散通量表示为

$$\tilde{J}_i = J_i + v_K C_i , \quad \tilde{J}_j = J_j + v_K C_j \tag{4-56}$$

式中: J_i, J_j 是 x_0 处的 i 和 j 组元的本征扩散通量。

由于 i 和 j 以空位机制扩散，J_i，J_j 和空位 J_v 的扩散通量满足

$$J_i + J_j + J_v = 0 \qquad (4-57)$$

标记速度 v_K 等于原子的净流速，也就是空位通量 J_v 乘以原子体积 Ω，有

$$v_K = J_v \Omega = -(J_i + J_j)\Omega = (C_i - C_j)\frac{\partial N_i}{\partial x} \qquad (4-58)$$

如果 $dC_i = -(V_j/V_i)dC_j$（V_i、V_j 是偏摩尔体积），则

$$v_K = \widetilde{V}_j(D_j^I - D_i^I)\frac{\partial C_j}{\partial x} \qquad (4-59)$$

将 v_K 代入式(4-56)，可得到互扩散系数为

$$\widetilde{D} = C_j\widetilde{V}_j D_i^I + C_i\widetilde{V}_i D_j^I \qquad (4-60)$$

式(4-59)和式(4-60)描述了二元替代合金中的等温扩散。它们还提供了一种通过测量相互扩散系数和柯肯达尔速度来确定本征扩散率的可能性。

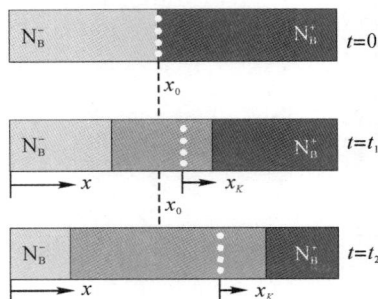

图 4-20 随退火时间延长惰性标记物的移动，其中 $t_2 > t_1 > t = 0$

4.4 反应扩散

所谓反应扩散，是指在固态扩散过程中伴有相变发生的扩散，因此也称为相变扩散。有中间相生成的多组元体系，具体生成的相可以参照相图来确定。反应扩散的动力学较为复杂，不在本书的讨论之列。扩散相变在材料中普遍存在，在钢的化学热处理、热浸镀铝、镀锌等很多工艺中会发生反应扩散。

图 4-21 给了 T_0 温度表面 B 组元浓度 C_s 恒定情况下的反应扩散过程。依据图 4-21(a)的 A-B 二元相图，T_0 温度下 A-B 体系的相组成与成分有关：

在 C_s 浓度时为 γ 相，γ 相的成分为 C_s。

在 $C < C_{\gamma\alpha}$ 时为 $\alpha + \gamma$ 两相，α 相的成分为 $C_{\alpha\gamma}$，γ 相的成分为 $C_{\gamma\alpha}$。

在 $C < C_{\alpha\gamma}$ 时为 α 相，α 相的成分小于 $C_{\alpha\gamma}$。

在 $C_{\alpha\gamma} \sim C_{\gamma\alpha}$ 的成分范围内为两相区,在两相区区间,α 相的成分为 $C_{\alpha\gamma}$,γ 相的成分为 $C_{\gamma\alpha}$。假设随 B 组元自表层向样品深层扩散,B 组元的浓度自 C_s 逐渐减小,当浓度低至两相区的成分区间时,应有成分为 $C_{\alpha\gamma}$ 的 α 相析出,如图 4-21(a) 所示。这时,尽管组元浓度在 α(成分为 $C_{\alpha\gamma}$)与 γ(成分为 $C_{\gamma\alpha}$)相的相界两侧有突变[见图 4-21(b)],但由于两相区平衡存在的条件是各组元化学势在相界两侧相等,即 $\mu_A^\gamma = \mu_A^\alpha$,$\mu_B^\gamma = \mu_B^\alpha$,所以在两相区无法产生宏观扩散流,B 组元将无法向里层扩散。因而,实际的情况是,B 组元源源不断地向深层扩散,在二元系扩散中不存在两相区,每一层都是单相区,这也是二组元扩散的重要特征。

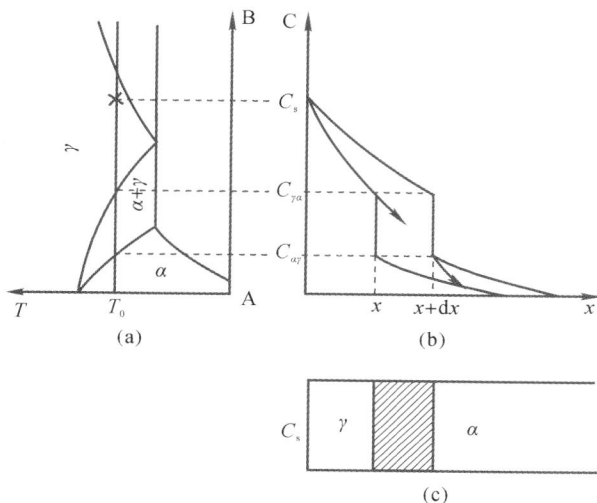

图 4-21　反应扩散时相图(a)与所对应的浓度分布(b)及相分布(c)

二元系中扩散区域不存在两相区也可以通过吉布斯相律解释:在等温等压下,相平衡时,自由度 f 与组元数 c 和组成相个数 p 应满足

$$f = c - p$$

对于 A-B 二元体系,c 为 2,由于该过程是成分(化学势)梯度驱动的扩散,因而成分可变,即自由度 f 至少为 1,则组成相数 p 最大取 1。因而,对于二元系的反应扩散,不存在两相共存区,只有单相区。假如相数 p 取 2,自由度为 0,则各处成分不可变,意味着扩散将无法进行。

以纯铁渗氮过程为例对反应扩散加以说明。纯铁素体在 520 ℃ 进行长时间充分氮化后,由表及里出现的相层及成分分布为:

最外层:ε 相,Fe_2N,密排六方结构,氮含量 w_N 在 7.8%～11.0% 之间。

次表层:γ' 相,Fe_4N,面心立方结构,氮含量 w_N 在 5.7%～6.1% 之间。

最内层:α 固溶体,Fe,体心立方结构,其含氮量 w_N 低于 0.1%。

依据 Fe-N 二元相图(见图 4-22),在渗氮过程中,超过氮在基体相 α-Fe 中的固溶度时,在氮含量较高的表层形成 ε 相,在氮含量稍低的次表面形成 γ' 相。各相层之间不存在 $\varepsilon + \gamma'$ 相或 $\gamma' + \alpha$ 相两相区。

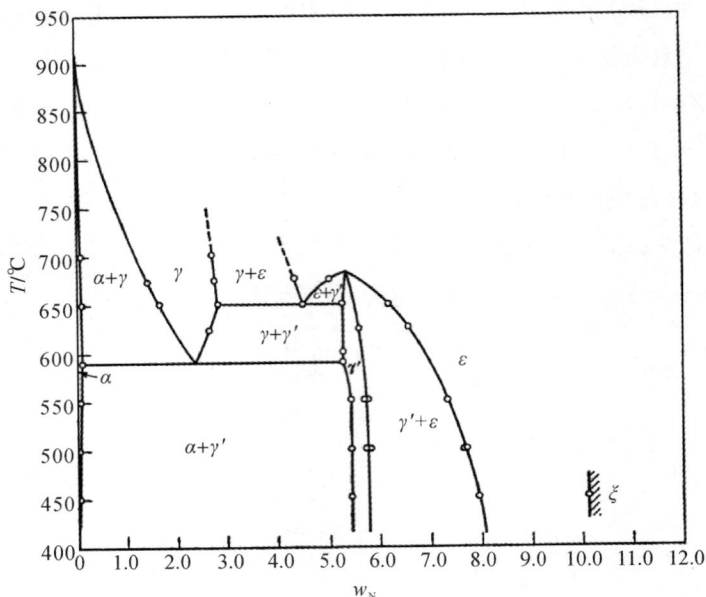

图 4-22　Fe-N 二元相图

4.5　高扩散通道

4.5.1　扩散图谱

固体中的晶格扩散受晶格点阵束缚,在空位和间隙辅助下在晶格点阵上进行,沿迁移激活能最小路径运动,扩散激活能高(包括点缺陷形成能和迁移能),扩散系数小。在晶格缺陷处(如晶界、相界、自由表面或位错线周围)的原子排列不规则,晶格周期性排列破缺,有序度低、化学键合作用弱,原子更易于移动。实验结果表明,在金属中沿着位错、晶界和自由表面的原子跃迁速率要远远高于晶格内的原子迁移速率,这是因为在这些区域扩散系数更高,因此,在缺陷处的高速扩散又称为"高扩散通道"(high-diffusivity paths)或"扩散短路"(diffusion short circuits),如图4-23所示。

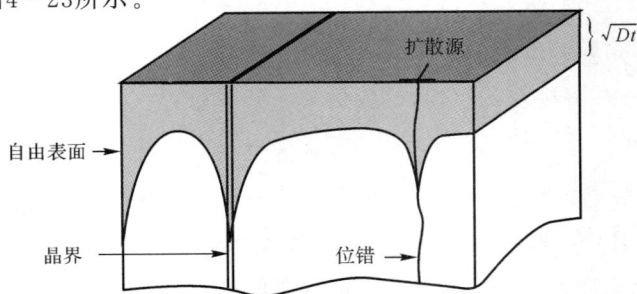

图 4-23　固体中的高扩散通道示意图

对高扩散路径的理解有利于理解具有高缺陷材料的扩散特征和组织演化,有助于材料设计和寿命预测,在诸如高温结构材料、光/电/磁等多层薄膜材料中均有重要应用。如高温合金服役温度高($T>0.6\,T_{\mathrm{m}}$,T_{m}为熔点),体扩散易于激活,服役时的组织老化由体扩散主导;但在较低温度($T<0.6\,T_{\mathrm{m}}$)下服役时,晶界扩散则起着主导作用,包括蠕变(Coble 蠕变)、不连续沉淀、晶界迁移引起的扩散、再结晶和烧结等。对于多层薄膜材料,薄膜厚度与扩散距离在同一长度量级,且薄膜内的晶界、表面、位错等密度高,高扩散路径主导的扩散易于导致薄膜电子器件失效,通过调控薄膜缺陷来控制短路扩散是保持薄膜完整和器件性能稳定的关键。

金属中的体扩散和晶界、自由表面、位错等高扩散路径的扩散系数图谱如图 4 - 24 所示。

体扩散系数 D_{b},表面扩散系数 D_{s},晶界扩散系数 D_{gb} 和位错扩散系数 D_{d} 四者之间满足关系式:$D_{\mathrm{b}}\ll D_{\mathrm{d}}\leqslant D_{\mathrm{gb}}\leqslant D_{\mathrm{s}}$。

相应的激活焓则满足:$\Delta H_{\mathrm{b}}>\Delta H_{\mathrm{d}}\geqslant\Delta H_{\mathrm{gb}}>\Delta H_{\mathrm{s}}$。

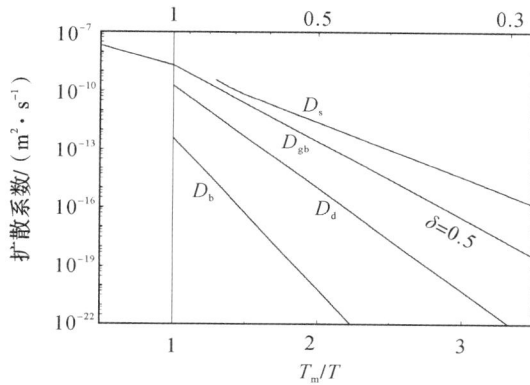

图 4 - 24　随温度降低的金属扩散图谱

4.5.2　自扩散动力学分类

多晶晶界网络在晶态材料体中普遍存在,晶内扩散和晶界扩散均有可能发生。体系是选择晶内还是晶界扩散,会随晶粒尺寸、温度、扩散时间以及晶界网络是否可动等因素而变化。如随着晶粒尺寸减小,晶界面积增加,晶界扩散的作用增加。在相对较低的温度下,晶界扩散快,以晶界扩散为主;随温度上升,则以晶内体扩散主导,晶界扩散的作用降低。在长时扩散过程中,每个原子扩散的距离相对更远,从而历经多个晶粒和晶界。在晶界可动的条件下,晶界扫掠晶内原子会导致某些原本在晶内的元素在晶界快速扩散。

现实情况是每个原子都有可能通过扩散经过晶内、晶界或位错等缺陷处。Harrison 假设晶界或位错不可动的情况,提出了图 4 - 25 所示的 A、B、C 三种原子扩散的动力学模式。在 A 型动力模式中,体扩散系数大,原子扩散过程遇到各种高速扩散通道,该原子在不同的高扩散通道停留的时长与给定结构单元的体积分数成正比。整个宏观样品遵循菲克定律,具有单一

的有效扩散系数 D_{eff}：

$$D_{eff} = \gamma D_{sc} + (1-\gamma) D_b$$

式中：γ 是高扩散通道的体积分数；D_{sc} 是晶界或位错等单一扩散系数（single diffusion coefficient）；D_b 是体扩散系数。满足下述条件时即可建立 A 型动力学动力模式：

$$\Lambda \sqrt{D_b t} \gg 1$$

式中：t 是退火时间，Λ 是典型高扩散通道间距的倒数。这种扩散动力学模式适用于高扩散速率（高温）、长时间退火、小间距高速扩散路径的情况。最后一种情况在纳米晶中非常容易实现，因此这种动力学模式在纳米尺度材料中非常重要。

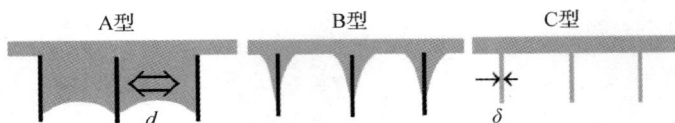

图 4-25　根据 Harrison 分类法（哈里森，1961 年）分类的动力学扩散动力学模式

在 A 型动力学模式，晶格扩散长度 $\sqrt{D_b t}$ 远大于高速扩散路径之间的平均距离（晶粒直径 d）。C 型动力学范畴的特点是仅沿高速扩散路径传输，即晶格扩散长度小于高速扩散路径宽度（δ）。在两者之间可以找到 B 型。

C 型扩散动力学是 A 型扩散动力学相反的情况，适用于体扩散系数极低，原子传输仅在高扩散通道发生的情况。如，较低温度或极短时间下的扩散退火。建立 C 型扩散动力学的条件是：

$$\sqrt{D_b t} < \frac{\delta}{20}$$

式中：δ 是给定高扩散路径的特征宽度。δ 通常低于 1 nm，所以即便在 $D_{sc} = 10^{12} \times D_b$ 处，通过高速扩散通道扩散的距离也不会超过几微米。

在 B 型扩散动力学模式中，扩散原子沿着高扩散通道扩散的同时也会通过扩散渗入相邻的晶粒中。因此，这种类型的扩散分析比 A 型和 C 型条件下的扩散分析复杂得多，它涉及在高扩散通道和相邻晶粒中的耦合扩散。由 Fisher 提出的一个相对简单的模型将在 4.5.3 节中给出。

A、B、C 三型扩散动力学模式并不能完全区分，相互之间的转换是连续的。

4.5.3　晶界扩散

B 型扩散动力学有两个条件：①晶界内的扩散足够快，可以使大量扩散体从晶界进入晶粒内部；②晶界内的扩散又足够低，以防止不同晶界的成分场相互重叠。因此，必须满足

$$s\delta \ll D_b t \ll d$$

式中：δ 是晶界宽度，s 是晶界偏析因子，d 是晶粒直径。B 型传输问题被简化为在一个半无限

基体中的扩散问题,即在半无限基体中沿晶界方向的晶界扩散和在晶界周围的体扩散。

　　解决这一问题比较成功的是 Fisher 模型,后续晶界扩散的数学模型大多是基于 Fisher 模型建立的。Fisher 模型如图 4-26 所示,用一个半无限、均匀且各向同性的高扩散系数薄板表示晶界,晶界两侧的晶粒各向同性扩散系数 D_b 很小。晶界厚度为 $\delta \approx 0.5$ nm,扩散系数为 D_{gb},且 $D_{gb} \gg D_b$。

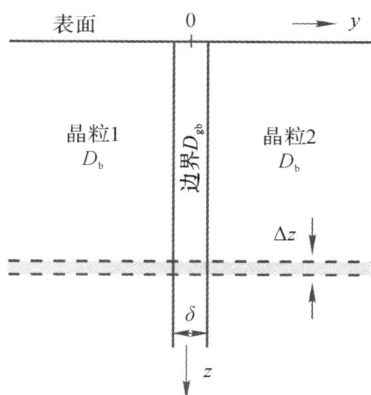

图 4-26　晶界的 Fisher 模型

　　从数学角度看,这一扩散问题可以通过在晶内和晶界均采用菲克第二定律加以描述,即

$$\frac{\partial C}{\partial t} = D\left(\frac{\partial^2 C}{\partial y^2} + \frac{\partial^2 C}{\partial z^2}\right) \quad ,当 |y| \geqslant \delta/2 \ 时$$

$$\frac{\partial C_{gb}}{\partial t} = D_{gb}\left(\frac{\partial^2 C_{gb}}{\partial y^2} + \frac{\partial^2 C_{gb}}{\partial z^2}\right) \quad ,当 |y| < \delta/2 \ 时$$

　　上述方程中,在 x 方向认为体系具有平移对称性,因而浓度场仅与 y 和 z 方向的变量有关。为了保证晶界与晶粒之间界面处的浓度和扩散通量的连续性,需满足以下边界条件:

$$C(\pm\delta/2, z, t) = C_{gb}(\pm\delta/2, z, t)$$

$$D\left[\frac{\partial C(y, z, t)}{\partial y}\right]_{|y|=\delta/2} = D_{gb}\left[\frac{\partial C_{gb}(y, z, t)}{\partial y}\right]_{|y|=\delta/2}$$

　　由于晶界很小($\delta \approx 0.5$ nm)且 $D_{gb} \gg D$,上述扩散方程可以简化为

$$\frac{\partial C}{\partial t} = D\left(\frac{\partial^2 C}{\partial y^2} + \frac{\partial^2 C}{\partial z^2}\right) \quad ,当 |y| \geqslant \delta/2 \ 时 \tag{4-61}$$

$$\frac{\partial C_{gb}}{\partial t} = D_{gb}\frac{\partial^2 C_{gb}}{\partial z^2} + \frac{2D}{\delta}\left(\frac{\partial C}{\partial y}\right)_{y=\delta/2} \quad ,当 |y| < \delta/2 \ 时 \tag{4-62}$$

　　方程式(4-61)表示从源点直接扩散到晶格中的过程。方程式(4-62)中的右边第一项表示由晶界扩散引起的浓度变化,第二项表示扩散元素通过晶界薄板渗透到晶内引起的浓度变化。在选择合适的初始条件和边界条件后,数学问题就简化为求解方程式(4-61)和式(4-62)。

　　为求解方程,定义以下归一化参数:

$$\eta = \frac{z}{\sqrt{D_b t}}; \quad \xi = \frac{y - \delta/2}{\sqrt{D_b t}}; \quad \Delta = \frac{D_{gb}}{D_b}; \quad \beta = \frac{(\Delta - 1)\delta}{2\sqrt{D_b t}} \approx \frac{D_{gb}\delta}{2D_b\sqrt{D_b t}}$$

变量 ξ 衡量通过晶界向晶内的横向扩散程度。η 衡量通过体扩散从源点直接到晶内的扩散程度，η 越小影响越大。参数 β（或 Le Claire 参数）表示由晶界增强的传输，是衡量晶界扩散相对于晶格扩散增强程度的一种方法。粗略地，可以将 β 视为沿晶界的传输能力与沿晶界周围的传输能力之比。β 越大，意味着与由晶格扩散主导的表面区域相比，晶界扩散主导的区域具有更深的晶界尾迹（图 4-25 中的 B 型扩散）。对于较小的 β 值，晶界轮廓明显减弱。

Fisher 于 1951 年给出了恒定源情况的近似解，在远离表面的地方，成分随深度 z 以指数方式递减，并且在与晶界距离 y 处遵循互补误差函数的依赖关系（详情参见的菲克定律的一般解）：

$$C(z, y) = C_0 \exp(-\lambda_1 z) \mathrm{erfc}\left(\frac{y}{2\sqrt{D_b t}}\right), \lambda_1 = \left(\frac{2}{D_{gb}\delta}\right)^{0.5} \left(\frac{D_b}{\pi t}\right)^{0.25} \tag{4-63}$$

4.5.4 位错通道扩散

位错是一种线缺陷，在最简单的情况下可以认为是在晶体中引入一个额外半原子面的边。位错在晶体中普遍存在，尤其是在快速凝固、淬火、变形材料、中子辐照样品中。原子沿位错线的扩散比沿晶格扩散快。在低位错密度或高温下，位错扩散的效应可以忽略不计，在高位错密度或低温下，沿位错的扩散效应凸显。

把位错看作以位错线为中心的圆柱体或管道，如图 4-27 所示，管道半径 $\delta \approx 0.5$ nm，并用 D_d 表示沿位错管道的扩散系数（$D_d > D_b$），借鉴 Fisher 晶界扩散模型，Smoluchowski 提出了位错管道扩散模型，即 B 型动力学条件下孤立位错的扩散。

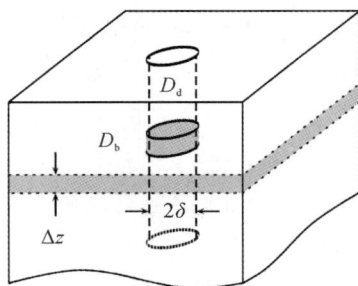

图 4-27 位错管道扩散的 Smoluchowski 模型

在圆柱坐标系中，r 表示从位错核心到位错线的距离，z 表示沿着位错线的深度。在位错内部（$r < \delta$）和外部（$r > \delta$）的菲克第二定律为

$$\frac{\partial C_b}{\partial t} = D_b \left[\frac{1}{r}\frac{\partial}{\partial r}\left(r\frac{\partial C_b}{\partial r}\right) + \frac{\partial^2 C_b}{\partial z^2}\right] \quad ,当 r > \delta 时 \tag{4-64a}$$

$$\frac{\partial C_d}{\partial t} = D_d \left[\frac{1}{r}\frac{\partial}{\partial r}\left(r\frac{\partial C_d}{\partial r}\right) + \frac{\partial^2 C_d}{\partial z^2}\right] \quad ,当 r \leqslant \delta 时 \tag{4-64b}$$

$C_b(r, z, t)$ 和 $C_d(r, z, t)$ 分别为晶内和位错核心处的浓度。在位错-晶体的界面处必须满足扩散通量的连续性和成分平衡,即

$$\left(D_b \frac{\partial C_b}{\partial r}\right)_{r=\delta^+} = \left(D_d \frac{\partial C_d}{\partial r}\right)_{r=\delta^-} \tag{4-65a}$$

$$sC_b(r=\delta^+) = C_d(r=\delta^-) \tag{4-65b}$$

最后,成分梯度必须在远离位错的地方消失,即随 $r \to \infty$,$\frac{\partial C}{\partial r} \to 0$。

求解过程通常需要考虑恒定源和瞬时源两种情况。以最简单的沿位错的自扩散为例,位错周围浓度场 $C(r, z, t)$ 解的形式为

$$C(r, z, t) = C_1(z, t) + C_2(r, z, t),当 r \geqslant \delta 时 \tag{4-66}$$

C_1 代表在恒定或瞬时源下,没有位错时的浓度表达式。C_2 是沿位错管道向上向下快速扩散导致的位错外侧的浓度。扩散场的求解困难,该表达式仅适用于扩散一段时间 t 后一个厚度为 z 的薄层的平均浓度。

4.5.5　自由表面扩散

晶体表面的原子化学键不饱和,呈悬挂状态,化学性质活跃,表面原子会发生弛豫或重构,呈现原子排列不规则的表面层,所以也是高扩散通道。由于表面重构导致表面的结构较为复杂,因晶面和温度而异,表面的扩散机制往往不止一种。

沿自由表面的快速扩散宏观特征与沿晶界扩散的宏观特征相似。如高扩散通道可看作高扩散率的薄板,扩散原子可以在表面薄板和晶体中扩散,并进入或离开这两个区域。其分析可以借助于沿晶扩散的 B 型动力学模型。

4.6　影响扩散的因素

1.组元特性和化学成分

扩散系数 D 的大小用于表征原子扩散速率。表 4-4 列出了几种金属体系的自扩散和互扩散的扩散系数。不同的原子种类,以及同一原子在不同的材料中扩散有不同的扩散系数。例如,有 500 ℃时,铁的自扩散和铁-碳的互扩散系数之间存在显著差异,前者为 3.0×10^{-21} m^2·s^{-1},后者是 2.4×10^{-12} m^2·s^{-1},互扩散系数远远大于自扩散系数。这一对比,也同时对比了空位机制和间隙机制的扩散速率。碳的自扩散是通过空位机制扩散,而碳在 α-Fe 中的扩散是间隙机制。

除了组元特性影响扩散系数 D 之外,组元的浓度、合金化元素对扩散系数均有影响。为方便求解菲克方程,通常假设 D 与浓度无关,这一假设仅适用于固溶体浓度较低或扩散层中浓度变化不大的情况。而添加合金化元素,合金化元素与组元、缺陷之间的交互作用将会影响原组元的扩散系数。

表 4 – 4 扩散数据列表

扩散样本	基体金属	$D_0/(m^2 \cdot s^{-1})$	激活能 Q		计算值	
			$kJ \cdot mol^{-1}$	$eV \cdot 个^{-1}$	$T/℃$	$D/(m^2 \cdot s^{-1})$
Fe	α-Fe (BCC)	2.8×10^{-4}	251	2.60	500	3.0×10^{-21}
					900	1.8×10^{-15}
Fe	γ-Fe (FCC)	5.0×10^{-5}	284	2.94	900	1.1×10^{-17}
					1 100	7.8×10^{-16}
C	α-Fe	6.2×10^{-7}	80	0.83	500	2.4×10^{-12}
					900	1.7×10^{-10}
C	γ-Fe	2.3×10^{-5}	148	1.53	900	5.9×10^{-12}
					1 100	5.3×10^{-11}
Cu	Cu	7.8×10^{-5}	211	2.19	500	4.2×10^{-19}
Zn	Cu	2.4×10^{-5}	189	1.96	500	4.0×10^{-18}
Al	Al	2.3×10^{-4}	144	1.49	500	4.2×10^{-14}
Cu	Al	6.5×10^{-5}	136	1.41	500	4.1×10^{-14}
Mg	Al	1.2×10^{-4}	131	1.35	500	1.9×10^{-13}
Cu	Ni	2.7×10^{-5}	256	2.65	500	1.3×10^{-22}

2.温度和压力

温度对扩散系数和扩散速率有重要影响。例如,对于 Fe 在 α-Fe 中的自扩散,温度从 500 ℃增加到 900 ℃,扩散系数从 3.0×10^{-21} $m^2 \cdot s^{-1}$ 增加到 1.8×10^{-15} $m^2 \cdot s^{-1}$,提高了 6 个数量级。与温度相关的扩散系数为

$$D = D_0 \exp\left[-\frac{Q}{RT}\right] \qquad (4-67)$$

激活能 Q 可理解为 1mol 原子扩散运动需要的能量,扩散激活能的增加会导致扩散系数减小。间隙固溶体的扩散激活能一般较小。例如,C 和 N 等溶质原子在铁中的间隙扩散激活能比 Cr,Al 等溶质原子在铁中的置换扩散激活能要小得多,因此,钢件表面热处理中获得同样渗层浓度时,渗 C,N 比渗 Cr 或 Al 等金属的周期短。

取式(4 – 67)的自然对数,有

$$\ln D = \ln D_0 - \frac{Q}{R}\frac{1}{T} \qquad (4-68)$$

由于 D_0、Q 和 R 均是常数,式(4 – 68)是线性的,$\ln D$ 和 $1/T$ 呈直线关系,如图 4 – 28 所示,斜率为 $-Q/R$,截距为 $\ln D_0$。这也是通过实验方法确定 Q 和 D_0 的方式。

由于自由能对压力的偏导数是体积,所以一般是增加压力使扩散激活能增加。但对于固体材料,除非在非常高的压力下,正常情况下压力对激活能的影响不大。

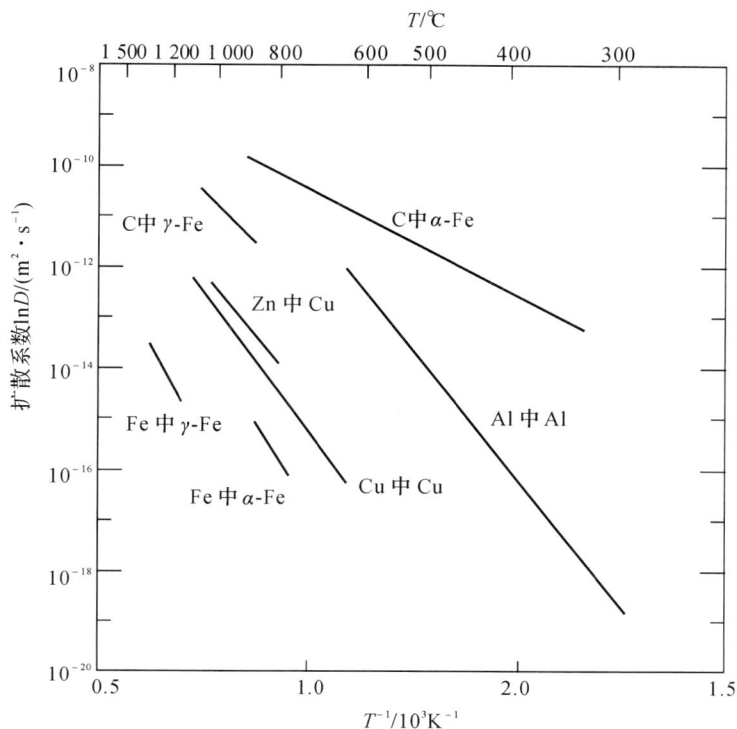

图 4 - 27　lg$D$ 和 T^{-1}的关系

3.晶体结构

材料的晶体结构对扩散系数有很大的影响。在表 4 - 4 中,900 ℃时,BCC 结构的 α-Fe 扩散系数是 1.8×10^{-15} m^2 · s^{-1},FCC 结构的 γ-Fe 扩散系数是 1.1×10^{-17} m^2 · s^{-1},差别高达 2 个数量级。其原因是体心立方结构的致密度比面心立方结构的致密度小,原子较易迁移。一般来说,原子在密排结构中的扩散速率比在比较松散的结构中的扩散速率慢。这一规律对于间隙型原子、替代型原子及自扩散原子都适用。

固溶体类型也会显著影响扩散系数。在前面温度的影响中也已提到,间隙型固溶体以间隙机制扩散,扩散激活能低,因而间隙型固溶体扩散系数大。而替代固溶体以空位机制扩散,扩散激活能增加了空位形成能,故扩散激活能大,扩散系数小。

晶体结构不同的固溶体对合金元素的溶解度是不同的,由此所造成的浓度梯度不同,也会影响扩散速率。晶体的各向异性对扩散也有影响,一般来说,晶体的对称性越差,则扩散各向异性越显著。在高对称性的立方晶体中,未发现扩散系数有各向异性,而具有低对称性的菱方结构的铋,沿不同晶向的扩散系数值差别很大,最高可达近 1 000 倍。

第 5 章 材料的变形

人们在加工和使用材料的过程中,不可避免地涉及材料的变形。从宏观上对材料的变形进行量化,得到材料力学性能的一系列参数,学习、掌握这些力学性能参数的概念、重要性和确定方法等,是材料工程师、设计师和其他专业人员所必需的基本技能之一。力学性能参数可以帮助我们确定某种材料是否可以用于合适的场合和部件上,并在不同的环境下是否可以正常工作。在本章读者将要学习的基本的力学性能包括弹性变形部分的弹性模量和泊松比,塑性变形部分的强度概念和对应的屈服强度和抗拉强度的确定方法,还有塑性的概念和对应的延伸率和截面收缩率等。

本章还从微观层面对材料的变形进行了分析,将位错在滑移面上的运动和宏观的塑性变形联系起来,这是主要的方式,一种次要方式是孪生变形。本章还从阻碍位错运动出发,讨论材料强化的四种基本机制。它们分别是形变强化、细晶强化、固溶强化和沉淀强化。本章材料变形后内部发生的变化也进行讨论,介绍形变织构和残余应力的概念。

5.1 变形的基本概念

很多材料在使用过程中,会受到一定的力或载荷的作用。材料承受载荷后,往往不会保持其原有形状,而是产生了不易察觉的轻微的变形(明显变形的例子是受压后长度缩小的弹簧)。人们在很早以前就发现并自觉运用了材料变形这样的特性,比如弓上的弓弦可以伸长数倍,使箭飞出后,还可以恢复原有长度,还有高温下的铁较室温下更容易变形,可以锻打加工成所需的形状后冷却保持其变形。

设计、使用材料时必须考虑材料的变形,使其不能超过所容许的变形范围,即必须考虑材料的力学性能,它描述了材料的变形和外加载荷之间的关系。主要的力学性能有刚度、强度、硬度、塑性、韧性等。材料的变形,根据其特点可以分为弹性变形和塑性变形。外加载荷使材料变形,当去除外加载荷后,材料变形消失,并完全恢复到原来形状的变形称为弹性变形,其主要特征是可逆性,在材料加工过程中必须考虑弹性变形的影响,否则加工好的零件会出现尺寸精度的误差。塑性变形是指材料发生的变形在外加载荷去除后不能恢复的那部分变形,这种变形是不可逆的。金属材料的锻压、轧制、拔制都是利用塑性变形而使材料成形的,这种加工方法称为塑性加工。材料在实际使用过程中,大多数情况下往往不允许有塑性变形,只能有少量弹性变形。材料的外加载荷,根据施加方式,可以分为拉力、压力、剪切力和扭力等;施加的可以是静力,也可以是不断变化的;加载时间也可长可短。为了在这样的多种多样的载荷条件下得到材料的力学性能参数,必须对实验室进行的性能测试实验进行精确设计,使得测试结果和材料的实际使用状况下的性能具有可比性。

由于材料在流通中的各方(生产和加工厂家、消费使用者、政府监督部门和测试机构)都对材料力学性能有不同的需求,所以材料测试方式和测试结果都必须采用统一的模式以使各方进行交流起来更加容易。各个国家都有专门的机构来进行这件意义重大的事情。我国是由国家标准化管理委员会制定、批准、发布国家标准,对于力学性能测试可以依据一系列的国家标准来执行。美国的专门机构是美国材料与试验协会(American Society for Testing and Materials,ASTM),它的标准和资料在世界各地都有广泛的借鉴和应用。

　　一个产品的设计人员主要关心的材料问题是产品在承受预定载荷时其各个部件的受力大小,这个问题可以通过实验测试或是结合有限元分析的方法来解决。原材料生产工程师的关注重点是生产出符合力学性能要求的材料;产品生产领域的材料工程师保证材料在加工过程中,可以按照预期的工艺要求进行塑性加工并达到所需的力学性能。一些大型工程往往需要以上几方人员一起协同工作,例如悉尼歌剧院独特的贝壳状屋顶结构,是在高强度钢材出现后并以此改进了结构设计才得以建造完成的。

　　金属材料往往是结构件中的受力主体,其原因是其具有优秀的综合力学性能。陶瓷材料和高分子材料的力学性能和金属材料的有很大不同,它们的力学性能测试方法和金属材料的往往也不一样。如果一种材料所承受的是静力载荷,或者载荷随时间变化不大,可以用简单的应力、应变测试来确定这种材料的力学性能是否符合要求。那么什么是应力和应变呢?下面就简要介绍一下它们的定义和关系。

　　当我们取不同材料的试样(见图 5 - 1)做一个拉伸实验,在试样的长轴方向施加一个拉力,比较其变形量大小。如果这些试样的长短粗细都不同,那么不能进行直接比较,必须将它们先进行归一化处理,即去除尺寸因素,在同一个标准下才能进行受力变形的比较。一般,可以将施加的外力(F)除以试样的原始截面积(A_0),变成了单位截面积的力,材料的粗细因素就消除了。而用试样伸长的长度($\Delta l = l_0 - l$)除以试样的原始长度(l_0),变成了在单位长度上的伸长量(伸长百分比),材料的长短因素就消除了。这样,我们就得到了应力和应变的定义。

　　应力(stress)是单位面积上所受的附加内力(去除材料本身所受的重力等),根据作用力和反作用力原理,其值等于单位面积上所受的外力。我们通常使用的是工程应力,其表达式为

$$\sigma = \frac{F}{A_0} \qquad\qquad (5-1)$$

式中:F 是所施加的垂直于试样截面积上的外力,N;A_0 是试样不承受外力时的原始截面积,m^2。应力和压强的单位是一样的,都是帕斯卡(Pa),材料科学中更常用的单位是兆帕(1 MPa = 10^6 Pa)。

　　应变(strain)是材料受力后产生变形的程度,经常使用的工程应变的表达式为

$$\varepsilon = \frac{l - l_0}{l_0} \qquad\qquad (5-2)$$

式中:l 和 l_0 分别是试样变形后的长度和原始长度。所以,应变是一个无量纲的力学性能参数,常用百分数来表示。

　　材料的应力和应变的关系可以用应力-应变曲线表示。金属材料和高分子材料通常是通过简单的拉伸实验来得到应力-应变曲线的,而无机非金属材料中的混凝土是用压力实验,陶瓷材料是用弯曲实验来得到应力-应变曲线的。如图 5 - 2 所示为一种金属材料的工程应力-应变曲线。一开始,试样在长轴方向所受外力逐渐增加,试样变形处于弹性变形阶段,应力和应变是简单的线性关系。当应力变大,在曲线上超过称为屈服强度的 σ_y 点后,应力和应变的关系就不再是线性的了,而在此阶段试样各部分的变形程度即应变是相同的,称之为均匀塑性

变形阶段。随着变形程度的增加,应力到达曲线的最高点 σ_T,此应力的最大值称为抗拉强度。而后试样进入了非均匀塑性变形阶段,试样在一处局部进行变形,此处相对于其他部位截面积变小,保持继续拉伸,此变细的局部部位(称为"颈缩")变得越来越细,最后不能承受外力而发生断裂。高分子材料的拉伸实验和混凝土的压力实验,也可以得到类似的工程应力-应变曲线。陶瓷材料和玻璃是脆性材料,其应力-应变曲线的塑性变形阶段可以忽略不计,只有弹性变形部分。

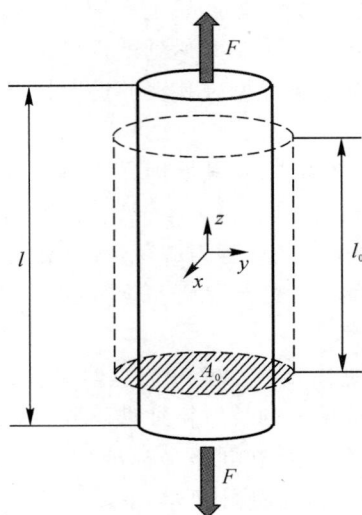

图 5-1　拉伸实验示意图(虚线和实线分别表示受力前、后形状)

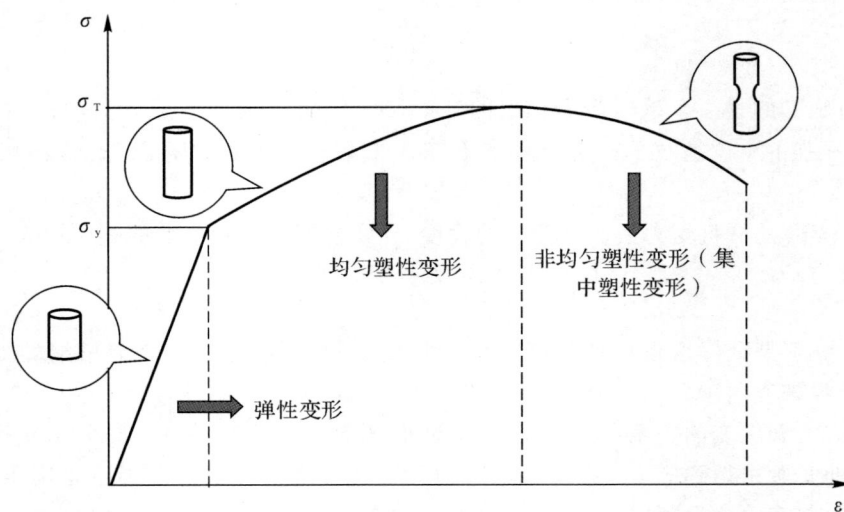

图 5-2　金属材料的工程应力-应变曲线

5.2　材料的弹性变形

一种材料的最初始变形总是从弹性变形阶段开始的,当受到外加较小的拉力或压力时,绝大部分金属材料产生的应变和其所受的应力成正比,称为胡克定律(Hooke's law),其表达式是

$$\sigma = E\varepsilon$$

$$(5-3)$$

其中比例常数 E 就是我们常说的弹性模量(modulus of elasticity),或者叫杨氏模量。它的常用单位是 GPa(10^9 Pa)。弹性模量可以告诉我们的是一种材料的刚度(stiffness,材料抵抗弹性变形的能力)的大小。一个刚度很高的材料在受到较大外力的情况下,只会发生很小的弹性变形。在对尺寸精度要求高的场合,材料的刚度就是一个必须考虑的参数。比如轴承的滚珠材料具有高的刚度,这样可以减小和轴套之间的摩擦力,提高使用寿命。

部分无机非金属材料和大多数高分子材料,在它们的弹性变形阶段,应力和应变不成正比。根据不同使用目的,采用图 5-3 所示的弹性模量获取方法,得到在此种材料的应力-应变曲线上过原点的切线、σ_1 应力处割线和过 σ_2 应力处切线的斜率,把它们分别称为原点切线模量(E_0)、切线弹性模量(E_1)和割线弹性模量(E_2)。通常所说的混凝土的弹性模量就是指其原点切线模量。另外,对于高分子材料来说,存在弹性变形范围内应变落后于应力的现象,即加载后,弹性变形随时间缓缓增长,去除载荷后,需要经过一段足够时间才能逐渐恢复原状。这种现象称为弹性后效或滞弹性。由于这种现象,所以在高分子力学性能实验时需要特别注意加载速度的设置。金属和无机非金属材料的这种现象微乎其微,可以忽略不计。

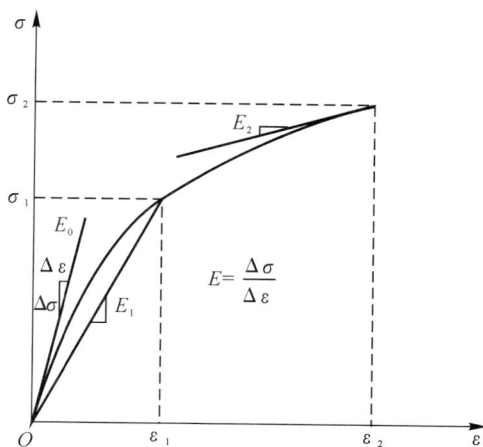

图 5-3　非线性弹性变形材料弹性模量的确定

材料在外力方向进行弹性变形的同时,在垂直于外力的方向也要收缩或者扩张。如图5-1所示,圆柱体受 z 方向的拉力后弹性伸长 ε_z,如果材料是各向同性的,在 x 和 y 方向收缩相等,即 $\varepsilon_x = \varepsilon_y$,那么这两个方向应变的比值就称为泊松比(Poisson's ratio),表达式是

$$\nu = -\frac{\varepsilon_x}{\varepsilon_z} = -\frac{\varepsilon_y}{\varepsilon_z}$$

$$(5-4)$$

对于结构材料来说,ε_x和ε_z符号相反,式(5-4)中加上负号使泊松比ν的值为正。对于一般的金属和合金材料,泊松比的值约为0.3,陶瓷材料的一般约为0.2。在进行有限元力学计算时,它是一个重要的不可或缺的参数。

表5-1列出了部分材料的弹性性能参数。金属材料的弹性模量范围是17 GPa(铅)～407 GPa(钨);高分子材料的弹性模量范围最大的和金属材料中最小的差不多,最小可以低几个数量级;无机非金属材料的弹性模量和金属材料的范围一致,但上限更高一些;金刚石是所有物质中弹性模量最高的。从表5-1中可以看出陶瓷材料具有优良的刚度性能,数控机床主轴系统的电主轴可以采用这种材料来替代以前的合金钢,以适应数控机床高速化和精密化的发展要求。

表5-1 室温时部分材料的弹性模量和泊松比

材料名称	弹性模量 E/GPa	泊松比 ν
铝(Al)	70	0.35
铜(Cu)	119	0.33
金(Au)	78	0.44
银(Ag)	83	0.37
铁(Fe)	211	0.29
镍(Ni)	200	0.31
钛(Ti)	116	0.32
镁(Mg)	45	0.29
钨(W)	407	0.28
铅(Pb)	16	0.44
碳钢	200～220	0.24～0.28
合金钢	210	0.25～0.30
白口铸铁	113～157	0.23～0.27
黄铜	97	0.34
镁铝合金	40	0.25～0.30
金刚石	1 100	
氧化铝(Al$_2$O$_3$)	350	0.23
碳化硅(SiC)	475	0.14
碳化钨(WC)	668～714	0.24
玻璃	55	0.25
混凝土	14～23	0.1～0.2
橡胶	0.01～0.1	0.48～0.50
聚乙烯(高密度)	0.4～1.3	0.35～0.49
ABS塑料	1.4～3.1	0.4
尼龙66	2.76～12.5	0.4
电木	1.96～2.94	0.35～0.38

金属和无机非金属材料类的大多数材料都是晶体,弹性模量这个宏观参数在微观上可以看做是原子间距改变引起的原子间作用力的变化。在外力作用下,材料晶格中的原子偏离了其平衡位置,原子间距增大产生吸引力,间距减小产生排斥力。外力消失后,这两种作用力使原子回归到平衡位置。原子的结合键越强,原子之间的这种引力和斥力也越大。所以,高熔点

晶体材料的弹性模量一般也较高。晶体中弹性模量和晶格常数相关,添加微量合金元素、冷变形或热处理这些方式对晶格常数影响甚小。原子结合键也不会产生本质改变,弹性模量因此也不会有大的改变。例如工业纯铁、碳钢和合金钢都是铁的体心晶体结构,它们的含碳量和合金元素含量都不一样,但其弹性模量相差较小,而强度相差较大。

高分子材料弹性模量的微观物理意义和上述两类材料截然不同,弹性变形主要来自于共价键转动造成的长链大分子的伸长或缩短。这也是其弹性模量远低于前两类材料的原因所在。

5.3　材料的塑性变形

对于绝大多数金属材料来说,弹性变形范围是较小的,应变量>0.5%之后,其变形就成为不可逆的,这时就发生了塑性变形。但是高分子材料中的橡胶,其应变量>10%才可能发生塑性变形。对于考古发掘出的破碎的瓷器,可以将收集起的碎片再拼成一个完整的器具,说明陶瓷材料的塑性变形可以忽略不计。

大多数工程构件在设计时都是确保它们在外力的作用下只能发生弹性变形,而不发生塑性变形,因为很多塑性变形的构件或零件无法完成预定的功能。因此需要确定材料的弹性极限,利用材料的应力-应变曲线来完成是一种直观简单的方法。从图 5-2 所示的一种金属材料的应力-应变曲线可以看到,从弹性变形到塑性变形的这段过渡曲线是近似直线的,没有突变点。测量得越精确,得到的弹性极限对应的应变值会越低。为了解决这个问题,人们用一个人为规定的点来代替上面的弹性极限。如图 5-4 所示,在 x 轴上过应变值为 0.002(0.2%)的点作一条平行于应力-应变曲线弹性部分的直线,与曲线交于一点,这一点在塑性变形区域,其对应的应力值称为屈服强度,σ_y(yield strength)。如果材料的应力-应变曲线的弹性变形部分不是一条直线,那么就一般规定其屈服强度是曲线上应变值 0.005(0.5%)时对应的应力值。钢和一些金属材料有一种特殊的屈服现象,如图 5-5 所示,其曲线在发生塑性变形开始时有一个回落。回落之前的应力值称为上屈服点,这时应力保持在一定水平小范围波动一段后持续增加才能继续进行塑性变形,持续的水平值称为下屈服点。由于下屈服点随实验加载状态变化不大,所以一般将下屈服点当做该材料的屈服强度。

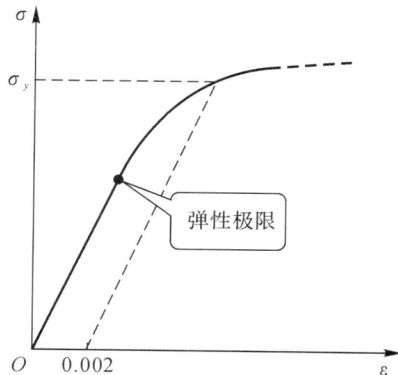

图 5-4　使用应变值 0.002 在应力-应变曲线上确定屈服强度

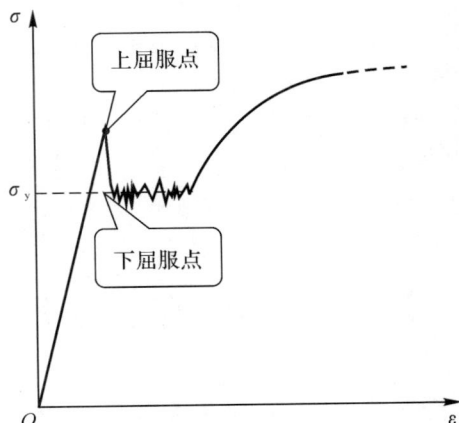

图 5-5　低碳钢的应力-应变曲线上的上下屈服点和屈服强度

屈服强度常用的单位是 MPa(10^6 Pa)，金属材料的屈服强度范围一般在 35 MPa(铝合金)～1400 MPa(超高强钢)。

如前所述，材料屈服后，外加应力增大到应力最大值后，材料的局部发生颈缩，称这个应力的最大值为抗拉强度 σ_T(tensile strength)。这个参数在工程设计中一般考虑得较少，因为材料在承受抗拉强度之前已经发生了较大的塑性变形而变得不能正常使用。但在塑性冷加工领域，抗拉强度是一个很重要的材料力学参数。

上述的屈服强度和抗拉强度都是应力-应变曲线在纵轴应力值上的反映，在横轴应变值上，往往还有一个重要的反映材料塑性的力学性能参数——延伸率，EL(percent elongation)，工程上也有用 δ 来表示这个参数的。延伸率的定义是材料在拉伸断裂后，总的伸长量与原始长度的百分比，用公式表示为

$$EL = \frac{l_f - l_0}{l_0} \times 100\%$$

(5-5)

式中：l_0 是试样测量长度的原始长度；l_f 是断裂后的测量长度。由于出现颈缩后的非均匀塑性变形会占测量长度的一部分，为了统一，一般将试样的长径比规定为 4∶1。将延伸率大于 5% 的材料称为塑性材料，如低碳钢、铜、铝等；将延伸率小于 5% 的材料称为脆性材料，如铸铁、陶瓷、玻璃等。表示材料塑性的参数还有截面收缩率，RA(percent reduction in area)或 ψ，即单位截面缩减量的百分数。由于截面收缩率测量起来没有延伸率方便，比如塑性较好的材料其断裂时断面的截面积非常小，难以精确测量出面积，所以它的使用程度远没有延伸率普及。

5.4　塑性变形的微观机制——滑移

将材料的弹性变形解释为微观上原子间平衡距离的改变，所以根据一种材料原子间作用力的大小就可以估算出这种材料弹性模量的大小。同样地，人们也尝试用这种方法来计算得到材料塑性变形的力学参数，在微观上将两个原子完全分开所需要的外力，反映到宏观上就是这种材料的屈服强度，但是使用这样的方法计算得到的材料强度和实际情况完全不相符合。计算得到的强度数值比实验得到的强度高 3～5 个数量级。另外，这种计算方法也没有考虑晶

体结构对强度的影响,我们都知道体心晶体结构的材料比面心晶体结构的材料强度高。

人们发现造成这种巨大差别的原因是实际晶体中存在大量缺陷,即位错会帮助材料进行塑性变形,从而大大降低了材料的屈服强度。一个侧面的证据是,有一种缺陷很少,接近于理想晶体的“晶须”材料(直径为几微米,长度为几毫米),由于缺乏位错的帮助变形,其测得的强度值和计算值几乎相等。

位错这种线缺陷到底是如何帮助材料进行塑性变形的呢? 为了让问题简单一些,先从单晶体的拉伸发生的塑性变形说起(使用单晶体作为研究对象可以排除晶界和晶粒尺寸对变形的影响)。如图 5-6 所示,将一个表面非常平整光滑的铜丝在轴向施加拉力,在其即将发生塑性变形之前,会发现其平整的表面上出现了称为“滑移带”的一系列平行的细线,如果将这些细线进一步放大,会发现这些细线是由许多聚集在一起平行的滑移线组成的。它们所在的称为“滑移面”的晶体学平面与外力成一定角度,而且会随着外力增加产生相对运动,运动的结果是在试样的平整的表面形成一个个突起的小台阶(见图 5-7)。当外力进一步增加,这些小台阶和细线也越来越多。这个现象就像是将平放在桌子上的一副扑克牌斜着慢慢摊开。

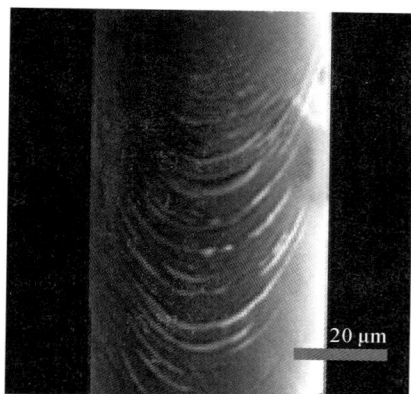

图 5-6　单晶铜丝表面出现的滑移带

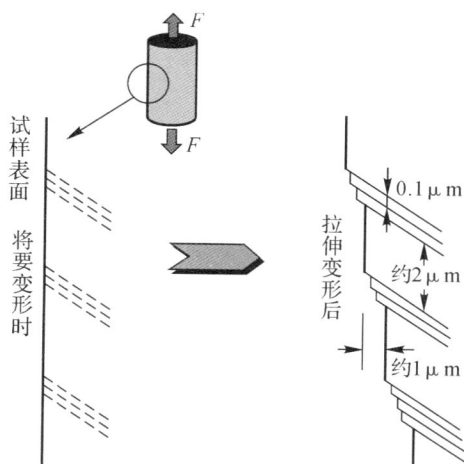

图 5-7　拉伸试样表面出现的滑移带和滑移线示意图

　　对于晶体材料所发生的这种滑移现象,可以看到,滑移是在外力的分切应力作用下,晶体的一部分沿着特定的晶体学平面相对另一部分的平移滑动,滑移后,晶体表面留下滑移台阶。在微观上,滑移可以看成是位错在滑移面上的运动造成的。如图 5-8 所示,一个刃型位错受到平行于滑移面的切应力作用,当位错线中心附近的原子移动一个很小的距离时,位错就移动一个柏氏矢量的距离,接着成为新的位错线的原子又移动了同样的距离。如此往复,位错就从滑移面中运动到晶体的表面,一个新的小台阶就产生了,台阶的高度即是位错的柏氏矢量的大小。晶体这样变形所需的应力要比以滑移面为界的两部分晶体作整体刚性错位滑开要低得多,而这也是前面所说的强度的计算值和实际值相差较大的原因。

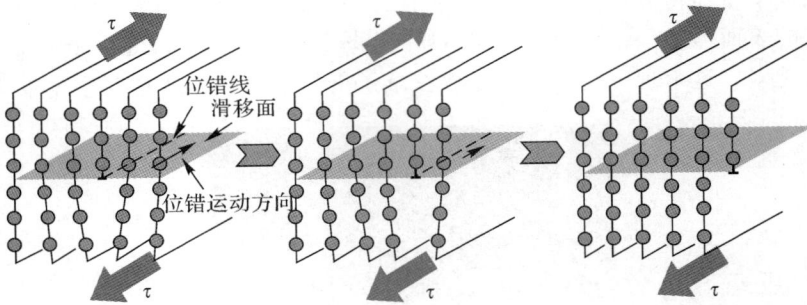

图 5-8　刃型位错在滑移面上运动造成滑移示意图

　　在位错线从一个平衡位置到下一个平衡位置运动过程中,处于两个位置之间的位错能量会升高,产生一个势垒,这就是位错运动的阻力。克服位错线中心周围晶格点阵上的原子的阻力,越过势垒,使位错移动的力称为派纳力。派纳力主要取决于位错宽度(可以粗略看成是滑移面之间的距离),面间距越大,派纳力越小。位错在不同方向的晶面上运动,其面间距是不同的,原子排列的最密排面的面间距最大,那么位错沿着最密排面运动就有最小的派纳力。同理,位错在最密排面上运动阻力最小的方向也是原子的最密排方向。

　　在实际的金属晶体中,位错是沿着晶体内的最密排面和最密排方向进行滑移的,它们分别称为滑移面和滑移方向。一个滑移面和在其上的一个滑移方向称为一个滑移系。面心立方金属的滑移面是{111},有 4 个,每个滑移面又有 3 个⟨110⟩的滑移方向,所以一共是 12 个滑移系。密排六方金属的滑移面是{0001},每个滑移面上也有三个⟨11$\bar{2}$0⟩的滑移方向,所以一共仅有 3 个滑移系。有些密排六方金属(如 Ti)的 c/a 较小,六方晶胞的棱柱面,即{10$\bar{1}$0}面上原子的排列密度会大于{0001},也会成为滑移面。体心立方金属和上述两种金属不太一样,因为体心立方金属没有最密排面,滑移只能在滑移方向仍是最密排方向的"近密排面"滑移系中进行。体心立方金属的滑移面可以是{110}面,{112}面,或{123}面,滑移方向都是最密排方向,即⟨111⟩方向,所以一共有 48 个滑移系。一些常见金属晶体结构的滑移面和滑移方向见表 5-2。

表 5-2　金属晶体结构中的滑移系

	金属	滑移面	滑移方向	滑移系	晶胞中位置
FCC	铜（Cu） 金（Au） 镍（Ni）	{111}	⟨110⟩	{4}×⟨3⟩＝12	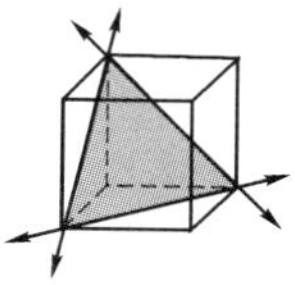
BCC	铁（Fe） 钨（W） 钼（Mo） 铌（Nb）	{110}	⟨111⟩	{6}×⟨2⟩＝12	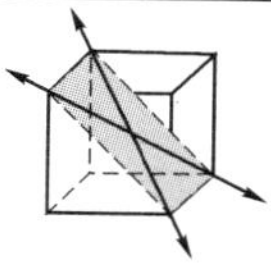
	铁（Fe） 钨（W）	{112}	⟨111⟩	{12}×⟨1⟩＝12	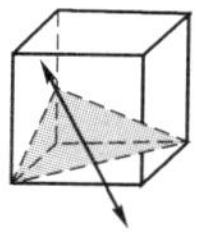
	铁（Fe） 钾（K）	{123}	⟨111⟩	{24}×⟨1⟩＝24	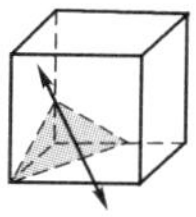
HCP	锌（Zn） 镁（Mg） 钛（Ti） 铍（Be）	{0001}	⟨11$\bar{2}$0⟩	{1}×⟨3⟩＝3	
	镁（Mg） 钛（Ti） 锆（Zr）	{10$\bar{1}$0}	⟨11$\bar{2}$0⟩	{3}×⟨1⟩＝3	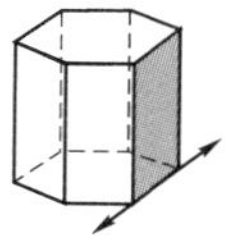

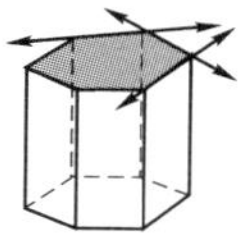

　　滑移系的数量和金属材料的塑性有着密切的关系。密排六方金属的滑移系比较少，而且其滑移面上的派纳力较大，所以其塑性较差。另外，多晶的密排六方金属由于晶粒的位向关系使得滑移系较难开动，更增加了塑性变形的困难度。面心立方金属滑移系的空间排布分布较好，任何方向的外加应力都可以至少使一个滑移系开动，而又不至于一下子开动太多而引起相邻位错运动时造成的堵塞作用，所以面心立方金属一般具有良好的塑性。例如 1 g 黄金在 1 000多年前就可以捶打制成面积为 0.5 m²、厚度不足 0.12 μm 的金箔。对于体心立方金属，虽然它的滑移系数目是最多的，但是外力作用下其滑移系同时开动较多容易造成位错拥堵，而且在近密排面上的派纳力比前两种晶体结构的高，所以其塑性反而没有面心立方金属的好。在实际应用中，除了滑移系这一本征影响因素外，材料的塑性还和杂质原子、合金元素以及环境温度有很大关系。

　　当受到外力作用、金属材料开始塑性变形时，在表 5-2 中列出的滑移系并不是全部都同时启动的，当滑移面上沿着滑移方向的切应力大于某一临界值时，这个滑移系才能启动。如图 5-9 所示，一个单晶体圆棒试样沿轴线受到拉力 F 作用，横截面面积为 A，其滑移面在图上用阴影面表示，该试样的拉力方向和滑移面法线方向夹角为 α，拉力方向和滑移方向夹角为 β，那

么我们可以很容易地推导出在此滑移面的滑移方向上的分切应力为

$$\tau = \frac{F}{A}\cos\alpha\cos\beta \tag{5-6}$$

式中:F/A 是外加的拉应力 σ。我们知道在滑移面上使位错开始运动,也就是使材料发生滑移所需最小分切应力,是材料的一个本征参数,称为临界分切应力 τ_{CRSS},它与这个滑移面位错运动所受的阻力即派纳力相等。那么式(5-6)可以写成

$$\sigma_y = \frac{\tau_{CRSS}}{\cos\alpha\cos\beta} \tag{5-7}$$

式中:σ_y 是材料开始塑性变形的拉应力,即该单晶体的屈服强度。可以看到,随着外力和滑移面位向关系的改变,屈服强度也会发生变化。当 $\cos\alpha\cos\beta$ 值较大时,称为软取向,屈服强度较小;当 $\cos\alpha\cos\beta$ 值较小时,称为硬取向,屈服强度较大。当 $\alpha=\beta=45°$ 时,就得到了最小的屈服强度 $2\tau_{CRSS}$。

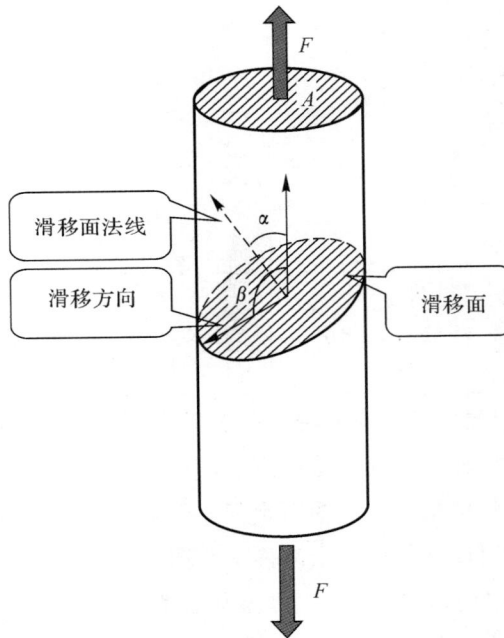

图 5-9　单晶试样单向拉伸时滑移面上的分切应力

　　当晶体材料受到外力作用开始滑移时,如果只有一组滑移系处于最优取向,分切应力最大,这时发生单滑移。如果两个或多个滑移系的分切应力同时到达临界值,这些滑移系一起启动,进行滑移,称为多滑移。还有一种情况,即出现两个或多个滑移面沿着某个共同的滑移方向同时或交替滑移,这种现象称为交滑移。体心立方金属容易发生交滑移,因为它的滑移面 {110}、{112}和{123}的滑移方向都是<111>方向。要注意的是,纯螺型位错才能进行交滑移,因其滑移面不受限制,当一个滑移面受到阻碍时,可以转到其他滑移面上继续进行滑移。

5.5　塑性变形的微观机制——孪生

塑性变形的微观机制不单单只有滑移一种,孪生也是常见的另外一种微观变形机制,在金属、金属间化合物、晶态高分子材料、陶瓷材料中都可以观察到这种机制。孪生变形是指在切应力作用下,晶体中特定晶面上的原子沿特定晶向协同位移所产生的变形。

图 5-10 所示为孪生变形的示意图,受外力作用,部分晶体(底色)上的原子移动,原子位移的方向称为孪晶方向,其每层晶面上原子的移动距离和距离 T_1 晶面的距离成正比,距离越远,位移越大。这部分晶体的原子和未变形晶体的原子是镜像对称的,这个对称的镜面称为孪晶面,图 5-10 中 T_1 和 T_2 晶面都是孪晶面。可以看到,每个原子虽然只移动了不到一个原子间距的距离,但宏观上也可以形成较大的变形。图 5-11 为黄铜在光学显微镜下的孪晶形貌,部分晶粒中间有带状的孪晶(箭头指示)。

材料在变形中采用何种机制取决于激活这种机制的应力大小,这和材料本身的晶格结构、滑移系的空间架构以及温度、杂质元素等外界因素都有关系。在面心立方金属中一般观察不到孪生变形现象,因为滑移变形所需的切应力要比孪生变形所需的小得多(图 5-11 中的孪晶现象实际上不是塑性变形造成的,而是退火后形成的,称为退火孪晶)。体心立方金属在高温下一般启动的是滑移机制,在常温下,由于滑移所需的临界分切应力较大,所以在切应力作用下孪生机制启动,其孪晶面和孪晶方向分别是(112)和[111]。密排六方金属滑移系的数目较少,所以,其变形往往采用孪生变形方式。从变形所占的比例来讲,孪生变形的比例往往要比滑移变形的少得多。实际上,孪生变形的重要性在于它使晶体的内部晶向发生了改变,有些发生孪生变形前不能启动的滑移系,经过晶体位向改变而达到了可以启动的空间位置,那么在外力作用下就可以进行滑移变形了。

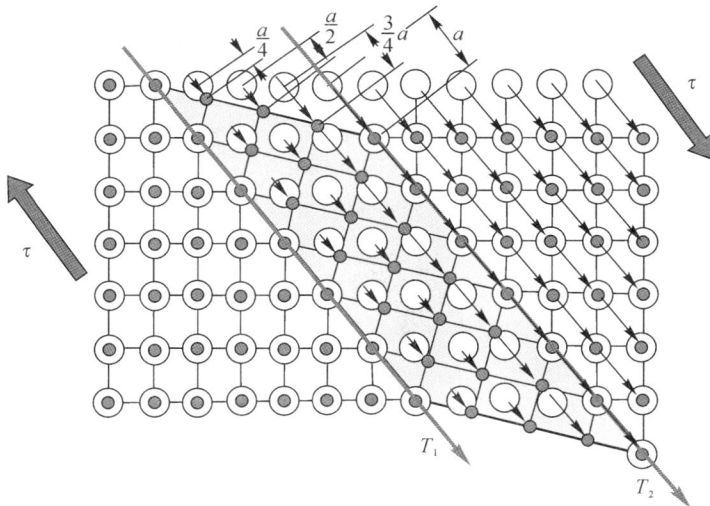

图 5-10　孪生变形时原子位移示意图

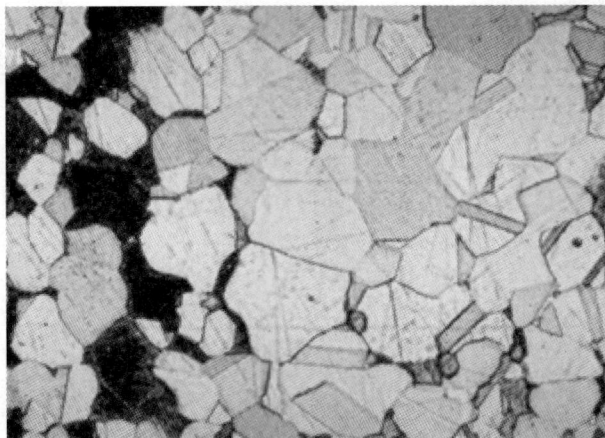

图 5 - 11　黄铜孪晶形貌的光学显微照片

那么滑移和孪生变形应如何区别呢？滑移是集中在一些滑移面上进行的，而孪生变形是一部分晶体发生了均匀的切变。滑移变形后滑移面的位向没有发生改变，和滑移前一致；而孪生变形后，变形晶体的位向和呈镜面对称未变形部分的不同。如果取一个滑移变形试样和孪生变形试样，磨抛光后腐蚀，再放到金相光学显微镜下进行观察，会发现孪生变形的部分与其他部分的亮度有所区别，这是因为不同晶向，腐蚀速度不同；而滑移试样的变形部分不会看到和未变形部分有任何亮度上的区别。

5.6　材料的形变强化机制

在具体讨论材料的强化机制之前，先来讨论一下微观上位错运动和宏观上材料的力学性能之间的关系。从前面章节可以知道，宏观上材料的塑性变形是微观上大量位错运动的结果，所以材料塑性变形能力取决于材料中位错运动的难易程度。换言之，如果材料中位错的运动受到限制，那么材料抵抗塑性变形的能力即材料的强度就提高了。从另一个角度来看，如果位错运动比较容易进行，那么这种材料就比较软，强度也较低。实际上，几乎所有的材料强化机制的出发点都是限制或者阻碍位错运动，从而提高材料的强度。

现在来讨论一下具体的强化机制，第一种是形变强化（strain hardening），此机制是指材料经过塑性变形后，需要施加高于屈服强度的应力才能使材料继续变形。从图 5 - 2 的金属材料的应力-应变曲线可以看到，在均匀塑性变形部分，只有在外加应力持续增加的情况下金属材料的应变量才能持续增大。这种机制有时也被称为"加工硬化"（work hardening），即材料冷加工后强度和硬度会提高。这里"冷"是指加工温度远低于金属熔点的绝对温度，一般是低于再结晶温度（$0.4\,T_\mathrm{m}$）。在工程实践中，有时为了方便，会用冷变形量而不是用应变来表示冷加工的程度，冷变形量是根据变形前、后试样横截面积的变化计算而得的，公式为

$$\mathrm{CW} = \left(\frac{A_0 - A_\mathrm{d}}{A_0}\right) \times 100\% \tag{5-8}$$

式中：A_0 是试样的原始横截面积；A_d 是变形后的横截面积。

材料经过冷变形后强度增大的程度可以用它的硬化指数 n 衡量,硬化指数 n 大的材料,在一定的变形量下材料强度幅度增加也较大,表明其硬化效果明显,所以这样的材料如果有后续的塑性变形加工,必须增加退火工序以消除硬化效果,降低其强度。在实际生产中,材料形变强化的效果在钢中比较明显,如低碳钢冷变形量为 40% 时可以使屈服强度提高 1 倍。对于不能使用热处理方法来进行强化的材料往往使用形变强化的方法来提高强度,如建筑行业中的钢筋通过冷拔的方法可以大大提高强度,对于铝合金和铜合金的型材,在生产制造过程中的挤压工艺也是通过冷变形的方法来提高强度的。需要注意的是,形变强化是以牺牲部分塑性这一前提来提高强度的,对于使用安全性要求较高的工程应用来说,这种强化方法显然不合适使用。

那么塑性变形是如何引起材料强度的升高的呢?这个问题可以从位错的密度说起,退火处理后的金属材料中位错密度是比较小的,一般是 $10^8/cm^2$,塑性变形后,位错密度可以达到 $10^{12}/cm^2$,位错密度增大了 4 个数量级之多。位错的这种大量增加可以用位错的 F-R 源来解释。塑性变形后材料中位错数量的急剧增加必然导致材料中位错间的平均距离大大降低。一般来说,位错和位错之间的应力场是相互排斥的,即外力使一个位错运动需要克服其他位错的阻碍。位错密度增加也就意味着位错运动要受到其他位错更强烈的阻碍作用。从宏观上看,材料变形后需要更大的外力才能使微观上的位错继续运动,从而使材料继续变形。

5.7　材料的细晶强化机制

前面在讨论材料的变形时,都是将材料作为单晶来考虑的,即不考虑晶界的影响。实际上在生产实践中普遍使用的是多晶材料,微观组织是由晶界分隔开的不规则的多面体晶粒组成的。金属材料的晶粒平均尺寸在几微米到几百微米之间,分隔这些晶粒的晶界 90% 以上都是 2~3 个原子宽度的位向差较大的大角度晶界。

在塑性变形过程中,多晶材料的各个晶粒不是任意的,在晶界处的变形必须连续,位错的运动势必要越过晶界,但是晶界处的原子排列是不规则的,可以说是混乱无序的,所以晶界本身对位错的运动来说是一个较大的障碍,在一个晶粒内部发生的滑移到了晶界处会难以继续进行。另外,两个相邻的晶粒由于存在较大的位向差,那么它们滑移系取向一致的机会也微乎其微,滑移不会从一个晶粒直接延续进行到下一个晶粒中。这样,在一个晶粒的位错源中不停产生出的同号位错,在运动到晶界位置便停止了运动。同号位错相斥,这些停止的位错对后续向这个方向运动的位错有排斥力,在晶界处塞积的这些位错聚集起来对位错源有一个反作用力,位错塞积的数目越多,反作用力越大,直至位错源停止产生位错。而相邻的晶粒的位错塞积的晶粒处,由于受到这个反作用力的作用,其塞积位错数量越多,应力也越来越大,直至达到临界分切应力,那么在这个相邻晶粒的滑移面上,新的滑移系启动,位错开始运动,即相邻晶粒也开始变形,如图 5-12 所示。

在讨论了晶界对位错运动的阻碍作用后,我们知道材料的晶粒越细,晶界的面积越多,阻碍位错运动的程度就越大,材料的强度也就越高。许多材料的屈服强度 σ_y 和晶粒尺寸间有这样的关系式:

$$\sigma_y = \sigma_0 + \frac{k_y}{\sqrt{d}}$$

(5-9)

式(5-9)称为霍尔-佩奇关系式(Hall-Petch equation),其中 d 是平均晶粒尺寸,σ_0 和 k_y 都是材料常数。该关系式是基于位错塞积这一现象提出的,较大的晶粒内部塞积的位错数量多,越容易在相邻晶粒内开动新的滑移系,反之亦然。在低碳钢,有色合金以及其他许多材料中,人们发现这个关系式都是成立的。但是也需要注意的是,它的使用范围是晶粒尺寸在 1 μm~1 mm 之间(材料的一般晶粒范围),对于非常粗大和非常细的晶粒尺寸都是不适用的。在材料晶粒非常小的情况,如 10 nm 以下,一个晶粒内可能只有一个位错,位错塞积即这个关系式的前提就不复存在了,所以关系式也就不成立了。

细晶强化(grain refinement strengthening)这种方式,不仅可以提高材料的强度,由于它提高了晶粒之间的变形协调,所以还可以提高材料的塑性。在生产实践中,人们使用了多种方法来达到细化晶粒的目的。如,在铝材和铜材的铸锭生产中加大凝固过程的过冷度,加入形核剂,或者搅拌振动处理的方式;钢材可以通过热锻或者热处理的方法得到细化的组织。

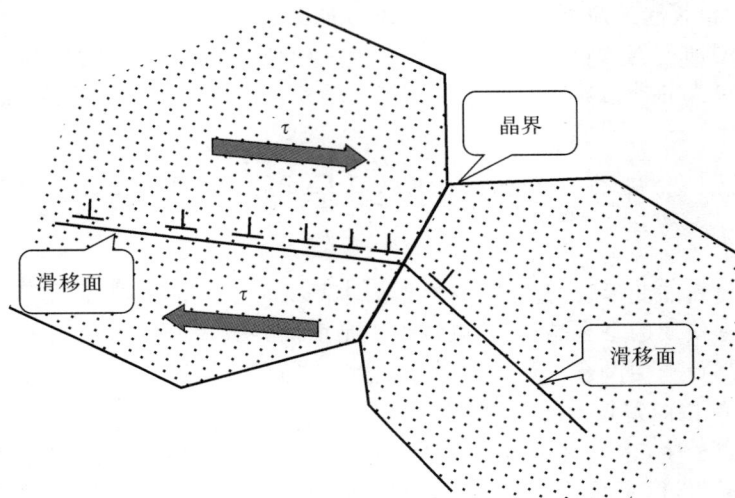

图 5-12　位错在晶界处的塞积示意图

5.8　材料的固溶强化机制

在生产实践中,由于纯金属的强度往往不能达到人们的需要,所以使用更多的金属材料是合金。合金是由两种或两种以上的金属与金属或非金属组元经一定方法所合成的具有金属特性的固体材料。合金的主要组元一般是金属,加入杂质元素后,会形成单相的置换固溶体或者间隙固溶体,往往这种方式会提高合金的强度和硬度,把这种强化方式称为固溶强化(solution-solid strengthening)。

置换固溶体的溶质原子和原有的溶剂原子必然存在一定的原子半径差,当其进入正常晶格位置替代原来的原子时,会发生局部弹性变形,造成晶格畸变,这样和位错的应力场会产生交互作用,阻碍位错的运动。打个比方说,溶质原子对滑移面上运动位错的作用就像是在平整的马路上撒上了一些大小不一的砖头、瓦砾使汽车速度下降,位错在前进过程中势必变得极不顺畅,所以需要更大的外力使位错向前运动,从而强度升高。间隙固溶体的溶质原子是进入晶格间隙位置的,一般间隙原子半径是大于间隙半径的,所以也造成了局部的晶格畸变,从而妨碍位错运动。另外溶质原子还容易聚集到位错中心周围,形成"柯氏气团"(Cottrell atmosphere)。间隙原子由于容易移动,所以更容易聚集到位错中心,它们对位错造成一定的钉扎作用,使位错不容易开动滑移,这也是材料强度升高的一个原因。

对于溶解度没有限制的无限固溶体的合金来说,它们都属于置换固溶体类型,强化程度和溶质元素的量成抛物线关系。图 5-13 所示为铜镍合金随含镍量的增加其屈服强度的变化曲线。由于无限固溶体的溶质和溶剂的原子尺寸差较小,如铜和镍仅为 2.7%,引起的晶格畸变较小,所以其强化效果也是有限的。

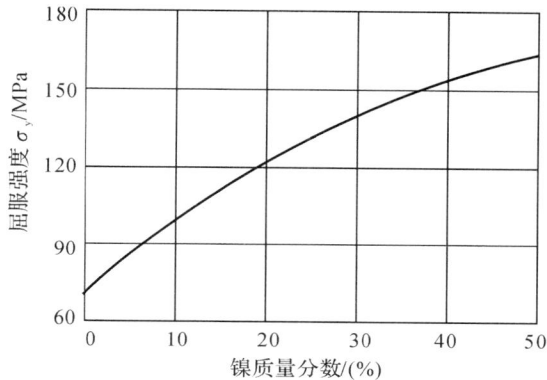

图 5-13　铜镍合金的固溶强化效果随含镍量的变化曲线

对于使用更加普遍的有限固溶体的合金来说,溶质原子形成间隙固溶体时达到的强化效果要远远大于置换固溶体的效果。此处以钢为例。固溶在 α-Fe 中的碳原子和氮原子都位于体心立方的扁八面体间隙位置,所以会造成立方形状的晶格变成正方形状,这种单向晶格畸变阻碍位错运动作用要远大于溶质原子置换铁原子形成的全方向的膨胀(缩小)弹性应变(见图 5-14)。

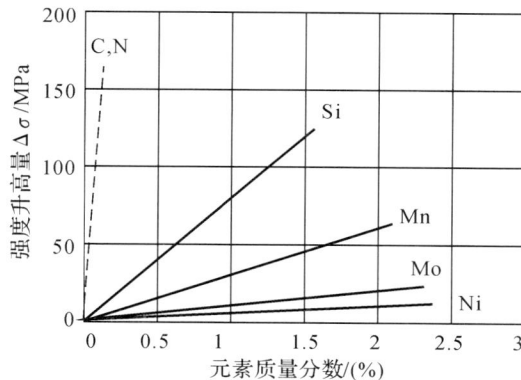

图 5-14　钢的强度随元素含量的变化(实线:置换固溶,虚线:间隙固溶)

除了上述固溶体中的弹性应变引起位错阻碍作用外,还有溶质和溶剂原子的弹性模量差,固溶体的短程有序性破坏,溶质原子和位错的化学和电子交互作用和其他一些作用等,它们都会对位错运动造成障碍,但在总的效果下占的比例较小,所以就不展开一一讨论了。

5.9　材料的沉淀强化机制

除了单相固溶体合金外,许多合金具有两种或两种以上的相。合金里面这些第二相的尺寸远小于基体相晶粒的尺寸,它们对位错运动有着强烈的阻碍作用,可以起到明显的强化作用。运动的位错在遇到这些第二相颗粒时,有两种方式越过这些颗粒,一种称为绕过机制(Orowan mechanism),另外一种称为切过机制。采用何种方式取决于第二相本身的强度和它们的平均距离。因为强化的第二相颗粒一般都是由沉淀过程产生的,所以这种强化机制就称为沉淀强化(precipitation hardening)。

首先讨论一下绕过机制,沉淀析出的第二相颗粒和原来的基体存在弹性模量的不同,体积也不相同,势必会造成颗粒周围产生弹性应力场,但是位错不能轻易通过,使位错前进所需的切应力可以从位错的线张力简单计算得到,为 $\tau = Gb/d$,式中 d 就是第二相颗粒之间的距离。位错线在两个颗粒之间受切应力作用,像 F - R 位错源一样进行变化,先弯曲,再部分合并,通过颗粒后,在颗粒的周围留下一个个位错环继续前进(见图 5 - 15)。这些位错环使公式里的 d 变小,所以让后续要通过第二相颗粒的位错更加难以前进,需要更大的应力才能通过。这就是第二相沉淀的合金其形变强化程度比较高的原因。而且从公式可以看到,切应力和第二相强度无关,在第二相体积一定的情况下,第二相颗粒数量越多,尺寸越小,那么强化效果也越明显。

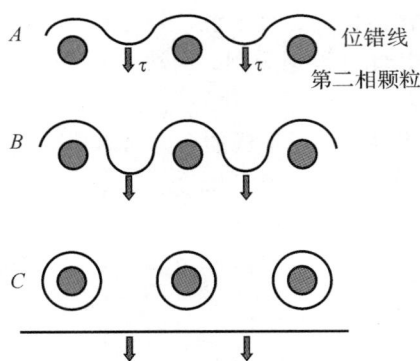

图 5 - 15　位错线通过硬颗粒时发生弯曲和部分合并,并在通过后留下位错环的示意图

还有一种位错切过第二相颗粒的强化方式。位错通过第二相颗粒,会使颗粒的表面积增加,颗粒的短程有序性也会被位错破坏,颗粒周围的弹性应力场和位错交互作用,颗粒的弹性模量和基体不同引起的位错能量变化等,这些都会使得位错线通过第二相颗粒时做额外的功。可以大致认为,颗粒的直径越大,切过颗粒需要的力也越大。但是还需要注意的是,颗粒直径增大,意味着颗粒之间的距离也会同时增大,所以位错会绕过而不是切过颗粒。

　　在生产实践中,人们使用了多种多样的方法来利用这种强化方式,比如利用粉末冶金工艺在金属粉末中加入 SiC 等硬质颗粒,利用原位氧化法在镁合金中生成氧化镁颗粒,但使用比较多的方式还是合金的固溶处理加时效处理,使过饱和固溶体的合金在时效过程中析出第二相沉淀。在沉淀析出过程的初期,析出的第二相是共格或半共格的,这时位错会选择较容易的一种方式通过颗粒,所以这时强度较小,随着沉淀颗粒长大,第二相颗粒也变成了非共格,这时切过机制就转化成了绕过机制,在转变的地方,沉淀强化效果达到最大化,此时就称为峰值时效。这时的沉淀颗粒直径一般在 $20 \sim 200$ nm 之间,可以通过调节时效的时间和温度来调节颗粒的尺寸。如果时效后的颗粒尺寸小于最优尺寸,称为"欠时效";如果大于最优尺寸,称为"过时效"。人们一般会选择稍微的过时效来处理合金,使位错运动时,是绕过颗粒而不是切过颗粒。原因是持续的切过一个颗粒可以使颗粒破碎,这样会造成局部区域软化而使得在该区域集中变形,导致材料过早失效,尤其是在交变应力的情况下更是如此。

5.10　金属变形后的组织和性能变化

　　金属材料在宏观上发生塑性变形后,我们可以观察到其外形和尺寸发生了改变,实际上,它的微观组织和各种性能都发生了变化。

　　一般材料出厂的状态都是退火态,组成微观组织的晶粒是各个方向上尺寸相差不大的多面体,称为等轴晶粒。冷加工后,晶粒的形状会顺着加工的方向伸长。比如,冷轧后晶粒会变成扁平状,单个晶粒的变化类似于用擀面杖擀饼的过程;冷拔后晶粒会变成长条状,单个晶粒的变化类似于做扯面的面条的过程。材料的变形量越大,晶粒伸长的程度也越高,当变形量很大时,晶粒之间不能分辨,成为一种条纹状的纤维组织。晶粒内部的位错密度也会随着变形量的增加而迅速加大,形成一种复杂的三维位错网状结构。

　　晶粒之间的位向关系也会随着塑性变形发生改变,在变形过程中,材料的各晶粒的取向逐渐转向一个或多个稳定的取向,称这样的结构为形变织构(deformation texture)。拔丝时形成的织构称为纤维织构,大多数晶粒的特定晶向平行于拉伸轴线方向;轧板时形成的织构称为板织构,大多数晶粒的特定晶面平行于板材表面,特定晶向和轧制方向平行。变形量越大,织构的效果越明显。多晶的金属材料一般是无择优取向的,即在各个方向上,宏观性能没有差异,是各向同性的。具有了形变织构后,材料就变成了各向异性的,强度和塑性在不同方向上有差别,这对材料的性能和加工工艺都造成了影响。比如由于板材在轧板的过程中产生了形变织构,板材在后续的深冲加工工艺制备筒状工件时,其在各个方向上的变形量不同,在杯口的地方容易造成工件边缘不齐,出现波浪状的突起,像人的耳朵,这种现象称为制耳(earing)。所以在材料加工中需要注意形成织构的特性,可以用 X 射线衍射方法测定或者使用背散射电子衍射(electron backscattered diffraction)方法来进行精确标定。

　　塑性变形往往也会给材料带来残余应力。残余应力(residual stress)是指在材料没有被施加外力时,其内部存在的保持自相平衡的应力。那么为什么金属材料在塑性变形结束移除外力后还存在残余应力呢? 金属材料在外力作用下发生的变形往往是不均匀的,有的部位变形量大,而有的部位变形量小,它们是关联在一起的整体,这样变形量不同的部位之间就出现了弹性应力,在移除外力后,这部分应力依然存在,即是残余应力。不仅是塑性变形,温度变化和相转变也会产生残余应力,铸件浇注时内、外冷却速度不一和工件的淬火处理工艺生成马氏体等都可以造成残余应力的产生。根据残余应力的作用范围,可以将其分为三类:①第一类称为宏观残余应力,是由工件不同部分的宏观变形不均匀性引起的,其应力作用范围包括整个工件。如果将金属棒弯曲,则上半部分受拉伸长,下半部分受压,则外力去除后,伸长的部分就存在压应力,短边存在拉应力。这类残余应力存储的应变能不大,仅占原来的 0.1% 左右。②第二类称为微观残余应力,是由晶粒之间的变形不均匀性产生的,其应力作用范围与晶粒尺寸相当,有时可达到较大的数值,甚至可能造成显微裂纹并导致工件破坏。③第三类称为点阵畸变,是由工件在塑性变形中形成的大量点阵缺陷(空位和位错等)引起的,其应力范围是几十至几百纳米。金属变形应变能的绝大部分用于形成点阵畸变,所以变形后的金属处于能量的亚稳态,在受到外界输入的能量后(如加热),变形金属具有重新恢复到稳态结构的趋势,这就是第 6 章将介绍的回复与再结晶过程。

由于残余应力往往会使零件加工后尺寸不符合精度要求,所以人们常常用人工时效处理的办法来释放或降低残余应力的影响。残余应力有时也被用来提高疲劳寿命,人们对工件表面进行喷丸处理,在表面引入残余压应力,抑制表面裂纹的扩展,从而提高工件的疲劳寿命。

金属冷变形后,力学性能也会发生改变。塑性变形后,金属材料的强度、硬度升高,塑性、韧性下降。前述的形变强化机制已经具体讨论了这种变化。除了力学性能外,材料的物理和化学性能也都发生了明显的变化。位错密度急剧升高意味着材料内部缺陷数量多,晶格的规则性下降,自由电子移动受到阻碍增多,所以电导率、磁导率、导热性下降,而密度也会因为位错增加而降低。由于大量位错使得材料内部很多原子处于高能状态,所以材料的抗腐蚀性能也会下降。现举例说明:304 奥氏体不锈钢经过较大冷变形后,如方矩形管型材的折角部分,在较大变形度的情况下,组织结构会向铁磁性的马氏体组织发生转变,变形度越大,转变量也越大,这样 304 不锈钢从没有磁性变为具有弱磁性。

第6章　回复与再结晶

金属经过冷塑性变形之后,在晶体内部会形成大量的位错、空位等各种各样的缺陷。缺陷上的原子具有很高的能量,所以体系的能量,除了由于位错、空位引起的点阵畸变之外,还有由于工件不同部分变形不均匀产生的宏观应力,以及晶粒之间变形不够协调而产生的微观应力,此时,体系在组织和能量上都处于一种活跃的状态,对性能产生明显的影响,这样一种高能状态下体系处于不稳定状态,在适当的条件下,体系会自发地发生转变,降低体系的能量,从而逐渐恢复到一种稳定的状态。组织和能量的变化,使得性能发生变化,在实际使用过程中,会造成性能变化,因此,金属材料经过冷塑性变形,尤其是经过较大的冷塑性变形之后,必须要给予一定的处理,以防止在使用过程中,由性能变化而造成一定的损失和意外的破坏。

本章主要讨论冷变形金属加热时组织、结构及性能的变化,包括回复、再结晶和晶粒长大三个阶段。了解这些过程的发生和发展规律,对于控制和改善变形材料的晶粒组织(晶粒尺寸及其分布、晶粒形状、晶粒取向、晶粒的再结晶程度等)和性能,具有重大的意义。

6.1　冷变形金属加热时组织和性能的变化

经塑性变形后的金属再进行加热的过程称为退火。冷变形后的材料经退火后,其组织和性能会发生变化。经过冷变形的金属在退火连续保温过程中,冷变形时形成的拉长晶粒,在热量的催动及内部的高能状态下,会在内部形成一些小的晶粒;晶粒逐渐长大,吞噬掉原来变形的晶粒,形成一种相对比较均匀细小的等轴晶;继续再加热再保温,晶粒会逐渐地长大。这三个连续的过程之间并没有非常明确的界面,而是有相互交叉的,是个模糊的概念。

图 6-1 为回复、再结晶、晶粒长大三个阶段组织变化情况示意图。在第一阶段内,从光学显微镜下观察的组织几乎没有变化,晶粒仍然是冷变形后的纤维状或者扁平状组织,称为回复阶段。在第二阶段内,变形晶粒中出现等轴、无畸变的小晶粒,随时间延长,不断形核长大,完全转变为新的无畸变的等轴晶粒,称为再结晶阶段。在第三阶段内,在界面能的驱动下,再结晶后的等轴晶粒边界继续移动,新晶粒互相吞并而长大,直至达到该温度下相对稳定的形状和尺寸,称为再结晶后的晶粒长大阶段。

图 6-2 为冷变形金属在退火过程中力学性能和其他性能的变化,可以看出,可将该过程的性能变化总结为以下三方面。

1. 力学性能

回复阶段的力学性能基本保持不变,和冷变形时产生的加工硬化效果基本一致,仍然保持在高强度、高硬度、低塑性的这样一种状态;在再结晶阶段,强度及硬度会产生明显的下降,而塑性急剧回升;在晶粒长大阶段,强度及硬度继续下降,而塑性是先升后降。这主要是由于晶粒尺寸的变化,随着晶粒尺寸的增大,强度越来越低,细晶强化的作用消失。塑性之所以先升后降,是由于刚刚完成再结晶的时候,一般来讲晶粒还比较细小,所以在晶粒刚开始长大的时候,塑性回升的势头不减还会继续维持一段时间,但是当晶粒严重粗化时,塑性也会随之越来越差,因此,晶粒长大阶段的塑性是先升后降的。

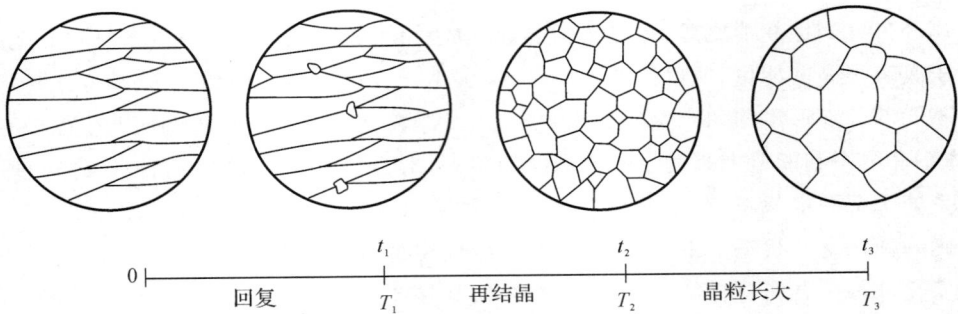

图 6-1　冷变形金属退火时的组织变化

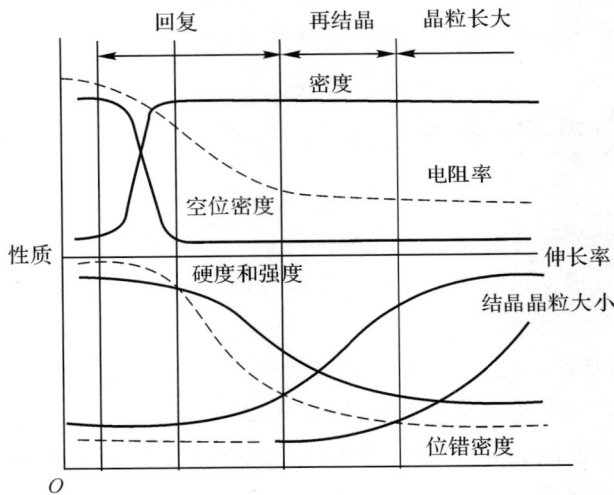

图 6-2　冷变形金属在加热退火过程中力学性能和其他性能的变化

2. 物理性能

回复以后就基本上恢复到冷变形之前的状态,这和力学性能差别比较大,主要是因为缺陷的变化。密度在回复阶段变化不大,在再结晶阶段急剧升高,主要因为位错密度的显著降低。电阻率在回复阶段已明显下降,主要因为此阶段点缺陷浓度有明显的减小。

3. 内应力

回复阶段消除了大部分内应力,再结晶阶段基本上完全消除了内应力,因为所有的晶粒基本上都是重新形成的,把冷变形的作用完全消除了。晶粒长大阶段,内应力已经消除,因此在晶粒长大过程中,内应力不会再有明显的变化。

6.2　回　　复

6.2.1　回复过程微观组织的变化及回复机理

回复是指冷变形金属加热时,在光学组织发生改变前(再结晶之前)所产生的微观组织及性能的变化过程,点阵畸变能的下降为其提供驱动力。根据回复阶段加热温度的不同,可将回复分为以下三种。

1. 低温回复

冷变形金属在较低温度($0.1\ T_m \sim 0.3\ T_m$)加热时,可发生低温回复。因温度较低,原子活动能力有限,所以此时冷变形金属中的变化只涉及点缺陷的运动。这些变化包括:①空位迁移到晶界或者晶体表面,并与之复合;②空位迁移到刃位错下端,并与之复合;③空位和间隙原子发生复合;④空位和空位自身聚集,形成空位片,空位片崩塌形成位错环。这四种机制分别是空位与面缺陷、线缺陷和点缺陷的复合及空位的聚集,其结果就是空位减少。

2. 中温回复

冷变形金属在 $0.3\ T_m \sim 0.5\ T_m$ 温度加热时,可发生中温回复。此温度范围内,原子活动能力增强,此时冷变形金属中的变化除了空位运动外,还涉及位错的滑移运动。这些变化包括:①异号位错的相互抵消;②位错发生重组与合并。这两种机制主要是发生了位错排列的重新分布,结果是位错数量略有减少。

3.高温回复

冷变形金属在较高温度($\geqslant 0.5\ T_m$)加热时,可发生高温回复。因温度足够高,位错可以充分被激活,不仅能滑移,刃型位错在弹性应力场作用下,还可发生攀移。这些变化包括:①位错攀移;②亚晶合并;③多边形化等。冷变形之后,位错在滑移面上呈水平分布,如图 6-3(a)所示,在后期的加热过程中,位错通过攀移加滑移以及自身的滑移,形成沿垂直于滑移面方向排列并具有一定取向差的位错墙(小角度亚晶界),这一过程使得晶体变成一个多边的状态,相当于多边形一样,所以该过程被称为多边化,如图 6-3(b)所示。

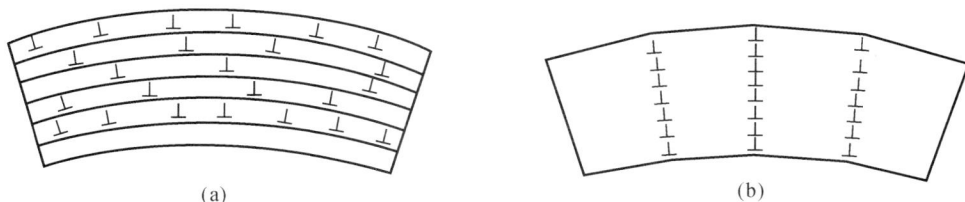

(a)　　　　　　　　　　　　　　(b)

图 6-3　多边化过程示意图

(a)多边化前;(b)多边化后

冷变形金属发生多边化过程的驱动力来自于自应变能的下降。当同号刃型位错塞积于同一滑移面上时,其应变场是相加的。位错间互相排斥,使之发生攀移,在不同滑移面上竖直排列,由于拉应力场和压应力场之间的相互抵消,所产生的应力叠加效果使得位错的畸变能下降。

根据冷变形金属的上述回复机制,可以对回复导致的性能变化作如下解释:硬度和强度下降不多是由于位错密度下降不大,电阻率下降显著是由于空位减少和位错应变能的降低,内应力的降低则主要是由于晶体弹性畸变能的基本消除。

6.2.2 回复动力学

回复动力学研究的是冷变形金属在退火时,材料性能回复速率的变化情况,从而在生产中更好地控制回复过程。

图 6-4 为相同变形度下,铁单晶在不同温度下等温退火后的性能变化曲线。由图可以看出,随着时间的延长,剩余的加工硬化量逐渐减小,而且随着温度的升高,下降的速度越来越快,尤其是在前期,温度越高,下降的速度越快,时间越长,剩余的加工硬化量越低,到后期逐渐稳定了。另外,在同样的时间内,温度越高,剩下的加工硬化量就越少。一旦开始加热,曲线就开始下降,在退火前期,曲线下降的速度比较快,曲线斜率比较大,后期逐渐变慢。该变化没有等待过程,不需要孕育期。

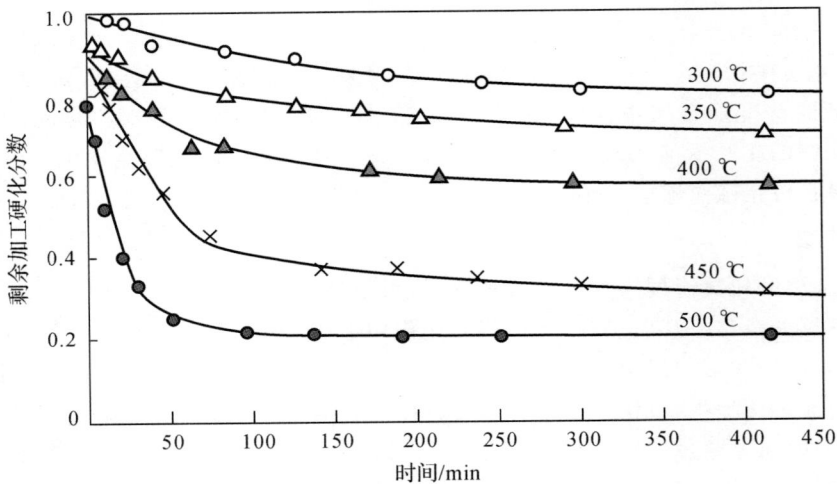

图 6-4 冷变形铁单晶在不同温度下的等温退火后的性能变化曲线

综上所述,回复的动力学特点可以概括为:①没有孕育期,不需要等待;②温度一定时,回复的速率是先快后慢;③温度一定时,随着时间的延长,性能逐渐趋于稳定;④相同变形量下,温度越高,回复速率越快,属于热激活过程。

因此,回复过程属于弛豫过程。在这个过程中,通过外加的加热使得原子发生扩散,通过物质的运动,缺陷逐渐减少、重新排列。回复的动力学特征可以用下列方程式来描述,即

$$\frac{\mathrm{d}x}{\mathrm{d}t} = -cx \qquad (6-1)$$

式中:t 为恒温下的加热时间;x 为冷变形导致的性能增量经加热后的残留分数;c 为与材料和

温度有关的比例常数。c 为与材料和温度有关的比例常数,有

$$c = c_0 \exp\left(-\frac{Q}{RT}\right) \tag{6-2}$$

式中:Q 为激活能;R 为气体常数,8.314 J/(mol·K);c_0 为比例常数;T 为绝对温度。

将式(6-2)代入式(6-1)中并积分,以 x_0 表示开始时性能增量的残留分数,则

$$\ln\frac{x_0}{x} = c_0 t \exp\left(-\frac{Q}{RT}\right) \tag{6-3}$$

这说明与其他热激活过程一样,回复的速度随温度的升高而增大,图 6-4 所示的不同温度等温退火曲线也说明了这一点。

如果对同一冷变形金属,采用两个不同温度,将其性能回复到同样的程度,则由式(6-3)可得到

$$\frac{t_1}{t_2} = \exp\left[-\frac{Q}{R}\left(\frac{1}{T_2} + \frac{1}{T_1}\right)\right] \tag{6-4}$$

6.2.3　回复退火的应用

根据回复导致的性能变化情况,回复退火主要用作去应力退火,即使冷变形金属保留了冷变形的加工硬化效果,又可消除其内应力、稳定组织。去应力退火的目的主要包括:①消除内应力;②稳定尺寸,使得冷变形零件不会因为内应力的变化而产生尺寸上的变化;③稳定形状,使得冷变形零件不会因为内应力的变化而产生形状上的变化;④保持高强度、高硬度。在实际生产中,经常对冷变形的工件(如冷冲件,冷拉钢丝,弹簧及锻件等)进行去应力退火以降低其内应力。另外,对一些铸件、焊接件及机械切削件等,虽未经几何形状的冷变形过程,但工件中同样存在着成形过程中残余应力,也需要通过回复进行去应力退火,降低工件中的内应力,避免工件的变形或开裂,并提高其耐蚀性。

6.3　再　结　晶

材料经冷变形以后,在加热过程中产生变化的第二个阶段就是再结晶阶段,它涉及晶粒结构的重新构建,新晶粒通过形核及长大过程,由冷变形后的纤维状或者扁平状组织变为细小、均匀的等轴晶粒。再结晶以后,金属的显微组织发生彻底的改变,加工硬化现象消除,变形金属的所有力学性能及物理性能全部恢复到冷变形以前的状态。

冷变形金属在加热过程中,发生再结晶时,首先是形成新的晶粒,新晶粒以变形晶粒为代价逐渐长大直至相遇,最后完全代替变形组织。再结晶结束后的组织形貌对金属的性能产生重要的影响,因此,对再结晶的微观机制进行探讨就显得尤为重要。

6.3.1　再结晶晶核的形成

再结晶的驱动力是冷变形金属回复后未被释放的储存能,大量实验表明,再结晶晶核总是

在塑性变形引起的最大畸变处形成,回复阶段形成的多边化亚晶是其晶粒形成的基础。根据金属变形度的不同,其形核分为以下几种情况。

1.亚晶形核机制

对于冷变形度较大(一般大于 20%)的金属,再结晶晶粒的核心往往通过亚晶形核机制形成,针对不同的材料又分为以下两种类型。

(1)亚晶合并形核机制。对于层错能比较高的材料,位错不容易发生分解,容易通过攀移或者交滑移的方式运动。当加热温度比较高时,由于位错的迁移能力比较强,构成多边化时形成的位错墙(也就是亚晶界)的位错,向四面逃散,亚晶界消失,其结果导致相邻的亚晶发生了合并,形成了一个小的晶核,这就是亚晶合并形核机制,如图 6-5 所示。经过多边化以后形成的一系列亚晶,由于层错能比较高,构成亚晶的位错可以通过滑移或攀移向四周逃散,如 A、B 两个晶粒之间的位错墙,位错跑到它周边的亚晶界上去,这样就造成了亚晶 A 和亚晶 B 的合并,合并成了一个相对比较大的亚晶,同时造成周围的亚晶界上位错密度升高,结构变得复杂,在下一个时刻,C 晶粒及 A、B 合并以后的晶粒之间的亚晶界,它的位错也消失,导致 A、B、C 三个晶粒合并成了一个小晶粒,同时周围晶界上位错密度更高,结构更复杂,以此类推,亚晶继续合并,从而形成一个尺寸足够大的小晶粒,这个晶粒在后续的加热过程中,逐渐长大,如图 6-5 所示。

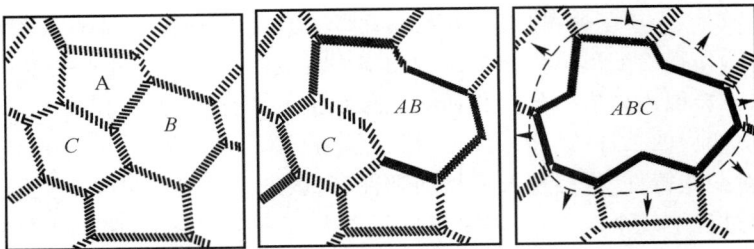

图 6-5 亚晶合并形核机制

(2)亚晶长大形核机制。对于层错能比较低的材料,位错容易变成扩展位错,一旦变成扩展位错就很难通过交滑移或者攀移来向四周逃散,但是形成扩展位错以后,它的滑移能力比较强,这个时候亚晶界可以迁移,某一个晶粒使得自身的亚晶界向前推进,来吞并相邻的亚晶,这就是亚晶形核长大机制,如图 6-6 所示。多边化后形成一系列亚晶,亚晶内部有一些位错,其中某一个亚晶内部的位错比较低,能量低于周围的亚晶的能量,因此它的稳定性高,具有一定的生长优势。该亚晶晶界上位错的滑移能力比较强,由于它处在一个低能的状态,晶界可以向前推进。推进扫过的过程中,亚晶界会将路上遇到的零散位错全部吸纳到它的晶界上,结果形成一个位错密度很低的区域,同时由于吸收了零散的位错使得自身的晶界结构越来越复杂,逐渐向大角晶界演化,最后形成一个尺寸足够大的区域,这个区域就是再结晶的一个晶核。这就是通过晶界向前推进而逐渐形成的一个新晶粒。

综上所述,对于变形量比较大的金属,可以通过亚晶合并或亚晶长大两种机制来形成晶核,这个晶核实际上是一个大角晶界包围着一个无应变区域。

图 6-6 亚晶直接长大形核机制

2.大角晶界凸出形核机制

对于变形量比较小(小于 20%)的金属,其内部晶粒变形不均匀,"软"的晶粒变形多,"硬"的晶粒变形少,造成晶粒当中的畸变能不均匀。在后续的加热过程中,变形少的晶粒,由于其中包含的位错少、能量低、稳定性高,在加热的过程中,晶粒之间的大角晶界直接向高密度位错晶粒推进,从而形成一个新晶粒,这就是大角晶界凸出形核机制,如图 6-7 所示。A、B 是两个相邻的晶粒,晶粒中包含大量的亚晶。由于变形量不是很大,两个晶粒的变形量不同,B 晶粒的变形量大,因此它在变形回复的过程中形成了一系列细小的变形亚晶,而 A 晶粒在变形的过程中变形少,形成的位错密度低,高温回复的时候,形成的变形亚晶就少,因此,A 晶粒的能量比较低,B 晶粒的能量高、不稳定。在后续的加热过程中,A 晶粒与 B 晶粒之间的大角晶界向高能的 B 晶粒一侧向前凸出,同时吞并了它所经过的位错、亚晶等,最后形成一个足够大的无应变区域,成为再结晶的晶核。

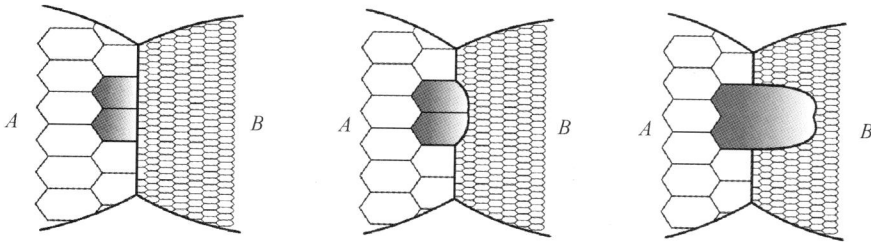

图 6-7 再结晶晶粒的凸出形核机制

6.3.2 再结晶晶核的长大

晶粒的长大机制相对于形核机制而言比较简单,实际上就是大角晶界的一个自发迁移过程,为什么是自发的呢?因为晶界越迁移,就会越多地扫除其遇到的亚晶、空位、位错等缺陷,使得体系中的缺陷变少、能量降低。大角晶界向前推进的过程中,应变区被扫过,形成了无应变区,此过程持续到再结晶的新晶粒相互接触为止。一旦接触,相邻的晶粒都处于低能状态,它们之间难以相互吞并,体系暂时达到一种新的平衡秩序,再结晶过程结束。

6.3.3　再结晶的热力学及动力学

再结晶的热力学问题,即到底是一个什么样的能量来推动着新晶粒的形成呢。再结晶的驱动力根本上讲还是体系自由能的下降。具体来讲,再结晶的驱动力仍然是变形金属回复后未被释放的存储能,主要是点阵畸变能。再结晶的驱动力和变形是有关系的,变形量越大,外力做的功越多,存储在晶体内部的能量越多。存储的能量是通过形成更多的空位、位错等缺陷来实现的。存储能越大,驱动力越大,发生再结晶的可能性就越大。

再结晶的新晶粒在形成过程中,具备什么样的形核率及长大速率呢? 这是再结晶的动力学要解决的问题。图 6-8 为实验测到的冷变形后的纯铜在不同温度下的再结晶曲线,横坐标表示时间,纵坐标表示再结晶的量,曲线呈现"S"形特征。由图可知,再结晶过程具有典型的形核长大特征,具备以下几个特点:①有孕育期,温度越高,孕育期越短;②再结晶的速度变化是先慢后快再慢,到再结晶体积分数约为 50% 时速度达到最快;③温度越高,再结晶的速度越快,属于热激活过程。

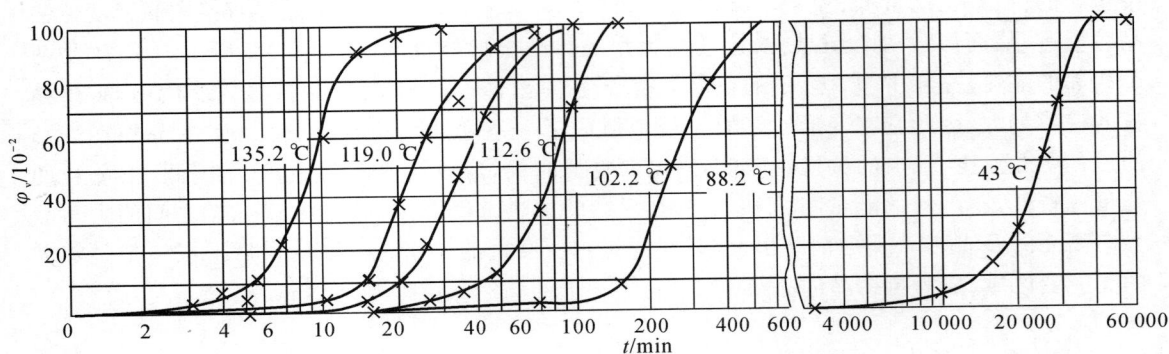

图 6-8　实验测得冷轧的纯铜在不同温度下等温再结晶曲线

金属的等温再结晶动力学曲线可以用阿弗拉密(Avrami)方程来描述,即

$$\varphi_v = 1 - \exp(-Bt^k) \qquad (6-5)$$

式中:B 和 k 为常数;φ_v 为在 t 时间已经再结晶的体积分数。

由于再结晶是一种热激活过程,可以用阿累尼乌斯方程来表示再结晶速率 $v_{再}$ 与温度 T 之间的关系,即

$$v_{再} = A\exp\left(-\frac{Q_R}{kT}\right) \qquad (6-6)$$

式中:Q_R 为再结晶激活能;T 为绝对温度;A 为比例常数。

由于再结晶速率与产生某一确定体积分数所需的时间成反比,故

$$\frac{1}{t} = A'\exp\left(-\frac{Q_R}{kT}\right) \qquad (6-7)$$

将冷变形金属在两个不同温度 T_1、T_2 等温退火,假设产生同样再结晶量所需时间分别为 t_1、t_2,则根据式(6-7)得到 t_1、t_2 的比值为

$$\frac{t_1}{t_2} = \exp\left[-\frac{Q_R}{R}\left(\frac{1}{T_1} - \frac{1}{T_2}\right)\right] \tag{6-8}$$

如果已知 Q_R 及 t_1,则可由式(6-8)来预测此变形金属在另一温度下等温退火,完成同样再结晶量时所需退火时间 t_2。

6.3.4　再结晶温度

虽然再结晶过程具有形核长大特征,与凝固过程、固态相变过程等新晶粒的形成比较类似,但是,由于再结晶形成的新晶粒与变形之前的晶粒在晶体结构、化学成分及性能上都没有发生变化,因此从本质上讲,再结晶转变不属于相变,再结晶没有一个恒定的转变温度,而是在一定的温度范围内进行的。

1.理论再结晶温度

通过考察再结晶温度和变形之间的关系,将再结晶温度定义为经过一定冷变形的金属能够发生再结晶的最低温度。再结晶温度的测量方法包括金相法、硬度法和 X 射线衍射法等,每种方法都有其自身的优、缺点,所以在实际的测量中,往往是很多种方法联合使用,互相矫正,其具体测量原理如下:

(1)金相法:在显微镜下观察退火组织,将形成第一个新晶粒或者出现凸出形核锯齿状边缘时所对应的温度,称为再结晶温度。

(2)硬度法:首先测量不同的温度和硬度之间的关系曲线,然后在曲线上找到硬度开始发生明显下降的温度,或者将硬度软化 50% 时所对应的最低温度,称为再结晶温度。

由于再结晶孕育期的存在,理论再结晶温度测量起来非常困难,也很难测准确。

2. 工业再结晶温度

为使再结晶温度具有可操作、可测量性,工业上通常将经过大约 70% 的冷变形,保温退火 1 h,能够完成 95% 以上再结晶所对应的温度,称为工业再结晶温度,显然这种再结晶温度在实际生产中容易测定,而且比较方便。

实验表明,金属的熔点越高,在其他条件相同时,其再结晶温度也越高。金属的再结晶温度($T_{再}$)与其熔点(T_m)之间的关系可以大致表示为

$$T_{再} = (0.35 \sim 0.45)T_{熔} \tag{6-9}$$

6.3.5　影响再结晶过程的主要因素

1. 退火温度

由于再结晶过程是一个热激活过程,退火温度越高,再结晶速度越快,经过一定冷变形的金属,产生同样再结晶量需要的时间也越短,这个由式(6-6)和式(6-7)也可以看出。因为温度越高,原子活性越大,扩散速度越快,因此完成再结晶所需要的时间就越短。

2. 变形量

冷变形时,金属的变形量越大,外力做功越多,存储的能量就越多,产生的驱动力越大,因此再结晶的速度就越快,能够发生再结晶的温度也越低。因而对任何一个材料而言,再结晶的

温度不是一个定值,而是随着变形量变化,但当变形量达到一定值后,再结晶温度趋于某一定值,如图 6-9 所示。

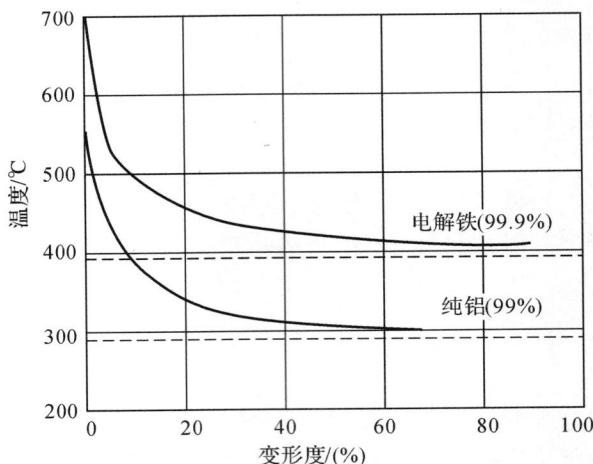

图 6-9　变形量与再结晶温度的关系

3. 原始晶粒尺寸

原始晶粒尺寸指冷变形前晶体所具有晶粒的大小。原始晶粒越细小,变形就越均匀,另外还有细晶强化作用。因此在变形过程中具有比较大的变形抗力,要让材料产生变形,外力需要做更多的功,外力做的功多,存储能就高;存储能高,在再结晶过程中所释放的驱动力就越大。另外,由于原始晶粒尺寸小,晶体中所具有的晶界比较多,在再结晶过程当中,有更多的位置来形成再结晶的核心,因此再结晶速率快,再结晶温度降低。原始晶粒尺寸通过影响驱动力来影响再结晶,和变形量对再结晶的影响有类似之处。

4.微量溶质原子

微量的溶质原子对再结晶过程有三个方面的影响:①微量溶质原子固溶在金属中,产生固溶强化,提高变形抗力;若产生同样的变形量,外力做功多,存储能增大,再结晶的驱动力提高,促进再结晶,使得再结晶的温度下降。②不仅在变形的时候溶质原子会阻碍位错运动,而且在再结晶的时候,溶质原子的柯氏气团会阻碍位错运动,从而阻碍再结晶的形核。③微量的溶质原子,自身要在晶格中产生畸变,使得体系能量增大,为了降低体系能量,溶质原子会自发地倾向于向晶界上偏聚,对晶界的运动产生阻碍,阻碍再结晶晶粒的生长。所以,溶质原子既阻碍再结晶的形核又阻碍再结晶的长大。从后面这两点来讲,微量溶质原子会使得再结晶的速度下降、再结晶的温度上升。因此,微量溶质原子对再结晶的影响具有二重性。一般而言,微量溶质原子提高再结晶驱动力的作用略小,阻碍再结晶形核和长大的作用相对要强一些。因此综合而言,微量溶质原子会使得再结晶的速度下降、再结晶的温度上升。

图 6-10 为实验测到的微量溶质原子对再结晶温度的影响,横坐标是合金元素的含量,纵坐标是再结晶温度,从曲线可以看出,整体上随着合金元素质量分数的增大,再结晶温度升高,但是不同合金元素的曲线在不同质量分数下会有一定量的起伏,这就是由于不同含量的溶质原子对位错及晶界的钉轧作用不同,在提高再结晶驱动力和阻碍形核长大两个方面有一个互相的制衡。某些质量分数下,提高驱动力的作用更强一些,使得再结晶的温度下降,某些质量分数下,阻碍形

核和长大的作用更强一些,使得再结晶温度上升,从而使再结晶温度曲线出现不同程度的波动。

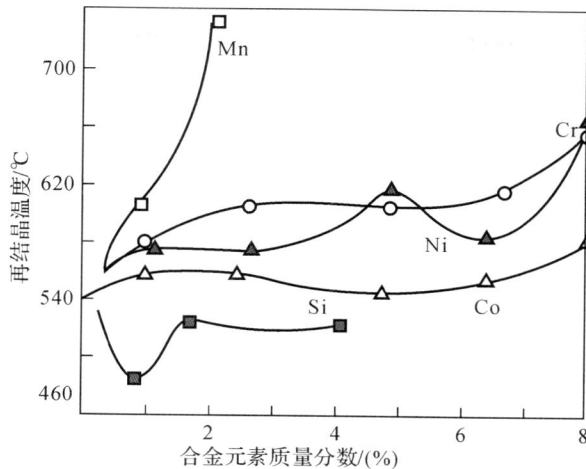

图 6-10　合金元素对铁再结晶温度的影响

5.分散相粒子

分散相粒子的存在对再结晶过程有两个重要的影响:①分散相粒子在冷变形过程中提高变形抗力,产生沉淀强化;变形抗力的提高,使得畸变能升高,驱动力增大,从而促进再结晶。②分散相粒子在再结晶时阻碍位错运动,同时阻碍晶界迁移,也就是既阻碍再结晶晶核的形成,又阻碍再结晶晶粒的长大,从而表现出阻碍再结晶的特征。因此,分散相粒子可能促进再结晶也可能完全抑制再结晶。分散相粒子涉及形状、数量及分布等很多因素,所以它对位错的阻碍作用比较复杂。如果粒子比较稀疏,对位错的阻碍作用也比较稀疏,此时提高驱动力的作用大于阻碍再结晶的作用,再结晶速度上升,再结晶温度下降。反之,如果粒子比较细密,对位错的运动阻力比较明显,此时提高驱动力的作用要小于阻碍再结晶的作用,表现为再结晶速度下降,再结晶温度升高。所以根据粒子的不同分布状态,分散相粒子有可能促进再结晶,也有可能阻碍再结晶,具有二重性,见表 6-1。分散相粒子的存在是促进基体再结晶还是阻碍其再结晶,主要取决于基体上粒子的大小和分布。

表 6-1　分散相粒子的存在对基体金属再结晶的影响

合金	粒子间距 $\lambda/\mu m$	粒子直径 $d_i/\mu m$	对再结晶的影响	
			促进	阻碍
$Cu+B_4C$	5	2	促进	
$Cu+Al_2O_3$	2.5	30		阻碍
$Cu+Co+SiO_2$	0.5~1.0	18		阻碍
$Cu+Co+SiO_2$	0.5~1.0	150		阻碍
$Al+Al_3Fe$	4~10	0.6~2.2	促进	
$Al+CuAl_2$	>1	0.3	促进	阻碍
$Al+CuAl_2$	<1	0.3		阻碍
$Ag+MgO$	50	5		阻碍

6.3.5 再结晶晶粒大小的控制

变形金属在再结晶退火后,以新的等轴晶粒彻底取代了变形晶粒。一般来讲,生产上总希望得到比较细小、致密的晶粒组织,从而得到良好的综合性能。变形金属在再结晶退火后,以新的等轴晶粒彻底取代了变形晶粒,对金属材料的力学性能产生重要的影响,因此,控制再结晶后的晶粒大小显得尤为重要。

再结晶形核和长大过程的相互制衡决定了再结晶后的晶粒大小,这三者之间满足以下关系:

$$d = k \left[\frac{\dot{G}}{\dot{N}} \right]^{\frac{1}{4}} \qquad\qquad (6-10)$$

式中:d 为平均晶粒尺寸;k 为常数;$\dot{G}$ 为长大速率;$\dot{N}$ 为形核速率。

因此,影响再结晶后晶粒大小的因素主要有以下几种。

1.变形量

图 6-11 所示为不同变形量下,纯铝再结晶晶粒的大小;图 6-12 所示为低碳钢变形量与再结晶晶粒大小的关系。从这两幅图中可以看出,变形量对再结晶后晶粒大小的影响分为这样几部分:①当变形量小于 2% 时,外力做功很小,驱动力很小,不足以推动形成再结晶的核心,因此不发生再结晶,晶粒保持在原始状态。②当变形量为 2%~10% 时,对于一个多晶体系,它的晶粒有不同的取向,不同取向上的变形能力不一样。变形量比较小的时候,变形往往集中在某些晶粒身上,个别晶粒会承担比较多的变形,所具有的能量就比较高,形成少数再结晶晶核,在后期的过程当中,会逐渐长大,最终得到极其粗大的组织。③当变形量大于 10%时,此时随着变形量的增大,每个晶粒都会承担不小的变形,产生很多再结晶的晶核,在后续的生长过程中,很多晶核同时长大,最终的结果就是形成一些细小的晶粒,而变形量越大,形成新晶粒的数量就越多,最终获得的晶粒的尺寸就越小。

图 6-11 不同变形量下,纯铝再结晶后的晶粒组织

(a)变形量为 0.5%;(b)变形量为 2.0%;(c)变形量为 4.5%;

(d)变形量为 6.0%;(e)变形量为 7.5%;(f)变形量为 9.0%;(g)变形量为 12%

因此,在小变形量的时候不发生再结晶;在大变形量的时候由于再结晶的速度很快,而且形成再结晶的数量很多,每个晶粒的生长空间又有限,所以尺寸就细小;而在中间这样一个状态,变形极其不均匀就会产生极其粗大的晶粒,我们把这个区间内的变形称为临界变形度。在临界变形度附近的材料,容易产生粗大组织,造成性能上的恶化。因此,在再结晶的时候,对零

件的变形一般要避开临界变形度。

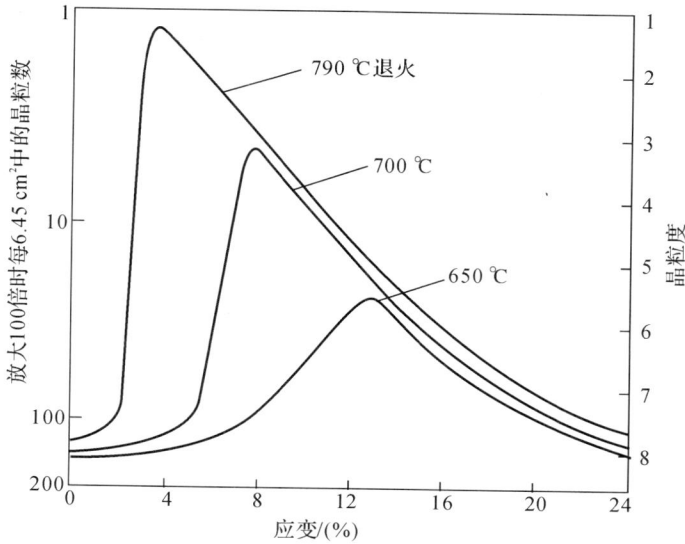

图 6-12　低碳钢变形量对再结晶晶粒大小的影响

2.微量溶质原子和杂质

实验发现,微量溶质原子和杂质能起到细化晶粒的作用。原因在于:一方面微量溶质原子既阻碍位错的运动,也阻碍晶界的运动,因此阻碍晶粒的生长。图 6-13 所示为铅在 300 ℃时,晶界迁移速度与锡含量的关系,从图 6-13 中可以看出,随着锡含量的增加,晶界迁移速度降低。另一方面,微量溶质原子和杂质的存在产生晶格畸变,增加了存储能,增大了再结晶的驱动力。因此,当希望获得细小的组织时,可以给体系添加一定量的合金元素。

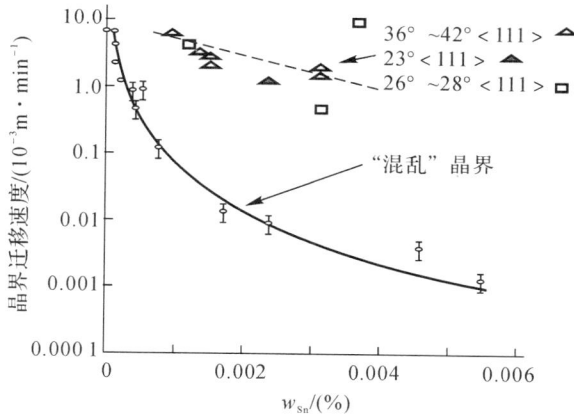

图 6-13　铅在 300 ℃时晶界迁移速度与锡质量分数的关系

3.原始晶粒尺寸

原始晶粒尺寸越小,变形抗力越高,畸变能越高,驱动力也就越高;驱动力高了,再结晶晶粒就比较细小。所以初始组织比较细小,那再结晶晶粒就比较细小。可以据此指导生产,在变形之前先对组织进行细化,然后进行变形、回复和再结晶,得到比较细小的晶粒。

4.退火温度

退火温度越高,原子活性越大,晶粒生长就越快,获得的晶粒组织就会比较粗大,因此要获得比较细小的组织,退火温度应该尽量低一些。前面分析动力学的时候,我们知道温度越低,再结晶过程进行得越慢,生产效率就越低,所以实际生产中,要在生产效率和最终的退火组织之间寻求一个平衡点,来确定实际的退火温度。

6.4 再结晶晶粒的长大

再结晶结束后,在正常的条件下,再结晶晶粒都比较细小、均匀,如果继续升温或延长保温时间,新形成的无畸变晶粒之间会发生相互吞并、继续长大,这个过程叫做再结晶之后的晶粒长大。晶粒长大的驱动力为总界面能的下降,是一个自发进行的过程。

再结晶后晶粒长大的方式按照其特征分为两类:一类是大多数晶粒长大速率差不多,几乎都是连续、均匀地生长,称为正常长大;另一类是少数晶粒爆发式、突发性地非均匀长大,最终得到大部分晶粒比较细小而极个别晶粒特别粗大的组织,称为异常长大,或称为"二次再结晶"。

6.4.1 晶粒的正常长大

6.4.1.1 长大方式

再结晶结束后,形成新的无畸变的等轴晶,继续加热或保温时晶粒会进一步长大,长大过程本质上是大角晶界的迁移,具体的表现就是晶界向曲率中心移动,大晶粒吞噬小晶粒,最终获得晶粒比较大的、相对比较均匀的组织,见图6-14所示纯铝的再结晶晶粒长大过程。

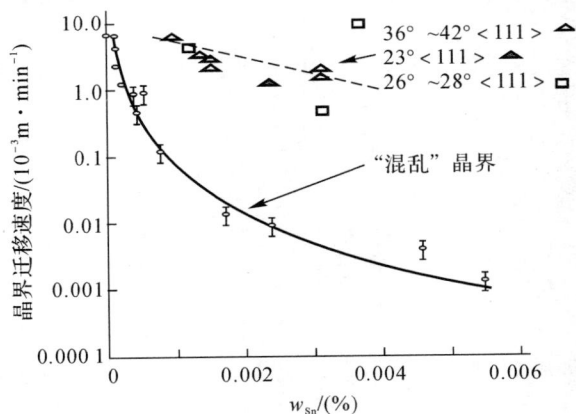

图6-13 铝的再结晶晶粒长大过程
1—晶粒长大前晶界的位置;2—晶粒长大后晶界的位置

6.4.1.2　晶粒长大的热力学和动力学

1.热力学

再结晶刚结束的时候,晶粒比较细小,界面多,界面能使得体系处在一种能量比较高的状态,为了降低能量,体系要通过晶粒的长大,使得总界面的面积减小、能量下降,因此晶粒长大的驱动力来自总界面能的下降。这里要特别注意的是,冷变形度不再有影响,因为再结晶过程已经完全消除了变形引起的晶格畸变以及内部的一些存储能,这一点和回复及再结晶有很大的区别。

2.动力学

再结晶后晶粒长大的动力学是一个晶界迁移过程,动力学特征就是一个单纯的晶粒长大过程,速度特点是先快后慢。因为在晶粒长大之初,小晶粒比较多,处于低能状态的大晶粒不断吞并小晶粒;长到后来,晶粒尺寸都差不多了,长大速度就逐渐放慢。

6.4.1.3　晶粒的稳定形状

再结晶后多晶体的微观组织涉及晶粒的排列及形貌,可以用表面、棱边及夹角相连接的多面体来描述。晶粒的形状取决于两个平衡——填满空间及在棱边和夹角处保持表面张力的机械平衡,这种现象的三维问题难以进行数学处理,甚至难以进行可视化,然而,其基本的物理过程可以用二维模型来实现。再结晶晶粒长大过程中,在驱动力的作用下,总的界面能下降,一方面是总的界面能下降,另一方面是尽量减少每一个界面的面积。对一个面来讲,可以是平面也可以是曲面,在覆盖程度相同的情况下,平面的面积总是要比曲面的面积要小,在二维的情况下看就是晶界要变直,立体上看就是从曲面变成平面。当晶粒具有六边形,晶粒间的夹角为120°时,将处于平衡状态。

晶界在迁移过程中是否能够伸直而停止运动,还要受到界面张力平衡规律的制约。在二维方向上,当任意相邻三个晶粒处于平衡状态时,交汇点处的界面张力 T_1,T_2,T_3 与其对应的界面夹角 θ_1,θ_2,θ_3 之间满足以下关系:

$$\frac{T_1}{\sin\theta_1} = \frac{T_2}{\sin\theta_2} = \frac{T_3}{\sin\theta_3}$$

(6-11)

在单相金属材料中,晶界表面张力是同类型的,因此 $T_1 = T_2 = T_3$,所以,$\theta_1 = \theta_2 = \theta_3$。图6-15 所示为晶粒的平衡形状,即夹角为120°,晶界为平直状态的六边形二维晶粒,其在三维空间下的稳定形状为十四面体,如图6-16 所示。

再结晶完成之后,如果二维晶粒不是六边形的(见图6-17),对于边数小于6的晶粒,即尺寸比较小的晶粒,为了满足夹角是120°,界面向外弯曲,呈现外凸形,一旦弯曲,界面的面积就会增大,在降低界面面积的驱动下,晶界向曲率中心移动,导致晶粒缩小最终消失。对于边数大于6的晶粒,即尺寸比较大的晶粒,为了满足夹角是120°,界面则向内弯曲,呈现内凹状,同样在降低界面面积的驱动下,晶界向曲率中心移动,导致晶粒长大。因此,晶粒长大之后的形状,不一定都是正六边形,但是夹角满足120°,形成一种稳定的形状,其在三维空间下的稳定形状为十四面体,如图6-16 所示。

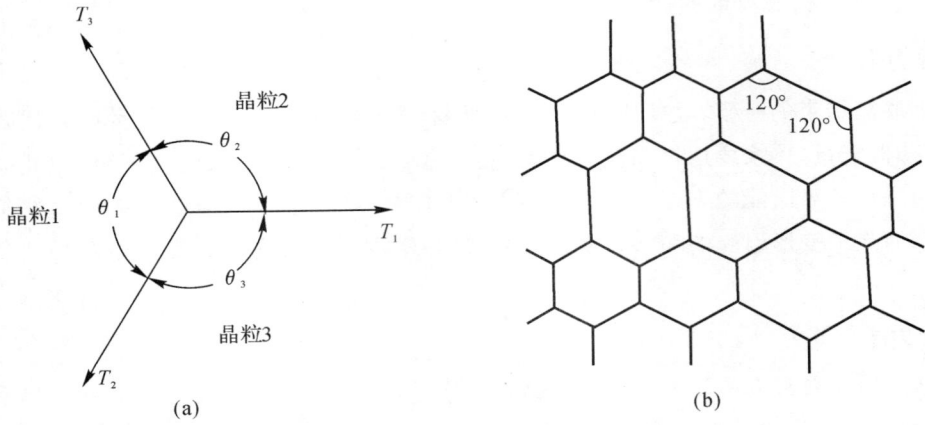

图 6-15　晶粒的稳定形状

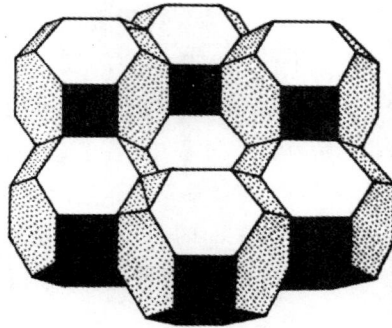

图 6-16　晶粒的平衡形状——十四面体

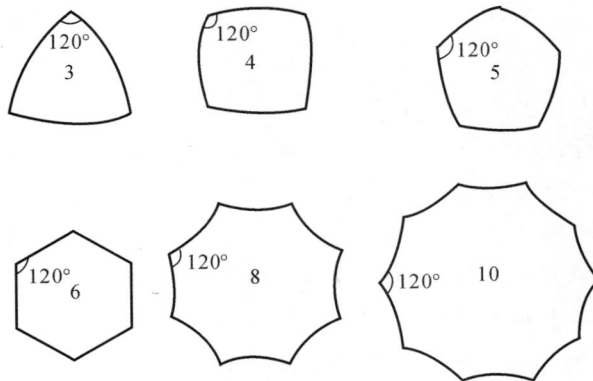

图 6-17　顶角为 120°的多边形晶粒

6.4.1.4　影响晶粒正常长大的因素

再结晶结束后的晶粒长大是通过晶界的迁移来进行的,因此,凡是影响晶界移动的因素,都会影响晶粒长大。

1.温度

界面的迁移属于热激活过程,温度越高,迁移速度越快,因此长大速度也越快,最终获得的晶粒尺寸就越大,这点和再结晶的影响因素是相同的。实验观察到,恒温下,正常晶粒长大的尺寸满足以下关系式:

$$D_t = Kt^n \qquad (6-12)$$

式中:D_t 为保温 t 时间后晶粒的平均尺寸;t 为保温时间;指数 n 一般小于 1;系数 K 的表达式为

$$K = K_0 \exp\left(-\frac{Q}{RT}\right) \qquad (6-13)$$

式中:K_0 为常数;Q 为晶界迁移激活能;R 为气体常数;T 为绝对温度。由于晶界上存在着阻碍晶粒正常长大的因素,恒温下晶粒的正常长大经过不长的时间后即停止,这时候晶粒尺寸便成为退火温度的函数,温度越高,晶粒越粗大。

2.分散相粒子

当合金中存在第二相粒子时,分散相粒子阻碍晶界迁移,使得长大速度下降。因为再结晶的时候已经完全消除了冷变形的影响,因此分散相粒子不具有提高驱动力的作用,这点和再结晶的影响因素不一样。

图 6-18 所示为 Fe-Si 合金在 800 ℃下加热时,MnS 对晶粒长大的影响。晶粒长大情况就是一个例子。由于合金中分布着细小的 MnS 颗粒(体积分数为 0.01,直径为 0.1 μm),晶粒长大时,晶界受其钉扎,达到一定尺寸就停止正常长大。

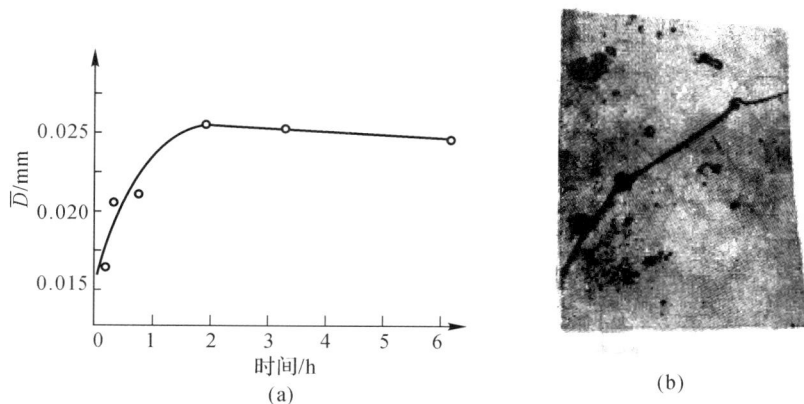

图 6-18　MnS 颗粒对 Fe-Si 合金晶粒长大的影响
(a)800 ℃加热时晶粒平均尺寸随时间的变化;(b)MnS 颗粒钉扎晶界

为了讨论方便,将分散相粒子假设为球状,其半径为 r,体积分数为 φ,界面张力为 σ,当晶界与粒子交截时,单位面积晶界所受阻力为

$$F_{max} = \frac{3}{2} \frac{\varphi\sigma}{r} \tag{6-14}$$

式(6-14)表明第二相粒子体积分散越大,颗粒越细小,对晶界迁移的阻碍作用越大。当晶界迁移的驱动力等于第二相颗粒施加的阻力时,晶界迁移停止,此时晶粒直径达到极限值,对应的晶粒平均尺寸称为极限平均晶粒尺寸 $\overline{R}_m$。可以证明

$$\overline{R}_m = \frac{4r}{3\varphi} \tag{6-15}$$

式(6-15)表明晶粒的极限平均直径与分散相粒子的尺寸及其体积分数有关。当分散相粒子的体积分数一定时,粒子尺寸越小,极限平均晶粒尺寸也越小。

分散相粒子阻碍高温下晶粒的长大,生产上广泛应用这一原理来限制晶粒的长大。例如,在钢中加入少量的铝、钛、钒、铌等元素,使其在钢中形成适当数量的碳化物、氮化物或者碳氮化物的分散相粒子,能有效防止钢在高温下的晶粒长大,使钢在焊接或热处理后仍具有细小的晶粒,保证具有良好的机械性能。在陶瓷烧结中也经常利用分散相微粒阻止晶粒粗化。

3.微量的溶质原子或者杂质

晶界原子排列混乱,能量高,对某些溶质或杂质原子有吸附作用。这些偏聚在晶界的溶质或杂质原子形成一种"气团",阻碍晶界迁移,使得再结晶晶粒长大速度减小。图 6-19 为 300 ℃时,微量 Sn 对高纯 Pb 晶界迁移速度的影响,从图中可以看出,对一般晶界,当 Sn 的质量分数从 1×10^{-6} 增加 3×10^{-5} 时,晶界迁移速度降低了大约三个数量级;对某些特殊晶界,随 Sn 质量分数的增加,晶界迁移速度下降比较缓慢,这是由于特殊晶界上原子排列的重合性高,不利于溶质或者杂质原子的吸附,因而对晶界迁移速度的影响较小。

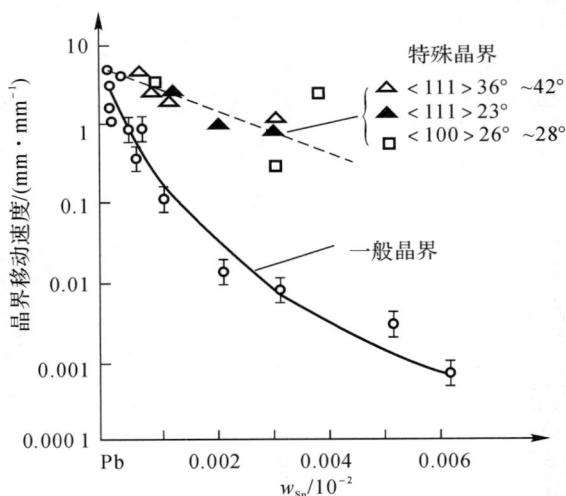

图 6-19　300 ℃时,微量 Sn 的存在对纯 Pb 晶界移动的影响

4.晶粒间的位向差

不同的位向差会形成不同的界面结构;界面结构不同,界面就具有不同的运动活性,界面的迁移速度就不同。一般来讲:①位向差越小,界面结构就越简单,界面活性就比较低,界面的

运动速度就比较慢,此时,晶粒的长大速度就比较慢。②对于某些具有特殊位向差的晶体可能形成重合点阵,大角晶界的时候,它可以在两个晶粒之间选取一个大点阵,覆盖两个点阵,如果重合度比较高,它的界面就不利于溶质原子的偏聚(缺陷少),溶质原子对晶界的钉扎作用就会比较弱。因此这种晶界的活性比较高,它的迁移速度就比较快,所以位向差对晶界活性的影响是不确定的。对有些金属如纯 Pb,晶粒间位向差对迁移率的影响还与温度有关,如图 6 - 20 所示,当较高温度时(如 300 ℃),随着位向差的增大,晶界移动速度增大,直到最后趋于稳定值。当位向差较大时,趋于恒定。当温度较低时(如 200 ℃),晶界迁移速度随位向差的增大出现波动,较小的角度范围内,晶界迁移速度随位向上的增大而增大,在某些特殊位向上最大值。这与纯 Pb 中微量杂质的存在有关,当温度较高时,微量杂质不能在晶界偏聚,使得具有特殊位向差的晶界不利于杂质吸附的特点没能体现出来。

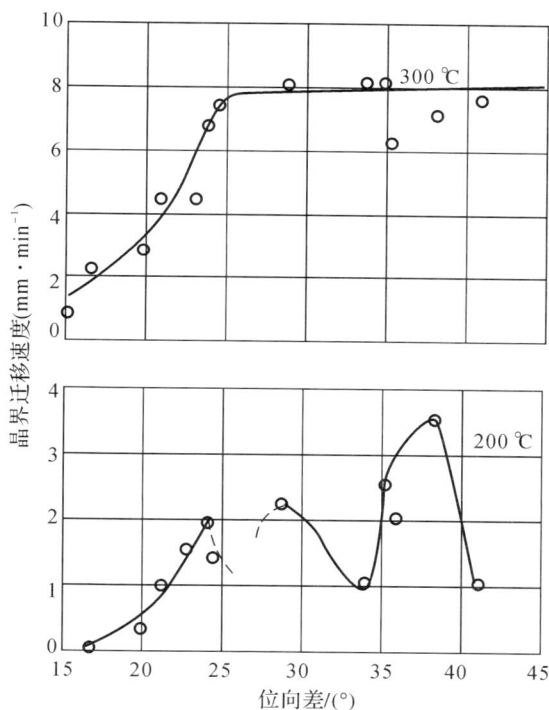

图 6 - 20　高纯 Pb 中,晶粒间位向差对晶界迁移速度的影响

5.表面热蚀沟

如图 6 - 21 所示,粗线代表晶体的表面,细线代表晶界。晶界终止在表面,在表面和界面的交汇点处原子的能量比较高,活性比较大,在高温长时间加热时,表面张力和界面张力为了达到平衡,将通过表面原子扩散,使得交汇点向下移动,两个表面张力和一个界面张力达到平衡状态,从而在表面形成了一道沟,称为表面热蚀沟。左边的晶粒和右边的晶粒能量不一样高,会使得低能的晶粒长大,界面向高能晶粒一侧推进;晶界一旦移动脱离热蚀沟,会使得界面面积增大,界面能增大;增大的面积就需要额外做功,阻碍晶界的运动,使得晶粒长大速度减小。热蚀沟通常在比较薄的板材上形成,因为这种薄板表面比较多,晶体内部的缺陷占的比例相对较少。所以在薄板情况下,热蚀沟起到的作用就更加明显。

需要注意的是,晶粒正常长大时,变形量和原始晶粒尺寸不再对其产生影响,这是由于再结晶过程已经完全消除了这两个因素的影响。

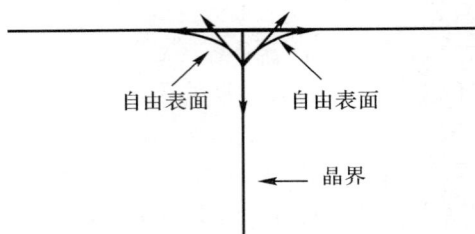

图 6-21　表面热蚀沟形成示意图

6.4.2.　晶粒的异常长大

上述再结晶完成后正常的晶粒长大过程是连续均匀地生长,其长大速率基本相近。但在某些情况下,晶粒长大只是少数晶粒爆发式、突发性地非均匀长大,最终得到大部分晶粒比较细小而极个别晶粒特别粗大的组织,称为异常长大。这种反常长大,好像是在再结晶完成后,在其细小均匀的晶粒中又重新发生了一次再结晶,因此又称之为"二次再结晶"。可将前面讨论过的真正的再结晶称为一次再结晶。

1.晶粒异常长大的基本原理

再结晶完成后,形成的新晶粒发生接触,接触后新的晶粒会进一步长大,以消除较多的界面能,进一步降低体系的能量。如果在此过程中,出现以下情况,那么大部分晶界的迁移能力不大,多数晶粒的生长受到阻碍:①细小弥散的第二相粒子的存在,对晶界运动产生阻碍作用,晶界迁移阻力增大,迁移变得困难。②在冷变形的时候形成织构,而在再结晶的时候,保留原来的变形织构也有可能形成新的织构(称为再结晶织构),形成织构之后晶粒和晶粒之间的位向差比较接近,晶界的活性降低,迁移能力减弱,迁移变得困难。③晶界被热蚀沟所阻碍,迁移能力减弱,迁移变得困难。

但是在这些晶粒当中总出现如下特殊情况:①少数在晶界上的第二相粒子发生溶解,溶解了的晶界被钉扎的作用就比较弱,晶界的迁移能力就会比较强。②在少数再结晶织构中,出现非择优取向的晶粒,其晶界迁移能力比较强。③少数晶界虽然被热蚀沟钉扎,但具有低表面能的晶粒,一旦晶界运动,表面能能够得到明显的释放,其晶界迁移能力比较强。④在少数再结晶以后,本身尺寸比较大的晶粒,其能量比周围相对小的晶粒能量要低。在上述四种情况下,会造成个别晶粒的晶界迁移能力明显高于普通的晶粒,导致少数晶粒快速长大,这样大部分晶粒的生长被阻碍,少部分晶界没有被钉扎住的晶粒快速生长,这两种情况联合起来,就使得组织变得异常粗大,宏观上使得性能恶化。

图 6-22 所示为镍基耐蚀合金 Hastelloy G3 合金及高纯 Fe-3Si 箔材 1 200 ℃真空退火后进行二次再结晶后的显微组织。从图中可以看出,大部分晶粒比较细小,个别地方出现一个特别大的晶粒,这种组织的晶粒极其不均匀,会产生极其恶化的性能。在这种特别大的晶粒中,位错能够滑移的距离较长,在这种晶界上就会形成严重的位错塞积,将来在塞积严重的地

方就容易出现裂纹,导致零件的失效。

图 6-23 为镁铝锌合金的退火组织。图(a)是刚刚完成再结晶的组织,均匀细小;图(b)是经过一定的保温,晶粒组织已经开始长大;图(c)是发生了异常长大,晶粒组织中出现一个巨型的晶粒,导致性能恶化。这种晶粒尺寸悬殊比较大的组织往往比整体晶粒都比较大的组织的性能还要糟糕,因此,在再结晶退火的时候,要特别小心二次再结晶。

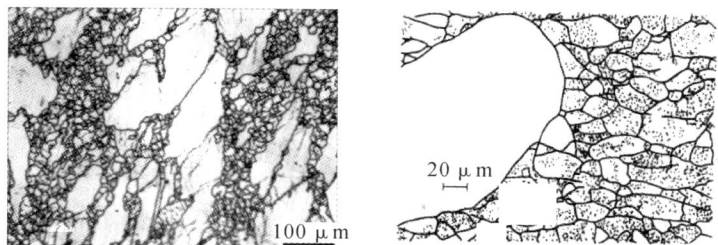

图 6-22　二次再结晶后的显微组织
(a)镍基耐蚀合金 Hastelloy G3 合金;(b)高纯 Fe-3Si 箔材 1 200 ℃真空退火

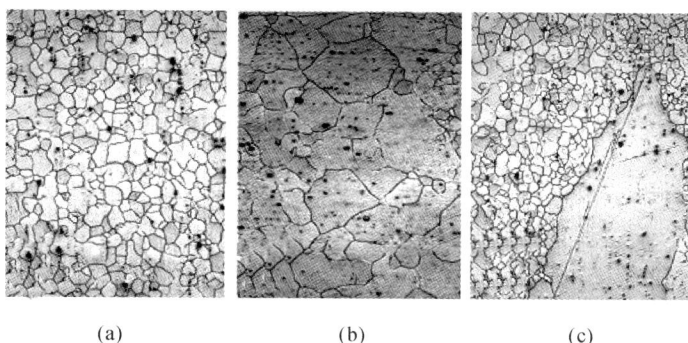

(a)　　　　　　　　(b)　　　　　　　　(c)

图 6-23　Mg-3Al-0.8Zn 合金退火组织
(a)正常再结晶;(b)晶粒长大;(c)二次再结晶

2.晶粒异常长大的热力学及动力学

(1)热力学。二次再结晶的驱动力一方面来自晶界能的减小,一方面来自总表面能的下降。因此,异常长大往往在薄板、薄材中比较容易出现,而在块体材料中出现的概率要少,某些特殊位向的晶粒表面自由能比其他的晶粒要低,所以这种晶粒就特别容易生长,造成异常长大。

(2)动力学。异常长大的动力学是一个纯晶粒的生长过程,晶粒的生长速度也是先快后慢。在大晶粒形成之初,周围小晶粒比较多,大晶粒快速吞并小晶粒,逐渐长大至趋于稳定状态,这和正常长大有类似之处。

6.4.3　再结晶退火及组织控制

6.4.3.1　再结晶退火

再结晶退火的具体工艺,一般指将冷变形后的金属加热到再结晶温度以上,保温一定时间后,缓慢冷却至室温的过程。经过这一过程,冷变形以后产生加工硬化的金属得到软化,或者内应力得到消除,以方便后续加工,所以,在生产上,再结晶退火被广泛用作冷变形金属加工过程的中间热处理。再结晶退火的目的:一是软化金属,方便后续的继续加工锻造;二是可以利用大变形量加上再结晶退火来细化晶粒,对于没有相变或者合金元素的强化作用都不好、加工硬化效果不明显的合金,可以通过此方式细化晶粒来进行强化,如常见的防锈铝。

6.4.3.2 再结晶组织及其控制

1.再结晶图

为了对再结晶组织进行控制及为生产工艺参数提供参考,需要知道不同的冷变形量及退火温度下再结晶组织晶粒的大小。再结晶图是描述冷变形量、退火温度及再结晶之后晶粒尺寸三者之间关系的三维曲面图。不同金属的再结晶图不同。

图 6-24 是工业纯铝的再结晶图。横坐标是变形量,纵坐标分别是退火的保温温度及退火后组织的晶粒大小。在三维曲面图上,大部分地区曲面的位置都比较低、比较平,说明获得的晶粒都比较细小,但是在这个曲面上有两个凸起,也就是两个粗晶区。一是变形量为 2% ~ 10% 这个范围,晶粒比较粗大,该凸起称为临界变形度区域。二是在大变形量高温区域,晶粒也比较粗大,该凸起称为二次再结晶区。由再结晶图可以大致知道合金在某个变形量、某个退火温度后可能获得的晶粒尺寸,特别需要关注的是临界变形度区域和二次再结晶区域,所以选择制定变形和退火工艺时,要尽量避开这两个区域。

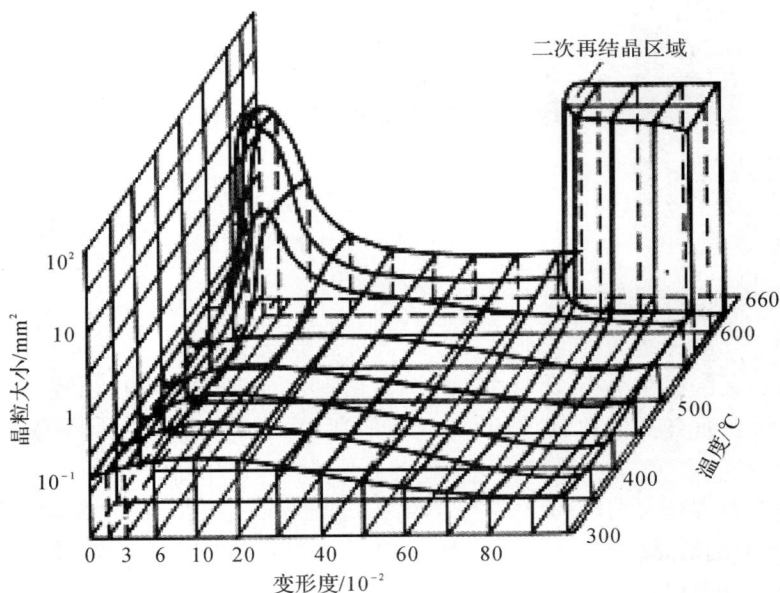

图 6-24 工业纯铝的再结晶图

2.退火孪晶

退火孪晶指的是原本不易生成孪晶的面心立方晶体,如铜,镍,α 黄铜,γ 不锈钢等,在退火过程中,再结晶时出现孪晶。还有一种是孪晶界能与大角晶界能的差别比较大的时候,即孪晶界能明显低于大角晶界能时,也容易出现退火孪晶。

　　图 6-25 所示为冷变形 α 黄铜中的退火孪晶。在图中观察到的平直的界面就是退火孪晶。其形貌和变形孪晶的形貌区别非常明显,变形孪晶是透镜状的,很薄,而退火孪晶往往比较厚,界面比较平直。

图 6-25　冷变形 α 黄铜中的退火孪晶

　　退火孪晶有三种典型的形态,如图 6-26 所示。其中 A 是贯穿晶粒的完整退火孪晶,B 是一端终止于晶内的不完整退火孪晶,C 是晶界交角处的退火孪晶。孪晶两侧互相平行的晶面是共格孪晶界面,由 {111} 面组成。孪晶终止于晶粒内的尖端或者台阶处的界面,为非共格孪晶界。

　　退火孪晶是在再结晶过程中因晶界迁移出现层错而形成的。例如面心立方的 {111} 面某层原子面由于偶然原因发生错排,就会造成层错,出现共格孪晶界。如果孪晶界面能远小于一般大角晶界能,该层错就稳定下来成为孪晶核心并随大角晶界的迁移而长大。在长大过程中,如果 {111} 原子面再次错排,恢复了原来正常的堆垛次序,又形成一个孪晶界,两孪晶

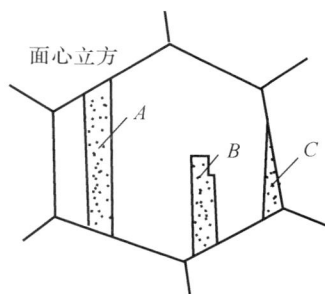

图 6-26　退火孪晶示意图

界中间出现一个孪晶。很显然,层错能越低的金属越容易形成退火孪晶。

3.再结晶织构

　　冷变形金属,在再结晶过程中形成的具有择优取向的晶粒,称为再结晶织构。再结晶织构可能为保留的冷变形时形成的织构,也可能是再结晶时产生的新的织构,这两种织构统称为再结晶织构,进一步在晶粒的生长过程中可能会形成二次再结晶织构,都会表现出性能上的各向异性,对零件的应用产生影响,因此有时候需要控制再结晶织构的形成。关于再结晶织构的形成机理,目前主要存在择优(定向)形核和择优(定向)生长两种理论。

　　择优形核理论认为,凸出形核和亚晶形核仍然保持着原来的再结晶织构,顺着原来的方向形成新晶粒,接下来晶粒逐渐生长,就形成了与原来的变形织构相同的再结晶织构。显然,这种理论仅限于解释与变形织构一致的再结晶织构的变形。

择优生长理论认为,再结晶时新形成的织构和原来的变形织构可能位向相同,也可能位向不同,但是,在这些晶粒中,只有一部分处于有利位向上的晶粒能够快速生长,而另外一些处于不利位向上的晶粒生长受到抑制,因此,晶粒长大以后就形成了织构。这两种理论都可以用来解释再结晶织构,目前倾向于认为再结晶织构是通过择优形核和择优长大来形成的。

6.5 金属的热加工

前面讨论了金属在冷变形结束后,进行加热时会产生回复及再结晶过程,称为静态回复和静态再结晶。金属在较高的温度下进行变形时,如锻压、热轧、挤压等,回复和再结晶过程可能相继发生,这种回复和再结晶称为动态回复和动态再结晶。

热加工指的是金属在再结晶温度以上进行的加工变形。严格地说,热加工是指金属在应变硬化速率等于其软化速率温度以上的变形。因此,热加工不等于高温加工。金属的形变过程属于冷加工还是热加工,是以再结晶温度(若忽略应变速率的影响)为依据来区分的。各种金属材料的再结晶温度相差很大,例如 W 的再结晶温度为 1 200 ℃,在 1 000 ℃变形也是冷变形,而 Pb、Sn 等再结晶温度低于室温,即使在室温下变形也属于热加工。

在热加工过程发生动态回复及动态再结晶时,由形变造成的加工硬化和由动态回复、动态再结晶造成的软化同时发生,是一个硬化与软化作用相抗衡的过程,不显示硬化作用,使得变形能够持续进行。热加工停止后,高温下还会发生静态回复和静态再结晶。

6.5.1 动态回复与动态再结晶

1. 动态回复机理

对于高层错能的材料,位错不容易扩展,容易攀移和交滑移,所以往往以动态回复的过程产生软化。图 6 - 27 是动态回复时测到的真应力-真应变曲线,根据曲线的形状,可以将其划分为三个阶段。①第 Ⅰ 阶段,变形量比较小,此阶段称为微应变阶段,在这一阶段位错开始增殖,但总的来讲位错的密度还相对处于比较低的状态,位错密度大致从 $10^{10}\sim10^{11}$ m^{-2} 增至 $10^{11}\sim10^{12}$ m^{-2},大概增大一个数量级。②第 Ⅱ 阶段,变形量相对大一点,曲线继续上升,曲线的斜率逐渐下降,此阶段称为均匀塑性变形阶段,在这个区间产生一定的加工硬化。此时位错密度持续增大,在晶体内部形成了位错缠结、形成了位错胞,这和静态的变形有点类似。这时候位错消失的速率随着应变的增大而增大,由于有加热的过程,位错自身还会互相抵消、互相重排,使得位错消失的速度和位错生成的速率逐渐平衡,硬化曲线逐渐趋于平衡。③第 Ⅲ 阶段,曲线保持稳定,不再随着应变的增加而上升,称为稳定的流变阶段,产生一定的持续变形。此时位错的密度达到 $10^{14}\sim10^{15}$ m^{-2},比最初的阶段大概要高 4～5 个数量级,位错的增殖速度等于位错的消失速度,硬化速度和软化速度相平衡,宏观的表现就是进入稳态流变阶段,不再产生加工硬化。在第 Ⅰ、第 Ⅱ 阶段,材料的硬化速度要高于软化速度,因此曲线在上升;到第 Ⅲ 阶段,硬化速度与软化速度相平衡,不再产生加工硬化,这个时候位错构成亚晶,并且亚晶保持等轴状,形状持续稳定不变。

动态回复是位错增殖与位错自身的相互抵消而达到平衡,对晶粒组织影响不大,影响的主要是亚晶,因此动态回复组织由拉长晶粒与恒定尺寸、等轴状的亚晶粒构成。形变温度降低,会造成亚晶细化。流变应力增大,也会造成亚晶细化。动态回复后的力学性能优于静态回复后的性能。

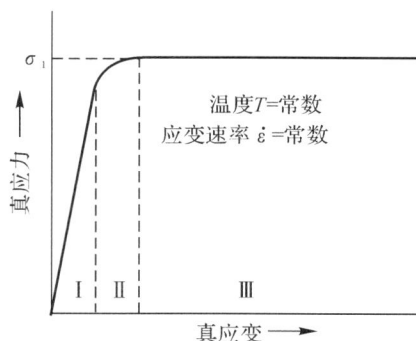

图 6-27　动态回复时的真应力-真应变曲线

2. 动态再结晶机理

对于低层错能的材料,位错容易扩展和滑移,不容易产生交滑移和攀移。此时位错在晶界上产生堆积,引起的畸变能容易导致以动态再结晶的形式产生软化,如铜及铜合金、镍合金、奥氏体钢等。

热变形时,动态再结晶的真应力-真应变曲线如图 6-28 所示。从图中可以看出,当应变速率比较高时,变形比较快,外力施加的比较大,曲线上升到一定程度后会有一定的下降而后逐渐保持平缓。曲线划分为三个阶段:第 Ⅰ 阶段,加工硬化阶段,变形量小于 ε_c,此时,加工硬化占主要地位,曲线一直上升。第 Ⅱ 阶段,动态再结晶发生的初始阶段,产生了动态再结晶,所以硬化效果开始下降。第 Ⅲ 阶段,动态再结晶软化速度和与加工硬化的速度达到动态平衡,不再产生硬化也不再产生软化,进入稳定的流变阶段,曲线趋于稳定。

当应变速率比较低时,施加的外力比较小,变形比较平缓。曲线形状与高应变速率时明显不同,出现波浪状,也就是交替的软化-硬化阶段。可以将其分为两个阶段:第一阶段是加工硬化阶段,变形量小于 ε_c,此时位错增殖,曲线逐渐上升。第二阶段是动态再结晶软化阶段,当变形到一定程度之后,晶粒中积累了相对比较多的缺陷,这时候存储能也比较高,触发新晶粒的形成,开始出现动态再结晶。动态再结晶在存储能的激励下不断产生,开始软化,一旦软化,曲线就开始下降,那么在动态再结晶晶粒逐渐形成的过程中,之前位错增殖所产生的存储能就逐渐得到释放,导致后续要再形成新的再结晶晶粒驱动力不足,尤其是变形速度比较慢,产生新位错的速度也慢,曲线从开始下降逐渐开始改平了,两者在某一瞬间达到平衡,动态再结晶由于驱动力的不足而产生了停滞。由于变形还在进行,位错数量又开始增多,存储能又开始逐渐变大,硬化又开始重新占据优势地位,曲线在硬化的作用下逐渐又开始上升;上升到一段时间,存储能又高了,又开始触发一批新的晶粒形成;新晶粒一形成,又释放掉存储能;一旦释放掉存储能,后续新晶粒的形成的动力又不足,这个时候曲线又下降又改平。这样就形成了一会硬化占优势一会软化占优势的波动。

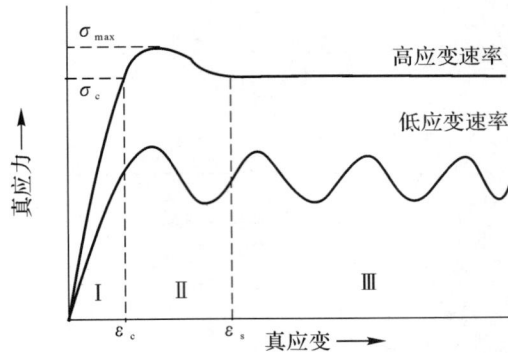

图 6-28　动态再结晶的真应力-真应变曲线

在动态再结晶过程中,变形造成的畸变晶粒与无畸变的新晶粒之间的相互制衡,形成一种动态的平衡,形成由中心有畸变的极细的等轴晶构成的组织,形变温度降低,对晶粒组织影响不大。流变应力增大,会造成动态再结晶的晶粒细化。动态再结晶后的组织强度优于静态再结晶后的组织强度。

6.5.2　热加工金属的组织及性能

综上所述,在动态回复和动态再结晶的情况下,能够获得性能更加优良的组织。因此,在零件的成形过程中经常利用热加工来成形,如采用热轧、锻造这些压力加工手段来成形,成形以后获得的组织性能一般都比较好。热加工引起的组织、性能变化主要包括以下几方面。

1.改善铸态组织、改善性能

铸造过程中会产生一系列的缺陷,常见的有气孔、疏松,对零件的性能产生不利的影响。这些缺陷可以在热加工过程中得到弥合;同时,热加工可以将铸造过程当中形成树枝晶改造成细小、均匀的等轴晶粒;热加工还可以改善夹杂物及脆性相的形貌、尺寸及分布,提高金属材料的性能。

2.流线

热加工时,金属在熔炼过程中由于晶内偏析而形成的杂质富集区、夹杂物、第二相等沿变形方向产生规则排列,这种组织称为流线。热加工金属的纵向剖面经过腐蚀后,可以看到流线,如图 6-29 所示。对加工出来的齿轮面进行金相分析,会发现流线。流线使得金属材料的性能具有各向异性,沿着流线走势方向的性能要优于垂直于流线走势方向的性能,因此,在工艺设计中,应当尽量使流线与零件服役时的最大拉应力方向平行,充分发挥材料的性能潜力。

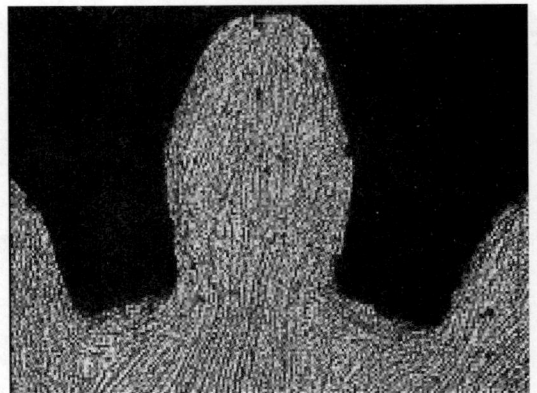

图 6-29　齿轮毛坯纵面上的流线

3.纤维组织

纤维组织是晶粒沿着变形方向被拉长而形成的组织。图 6 - 30(a)是由铝锂合金挤压型材做的工字梁,在中间的腹板位置,可以明显看到晶粒组织是沿着工字梁腹板位置的长方向分布的。图 6 - 30(b)是铝锂合金的厚板通过轧制形成的组织,晶粒沿着轧制的方向被拉长。

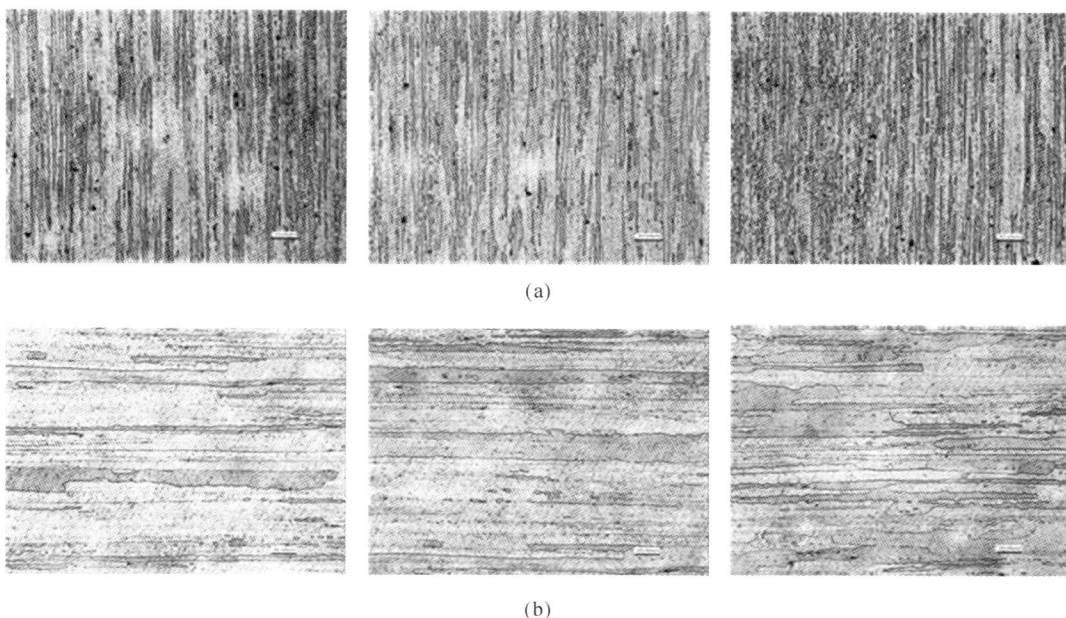

(a)

(b)

图 6 - 30　Al - Li 合金中的纤维组织

(a)Al - Li 合金挤压型材中的纤维组织;(b)Al - Li 合金厚板中的纤维组织

4.带状组织

带状组织是沉淀相沿着变形方向被拉长后形成的组织,是钢的热变形组织特征。图6 - 31为 20 钢和 40 钢热轧状态的组织,黑色的是珠光体,白色的是基体 α 相,珠光体明显地沿着轧制的方向分布,形成带状组织。

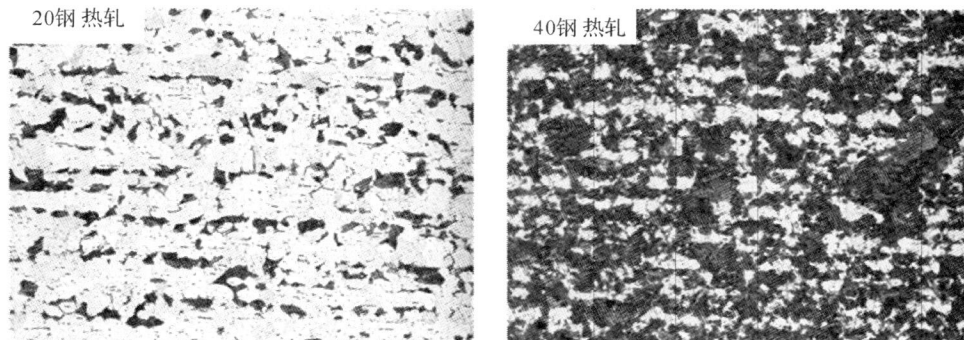

图 6 - 31　钢中带状组织

带状组织形成的主要原因是 P、Si 等杂质或合金元素在钢中偏析的结果。P、Si 富集区使得 A_1 线温度提高,热加工冷却后,首先析出铁素体,与此同时,C 原子被排入附近的杂质贫化区,使得这部分奥氏体碳含量增大,转变为珠光体。

带状组织也会使得材料的性能出现各向异性,纵向的强度、塑性及韧性明显地要优于横向的性能,因此,在制定热变形工艺时,要尽量避免带状组织的出现。

6.5.3 超塑性

1. 超塑性的定义及发展史

超塑性是变形过程中的一种特殊现象,指的是某些材料在特定条件下进行拉伸时,可以达到 500%～2 000% 的延伸率,这样的性能称为超塑性。超塑性的发展历史包括以下几项:

(1)1920 年,Rosenhain 等发现 Zn - 4Cu - 7Al 合金在低速弯曲时,可以弯曲近 180°。

(2)1934 年,英国的 C. P. Pearson 发现 Pb - Sn 共晶合金在室温低速拉伸时可以得到 2 000% 的延伸率。

(3)1945 年苏联的 A. A. Bochvar 等发现 Zn - Al 共析合金具有极高延伸率,提出"超塑性"名词。

(4)1964 年,美国的 W. A. Backofen 提出了应变速率敏感性指数的概念,为超塑性研究奠定了基础。

2. 超塑性的实现条件

金属在一般情况下是不具备超塑性的,只有满足下列特定条件,才能实现超塑性。

(1)材料的组织必须为两相,且为晶粒直径小于 10 μm 的超细晶粒,还要求在超速性过程当中,晶粒不会显著地长大。

(2)要有一定的变形温度,一般变形温度是 0.5～0.65 T_m。

(3)应变速率很小,一般为 0.01～0.000 1 mm/s。

3. 超塑性的分类

超塑性大致可以分为以下几种类型:

(1)恒温超塑性,或者叫做第一类超塑性,也称为微细晶粒超塑性。

(2)相变超塑性,或者叫做第二类超塑性,亦称转变超塑性或变态超塑性,它是利用相变过程产生的超塑性。

(3)其他超塑性,或者叫做第三类超塑性,在消除应力退火过程中在应力作用下可以得到超塑性。

关于超塑性的机理,比较经典的解释是极细小的晶粒,在极缓慢的变形速度下,晶粒和晶粒之间沿着晶界的一种滑动。晶粒本身并不动,而是晶粒和晶粒之间沿着晶界的一种滑动,因此变形一定要慢,如果变形太快,容易破坏晶界。

第 7 章　凝固与结晶

　　金属由液态转变为固态的过程称为凝固,由于凝固后的固态金属通常是晶体,所以又将这一转变过程称为结晶。一般的金属制品都要经过熔炼和铸造,也就是说都要经历由液态转变为固态的结晶过程。金属在焊接时,焊缝中的金属也要发生结晶。金属结晶后所形成的组织,包括各种相的晶粒形状、大小和分布等,将极大地影响金属的加工性能和使用性能。对于铸件和焊接件来说,结晶过程就基本决定了它的使用性能和使用寿命,而对于尚需进一步加工的铸锭来说,结晶过程既直接影响它的轧制和锻压工艺性能,又不同程度地影响其制成品的使用性能。因此,研究和控制金属的结晶过程,已成为提高金属机械性能和工艺性能的一个重要手段。

　　液相向固相的转变又是一个相变过程。因此,掌握结晶过程的基本规律将为研究其他相变奠定基础。纯金属和合金的结晶,两者既有联系又有区别,显然,合金的结晶比纯金属的结晶要复杂些,为了便于研究问题,先介绍纯金属的结晶。

7.1　单组元之间的转变

　　由一种元素或化合物构成的晶体称为单组元晶体或纯晶体,该体系称为单元系。对于纯晶体材料而言,随着温度和压力的变化,材料的组成相发生变化。从一种相到另一种相的转变称为相变,由液相至固相的转变称为凝固,如果凝固后的固体是晶体,则又可称之为结晶。而不同固相之间的转变称为固态相变,这些相变的规律可借助相图直观简明地表示出来。单元系相图表示了在热力学平衡条件下所存在的相与温度和压力之间的对应关系,理解这些关系有助于预测材料的性能。本节将从相平衡的热力学条件出发来理解相图中相平衡的变化规律。在此基础上,进一步讨论纯晶体的凝固热力学、动力学问题,以及内外因素对晶体生长形态的影响。

7.1.1　单元系相变的热力学及相平衡

　　组成一个体系的基本单元,例如单质(元素)和化合物,称为组元。体系中具有相同物理与化学性质的,且与其他部分以界面分开的均匀部分称为相。通常把 n 个组元都是独立的体系称为 n 元系,把组元数为 1 的体系称为单元系。本节将首先讨论多元系的相平衡热力学条件,然后讨论单元系相图的特点和相平衡。

　　设有一个多元系,含组元 1 为 n_1(mol),组元 2 为 n_2(mol),各组元物质的量的变动会引起体系性质的变化。吉布斯(Gibbs)自由能 G 是温度 T,压力 p,以及各组元物质的量 n_1、n_2 的函数,即

$$G = G(T, p, n_1, n_2 \cdots)$$

进行微分后,整理可得

$$dG = -SdT + Vdp + \sum \mu_i dn_i \qquad (7-1)$$

式中:S 和 V 分别为体系的总熵和总体积。等号右边最后一次项 $\sum \mu_i dn_i$ 表示由组元物质的量改变而引起体系自由能的变化。式中 $\mu_i = \left(\dfrac{\partial G}{\partial n_i} \right)_{T,p,r_j \neq i}$ 是组元 i 的偏摩尔自由能,称为组元 i 的化学势,它代表体系内物质传输的驱动力。如果某组元在各相中的化学势相等,那么就没有物质的传输,体系处于平衡状态。可对多组元的相平衡条件进行如下推导:

设体系由组元 1,2 组成,包含有 α、β 相,对每个相自由能的微分式可写成

$$\begin{cases} dG^\alpha = -S^\alpha dT + V^\alpha dp + \mu_1^\alpha dn_1^\alpha + \mu_2^\alpha dn_2^\alpha + \cdots \\ dG^\beta = -S^\beta dT + V^\beta dp + \mu_1^\beta dn_1^\beta + \mu_2^\beta dn_2^\beta + \cdots \end{cases}$$

在等温等压条件下,以上各式可简化为

$$\begin{cases} dG^\alpha = \mu_1^\alpha dn_1^\alpha + \mu_2^\alpha dn_2^\alpha + \cdots \\ dG^\beta = \mu_1^\beta dn_1^\beta + \mu_2^\beta dn_2^\beta + \cdots \end{cases}$$

如果体系中只有 α 和 β 两相,当极少量(dn_2)的组元 2 从 α 相转移到 β 相中,以 dG^α 和 dG^β 分别代表此时 α 和 β 相的自由能变化,则引起的总自由能变化为

$$dG = dG^\alpha + dG^\beta$$

由于 $-dn_2^\alpha = dn_2^\beta$,故

$$dG = dG^\alpha + dG^\beta = \mu_2^\alpha dn_2^\alpha + \mu_2^\beta dn_2^\beta = (\mu_2^\beta - \mu_2^\alpha)dn_2^\beta$$

因此,组元 2 从 α 相自发地转移到 β 相的条件为 $\mu_2^\beta - \mu_2^\alpha < 0$,即 $\mu_2^\alpha > \mu_2^\beta$,此时 $dG < 0$。而当 $\mu_2^\alpha = \mu_2^\beta$ 时,α 相和 β 相处于平衡,即 $dG = 0$。

同理,其他组元也属同样的情况。因此,多元系的相平衡条件可普遍地写成

$$\mu_1^\alpha = \mu_1^\beta = \mu_1^\gamma = \cdots = \mu_1^P$$
$$\mu_2^\alpha = \mu_2^\beta = \mu_2^\gamma = \cdots = \mu_2^P$$
$$\cdots\cdots \qquad (7-2)$$
$$\mu_C^\alpha = \mu_C^\beta = \mu_C^\gamma = \cdots = \mu_C^P$$

即,处于平衡状态下的多相(P 个相)体系,每个组元(共有 C 个组元)在各相中的化学势都必须彼此相等。

从上述相平衡条件可知,处于平衡状态的多元系中可能存在的相数将有一定的限制。这种限制可用吉布斯相律表示,即

$$f = C - P + 2 \qquad (7-3)$$

式中:f 为体系的自由度数,它是指不影响体系平衡状态的独立可变参数(如温度、压力、浓度等)的数目;C 为体系的组元数;P 为相数。相律的推导如下。

设有一个平衡的多相体系,相数为 P,组元数为 C。如果系统的状态不受电场、重力场等外力场的影响,那么对于每个相来说,独立可变因素只是温度、压力和其成分(所含各组元的浓度)。确定每个相的成分,需要确定($C-1$)个组元浓度,因为 C 个组元浓度之和为 100%。现有 P 个相,故有 $P(C-1)$ 个浓度变量。在平衡条件下,各相有同样的温度和压力 2 个变量,所以描述整个体系的状态有 $P(C-1)+2$ 个变量。然而这些变量并不都是彼此独立的,由式(7-2)可知有 $C(P-1)$ 个方程式。这些方程式表明各化学势彼此之间的关系,而化学势是浓

度的函数,所以在用来确定体系状态的那些变量中,有 $C(P-1)$ 个浓度变量不能独立变化,这样,整个系统的自由度数应为

$$f = [P(C-1)+2] - C(P-1) = C - P + 2$$

对于不含气相的凝聚体系,压力在通常范围的变化对平衡的影响极小,一般可认为是常量。因此相律可写为 $f = C - P + 1$。

相律给出了平衡状态下体系中存在的相数与组元数、温度及压力之间的关系,对分析和研究相图有重要的指导作用。

7.1.2　单元系相图

单元系相图是通过几何图形描述由单一组元构成的体系在不同温度和压力条件下可能存在的相及多相的平衡。现以水为例说明单元系相图的表示和测定方法。

水可以以气态(水汽)、液态(水)和固态(冰)的形式存在。绘制水的相图,首先在不同温度和压力条件下,测出水–汽、冰–汽和水–冰两相平衡时相应的温度和压力;然后,通常以温度为横坐标,压力为纵坐标作图,把每一个数据都在图上标出一个点,再将这些点连接起来,就得到如图 7–1(a)所示的 H_2O 相图。根据相律

$$f = C - P + 2 = 3 - P$$

由于 $f \geqslant 0$,所以 $P \leqslant 3$,故在温度和压力这两个外界条件变化下,单元系中最多只能有三相平衡。

图 7–1(a)中有 3 条曲线:水和水汽共存的平衡曲线 OC,冰和水汽共存的平衡曲线 OB,水与冰共存的平衡曲线 OA。它们将相图分为 3 个区域:水汽区、水区和冰区。在每个区中只有一相存在,由相律可知,其自由度为 2,表示在该区内温度和压力的变化不会产生新相。在 OA、OB 和 OC 这 3 根曲线上,两相平衡(共存),$P=2$,故 $f=1$。这表明为了维持两相平衡,温度和压力两个变量中只有一个可独立变化,另一个必须按曲线作相应改变。OA、OB 和 OC 这 3 条曲线交于 O 点,它是汽、水、冰三相平衡点。根据相律,此时 $f=0$,因此要保此三相共存,温度和压力都不能变动。

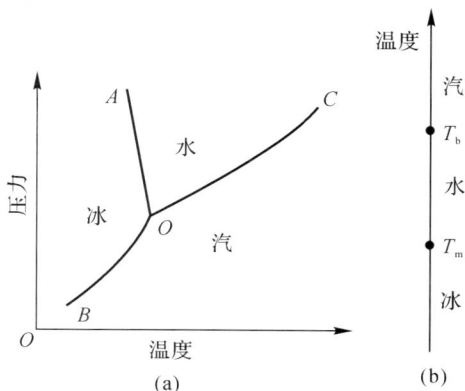

图 7–1　H_2O 的相图

(a)温度与压力都能变动的情况;(b)只有温度能变动的情况

　　如果外界压力保持恒定(例如一个标准大气压),那么单元系相图只要一个温度轴来表示,如水的情况如图 7－1(b)所示。根据相律,在汽、水、冰的各单相区内($f＝1$),温度可在一定范围内变动。在熔点和沸点处,两相共存,$f＝0$,故温度不能变动,即相变为恒温过程。

　　在单元系中,除了可以出现气、液、固三相之间的转变外,某些物质还可能出现固态中的同素异构转变。例如,图 7－2(a)是纯铁相图,其中 δ-Fe 和 γ-Fe 是体心立方结构,两者点阵常数略有不同,而 γ-Fe 是面心立方结构。图中三个相之间有两条晶型转变线把它们分开。对金属一般只考虑沸点以下的温度范围,同时外界压力通常为一个标准大气压,因此,纯金属相图可用温度轴来表示,如图 7－2(b)所示。T_m(1 538 ℃)是纯铁的熔点;A_4点(1 394 ℃)是 δ-Fe 和 γ-Fe 的转变点;A_3点(912 ℃)是 γ-Fe 和 α-Fe 的转变点;A_2点(768 ℃)是磁性转变点。

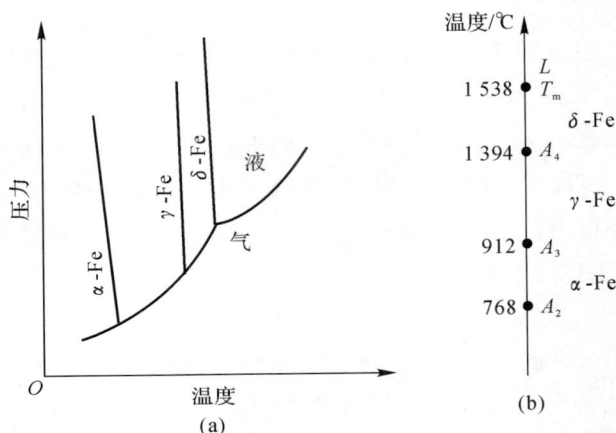

图 7－2　铁的相图

(a)纯铁的相图(示意图);(b)只有温度变动的情况

　　除了某些纯金属,如铁等具有同素异构转变之外,在某些化合物中也有类似的转变,称为同分异构转变或多晶型转变。由于化合物结构较金属复杂,因此,更容易出现多晶型转变。例如,全同聚丙烯在不同的结晶温度下,可形成单斜(α 型),六方(β 型)和三方(γ 型)3 种晶型。又如在硅酸盐材料中,用途最广、用量最大的 SiO_2 在不同温度和压力下可有 4 种晶体结构的出现,即 α-石英,β-石英,β_2-鳞石英,β-方石英,如图 7－3 所示。

　　上述相图中的曲线所表示的两相平衡时的温度和压力的定量关系,可由克劳修斯(Clausius)-克拉珀龙(Clapeyron)方程决定,即

$$\frac{\mathrm{d}p}{\mathrm{d}T}＝\frac{\Delta H}{T\Delta V_m} \tag{7－4}$$

式中:ΔH 为相变潜热;ΔV_m 为摩尔体积变化;T 是两相平衡温度。多数晶体由液相变为固相或由高温固相变为低温固相时,放热和收缩,即 $\Delta H<0$ 和 $\Delta V_m<0$,因此 $\frac{\mathrm{d}p}{\mathrm{d}T}>0$,故相界线的斜率为 E。但也有少数晶体凝固时或由高温相变为低温相时,$\Delta H<0$,而 $\Delta V_m>0$,$\frac{\mathrm{d}p}{\mathrm{d}T}<0$,则相界线的斜率为负,例如图 7－1(a)中水和冰的相界线(AO)和图 7－2(a)中 γ-Fe 和 α-Fe 的相

界线斜率均为负。对于固态中的同素（分）异构转变，由于 ΔV_m 常很小，所以固相线通常几乎是垂直的，如图 7 - 2 和图 7 - 3 所示。

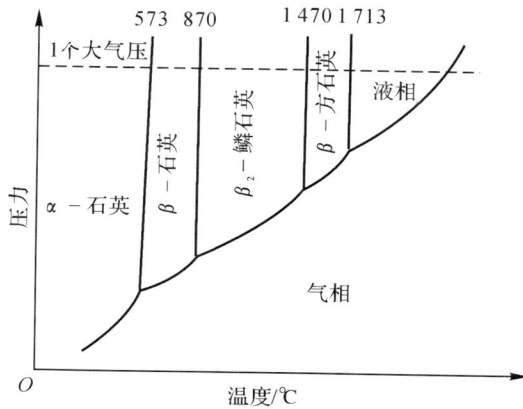

图 7 - 3　SiO_2 相平衡图

上述讨论的是平衡相之间的转变图，但有时有些物质的相之间达到平衡需要很长时间，稳定相形成速度甚慢，因而会在稳定相形成前，先形成自由能较稳定相高的亚稳相，这称为奥斯特瓦尔德（Ostwald）阶段。例如在图 7 - 3 所示的 SiO_2 相图中，在一个标准大气压下，α-石英、β-石英在 573 ℃ 转变能较快进行，而且是可逆的，但图中示出的其他相变却是缓慢的，不可逆的，其原因是前者是位移型转变，后者是重建型转变。为实际应用方便，有时可扩充相图，使其同时包含可能出现的亚稳型二氧化硅，如图 7 - 4 所示，这样就不是平衡相图了。

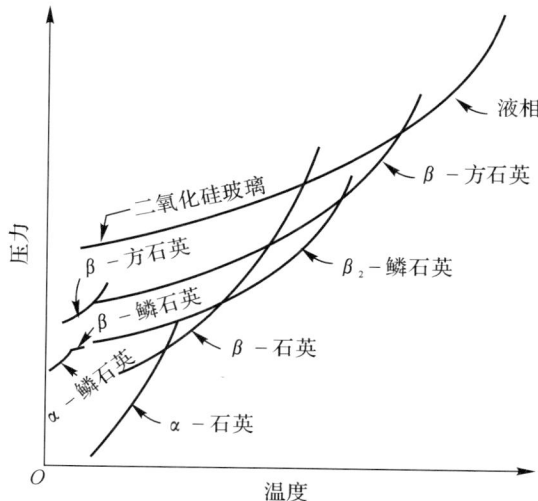

图 7 - 4　包含在 SiO_2 系统中出现亚稳相的相图

表 7 - 1 列出了 SiO_2 中可能出现的多晶型转变。其在室温下的稳定晶型是低温型石英，它在 573 ℃ 通过位移型转变成高温型石英。在 867 ℃ 通过重建型转变缓慢地变成稳定的高温型鳞石英；直至 1 470 ℃，高温型鳞石英又一次通过重建型转变成为高温方石英。从高温冷却

下来时,方石英和鳞石英会通过位移型转变形成亚稳相:高温型方石英在 200～270 ℃时转变为低温型方石英;高温型鳞石英在 160 ℃时转变成中间型鳞石英,后者到 105 ℃再转变成低温型鳞石英。

表 7－1 二氧化硅的多晶型转变

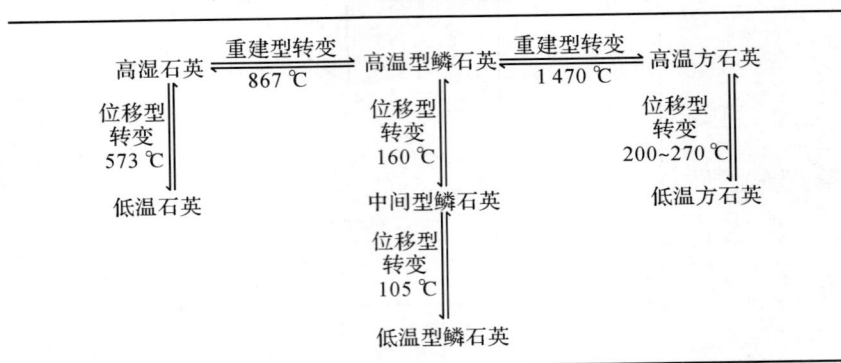

高温石英	重建型转变 867℃	高温型鳞石英	重建型转变 1470℃	高温方石英
位移型转变 573℃		位移型转变 160℃		位移型转变 200~270℃
低温石英		中间型鳞石英		低温方石英
		位移型转变 105℃		
		低温型鳞石英		

7.2 液态金属的性能和结构

在液态金属冷却时会产生体积的变化、固相的析出、固相生长过程中溶质的再分配以及气体和非金属夹杂物的析出等。这些变化都与液态金属的结构和性质密切相关。因此,研究和了解液态金属的结构和性质,是分析和控制金属凝固过程的基础。但要完全了解液态金属的结构和性质,还必须从固态金属的加热与熔化开始。

用原子理论并结合经典液体统计力学的各种理论来研究液态金属,在一定范围和程度上能定量地描述液态金属的结构和性质。

7.2.1 固体金属的加热和熔化

物质是由原子构成的,原子之间存在着相互作用力,即库仑引力和库仑斥力,如图 7－5 所示。当原子间的距离为 R_0 时,原子受到的引力与斥力相等,故处于平衡状态,而向左和向右运动都会受到一个指向平衡位置的力的作用,于是原子在平衡位置附近做简谐振动,维持晶体的固定结构。当温度升高时,原子振动能量增加,振动频率和振幅增大。以双原子模型为例,假设左边的原子被固定不动而右边的原子是自由的,则随着温度的升高,原子间距将由 $R_0 \rightarrow R_1 \rightarrow R_2 \rightarrow R_3 \rightarrow R_4$,原子的能量也不断升高,由 $W_0 \rightarrow W_1 \rightarrow W_2 \rightarrow W_3 \rightarrow W_4$,即产生膨胀,如图 7－6所示。显然,原子在平衡位置时,能量最低,而两边能量较高,这称之为势垒。势垒的最大值为 Q,称之为激活能(也称结合能或键能),势垒之间称之为势阱。原子受热时,当其获得的动能大于激活能 Q 时,原子就能越过原来的势垒,进入另一个势阱。这样,原子就处于新的平衡位置,即从一个晶格常数变成另一个晶格常数。晶体尺寸比原先尺寸增大,即晶体受热而膨胀。

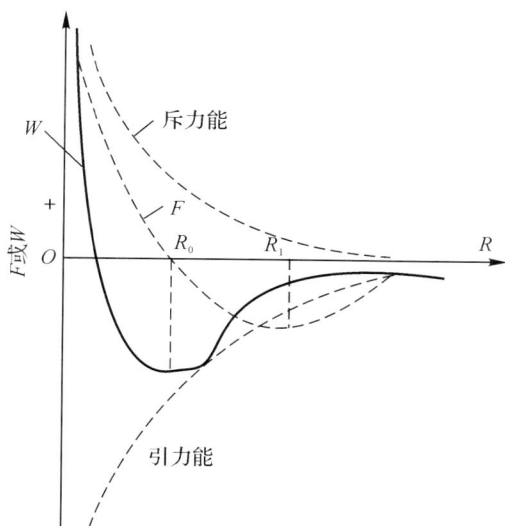

图 7 - 5　原子间的作用力

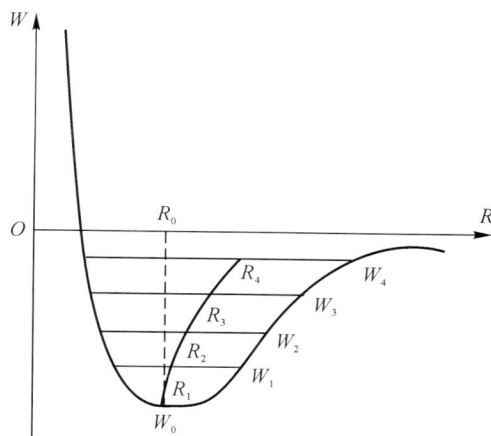

图 7 - 6　加热时原子间距和原子势垒的变化

若对晶体进一步加热,则达到激活能值的原子数量也进一步增加。当这些原子的数量达到某一数量值时,在晶界处的原子跨越势垒而处于激活状态,以至可以脱离晶粒的表面,而向邻近的晶粒跳跃,导致原有晶粒失去固定的形状和尺寸。晶粒间产生相对流动的现象称为晶界黏性流动。此时,金属处于熔化状态。当金属熔化时,体积膨胀 3％～5％,等于固态金属从热力学温度零度加热到熔点前的总膨胀量。金属的其他性质如电阻、黏性发生突变。当处于熔点温度的材料由固态转变为液态时,要吸收大量的热量,这个热量称为熔化潜热。也可以这样理解:当金属熔化时,熔化潜热破坏了原子之间的结合键使晶粒瓦解,失去固定的结构,液态金属具有更高的能量,而金属温度并不升高。

固态金属的加热熔化完全符合热力学条件。外界所供给的热能,除因原子间距增大体积膨胀而做功外,还增加体系的内能。在恒压下存在如下关系式:

$$E_q = d(U + pV) = dU + p\,dV = dH \tag{7 - 5}$$

式中:E_q 为外界提供的热能;U 为内能;$p\,dV$ 为膨胀功;dH 为热焓的变化,即熔化潜热。

在等温等压条件下,由式(7 - 5)得到熔化熵值的增量为

$$dS = \frac{E_q}{T} = \frac{1}{T}(dU + p\,dV) \tag{7 - 6}$$

式中:T 为热力学温度。熵值描述了金属由固态变成液态时原子由规则排列变成非规则排列的紊乱程度,或者说熔化就是固态金属由晶质结构突变为液态非晶质结构的过程。

7.2.2　液态金属的结构

从固态金属的熔化过程可看出,在熔点附近或过热度不大的液态金属中仍然存在许多固态晶粒,其结构接近固态而远离气态,这已被大量的试验数据所证实。以下从几方面对此予以阐述,并在此基础上提出液态金属的结构模型。

1. 液态金属的物理性质

(1)体积和熵值的变化。固态转向气态时,其体积无限膨胀;固态转向液态时,其体积增加3%~5%,即原子平均间距仅增加1%~1.5%。某些金属的熵值变化见表7-2。

熵值变化是系统结构紊乱性变化的量度。金属由固态变为液态,熵值增加不大,说明原子固态时的规则排列在熔化后紊乱程度不大。由表7-2可见,金属由熔点温度的固态变为同温度的液态熵值的变化比其从室温加热到熔点熵值,变化要小。

表7-2 某些金属的熵值变化

金属名称	从25℃到熔点熵值的变化 $\Delta S/(\text{J} \cdot \text{K}^{-1})$	熔化时的熵值变化 $\Delta S_m/(\text{J} \cdot \text{K}^{-1})$	$\Delta S_m/\Delta S$
Cd	4.53	2.46	0.54
Zn	5.45	2.55	0.47
Al	7.51	2.75	0.37
Mg	7.54	2.32	0.31
Cu	9.79	2.30	0.24
Fe	15.50	2.00	0.13

(2)熔化潜热与汽化潜热。表7-3列出了某些金属的熔化潜热和汽化潜热,通过数据,可以看出金属的熔化潜热远小于其汽化潜热。对于铝,其汽化热是熔化热的27倍;对于铁,此值约为22倍。这意味着固态金属原子完全变成气态比完全熔化所需的能量大得多。即对气态金属而言,原子间结合键几乎全部被破坏,而液态金属原子间结合键只破坏了一部分。

表7-3 某些金属的熔化潜热与汽化潜热

金属	晶体结构	熔点/℃	熔化潜热 $\Delta H_m/(\text{kJ} \cdot \text{mol}^{-1})$	沸点/℃	汽化潜热 $\Delta H_b/(\text{kJ} \cdot \text{mol}^{-1})$	$\Delta H_b/\Delta H_m$	熔化体积变化/(%)
Al	FCC	660.2	10.676	2 450	284.534	27.65	7.6
Au	FCC	1 063	12.686	2 966	342.522	27.0	5.19
Cu	FCC	1 083	13.021	2 595	305.636	23.47	4.2
Fe	FCC/BCC	1 535	17.161	3 070	354.287	21.9	0.4~4.4
Zn	HCP	419.5	7.698	906	117.727	17.4	7.9
Mg	HCP	651	9.043	1 103	131.758	14.5	4.2

表7-2和表7-3给出的几个热物理参数的变化情况,可间接地说明液态金属的结构接近固态金属而远离气态金属。

2. X射线结构分析

将X射线衍射运用到液态金属的结构分析上,同研究固态金属的结构一样,可以找出液态金属的原子间距和配位数,从而确定液态金属同固态金属在结构上的差异。

图7-7是根据衍射资料绘制的700℃时液态Al中原子的分布曲线,表示其中一个选定的原子周围的原子密度分布状态。r为以选定原子为中心的一系列球体的半径;$4\pi r^2 \rho dr$表示围绕所选定原子的半径为r、厚度为dr的一层球壳中的原子数;ρ为球面上的原子密度。直

线和曲线分别表示固态铝和 700 ℃的液态铝中原子的分布规律。固态铝中的原子位置是固定的,在平衡位置做热振动,故球壳中的原子数显示出是某一固定值,呈现出一条条的直线。每一条直线都有确定的位置和峰值(原子数),如图中直线 3 所示。若 700 ℃液体铝是理想的均匀的非晶质液体,则其原子分布为抛物线,如图中曲线 2 所示。而图中曲线 1 为实际的 700 ℃液体铝的原子分布情况。曲线 1 为一条由窄变宽的条带,是连续非间断的。但条带的第一个峰值和第二个峰值接近固态的峰值,此后就接近于理想液体的原子平均密度分布曲线 2 了。这说明原子无固定的位置,是瞬息万变的。液态铝中原子的排列在几个原子间距的小范围内,与其固态铝原子的排列方式基本一致,而远离的原子就完全不同于固态了。这种结构称为微晶。液态铝的这种结构称为"近程有序""远程无序"的结构。而固态的原子结构为远程有序结构。

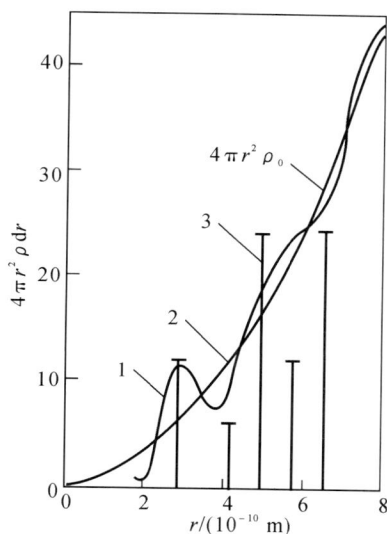

图 7 - 7　700 ℃时液态 Al 中原子分布曲线

1—实际 700 ℃液态铝;2—理想 700 ℃液态铝;3—700 ℃固态铝

表 7 - 4 给出了一些固态和液态金属原子的结构参数。固态金属铝和液态铝的原子配位数分别为 12 和 10～11,而原子间距分别为 0.286 nm 和 0.298 nm。气态铝的配位数可认为是零,原子间距为无穷大。

表 7 - 4　一些固态和液态金属原子的结构参数

金属	液态			固态	
	温度/℃	原子间距/nm	配位数	原子间距/nm	配位数
Li	400	0.324	10[①]	0.303	8
Na	100	0.383	8	0.372	8
Al	700	0.298	10～11	0.286	12
K	70	0.464	8	0.450	8
Zn	460	0.294	11	0.265,0.294	6+6[②]

续表

金属	液态			固态	
	温度/℃	原子间距/nm	配位数	原子间距/nm	配位数
Cd	350	0.306	8	0.297,0.330	6+6[②]
Sn	280	0.320	11	0.302,0.315	4+2[②]
Au	1 100	0.286	11	0.288	12
Bi	340	0.332	7~8[③]	0.309,0.346	3+3[②]

注:①其配位数虽增大,但密度仍减小。
②这些原子的第一、二层近邻原子非常相近,两层原子都算作配位数,但以"+"号表示区别,在液态金属中两层合一。
③固态结构较松散,熔化后密度增大。

X线衍射所得到的有关参数有力地证明了,当熔点和过热度不大时,液态金属的结构是接近固态金属而远离气态金属的。

3. 液态金属的结构

由以上的分析可见,纯金属的液态结构是由原子集团、游离原子、空穴或裂纹组成的。原子集团由数量不等的原子组成,其大小为10^{-10}数量级,在此范围内仍具有一定的规律性,称为"近程有序"。原子集团间的空穴或裂纹内分布着排列无规则的游离的原子。这样的结构不是静止的,而处于瞬息万变的状态,即原子集团、空穴或裂纹的大小、形态及分布以及热运动的状态都处于无时无刻不在变化的状态。液态中存在着很大的能量起伏。

纯金属在工程中的应用极少,特别是作为结构材料,在材料成形过程中也很少使用纯金属。即使平常所说的化学纯元素,其中也包含着无数其他杂质元素。实际的液态金属,特别是材料成形过程中所使用的液态合金,具有两个特点:一是化学元素的种类多;二是过热度不高,一般为100~300 ℃。各种元素的加入,除影响原子间的结合力外,还会发生各种物理的或化学的反应,同时在材料成形过程中还会混入一些杂质。实际的液态金属(合金)的结构是极其复杂的,但纯金属的液态结构原则具有普遍的意义。综合起来,实际的液态金属(合金)是由各种成分的原子集团、游离原子、空穴、裂纹、杂质及气泡组成的"混浊"液体。所以,实际使用的液态合金除了存在能量起伏外,还存在浓度起伏和结构(或称相)起伏。三个起伏影响液态合金凝固过程,从而对产品的质量有着重要的影响。

7.2.3　液态金属的性能

7.2.3.1　液态金属的黏滞性

液态金属的黏滞性(黏度,viscosity)对铸型的充满,液态金属中的气体、非金属夹杂物的排除,金属的补缩,一次结晶的形态及偏析的形成等,都有直接或间接的影响。因此,液态金属的黏滞性对产品的质量有重要的影响。

1. 液态金属的黏滞性(黏度)及其影响因素

液态合金由于原子间作用力大大削弱且存在空穴、裂纹等,其活动比固态合金要大得多。当外力$F(x)$作用于液态表面时,其速度分布如图7-8所示,第一层的速度v_1最大,第二层

v_2、第三层 v_3……依次减小,最后 v 等于零。这说明层与层之间存在内摩擦力。

设 y 方向的速度梯度为 $\dfrac{\mathrm{d}v_x}{\mathrm{d}y}$,根据牛顿液体黏滞定律 $F(x)=\eta A\dfrac{\mathrm{d}v_x}{\mathrm{d}y}$ 得

$$\eta=\frac{F(x)}{A\dfrac{\mathrm{d}v_x}{\mathrm{d}y}}=\frac{\tau}{\dfrac{\mathrm{d}v_x}{\mathrm{d}y}} \tag{7-7}$$

式中:η 为液体的动力黏度;A 为液层接触面积;τ 为切应力。

富林克尔在关于液体结构的理论中,对黏度做了数学处理,其表达式为

$$\eta=\frac{2t_0 k_B T}{\delta^3}\exp\left(\frac{U}{k_B T}\right) \tag{7-8}$$

式中:t_0 为原子在平衡位置的振动时间;k_B 为波尔兹曼常数;U 为原子离位激活能;δ 为相邻原子平衡位置的平均距离;T 为热力学温度。

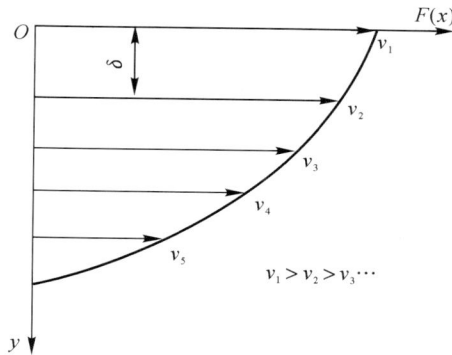

图 7-8　力作用于液态表面时的速度分布

由式(7-8)可知,黏度与原子离位激活能 U 成正比,与其平均距离的 3 次方 δ^3 成反比,这二者都与原子间的结合力有关,因此黏度本质上是原子间的结合力。黏度与温度的关系:在温度不太高时,指数项的影响是主要的,即 η 与 T 成反比;当温度很高时,指数项接近于 1,η 与 T 成正比。

此外,夹杂物及合金元素等对黏度也有影响,液态金属中呈固态的非金属夹杂物使液态金属的黏度增加。例如,钢中的硫化锰、氧化铝和氧化硅等。这是因为夹杂物的存在使液态金属成为不均匀的多相体系、液相流动时的内摩擦力增加所致,夹杂物越多,对黏度的影响也就越大,并且夹杂物的形态对液体金属的黏度也有影响。

材料成形过程中的液态金属(合金)一般要经过各种冶金处理,如孕育、变质、净化处理等对黏度有显著影响,又如铝硅合金进行变质处理后初生硅或共晶硅细化,从而使黏度降低。

2. 黏度对凝固成形的影响

(1)对液态金属净化的影响。液态金属中存在各种夹杂物及气泡等,必须尽量除去,否则,会影响材料或成形件的性能,甚至导致灾难性的后果。杂质及气泡与金属液的密度不同,一般比金属液低,故它们总是力图离开液体,以上浮的方式分离。脱离的动力是二者重度之差,即

$$P=V(\gamma_1-\gamma_2) \tag{7-9}$$

式中:P 为动力;V 为杂质体积;γ_1 为液态金属重度;γ_2 为杂质重度。

杂质在 P 的作用下产生运动,一运动就会有阻力。试验指出,在最初很短的时间内,它以加速度进行,往后便开始做匀速运动。根据斯托克斯原理,半径为 0.1 cm 以下的球形杂质的阻力 P_c 可由下式确定:

$$P_c = 6\pi r \nu \eta \qquad (7-10)$$

式中:r 为球形杂质半径;ν 为运动速度。

杂质匀速运动时,$P_c = P$,故

$$6\pi r \nu \eta = V(\gamma_1 - \gamma_2) \qquad (7-11)$$

由此可求出杂质上浮速度为

$$\nu = \frac{V(\gamma_1 - \gamma_2)}{6\pi r \eta} = \frac{4\pi r^3 (\gamma_1 - \gamma_2)}{3 \times 6\pi r \eta} = \frac{2r^2(\gamma_1 - \gamma_2)}{9\eta} \qquad (7-12)$$

此为著名的斯托克斯公式。

(2)对液态金属流动阻力的影响。流体的流动分层流和紊流,属何种流态由雷诺数 Re 的大小来决定。根据流体力学,$Re > 2\,300$ 为紊流,$Re < 2\,300$ 为层流。Re 的数学式为

$$Re = \frac{D\nu\gamma}{\eta} \qquad (7-13)$$

式中:D 为管道直径;ν 为流体流度;γ 为流体重度。

设 f 为流体流动时的阻力系数,则有

$$f_{层} = \frac{32}{Re} = \frac{32}{D\nu\gamma} \cdot \eta \qquad (7-14)$$

$$f_{紊} = \frac{0.092}{Re^{0.2}} = \frac{0.092}{(D\nu\gamma)^{0.2}} \cdot \eta^{0.2} \qquad (7-15)$$

显然,当液体以层流方式流动时,阻力系数大,流动阻力大。因此,在成形过程金属液体的流动中,以紊流方式流动最好。由于流动阻力小,液态金属能顺利地充填型腔,故金属液在浇注系统和型腔中的流动一般为紊流。但在充型的后期或狭窄的枝晶间的补缩和细薄铸件中,则呈现为层流。总之,液态合金的黏度大,其流动阻力也大。

(3)对凝固过程中液态合金对流的影响。液态金属在冷却和凝固过程中,由于存在温度差和浓度差而产生浮力,它是液态合金对流的驱动力。当浮力大于或等于黏滞力时,则产生对流,其对流强度由无量纲的格拉晓夫准则度量,即

$$G_T = g\beta_T l^3 r^2 \Delta T / \eta^2 \qquad (7-16)$$

$$G_C = g\beta_C l^3 r^2 \Delta C / \eta^2 \qquad (7-17)$$

式中:G_T 为温差引起的对流强度;G_C 为浓度差产生的对流强度;β_T、β_C 分别为温度和浓度引起的体膨胀系数;ΔT 为温差;ΔC 为浓度差;l 为水平方向上热端到冷端距离的一半。

可见,黏度 η 越大,对流强度越小。液体对流对结晶组织、溶质分布、偏析、杂质的聚集等产生重要影响。

7.2.3.2 液态金属的表面张力

1. 表面张力的实质

液体与环境接触的表面具有特殊性质,如荷叶上的水珠、天空中的雨滴等,都呈近似球状的形态。这是由于液体表面层质点(原子或分子)受力不均匀而产生的,对于液体(或气体)界面上的质点,由于液体的密度大于气体的密度,故气相对它的作用力远小于液体内部对它的作

用力,使表面层质点处于不平衡的力场之中。因此表面层质点受到一个指向液体内部的力,使液体表面有自动缩小的趋势,这样的作用力称为表面张力。金属熔体同样如此,具有特定的表面张力。

从物理化学可知,当外界所做的功仅用来抵抗表面张力而使系统表面积增大时,该功的大小则等于系统自由能的增量,即

$$\Delta W = \sigma \Delta A = \Delta F \tag{7-18}$$

$$\sigma = \frac{\Delta W}{\Delta A} = \frac{Nm}{m^2} = \frac{N}{m} \tag{7-19}$$

因此表面张力和表面能大小相等,只是单位不同,体现为从不同角度来描述同一现象。

以下以晶体为例进一步说明表面张力的本质。面心立方金属,内部原子配位数为 12,如果表面为(100)界面,晶面上的原子配位数是 8。设一个结合键能为 U_0,平均到每个原子上的结合键能为 $\frac{1}{2}U_0$(因一个结合键为两个原子所共有),则晶体内一个原子的结合键能为 $12 \times (\frac{1}{2}U_0) = 6U_0$,而表面上一个原子的键能 $8 \times (\frac{1}{2}U_0) = 4U_0$。表面原子比内部原子的能量高出 $2U_0$,这就是表面内能。既然表面是个高能区,一个系统会自动地尽量减少其区域。

从广义而言,任意两相(固-固、固-液、固-气、液-气、液-液)的交界面称为界面,就出现了界面张力、界面自由能之说。因此,表面能或表面张力是界面能或界面张力的一个特例。界面能或界面张力的表达式为

$$\sigma_{AB} = \sigma_A + \sigma_B - W_{AB} \tag{7-20}$$

式中:σ_A,σ_B 分别是 A,B 两物体的表面张力;W_{AB} 为两个单位面积界面系向外做的功,或是将两个单位面积结合或拆开外界所做的功。因此当两相间的作用力大时,W_{AB} 越大,则界面张力越小。

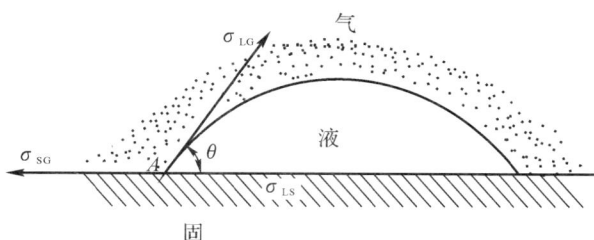

图 7-9　接触角与界面张力

润湿角是衡量界面张力的标志,图 7-9 中的 θ 即为润湿角。界面张力达到平衡时,存在下面的关系

$$\sigma_{SG} = \sigma_{LS} + \sigma_{LG}\cos\theta \tag{7-21}$$

$$\cos\theta = \frac{\sigma_{SG} - \sigma_{LS}}{\sigma_{LG}} \tag{7-22}$$

式中:σ_{SG} 为固-气界面张力;σ_{LS} 为液-固界面张力;σ_{LG} 为液-气界面张力。

可见,θ 角是由界面张力 σ_{SG},σ_{LS} 和 σ_{LG} 决定的。当 $\sigma_{SG} > \sigma_{LS}$ 时,此时液体能润湿固体,$\theta = 0°$时,液体在固体表面铺展成薄膜,称为完全润湿;当 $\sigma_{SG} < \sigma_{LS}$ 时,液体能润湿固体;当 $\theta > 90°$

时,液体不能润湿固体;$\theta = 180°$时为完全不润湿。其中,θ 角是可测定的。

2. 影响表面张力的因素

影响液态金属表面张力的主要因素是熔点、温度和溶质元素。

(1)熔点。表面张力的实质是原子之间的结合力,因此原子间结合力大的物质,其熔点、沸点高,表面张力往往就大。表 7-5 给出了几种金属元素在熔点时的表面张力。

7-5 几种金属元素在熔点时的表面张力

金属	Mg	Al	Fe	Cu	Zn	Ni
熔点/℃	650	660	1 537	1 083	420	1 453
表面张力/$(10^{-3} \text{ N} \cdot \text{m}^{-1})$	559	914	1 872	1 360	780	1 178
液态密度/$(\text{g} \cdot \text{m}^{-3})$	1.59	2.38	7.01	7.79	7.57	7.77

(2)温度。大多数金属和合金,其表面张力随着温度的升高而减小,这是由于温度的升高使金属液体原子之间的间距增大,从而使得结合力减弱。

(3)溶质元素。溶质元素对液态金属表面张力的影响主要取决于原子间结合力的改变。向系统中加入削弱原子间结合力的组元,使表面内能降低,这样,将会使表面张力降低。这类使液态金属表面张力降低的溶质元素称为表面活性元素,也称为正吸附元素,如钢液和铸铁液中的 S 即为表面活性元素。反之,能使金属液表面张力提高的元素称为非表面活性元素,或负吸附元素。图 7-10 和图 7-11 为溶质元素对 Al、Mg 液表面张力的影响。铸造铁中元素含量对表面张力的影响如图 7-12 所示。

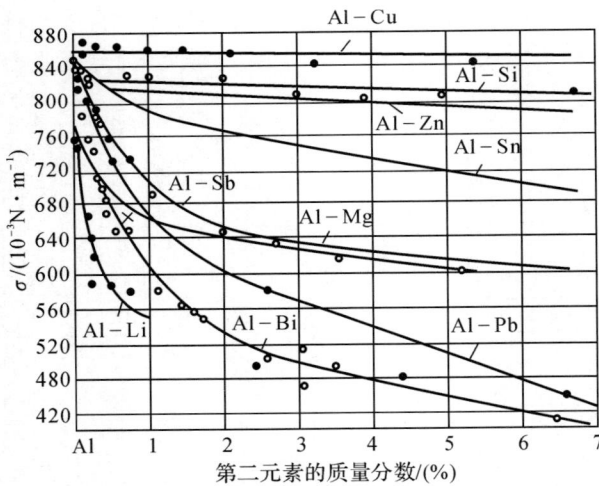

图 7-10 Al 中加入第二组元后表面张力的变化　　图 7-11 Mg 中加入第二组元后表面张力的变化

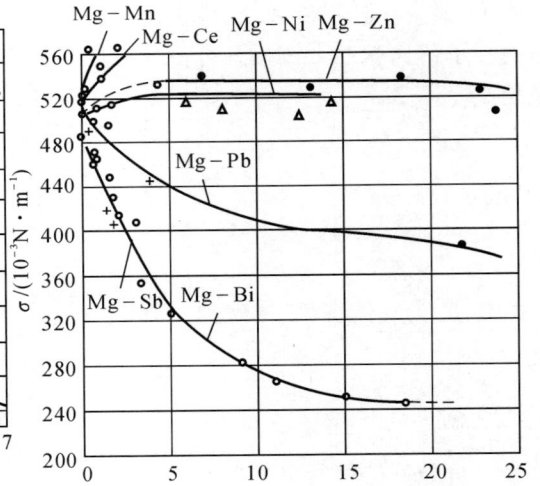

除此之外,溶质元素对表面张力的影响还体现在溶质与溶剂原子体积之差。但这要从两方面来具体分析。当溶质的原子体积大于溶剂原子体积时,由于原子排布的畸变而使势能增加,所以倾向于被排挤到表面,以降低整个系统的能量。这些富集在表面层的元素,由于其本身的原子体积大、表面张力低,从而使整个系统的表面张力降低。原子体积很小的元素,如 O,S,N 等,在金属中容易进入到溶剂原子之间的间隙使势能增加,从而被排挤到金属表面,成为

富集在表面的表面活性物质。由于这些元素的金属性很弱,自由电子很少,因此表面张力小,同样使金属的表面张力降低。再者就是自由电子多的溶质元素,由于其表面双电子层的电荷密度大,从而造成对金属表面压力大,而使整个系统的表面张力增加。化合物表面张力之所以较低,就是由于其自由电子较少。而 Al 之所以能提高 Sn 的表面张力,就在于它使溶液自由电子数目增加。

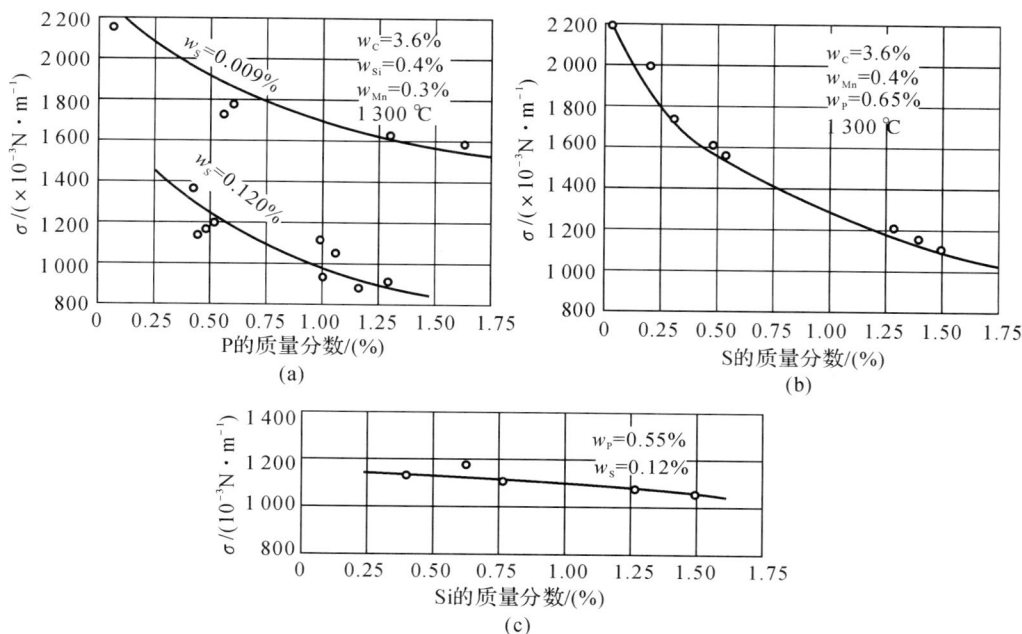

图 7-12 铸铁中元素含量对表面张力的影响
(a)P 含量对表面张力的影响;(b)S 含量对表面张力的影响;(c)Si 含量对表面张力的影响;

在一定温度下,可用单位面积上的吸附量 Γ(单位为 mol/cm^2)来作为衡量吸附的程度,即 Gibbs 吸附公式:

$$\Gamma = -\frac{C}{RT}\left(\frac{\mathrm{d}\sigma}{\mathrm{d}C}\right)_T \tag{7-23}$$

式中:R 为气体常数,其值为 8.314 J/(mol·K);T 为热力学温度;C 为溶质浓度。

从式(7-23)中可以看出:当 $\frac{\mathrm{d}\sigma}{\mathrm{d}C}<0$ 时,元素含量的增加将引起表面张力的降低,则 $\Gamma>0$,为正吸附,此时为表面活性元素;当 $\frac{\mathrm{d}\sigma}{\mathrm{d}C}>0$ 时,元素含量的增加引起表面张力的上升,则 $\Gamma<0$,为负吸附,此时为非表面活性元素。因此,表面活性元素均降低熔体表面张力。

3. 表面张力在凝固成形中的意义

造型材料一般情况下不被金属液润湿,故液态金属在铸型细管道内的表面是凸起的,如图 7-13 所示,此时在这个细管道中会产生指向内部的附加压力。因此要克服铸型中表面张力引起的附加压力,必须附加一个静压头,才能在浇注的过程中实现铸件的完整轮廓,其值要大于等于 h。此外,表面张力越大,所要求的附加静压头就越大。对于一定的金属和造型材料,表面张力和润湿角是确定的,因此,管道半径越小,要求的附加压头就越大。为了保证金属充满铸型,克服此附加压力,浇注小铸件时就需要适当加大直浇口高度,或采用提高浇注温度、预热铸型等措施。

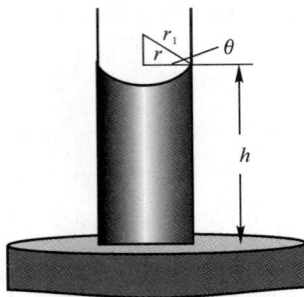

图 7 - 13　附加压力和毛细现象

　　液态成形过程中所用的铸型或涂料的选用是比较严格的。首先所选的材料与液态合金应是不润湿的,如采用 SiO_2,Cr_2O_3 和石墨砂等材料。在这些细小砂粒之间的缝隙中,将会产生阻碍液态合金渗入的附加压力,从而使得铸件表面光滑。在金属凝固后期,枝晶间存在的微膜小至微米级时,表面张力对铸件凝固过程的补缩状况对是否出现热裂缺陷有重大的影响。

　　表面张力对凝固过程中气体的析出也有很大影响。铸造熔炼过程中,高温下溶入液态金属中的气体,在温度降低时由于过饱和而分别析出,析出的气体如果能迅速聚集为大气泡,便可以以较快的速度上浮,在凝固之前逸出,否则将残留在金属中成为气孔。假设液体金属中同时存在两个大小不同的气泡,由于表面张力在大气泡内产生的附加压力小于在小气泡内产生的附加压力,当两个气泡汇集接触时,小气泡中的气体将快速扩散到大气泡中。两个气泡汇聚后尺寸增大,由式(7 - 12)可知,聚集后的气泡上升速度将明显加快。

7.3　金属结晶的现象

　　结晶过程是一个十分复杂的过程,尤其是金属不透明,它的结晶过程不能直接观察,更给研究带来了困难。为了揭示金属结晶的基本规律,这里先从结晶的宏观现象入手,进而再去研究结晶过程的微观本质。

7.3.1　结晶的宏观现象

　　虽然人们还无法直接看到金属结晶的微观过程,但金属结晶时伴随产生的某些热学性质的变化,如结晶潜热的释放、熔化熵的变化等,这些宏观特征已成为研究金属结晶过程的重要手段。

　　利用图 7 - 14 所示的试验装置,先将结晶材料(如纯金属)放入坩埚中加热熔化成液态,然后插入热电偶以测量温度,令液态金属缓慢而均匀地冷却,并将冷却过程中的温度和时间记录下来,获得温度-时间关系曲线(见图 7 - 15)。这一试验方法称为热分析法,冷却曲线又称为热分析曲线。从热分析曲线可以看出结晶过程中两个十分重要的宏观特征。

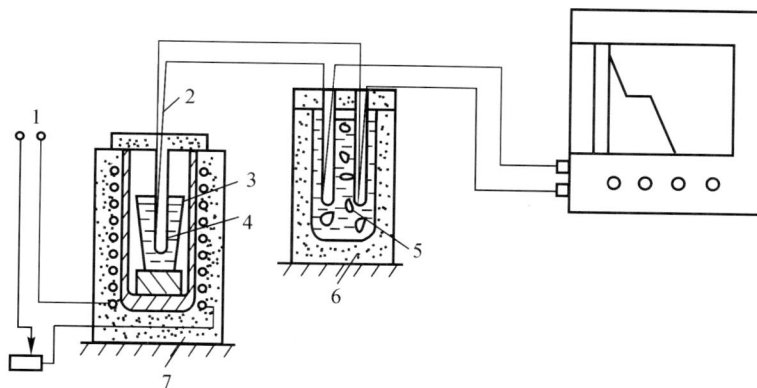

图 7-14　热分析装置示意图

1—电源;2—热电偶;3—坩埚;4—金属;5—冰水;6—恒温器;7—电炉

1. 过冷现象与过冷度

从图 7-15 中可以看出,金属在结晶之前,温度连续下降,当液态金属冷却到理论结晶温度 T_m(熔点)时,并未开始结晶,而是需要继续冷却到 T_m 之下某一温度 T_n,液态金属才开始结晶。金属的理论结晶温度 T_m 与实际结晶温度 T_n 之差,称为过冷度,以 ΔT 表示,$\Delta T = T_m - T_n$。过冷度越大,则实际结晶温度越低。

过冷度随金属本性、纯度的不同以及冷却速度的差异,可以在很大的范围内变化。金属不同,过冷度的大小也不同;金属的纯度越高,则过冷度越大。当以上因素确定之后,过冷度的大小主要取决于冷却速度,冷却速度越快,则过冷度越大,即实际结晶温度越低。反之,冷却速度越慢,则过冷度越小,实际结晶温度越接近理论结晶温度。但是,不管冷却速度多么缓慢,也不可能在理论结晶温度进行结晶,即对于一定的金属来说,过冷度有一最小值,若过冷度小于这个值,结晶过程就不能进行。

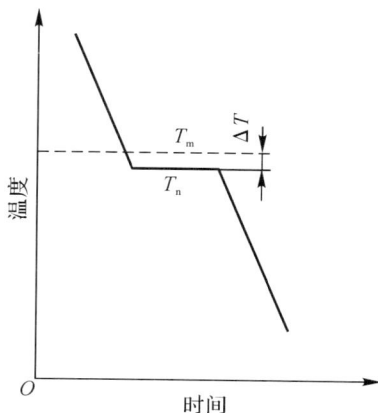

图 7-15　纯金属结晶时的冷却曲线示意图

2. 结晶潜热

1 mol 物质从一个相转变为另一个相时,伴随着放出或吸收的热量称为相变潜热。金属熔化时从固相转变为液相是吸收热量,而结晶时从液相转变为固相则放出热量。前者称为熔化潜热,后者称为结晶潜热,它可以从图 7-15 所示的冷却曲线上反映出来。当液态金属的温

度到达结晶温度 T_n 时,由于结晶潜热的释放,补偿了散失到周围环境的热量,所以在冷却曲线上出现了平台,平台延续的时间就是结晶过程所用的时间;结晶过程结束,结晶潜热释放完毕,冷却曲线便又继续下降。冷却曲线上的第一个转折点,对应着结晶过程的开始,第二个转折点则对应着结晶过程的结束。

在结晶过程中,如果释放的结晶潜热大于向周围环境散失的热量,温度将会回升,甚至发生已经结晶的局部区域重熔的现象。因此,结晶潜热的释放和散失,是影响结晶过程的一个重要因素。

7.3.2 结晶的微观现象

金属铸件一般由不同位向的晶粒构成。那么晶粒是如何形成的呢? 金属熔液并不透明,它的结晶过程不能直接观察,但是通过无机物(如氯化铵饱和水溶液)的结晶,可以近似地描述金属结晶的一般过程。图 7 - 16 是结晶过程的示意图。将液态金属冷却到熔点以下某个温度等温停留,液态金属并不立即开始结晶[见图 7 - 16(a)],而是经过一段孕育时期后才出现第一批晶核[见图 7 - 16(b)]。晶核形成后便不断长大,同时又有新的晶核形成和长大[见图 7 - 16(c)]。就这样不断形核、不断长大[见图 7 - 16(c)(d)],液态金属越来越少。正在长大的晶体彼此相遇时,长大便停止。直到所有晶体都彼此相遇时,液态金属便耗尽,结晶过程即完成[见图 7 - 16(e)]。

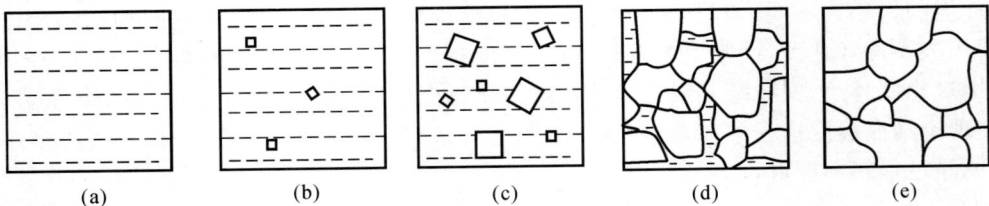

图 7 - 16　结晶过程示意图

以上对结晶过程的描述,揭示了一个十分重要的规律。金属的结晶与其他晶体的结晶一样,都是形核与长大的过程,而且两者交错重叠进行。结晶终止获得多晶粒的组织,其中一个晶粒是由一颗晶核形成的。由于各个晶核随机生成,所以各个晶粒的位向各不相同。如果在结晶过程中只有一颗晶核并长大,而不出现第二颗晶核,那么由这一颗晶核长大的金属,就是一块金属单晶体。

7.4　凝固的条件

7.4.1　凝固的热力学条件

金属结晶为什么必须在过冷的条件下进行呢? 这是由热力学条件决定的。热力学第二定律告诉我们:在等温、等压的条件下,物质系统总是自发地从自由能高的状态向自由能较低的状态转变。也就是说,对于结晶过程而言,结晶能否发生,取决于固相的自由能是否低于液相的自由能。如果液相的自由能高于固相的自由能,那么液相将自发地转变为固相,即金属发生结晶,从而使系统的自由能降低,处于更为稳定的状态。液相金属和固相金属的自由能之差,就是促使这种转变的驱动力。

金属各相的状态都有其相应的自由能。吉布斯自由能可表示为

$$G = H - TS \tag{7-24}$$

式中:H 为焓;T 为绝对温度;S 为熵。式(7-24)的微分式为

$$dG = dH - SdT - TdS \tag{7-25}$$

由焓的定义 $H = u + pV$ 可得

$$dH = du + pdV + Vdp \tag{7-26}$$

式中:u 为内能;p 为压力;V 为体积。

根据热力学第一定律可知

$$du = TdS - pdV \tag{7-27}$$

将式(7-26)和式(7-27)代入式(7-25)可得

$$dG = -SdT + Vdp \tag{7-28}$$

由于金属结晶一般在等压条件下进行,即 $dp = 0$,所以式(7-28)可以写为

$$\left(\frac{dG}{dT}\right)_p = -S \tag{7-29}$$

熵的物理意义是表征系统中原子排列有序度的参数,恒为正值。温度升高,原子的活动能力增加,故其排列的有序度降低,即熵值增加,所以系统的自由能随温度的升高而降低。图 7-17 所示为液态和固态金属的自由能随温度而变化的曲线。由于液态原子的有序度远比固态的低,故液态的熵值远大于固态的熵值,并且随温度的变化也较大。所以,液态的自由能-温度曲线的坡度较固态的大,因而两条曲线必然相交。在交点温度(T_m)处,两相的自由能相等,即 $G_L = G_S$,所以两相可以平衡共存,这就是金属理论上的熔点(平衡凝固温度)。

当温度高于 T_m 时,因为液态的自由能低于固态的自由能,所以固态将自动熔化成液态,只有这样才是自由能降低的过程。

当温度低于 T_m 时,液态的自由能(G_L)高于固态的自由能(G_S),由液态变成固态时,将释放高出的那部分能量($G_L - G_S$),而使系统自由能降低,所以过程能够自动进行。

现在分析从液态向固态转变时,其单位体积自由能的变化(ΔG_V)与过冷度(ΔT)的关系。

由于 $\Delta G_V = G_L - G_S$,由式(7-24)可知

$$\Delta G_V = (H_L - H_S) - T(S_L - S_S) \tag{7-30}$$

式中:$H_L - H_S = L_m$(L_m 为熔化潜热)。

当 $T = T_m$ 时,$\Delta G_V = 0$,故

$$S_L - S_S = \frac{L_m}{T_m} \tag{7-31}$$

当 $T < T_m$ 时,因 $S_L - S_S$ 的变化很小,可视为常数,所以

$$\Delta G_V = L_m\left(1 - \frac{T}{T_m}\right) = \frac{L_m}{T_m}\Delta T \tag{7-32}$$

由此可见，ΔG_V 随过冷度 ΔT 的增大而呈直线增加。当 $\Delta T = 0$ 时，ΔG_V 也等于零。

两相的自由能差值是两相间发生相转变的驱动力。没有这个自由能差值，就没有相变驱动力，相变就不可能发生。所以，凝固过程一定要在低于熔点温度时才能进行。过冷度越大，液态和固态的自由能差值愈大，即相变驱动力愈大，所以凝固速度愈快。这就从本质上说明了液态金属凝固时一定需要过冷的原因。

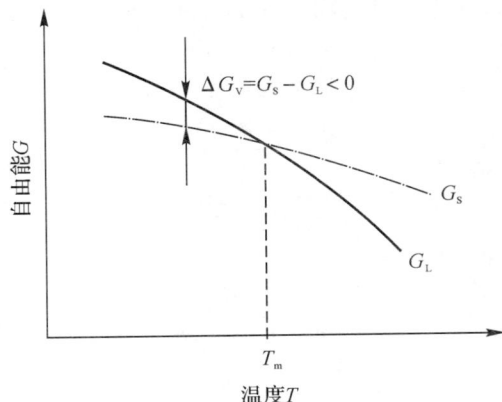

图 7-17　液相和固相自由能随温度变化示意图

7.4.2　凝固的结构条件

根据前面的分析可知，在液体中的微小范围内，存在着紧密接触、规则排列的原子集团，称为近程有序。但在大范围内原子是无序分布的。

液态金属中近程规则排列的原子集团并不是固定不动、一成不变的，而是处于不断地变化之中的。由于液态金属原子的热运动很激烈，而且原子间距较大、结合较弱，所以液态金属原子在其平衡位置停留的时间很短，很容易改变自己的位置，这就使近程有序的原子集团只能维持短暂的时间即被破坏而消失。与此同时，在其他地方又会出现新的近程有序的原子集团。前一瞬间属于这个近程有序原子集团的原子，下一瞬间可能属于另一个近程有序的原子集团。液态金属中的这种近程有序的原子集团就是这样处于瞬间出现、瞬间消失、此起彼伏、变化不定的状态之中，仿佛在液态金属中不断涌现出一些极微小的固态结构一样。这种不断变化着的近程有序原子集团称为结构起伏，或称为相起伏。

在液态金属中，每一瞬间都会涌现出大量尺寸各异的结构起伏，不同温度、不同尺寸结构起伏出现的概率不同，如图 7-18 所示。大、小尺寸结构起伏出现的概率很小，整体大致符合正态分布。在每一温度下出现的尺寸最大的相起伏存在着一个极限值 r_{max}，r_{max} 的大小与温度有关，温度越高，则 r_{max} 越小，温度越低，则 r_{max} 越大（见图 7-19），在过冷的液相中，r_{max} 可达几百个原子的范围。根据结晶的热力学条件可以判断，只有在过冷液体中出现的尺寸较大的相起伏才有可能在结晶时转变成晶核，这些相起伏就是晶核的胚芽，称为晶胚。

综上所述，过冷是金属结晶的必要条件，因为只有过冷才能造成固态金属自由能低于液态自由能的条件，也只有过冷才能使液态金属中短程规则排列结构成为晶胚。但是，并不是所有的晶胚都可以转变成晶核。晶胚转变成晶核，需要满足什么条件呢？这就是形核规律所要讨论的问题。

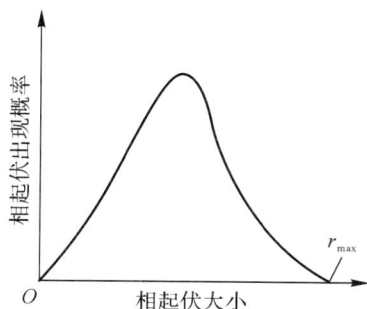

图 7-18　液态金属中不同尺寸的相起伏出现的概率　　图 7-19　最大相起伏尺寸与过冷度的关系

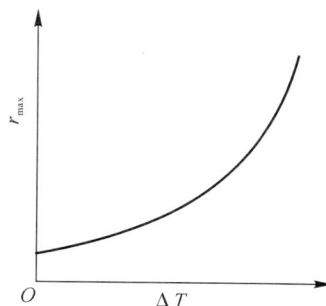

7.4.3　凝固过程能量条件

在相变驱动力 ΔG 或过冷度 ΔT 的作用下,液态金属开始凝固。凝固过程不是在一瞬间完成的,而是首先产生结晶核心,然后核心长大直至相互接触为止。但生核和核心的长大不是截然分开的,而是同时进行的,即在晶核长大的同时又会产生新的核心。新的核心又同老的核心一起长大,直至凝固结束。

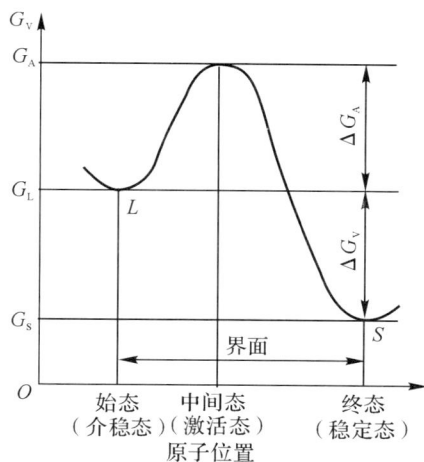

图 7-20　金属原子在结晶过程中的能量变化

总的来说,凝固过程是由于体系自由能降低自发进行的。但在该过程中,自由能一方面降低,另一方面又增加。当能量降低起主要作用时,凝固过程就进行;当能量以增加为主时,就发生熔化现象。

根据相变动力学理论,液态金属中原子在结晶过程中的能量变化如图 7-20 所示,高能态的液态原子变成低能态的固态中的原子,必须越过能态更高的高能态 ΔG_A 区。高能态区即为固态晶粒与液态相间的界面,界面具有界面能,它使体系的自由能增加。生核或晶体的长大,是液态中的原子不断地经过界面向固态晶粒堆积的过程,是固-液界面不断地向前推进的过程。这样,只有液态金属中那些具有高能态的原子,或者说被"激活"的原子才能越过高能态的界面变成固体中的原子,从而完成凝固过程。ΔG_A 称为动力学能障,之所以称为动力学能障,是因为单从热力学考虑,此时液相自由能已高于固相自由能,固相为稳定态,相变应该没有障碍,但要使液态原子具有足够的能量越过高能界面,还需动力学条件。因此,液态金属凝固过程中必须克服热力学和动力学两个能障。

热力学能障和动力学能障都与界面状态密切相关,热力学能障是由被迫处于高自由能过渡状态下的界面原子所产生的;动力学能障是由金属原子穿越界面过程所引起的,原则上与驱动力大小无关而仅取决于界面结构与性质,激活自由能属于这种情况。液态金属在成分、温度、能量上是不均匀的,即存在成分、相结构和能量 3 个起伏,也正是这 3 个起伏才能克服凝固过程中的热力学能障和动力学能障,使凝固过程不断地进行下去。

凝固过程中产生的固-液界面使体系自由能增加,导致凝固过程不可能瞬时完成,也不可能同时在很大的范围内进行,只能逐渐地形核生长,逐渐地克服两个能障,才能完成液体到固体的转变。同时,界面的特征及形态又影响着晶体的形核和生长。也正是由于这个原因,使高能态的界面范围尽量缩小,至凝固结束时成为范围很小的晶界。

7.5　晶核的形成

结晶过程是从形核开始的,然后晶核生长而使得系统逐步由液体转变为固体。在液体金属中形成固体晶核时有两种方式,即均匀形核与非均匀形核。在过冷的液态金属中,依靠液态金属本身的能量变化获得驱动力,由晶胚直接成核的过程,叫做均匀成核;而在过冷液态金属中,若是晶胚依附在其他物质表面上成核的过程,叫做非均匀形核。两者比较起来,前者较难而后者较容易,加之实际金属液中不可避免地总是存在杂质和外表面,因此其凝固形核主要是非均匀形核。由于非均匀形核的原理是建立在均匀形核的基础上的,所以此处还是先讨论均匀形核。

7.5.1　均匀形核

当温度降到熔点以下时,在液相中时聚时散的短程有序原子集团,就可能成为均匀形核的"胚芽"或称晶胚。在过冷的液体中,并不是所有的晶胚都可以转变成为晶核,只有那些尺寸等于或大于某一临界尺寸的晶胚才能稳定地存在,并能自发地长大。这种等于或大于临界尺寸的晶胚即为晶核。为什么过冷液体形核要求晶核具有一定的临界尺寸呢?这需要从形核时的能量变化进行分析。

1. 形核时的能量变化

在一定的过冷度条件下,固相的自由能低于液相的自由能,当在此过冷液体中出现晶胚时,一方面原子从液态转变为固态将使系统的自由能降低,它是结晶的驱动力,另一方面,由于晶胚构成新的表面,形成表面能,又会引起表面自由能的增加,它是结晶的阻力。所以,晶胚形成时总的自由能变化,将决定着晶胚能否长大。

假设晶胚为球形,半径为 r,表面积为 S,体积为 V。当过冷液体中涌现出一个晶胚时,总

的自由能变化为

$$\Delta G = -\Delta G_V + \Delta G_S \qquad (7-33)$$

式中：ΔG_V 为体系中液、固两相体积自由能之差；ΔG_S 为体系中的表面自由能。

若 ΔG_B 为单位体积自由能之差，σ 为单位面积自由能，即比表面能，那么

$$\Delta G = -V\Delta G_B + \sigma S \qquad (7-34)$$

即

$$\Delta G = -\frac{4}{3}\pi r^3 \Delta G_B + 4\pi r^2 \sigma \qquad (7-35)$$

由式(7-35)可知，体积自由能的降低与 r^3 成正比，而表面自由能的增加与 r^2 成正比。因此，随着晶胚半径 r 的增大，ΔG_V 要比 ΔG_S 变化得更快。总的自由能与晶胚半径 r 的变化关系如图 7-21 所示。从这一条曲线可以清楚地看出晶胚成核的基本规律：当晶胚较小时，总的自由能随着晶胚半径的增大而增加。显然，这种晶胚不能长大，形成后又立即消失。当晶胚尺寸超过半径 r_k 时，总的自由能不再增加，却伴随着晶胚的长大而降低，因此，这种晶胚是稳定的，是可以长大的。

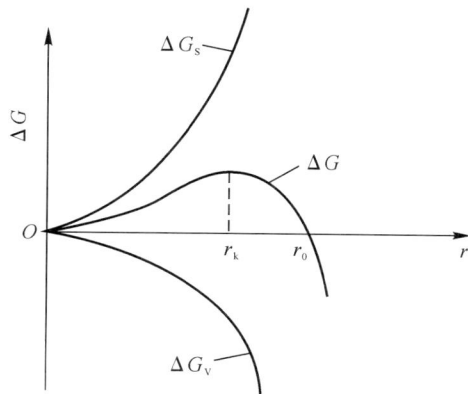

图 7-21　自由能与晶胚半径的变化关系

2. 临界晶核

根据自由能与晶胚半径 r 的变化关系，可以知道半径 $r<r_k$ 的晶胚不能成核，$r>r_k$ 的晶胚才能成核，而 $r=r_k$ 的晶胚既可能消失，又可能稳定长大成核。因此，把半径为 r_k 的晶胚称为临界晶核，其半径 r_k 称为临界晶核半径。金属凝固时，形成的晶核必须等于或大于临界晶核。

临界晶核半径不仅取决于金属本性，还取决于过冷度。r_k 的大小可由式(7-30)计算，令 $\dfrac{\mathrm{d}\Delta G}{\mathrm{d}r}=0$ 则求得

$$r_k = \frac{2\sigma}{\Delta G_B} \qquad (7-36)$$

由式(7-36)可知，临界晶核半径与形核时单位面积表面自由能 σ 成正比，与单位体积自由能的变化 ΔG_B 成反比。因此，通过减小 σ 或增大 ΔG_B，都能使临界晶核半径变小。

将式(7-32)代入式(7-36)可得

$$r_k = \frac{2\sigma T_m}{L_m} \frac{1}{\Delta T} \qquad (7-37)$$

式(7-37)表明,临界晶核半径与过冷度成反比。过冷度越大,临界晶核半径越小。这一规律在生产实践中有很重要的意义。在铸造生产中,往往通过增大过冷度,以减小临界晶核半径,从而提高单位体积内晶胚成核率,达到细化晶粒的目的。

3. 形核功

据上所述,在过冷液态金属中,晶胚成核的条件,就是晶胚尺寸必须大于临界晶核半径r_k。在结晶过程中,当晶胚半径处于$r_k \sim r_0$之间时,虽然它的长大会使系统自由能降低,但它毕竟是在$\Delta G > 0$的条件下形成的。即当形成临界晶核时,体积自由能的降低还不能完全补偿表面自由能的增加,还有一部分表面自由能必须由外界(周围的液体)对这一形核区做功来供给。这一部分由外界提供的能量,称为形核功。形核功是过冷液体金属开始形核时的主要障碍,过冷液体迟迟不能凝固,而需要一段孕育期,道理正在于此。

那么形核功从何而来? 在没有外部供给能量的条件下,形核功依靠液体本身存在的"能量起伏"来供给。因为一般所指系统的自由能,是指宏观的平均能量。在一定温度下,有一定的自由能值与之相对应。但是,若取系统中各个微小区域在某一瞬间的自由能值,则在各个区域或一个区域的每个瞬间互不相同,有高有低,呈统计分布规律。液体金属中微观区域自由能的变化也和其中的结构起伏类似,处于能量起伏的动态平衡中。当高能原子附上低能晶胚时,将释放一部分能量,这就是形核时能量的来源。

在过冷液态金属中,形成具有$r_k \sim r_0$范围内的晶胚所需的形核功是不同的,其中以临界晶核尺寸的晶胚形核功最大,称为临界形核功。临界形核功A的大小可通过将式(7-36)代入式(7-35)求得

$$A = \Delta G_{max} = -\frac{4}{3}\pi r_k^3 \frac{2\sigma}{r_k} + 4\pi r_k^2 \sigma \qquad (7-38)$$

化简后得

$$A = \frac{1}{3}\sigma S \qquad (7-39)$$

式(7-39)说明了一个很重要的规律,即临界形核功的大小恰好等于形成临界晶核时表面能的1/3。这就是说形成临界晶核时,体积自由能的降低只能补偿表面自由能增高的2/3,还有1/3的表面自由能必须从能量起伏中获得,如图7-22所示。当然,大于临界晶核的晶胚形成时,所需要提供的形核功都小于临界形核功。若将式(7-37)代入式(7-35),还可以求得

$$A = \Delta G_{max} = \frac{16\pi\sigma^3 T_m^2}{3L_m^2} \frac{1}{\Delta T^2} \qquad (7-40)$$

式(7-40)表明,对于一定的金属,临界形核功主要取决于过冷度。过冷度越大,临界形核功越小,即形成临界晶核时所需要的能量起伏越小,晶胚成核率增加。

综上所述,在过冷液态金属中,均匀形核依靠结构起伏形成大于临界晶核的晶胚,同时必须从能量起伏中获得形核功,才能形成稳定的晶核。结构起伏与能量起伏是均匀成核的必要条件。同时,均匀形核还必须在一定的过冷条件下进行。这是由于在一定过冷度下,才有相当于临界晶核大小的晶胚涌现。而晶胚的最大尺寸也与过冷度有关,它随过冷度的增大而增大,如图7-23所示。图中两条曲线的交点即为均匀形核的临界过冷度ΔT^*。显然,当实际过冷

度 $\Delta T < \Delta T^*$ 时,最大晶胚的尺寸都小于临界晶核半径,故难于成核;只有当 $\Delta T > \Delta T^*$ 时,不仅最大尺寸的晶胚,部分较小尺寸的晶胚也超过了 r_k,这种晶胚才能稳定成核。

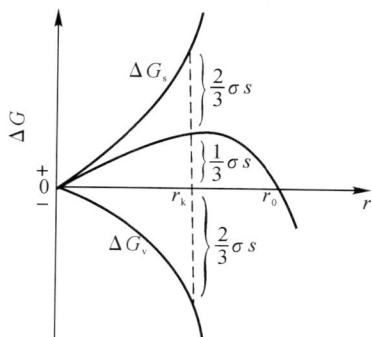

图 7-22　临界形核功与表面自由能的关系

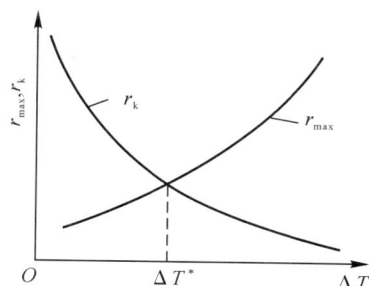

图 7-23　最大晶胚尺寸 r_{max} 和临界晶核半径随过冷度的变化关系

4. 形核率

形核率(N)是指单位时间、单位体积内所形成的晶核数目。

形核率受两个因素所控制:一方面随着过冷度增大,临界晶核半径及形核功均减小,故需要的能量起伏小,稳定晶核易于形成。由于系统中具有能量起伏超过形核功 A 的微小体积的概率与 $\exp(-A/k_BT)$ 成正比,故随着过冷度增大,$\exp(-A/k_BT)$ 的数值也增大,形核率就越大,如图 7-24 所示。另一方面,随着过冷度的增大,原子扩散速度要减慢。由于晶胚的形成是原子的扩散过程,而原子的扩散需要克服一定的能垒 Q,因此,液态金属中涌现出大于临界晶核的晶胚概率与 $\exp(-Q/k_BT)$ 成正比。其中 Q 值随温度改变很小,可近似地看成一个常数,故随着过冷度的增大,形核率将减小。综合上述两个因素,总的形核率 N 可以用下列数学式表示:

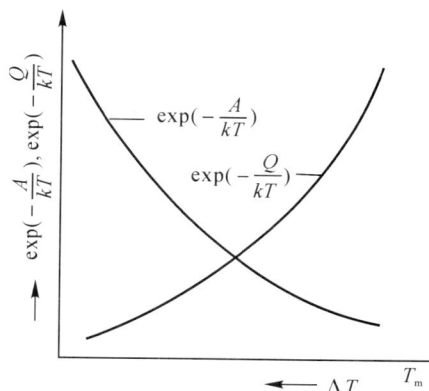

图 7-24　过冷度与 $\exp(-A/k_BT)$ 及 $\exp(-Q/k_BT)$ 因子的变化关系

$$N = C\exp(-A/k_BT)\exp(-Q/k_BT) \tag{7-41}$$

式中,C 为常数;A 为形核功;Q 为原子越过液、固相界面的扩散激活能,也就是原子由液相转入固相时所需要的能量;k_B 为玻尔兹曼常数;T 为热力学温度;

形核率与过冷度的关系也可以用图 7-25 表示。从图中可以看出,当过冷度较小时,形核率主要受能量起伏的概率因子 $\exp(-A/k_BT)$ 的控制,随着过冷度的增加,形核率急剧增加;但当过冷度很大时,矛盾发生转化,形核率主要受原子扩散的概率因子 $\exp(-Q/k_BT)$ 所控制,故随着过冷度的增加,形核率反而下降。由曲线可见,形核率随过冷度的变化有一极大值,超过极大值后,形核率又随着过冷度的进一步增大而减小。对于金属晶体,其均匀形核率与过冷度的关系,如图 7-26 所示。从图中可以看出,在到达某一过冷度前,液态金属中基本不形核;而当温度降至某一过冷度时,形核率骤然增加,此时的过冷度称为有效过冷度 ΔT_p。由于金属的晶体结构简单,凝固倾向极大,在达到很大的过冷度前,液态金属已经凝固完毕,因此不存在曲线的下降部分。

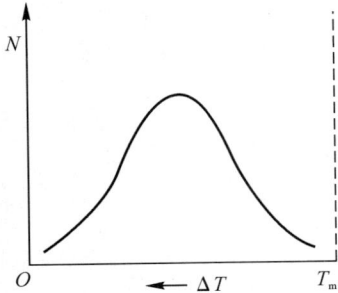

图 7 - 25　形核率与过冷度的关系

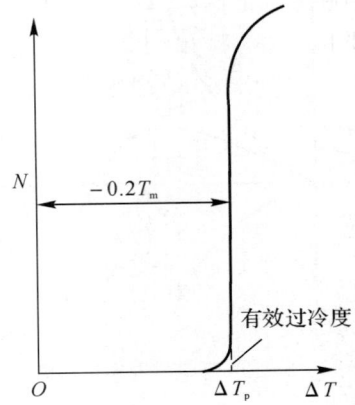

图 7 - 26　金属形核率与过冷度的关系

由于一般液态金属总存在着杂质,同时凝固总是从"模壁"开始,因此实现均匀形核是十分困难的,必须采用特殊的实验方法。这种方法就是将液态金属碎裂成直径为 $10 \sim 50~\mu m$ 的小液滴,这种微滴的凝固一般按均匀形核的方式进行。大量实验结果表明,纯金属均匀形核的有效过冷度为 $\Delta T_p \approx 0.2 T_m$(绝对温度)。近年来有人求出式(7-41)的解,也获得相近似的结果。常见金属液滴均匀形核的有效过冷度见表 7-6。

表 7 - 6　常见金属液滴均匀形核的有效过冷度

金属	熔点 T_m/K	ΔT/K	$\Delta T/T_m$	金属	熔点 T_m/K	ΔT/K	$\Delta T/T_m$
Hg	234.3	50	0.287	Ag	1 233.7	227	0.184
Sn	505.7	105	0.208	Cu	1 356	236	0.174
Al	931.7	130	0.140	Fe	1 803	295	0.164
Sb	903	135	0.150	Pt	2 043	370	0.181
Bi	544	90	0.166	Mn	1 493	308	0.206
Pb	600.7	80	0.133	Ni	1 725	319	0.185

应该指出,均匀形核所需要的过冷度大小,不同研究者有不同的数值。这是因为人们获得均匀形核的微滴技术在不断改进,佩雷派茨柯(Perepezko)等人认为,根据目前的实验结果,均匀形核的最大过冷度应由 $0.2 T_m$ 提高到 $0.33 T_m$ 左右,但这是否是均匀形核过程仍需进一步的工作来证实。

7.5.2　非均匀形核

理论和实验均已证明,均匀形核需要很大的过冷度。例如纯铝结晶时的过冷度为 130 ℃,而纯铁的过冷度 295 ℃。如果相变只能通过均匀形核实现,那么我们周围的物质世界就要改变样子。例如雨云中只有少数蒸汽压较高的才能凝为雨滴,降雨量将大大减少,人工降雨也无法实现。又如钢铁工业的铸锭和机械工业的铸件,也将在很大的过冷度下凝固,造成其中的偏析严重,内应力很大,甚至在冷却过程中开裂。然而在空气中悬浮着大量的尘埃,它能有效地促进雨云中雨滴的形成。在液态金属中总是存在一些微小的固相杂质质点,并且液态金属在凝固时还要和型壁相接触,于是晶核就可以优先在这些现成的固体表面上形成,这种形核方式就是非均匀形核,或称异质形核、非自发形核,它将使形核的过冷度大大降低,一般不超过20 ℃。

7.5.2.1　临界晶粒半径和形核功

均匀形核时的主要阻力是晶核的表面能,对于非均匀形核,当晶核依附于液体金属中存在的固相质点的表面上形核时,就有可能使表面能降低,从而使形核可以在较小的过冷度下进行。和讨论均匀形核时一样,首先分析形核时的自由能变化。图 7-27 为非均匀形核示意图,表示在 W 相基底上形成球冠状的 S 晶核,其曲率半径为 r,晶核表面与 W 基底面的接触角为 θ(或称润湿角)。σ_{LW},σ_{SW} 和 σ_{SL} 分别表示液体与基底 W、晶胚 S 与 W 以及 S 与液相 L 间的界面能。在纯金属中,表面能可用表面张力表示。当晶核稳定存在时,在晶核、液相和基底的交角处,三种表面张力之间存在如下平衡关系:

$$\sigma_{LW} = \sigma_{SW} + \sigma_{SL}\cos\theta \tag{7-42}$$

形成一个晶核时,总的自由能变化仍为

$$\Delta G' = -\Delta G_B V + \sum \sigma A_i \tag{7-43}$$

根据几何学得知,晶核的体积为

$$V_S = \frac{1}{3}\pi r^3 (2 - 3\cos\theta + \cos^3\theta) \tag{7-44}$$

晶核的界面积为

$$A_1 = 2\pi r^2 (1 - \cos\theta) \tag{7-45}$$
$$A_2 = \pi r^2 (1 - \cos^2\theta) \tag{7-46}$$

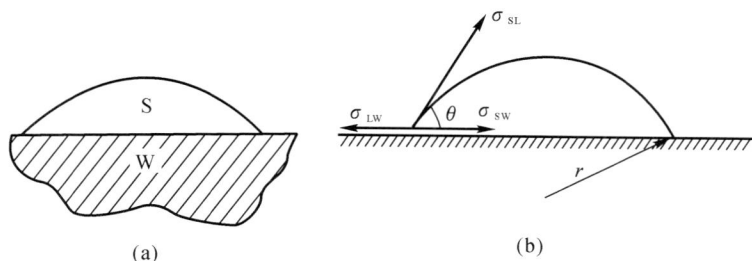

图 7-27　非均匀形核示意图

把式(7-44)~(7-46)代入式(7-43),整理后得

$$\Delta G' = \left(-\frac{4}{3}\pi r^3 \Delta G_B + 4\pi r^2 \sigma_{SL}\right)\left(\frac{2-3\cos\theta+\cos^3\theta}{4}\right) \tag{7-47}$$

比较式(7-35)与式(7-47),两者仅差一项系数 $\left(\dfrac{2-3\cos\theta+\cos^3\theta}{4}\right)$。按处理均匀形核同样的方法,可求出非均匀形核时的临界晶核半径 r'_k 和形核功 $\Delta G'_k$ 为

$$r'_k = \frac{2\sigma_{SL}}{\Delta G_B} \qquad (7-48)$$

$$\Delta G'_k = \Delta G_k \left(\frac{2 - 3\cos\theta + \cos^3\theta}{4} \right) \qquad (7-49)$$

比较非均匀形核与均匀形核的临界形核功,得

$$\frac{\Delta G'_k}{\Delta G_k} = \frac{2 - 3\cos\theta + \cos^3\theta}{4} \qquad (7-50)$$

从式(7-50)可以看出,当 $\theta = 0$ 时,$\Delta G'_k = 0$ 说明固体杂质相当于现成的晶核,而不需要形核功,如图 7-28(a)所示。当 $\theta = \pi$ 时,$\Delta G'_k = \Delta G_k$,说明固体杂质表面不起促进晶胚形核的作用,如图 7-28(c)所示。一般情况下,θ 在 0~180 ℃之间变化,所以

$$\Delta G'_k < \Delta G_k$$

即非均匀形核较均匀形核所需要的形核功小,且随着 θ 角的减小而减少。

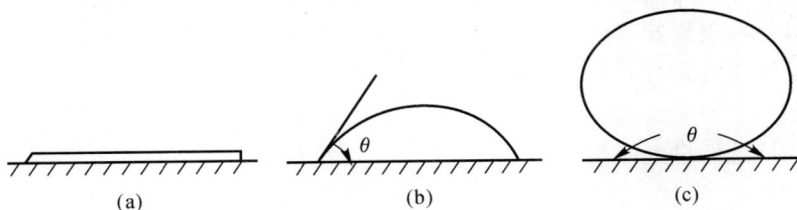

图 7-28　不同润湿角的晶胚形核

7.5.2.2　非均匀形核的形核率

非均匀形核的形核率与均匀形核的相似,除了受过冷度和温度的影响外,还受固态杂质的结构、数量、形貌及其他一些物理因素的影响。

1. 过冷度的影响

由于非均匀形核所需的形核功很小,因此在较小的过冷度条件下,当均匀形核还微不足道时,非均匀形核就明显开始了。图 7-29 为均匀形核与非均匀形核的形核率随过冷度变化的比较。从两者的对比可知,当非均匀形核的形核率相当可观时,均匀形核的形核率还几乎是零,并在过冷度约为 $0.02T_m$ 时,非均匀形核具有最大的形核率,这只相当于均匀形核达到最大形核率时,所需过冷度($0.2T_m$)的 1/10。由于非均匀形核取决于适当夹杂物质点的存在,因此其形核率可能越过最大值,并在高的过冷度处中断。这是因为在非均匀形核时,晶核在夹杂物底面上的分布,逐渐使那些有利于新晶核形成的表面减少。当可被利用的形核基底全部被晶核所覆盖时,非均匀形核也就中止了。

生产上往往通过改变冷却条件,以控制过冷度、增大形核率,达到改善晶粒度的目的。例如,工艺上采用降低铸型温度,采用蓄热多、散热快的金属铸型,局部加冷铁以及采用水冷铸型等。应该指出,工艺上采用增大过冷度的方法只对小件或薄件有效,而对较大件厚壁铸件并不适用。

2. 固体杂质的影响

对比均匀形核与非均匀形核时的临界晶核半径表达式[见(式(7-36)与式(7-48)]可以看出,在相同过冷度下,非均匀形核的临界曲率半径与均匀形核的临界晶核半径完全相同。但

是,在曲率半径相等的条件下,非均匀形核时所需要的晶胚体积与表面积要小得多,并且随着 θ 角的减小而减小,如图 7-28 所示。θ 角越小,晶胚成核的体积越小,这样就能使液体中有更多的小尺寸晶胚变成晶核,从而大大提高了形核率。因此,润湿角 θ 是判断固体杂质或其他界面是否能促进晶胚成核及促进程度的一个参量。

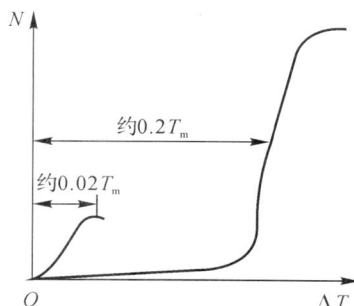

图 7-29　非均匀形核率与均匀形核率随过冷度变化的关系

由式(7-42)可知,θ 角的大小取决于液体、晶核及固态杂质三者之间表面能的相对大小,在液态金属确定后,σ_{SL} 固定不变,θ 角将取决于 $\sigma_{LW}-\sigma_{SW}$ 的值。为了获得小的 θ 角,使 $\cos\theta$ 趋近于 1,就必须使固体杂质与晶核之间的比表面能 σ_{SW} 大大地小于固体杂质与液体的表面能 σ_{LW}。而 σ_{SW} 值要小,就必须使晶核与固体杂质的结构很接近,即它们之间符合点阵匹配原则——"结构相似,(原子间距)大小相当"。其"相似"和"相当"程度越大,促进形核的作用便越显著。

在铸造生产中,往往在浇注前加入形核剂增加非均匀形核的形核率,以达到细化晶粒的目的。

例如锆能促进镁的非均匀形核,这是因为两者都具有密排六方晶格。镁的晶格常数为 $a=0.320\ 22$ nm,$c=0.519\ 91$ nm;锆的晶格常数为 $a=0.322\ 3$ nm,$c=0.512\ 3$ nm。两者大小很相近。而且锆的熔点(1 855 ℃)远高于镁的熔点(659 ℃)。所以,在液态镁中加入很少量的锆,就可大大提高镁的形核率。

又如,铁能促进铜的非均匀形核,这是因为,在铜的结晶温度 1 083 ℃以下,γ-Fe 和 Cu 都具有面心立方晶格,而且晶格常数相近(γ-Fe 的 $a\approx0.365\ 2$ nm,Cu 的 $a\approx0.368\ 8$ nm)。所以在液态铜中加入少量的铁,就能促进铜的非均匀形核。

再如,碳化钨能大大促进金的非均匀形核,虽然两者的结构类型不同(金具有面心立方晶格,碳化钨为扁六方晶格),但是,面心立方晶格的{111}面与六方晶格的{0001}面都是最密排面,原子排列完全相同,而且该面上的原子间距也非常相近,故其之间表面张力较小,这就有利于促成形核。

应该指出,目前生产上有许多形核剂,并不完全符合点阵匹配原则,在形核剂的选用上主要还是靠实践效果来确定。

3. 固体杂质表面形貌的影响

固体杂质表面的形貌各种各样,有的呈凸曲面,有的呈凹曲面,有的为深孔等。因此,在这些基面上形核具有不同的形核率。假设有三种不同形状的固体杂质,如图 7-30 所示,形成三个晶胚(图中点线部分),并具有相同的曲率半径 r 和润湿角 θ。从图中可以发现,三个晶胚的体积都不相同。凹曲面上的晶胚[见图 7 - 30 (a)]体积最小,凸曲面上的晶胚[见图 7 - 30(c)]体积最大。显然,凹曲面上形成较小的晶胚便可达到临界曲率,在这种曲面上的晶胚易于成核,故形核率高;相反,在凸面上的晶胚难于成核,故形核率较低。因此,对于相同的固体杂质,在凹曲面上形核所需要的过冷度比在平面或凸曲面上形核的过冷度都要小。应该指出,固体杂质表面(或模壁)上的微裂缝,相当于深孔,在此形成晶胚,相当于凹曲面的一种特殊情况。在这种微裂缝上形核是最容易的,可以在很小过冷度下首先形核。另外,模壁的光滑程度对形核率也有影响。粗糙模壁相当于存在无数的"台阶",在"台阶"处形核时的形核功最小,可以提高晶胚的成核率。

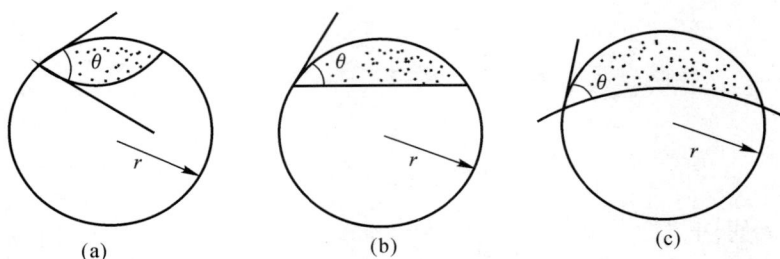

图 7 - 30   不同形状的固体杂质表面形核的晶胚大小

4. 过热度的影响

过热度是指液态金属温度与金属熔点之差。液态金属的过热度对非均匀形核有很大的影响。当过热度不大时,可能不会使现成质点的表面状态有所改变,这对非均匀形核没有影响。当过热度较大时,有些质点的表面状态改变了,如质点内微裂缝及小孔减少,凹曲面变为平面,使非均匀形核的核心数目减少。当过热度很大时,将使固态杂质质点全部熔化,这就使非均匀形核转变为均匀形核,形核率大大降低。

5. 其他影响因素

非均匀形核的形核率除受以上因素影响外,还受其他一系列物理因素的影响。液相宏观流动会增加形核率,施加强电场或强磁场也能增加形核率。这是因为液体金属中已凝固的核心(小晶体)由于受到冲击振动而碎裂成几个核心,或者是打碎了生长着的晶体枝芽,或是模壁附近产生的晶核被冲刷走,此效果称为晶核的机械增殖。还有一种增核机制即所谓动力学成核,它是指过冷的液态金属在核心出现之前,由于受到机械作用的影响,而使核心提前形成。现在,动力学的成核机制尚不清楚,可能与液相中形成的空腔有关。

7.6   晶核的长大

7.6.1   晶核长大的条件

当液态金属中出现第一批略大于临界晶核半径的晶核后,液体的结晶过程就开始了。结晶过程的进行,固然依赖于新晶核的连续不断地产生,但更依赖于已有晶核的进一步长大。对每一个单个晶体(晶粒)来说,稳定晶核出现以后,马上就进入长大阶段。晶体的长大在宏观上来看,是晶体的界面向液相中逐步推移的过程;在微观上看,则是依靠原子逐个由液相中扩散到晶体表面上,并按照晶体点阵规律要求,逐个占据适当的位置而与晶体稳定牢靠地结合起来的过程。对于一个图 7-31 所示的动态液-固界面,其两侧存在着两种方向相反的原子迁移,即液相原子迁移到固相上的凝固过程与固相原子迁移到液中的熔化过程。在单位面积界面上,这两个过程的速率分别为

$$\left(\frac{\mathrm{d}N}{\mathrm{d}t}\right)_{\mathrm{m}} = N_{\mathrm{s}} f_{\mathrm{s}} A_{\mathrm{m}} v_{\mathrm{s}} \mathrm{e}^{-\frac{\Delta G_{\mathrm{A}} + \Delta G_{\mathrm{m}}}{kT_{i}}} \tag{7-51}$$

$$\left(\frac{\mathrm{d}N}{\mathrm{d}t}\right)_{\mathrm{F}} = N_{\mathrm{L}} f_{\mathrm{L}} A_{\mathrm{F}} v_{\mathrm{L}} \mathrm{e}^{\frac{\Delta G_{\mathrm{A}}}{kT_{i}}} \tag{7-52}$$

式中:N_{s},N_{L} 分别为单位面积界面处固、液两相中的原子数,当界面为平面时,$N_{\mathrm{s}} = N_{\mathrm{L}} = N$;$f_{\mathrm{s}}$,$f_{\mathrm{L}}$ 分别为固、液两相中每个具有足够能量的原子跳向界面的概率,一般来说,$f_{\mathrm{s}} = f_{\mathrm{L}} = 1/6$;$v_{\mathrm{s}}$,$v_{\mathrm{L}}$ 分别为界面处固液两相原子的振动频率,近似地,$v_{\mathrm{s}} = v_{\mathrm{L}} = v$;$\Delta G_{\mathrm{A}}$ 为一个具有平均自由能的液相原子越过界面所需的激活自由能;ΔG_{m} 为一个液相原子与一个固相原子间的平均体积自由能差;A_{F},A_{m} 分别为一个固相原子和一个液相原子到达界面后不被弹回的概率;$A_{\mathrm{m}} \approx 1$,而 $A_{\mathrm{F}} \leqslant 1$。

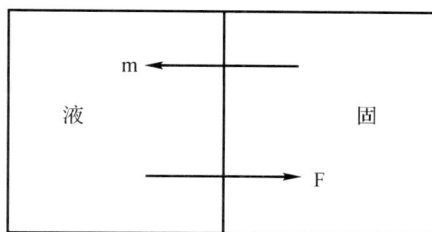

图 7-31 液-固界面处的原子迁移

A_{F} 与原子到达固相表面后所具有的近邻原子数相关,固相表面的台阶越多,迁移原子越容易获得较多的近邻原子;所受的束缚越大,被回弹的概率就越小。

很显然,只有当 $\left(\frac{\mathrm{d}N}{\mathrm{d}t}\right)_{\mathrm{F}} > \left(\frac{\mathrm{d}N}{\mathrm{d}t}\right)_{\mathrm{m}}$ 时,晶核才能生长,且晶核的生长速率 R 与二者之差成正比,有

$$R \propto \left(\frac{\mathrm{d}N}{\mathrm{d}t}\right)_{\mathrm{F}} - \left(\frac{\mathrm{d}N}{\mathrm{d}t}\right)_{\mathrm{m}} \tag{7-53}$$

$$R \propto \frac{1}{6} N v \mathrm{e}^{-\frac{\Delta G_{\mathrm{A}}}{k_{\mathrm{B}} T_{i}}} \left(A_{\mathrm{F}} - \mathrm{e}^{-\frac{\Delta G_{\mathrm{m}}}{k_{\mathrm{B}} T_{i}}} \right) \tag{7-54}$$

或者

$$R \propto \frac{1}{6} N v \mathrm{e}^{-\frac{\Delta G_{\mathrm{A}}}{k_{\mathrm{B}} T_{i}}} \left[A_{\mathrm{F}} - \mathrm{e}^{-\frac{L_{0}(T_{\mathrm{m}} - T_{i})}{k_{\mathrm{B}} T_{i} T_{\mathrm{m}}}} \right] \tag{7-55}$$

可知,只有当 $T_{i} < T_{\mathrm{m}}$,且 $A_{\mathrm{F}} > \mathrm{e}^{-\frac{\Delta G_{\mathrm{m}}}{k_{\mathrm{B}} T_{i}}}$ 或 $\Delta G_{\mathrm{m}} > (-\ln A_{\mathrm{F}}) k_{\mathrm{B}} T_{i}$ 时,才会满足 $R > 0$,这意味着晶核若要进一步生长,则必须使固液界面处于过冷状态从而获得大于 $(-\ln A_{\mathrm{F}}) k_{\mathrm{B}} T_{i}$ 的驱

动力。晶核生长所需的界面过冷度称为动力学过冷度,通常用 ΔT_k 表示。此外 $(-\ln A_F)k_B T_i$ 的值取决于 A_F 的值,即固液界面处固相一侧的台阶数,而式(7-55)中的 ΔG_A 项则取决于原子从液相向固相转变的具体形式,因此,过冷液态金属中晶核的生长速度与固液界面的微观结构与晶体的生长方式相关。

7.6.2 液-固界面的结构

1. 液-固相界面吉布斯自由能

K.A.Jackson 对液-固界面的平衡结构进行的研究,认为界面的平衡结构应该是界面能最低的结构,在液固界面处,当液相原子转变为固相原子时。界面 Gibbs 自由能的变化为

$$\Delta G_S = \Delta H - T\Delta S \tag{7-56}$$

$$\Delta G_S = N\left(\frac{\eta}{\nu}\right)Lx(1-x) + Nk_B T[x\ln x + (1-x)\ln(1-x)] \tag{7-57}$$

式中:ΔG_S 为界面 Gibbs 自由能的变化值;N 为液固界面上可能沉积的原子位置;η 为液固界面上固相侧表面层的配位数;ν 为固相内部原子的配位数;x 为液固界面上实际沉积的原子数 N_A 与可能沉积的原子位置 N 的比值,即界面上固相原子占据的位置分数;L 为结晶潜热;k_B 为玻尔兹曼常数。

当 $T = T_m$ 时,整理式(7-57),得

$$\frac{\Delta G_S}{Nk_B T_m} = \frac{L}{k_B T_m}\left(\frac{\eta}{\nu}\right)x(1-x) + x\ln x + (1-x)\ln(1-x) \tag{7-58}$$

令

$$\alpha = \frac{L}{k_B T_m}\left(\frac{\eta}{\nu}\right) \approx \left(\frac{\Delta S_m}{R}\right)\left(\frac{\eta}{\nu}\right) \tag{7-59}$$

则有

$$\frac{\Delta G_S}{Nk_B T_m} = \alpha x(1-x) + x\ln x + (1-x)\ln(1-x) \tag{7-60}$$

此即 Jackson 所得液-固界面相对自由能变化与被固相原子占据的分数的关系。α 称为 Jackson 因子。对式(7-60)求导,即可获得液固界面相对自由能变化的极小值。

图 7-32 所示为 $\frac{\Delta G_S}{Nk_B T_m}$ 与 x 的关系曲线。可见,对于不同的 α 值,其界面自由能最低的平衡结构也不同,且 $\alpha = 2$ 为分界点。

当 $\alpha \leqslant 2$ 时,$\frac{\Delta G_S}{Nk_B T_m}$ 在 $x = 0.5$ 处有极小值,意味着界面的平衡结构上约一半的位置有原子而另一半位置则是空的。

当 $\alpha > 2$ 时,$\frac{\Delta G_S}{Nk_B T_m}$ 分别在 x 接近 0 处和 x 接近 1 处存在两个极小值,意味着界面的平衡结构上或者固相原子占绝对多数,或者固相原子占绝对少数,而大部分位置是空的,且 α 值越大,这种趋势越明显。

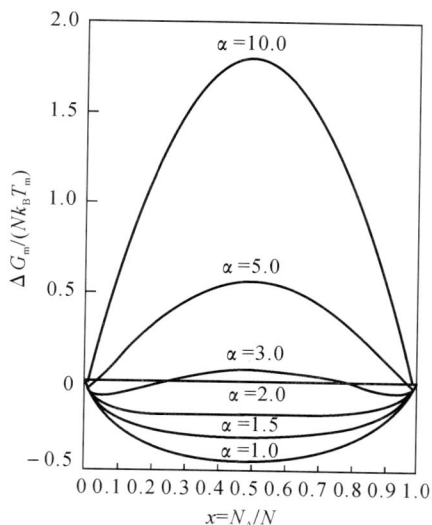

图 7 - 32　不同 α 时相对 Gibbs 自由能变化与界面上原子所占位置分数间的关系

根据式(7 - 59)可知,α 可分为两部分,其一为 $\dfrac{L}{k_B T_m}$,在熔点附近,其值近似于无量纲熔化熵 $\dfrac{\Delta S}{R}$;其二为 $\dfrac{\eta}{\nu}$,称为界面取向因子,与晶体结构和界面处的晶面取向有关,其值总小于 1,且对大部分金属晶体,其值小于 0.5。可见大部分金属熔化的无量纲熔化熵小于 2,则其 α 小于 1;而大部分非金属的无量纲熔化熵远大于 2,其 α 也大于 2。

2. 粗糙界面与光滑界面

从微观尺度上观察液-固界面结构,对 $\alpha \leqslant 2$ 的物质,其界面是高低不平的,在几个原子厚的过渡区内,只有大约一半的位置上有固相原子,称这种界面为粗糙界面;而对于 $\alpha > 2$ 的物质,其界面上固相侧基本是完整的原子密排晶面,看上去是光滑的,称为光滑界面。

然而从宏观尺度上看,光滑界面却是不光滑的,呈锯齿状,称为小晶面界面,而粗糙界面的形貌确是平滑的,称为非小晶面界面,如图 7 - 33 所示。

经过实际观察发现,物质的凝固界面是粗糙界面还是光滑界面,并非是由 α 值唯一决定的,还和晶体的各向异性、凝固时的过冷度和凝固速度等因素有关。因此,D. E. Temkin 和 K. A. Jackson等人先后提出了液-固界面的多原子层模型(见图 7 - 34)。在这个多原子层界面中,存在着原子排列较为规则的原子簇,原子簇中的晶体位置被部分填满,并与一定的晶面相对应,随着向固相一边靠近,原子簇中的原子排列的有序化程度变大。除原子排列较为规则的原子簇外,在多原子层界面还分布着排列非常紊乱的原子。这样,单原子层的粗糙界面就变成了多原子层的粗糙界面。界面原子层的厚度随过冷度的增加而增加。在过冷度比较小的情况下,界面的原子层数较少,长大可以按原子簇中每层台阶的侧面扩展方式进行,因此,即使是熔化熵值低的金属,在足够小的界面过冷度($\Delta T_K \approx 10^{-5}$ K)下,其长大也将按小晶面结构进行。反之,在过冷度较大的情况下,液-固界面原子层变厚,粗糙度随之增加,因此,即使原来属于小晶面结构长大的物质,此时也将转变为非小晶面结构长大。为此,存在一个临界过冷度的问题,临界过冷度的大小随物质而定,熔化熵值大的物质其临界过冷度大,反之则小。可以想象,当物质在合金溶液中的浓度较小时,其晶体的液-固界面原子层厚度较小,即使是熔化熵值小的物质,长大亦可以按原子簇中每层台阶的侧面扩展方式进行,从而使其液-固界面具有小晶面结构的特征。

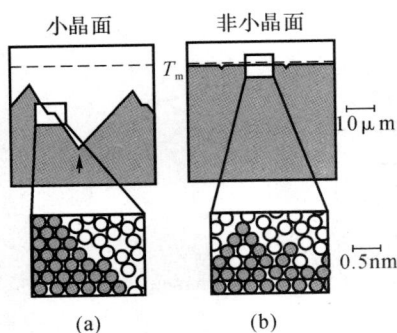

图 7-33　小晶面和非小晶面液-固界面

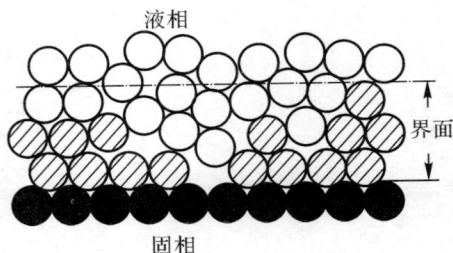

图 7-34　液-固界面的多原子层模型

7.6.3　晶核长大的微观机制

7.6.3.1　晶体的生长方式

液-固相界面结构不同,晶体长大的方式也不一样。因此,可以将晶核长大的微观机制归纳为以下几种。

(1)连续长大。也叫正常长大,其界面结构为非小晶面的粗糙界面,这种界面用原子的尺度来衡量是坎坷不平的。对于接纳从液相中沉积来的原子来说各处都是等效的,从液相中扩散来的原子很容易与晶体连接起来,由于这种缘故,其晶体长大远比光滑界面容易,只要沉积原子的供应不成问题,其长大可以连续不断地进行,因此称之为"连续长大"。

(2)侧面长大。其界面结构为小晶面的光滑平面,这种界面用原子尺度来衡量是光滑的。对于这种界面结构,因为单个原子与晶面的结合力较弱,它很容易跑走,因此这类界面的长大,只有依靠在界面上出现台阶,然后从液相中扩散来的原子沉积在台阶的边缘,依靠台阶向其侧面(与界面平行的方向)扩展而进行长大,因此称之为"侧面长大",也叫"台阶生长"。台阶生长根据台阶来源的不同又可分为两类,其一为二维晶核台阶[见图 7-35(a)]和缺陷形成的台阶[见图 7-35(b)~(d)]长大。对于二维晶核台阶长大,首先要求在光滑界面上产生二维晶核,然后原子再向二维晶核提供的台阶处沉积,一旦台阶消耗殆尽,必须再形成新的二维晶核,而这需要较大的过冷度,因此依这种长大机制长大的可能性不大。对于依靠缺陷形成的台阶长大,可分为螺旋位错台阶[见图 7-35(b)]、孪晶沟槽[见图 7-35(c)]和旋转晶面[见图 7-35(d)]等。

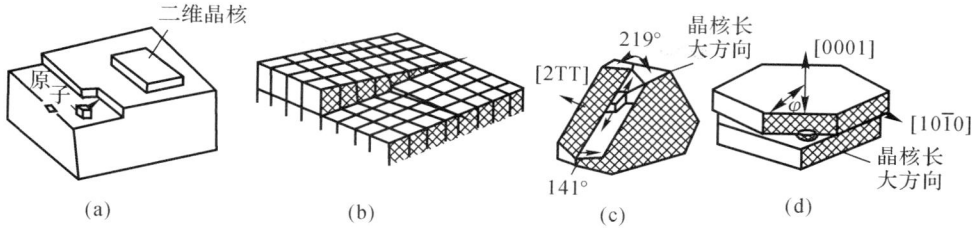

图 7 - 35 侧面长大的各种台阶

(a)二维晶核台阶;(b)螺型位错台阶;(c)反射孪晶沟槽台阶;(d)旋转孪晶台阶

7.6.3.2 晶体的长大机制

1. 连续长大机制

在粗糙界面,几乎有一半应按晶体规律排列的原子位置正虚位以待,从液相中扩散来的原子很容易填入这些位置,与晶体连接起来。由于这些位置接纳原子的能力是等效的,在粗糙界面上的所有位置都是生长位置,所以液相原子可以连续地向界面添加,界面的性质永远不会改变,从而使界面迅速地向液相推移。连续长大机制下的晶体长大速度很快,大部分金属晶体均以这种方式长大。

2. 二维晶核长大机制

当固液界面为光滑界面时,若液相原子以单个的形式扩散迁移到界面上是很难形成稳定状态的,这是由于它所带来的表面能的增加,远大于其体积自由能的降低。在这种情况下,晶体的长大只能依靠所谓的二维晶核方式,即依靠液相中的结构起伏和能量起伏,使一定大小的原子集团差不多同时降落到光滑界面上,形成具有一个原子厚度并且有一定宽度的平面原子集团,如图 7 - 36 所示。这个原子集团带来的体积自由能的降低必须大于其表面能的增加,才能在光滑界面上形成稳定状态。它好像是润湿角 $\theta = 0°$ 时的非均匀形核,形成了一个大于临界半径的晶核。这种晶核即为二维晶核,它的形成需要较大的过冷度。二维晶核形成后,它的四周就出现了台阶,后迁移来的液相原子一个个填充到这些台阶处,这样所增加的表面能较小。直到整个界面铺满一层原子后,便又变成了光滑界面,而后又需要新的二维晶核的形成,否则成长即告中断。当晶体以这种方式长大时,其长大速度十分缓慢。

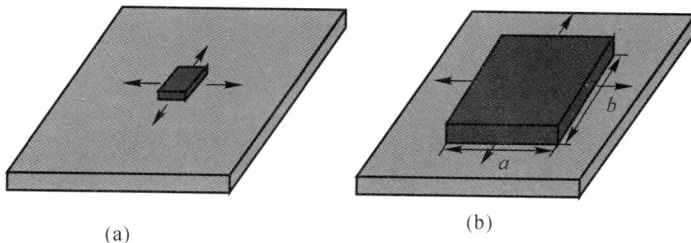

图 7 - 36 二维晶核长大机制

3. 螺旋位错长大机制

在通常情况下,具有光滑界面的晶体,其长大速度比按二维晶核长大方式长大的速度快得多。这是由于当晶体长大时,可能形成种种缺陷,这些缺陷所造成的界面台阶使原子容易向上堆砌,因而长大速度大为加快。

图7-37所示为光滑界面出现螺型位错露头时的晶体长大过程。螺型位错在晶体表面露头处,即在晶体表面形成台阶,这样,液相原子一个个地堆砌到这些台阶处,新增加的表面能很小,完全可以被体积自由能的降低所补偿。每铺一排原子,台阶即向前移动一个原子间距,所以,台阶各处沿着晶体表面向前移动的线速度相等。但由于台阶的起始点不动,所以台阶各处相对于起始点移动的角速度不等。离起始点越近,角速度越大;离起始点越远,则角速度越小。于是随着原子的铺展,台阶先是发生弯曲,而后即以起始点为中心回旋起来。这种台阶永远不会消失,所以这个过程也就一直进行下去。台阶每横扫界面一次,晶体就增厚一个原子间距,但由于中心回旋的速度快,中心必将突出起来,形成螺钉状的晶体。螺旋上升的界面叫做"生长蜷线",图7-38是SiC晶体的生长蜷线。

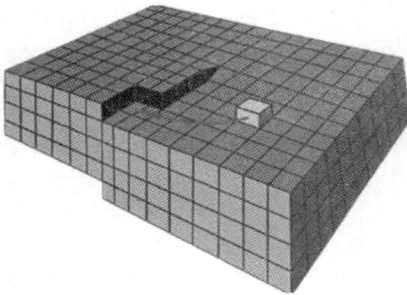

图7-37　螺型位错露头

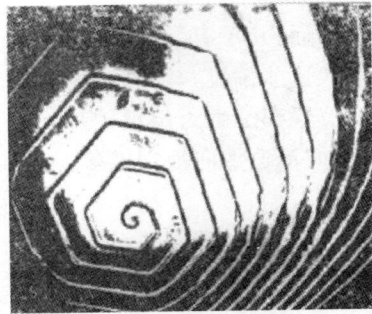

图7-38　沿螺型位错生长的SiC

7.6.3.3　晶体的生长速度

晶体的长大速度主要与其生长机制有关。当界面为光滑界面并以二维晶核机制长大时,其长大速度非常小。当以螺型位错机制长大时,由于界面上的缺陷所能提供的、向界面上添加原子的位置也很有限,故长大速度也较小。大量研究结果表明,对于具有粗糙界面的大多数金属来说,由于它们服从连续长大机制,所以长大速度较以上两者要快得多。具有光滑界面的非金属和具有粗糙界面的金属,它们的长大速度与过冷度的关系如图7-39所示。可以看出,当过冷度为零时,非金属与金属的长大速率均为零。非金属的长大速度随过冷度的增大可出现极大值。显然,这也是两个相互矛盾因素共同作用的结果。过冷度较小时,固液两相自由能的差值较小,结晶的驱动力小,所以长大速度小;当过冷度很大时,温度较低,原子的扩散迁移困难,所以长大速度也小;当过冷度为中间某个数值时,固液两相的自由能差足够大,原子扩散能力也足够大,所以长大速度达到极大值。但对于金属来说,由于结晶温度较高,形核和长大都快,它的过冷能力小,即不等过冷到较低的温度时结晶过程已经结束,所以长大速度与过冷度的关系曲线上一般不出现极大值。

7.6.3.4　晶体的生长方向和生长表面

晶体的生长方向和生长表面的特征与界面的性质有关。粗糙界面是一种各向同性的非晶体学晶面,原子在界面各处堆砌的能力相同。因此在相同的过冷度下,界面各处的生长速度均相等。晶体的生长方向与热流方向相平行,在显微尺度下有着光滑的生长表面,平整界面具有很强的晶体学特征。由于不同晶面族上原子密度和晶面间距的不同,液相原子向上堆砌的能力也各不相同。因此在相同的过冷度下,各族晶面的生长速度也必然不同。一般而言,液相原子比较容易向排列松散的晶面上堆砌,因而在相同的过冷度下,松散面的生长速度比密排面的生长速度大。这样生长的结果是,快速生长的松散面逐渐隐没,晶体表面逐渐为密排面所覆盖(见图 7 - 40)。故在显微尺度下,晶体的生长表面系由一些棱角分明的密排小晶面所组成。由于密排面的界面能最低,因此这种生长表面也是符合界面能最低原则的。同时,由于密排面的侧向生长速度最大,因此当过冷度不变时,晶体的生长方向是由密排面相交后的棱角方向所决定的。

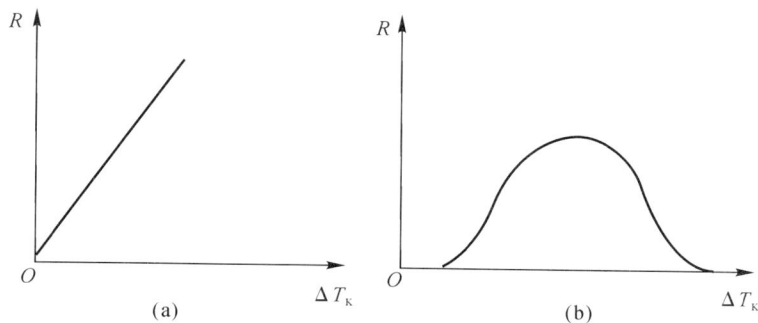

图 7 - 39　生长速率与过冷度的关系
(a)金属等非黏性液体;(b)非金属等黏性液体

从能量的角度分析,晶体的生长形态符合自由能最小原理。由于晶体的体积自由能只与固体体积有关并且总是小于液相的体积自由能,因此,自由能最小对应于界面能最小,即

$$\oiint_A \sigma_n \mathrm{d}A = \sigma_{\min} \tag{7-61}$$

式中:σ_n 为法线为 n 晶面的界面能;A 为界面面积。

在此基础上,Wulf 提出了著名的 Wulf 定律,即晶体的平衡形态是由这样一些晶面围成的,它们的比表面能 σ 与晶体的起始生长点到这些晶面的距离成正比,其数学表达式为

$$\frac{\sigma_1}{h_1} = \frac{\sigma_2}{h_2} = \cdots = \frac{\sigma_n}{h_n} \tag{7-62}$$

按照上述原则可采用作图法确定晶体的平衡形态。Wulf 理论只能确定晶体的平衡形态即本征形态。然而,凝固过程通常都是在非平衡条件下进行的,晶体的生长形态通常要从物质内部结构和能量分布出发计算,主要的计算模型有 BFDH 模型、周期键链理论、界面附着能模型、Ising 模型等。

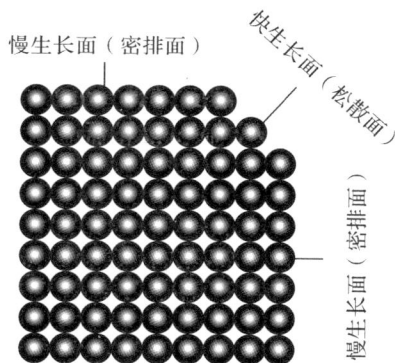

图 7 - 40　生长表面逐渐为密排面

7.6.4 温度梯度及晶体形态

7.6.4.1 固液界面前沿液体中的温度梯度

除了固液界面的微观结构对晶体长大有重大影响外,固液界面前沿液体中的温度梯度也是影响晶体长大的一个重要因素,它可分为正温度梯度和负温度梯度两种。

1. 正温度梯度

正温度梯度是指液相中的温度随至界面距离的增加而提高的温度分布状况。一般的液态金属均在铸型中凝固,金属结晶时释放出的结晶潜热通过型壁传导散出,故靠近铸型壁处的液体温度最低,结晶最早发生,而越接近溶液中心的温度越高。这种温度的分布情况即为正温度梯度,如图 7-41(a)所示,其结晶前沿液体中的过冷度随至界面距离的增加而减小。

2. 负温度梯度

负温度梯度是指液相中的温度随至界面距离的增加而降低的温度分布状况,如图 7-41(b)所示,也就是说,过冷度随至界面距离的增加而增大,此时所产生的结晶潜热主要通过尚未结晶的过冷液相散失。

关于负温度梯度可以这样理解:液态金属在形核时通常要发生若干摄氏度甚至数十摄氏度的过冷,而晶体长大时,只需要界面处有若干分之一摄氏度的过冷度就可以进行。晶核长大时所放出的结晶潜热使界面的温度很快升高到接近金属熔点 T_m 的温度,随后放出的结晶潜热就由已结晶的固相流向周围的液体,于是在固液界面前沿的液体中建立起负的温度梯度。此外,实际金属总是或多或少的含有某些杂质,这样,在界面前沿的液相中就会出现随至界面距离的增加而过冷度增大的现象,这种现象即为成分过冷。

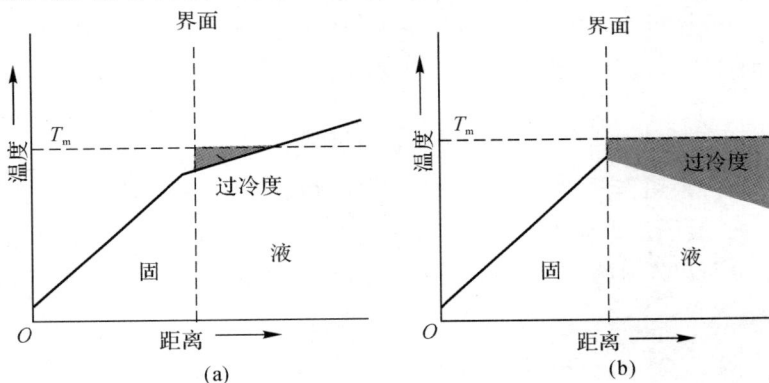

图 7-41 两种温度分布方式
(a)正温度梯度;(b)负温度梯度

7.6.4.2 晶体形态

晶体的形态问题是一个十分复杂而未能彻底解决的问题。自然界中存在的各式各样美丽的雪晶,就体现了形态的复杂性。晶体的形态不仅与其生长机制有关(螺型位错在界面的露头处所形成的生长蜷线令人信服地证明了这一点),而且还与界面的微观结构、界面前沿的温度分布以及生长动力学规律等很多因素有关。鉴于问题的复杂性,下面仅就界面的微观结构和界面前沿温度分布的几种典型情况加以叙述。

1. 在正的温度梯度下生长的界面形态

在这种情况下,结晶潜热只能通过已结晶的固相和型壁散失,相界面向液相中的推移速度受其散热速率的控制。根据界面微观结构的不同,晶体形态有两种类型。

(1)光滑界面的情况。对于具有光滑界面的晶体来说,其显微界面为某一晶体学小平面,它们与散热方向成不同的角度分布着,与熔点 T_m 等温面呈一定角度,但从宏观来看,仍平行于 T_m 等温面平直面,如图 7-42(a)所示,这种情况有利于形成具有规则形状的晶体,现以简单立方晶体为例进行说明。

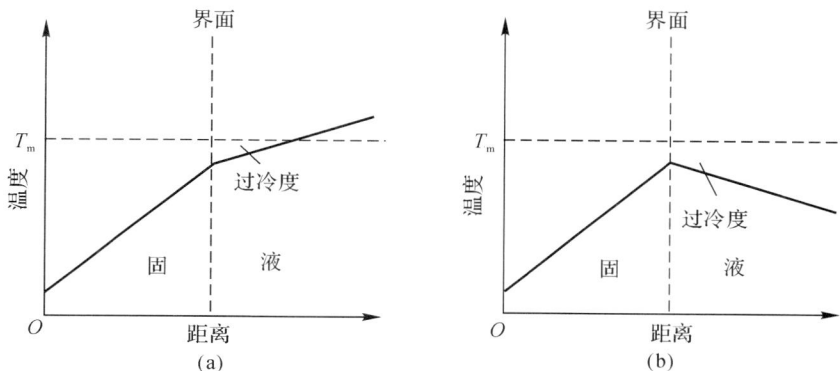

图 7-42 在正的温度梯度下,纯金属凝固时的两种界面状态
(a)光滑界面;(b)粗糙界面

在讨论形核问题时曾经假定,形成一个球形晶核时,其界面上各处的表面能相同。但实际上晶体的界面是由许多晶体学小平面所组成的,晶面不同,则原子密度不同,从而导致其具有不同的表面能。研究结果表明,原子密度大的晶面长大速度较小;原子密度小的晶面长大速度较大。但长大速度较大的晶面易于被长大速度较小的晶面所制约,这个关系可示意地用图 7-43 来说明。图中实线八角形代表晶体从 τ_1 开始生长,依次经历 τ_2,τ_3,τ_4 等不同时间时的截面,箭头表示长大速度。由图可以看出,简单立方晶体的{100}晶面为密排面,{110}为非密排面,因此[101]方向长大速度大,[100]、[001]等方向的长大速度小,非密排面将逐渐缩小而消失,最后晶体的界面将完全变为密排晶面,显然这是一个必然的结果。所以,以光滑界面结晶的晶体,如 Sb,Si 及合金中的某些金属化合物,若无其他因素干扰,大多可以成长为以密排晶面为表面的晶体,具有规则的几何外形。

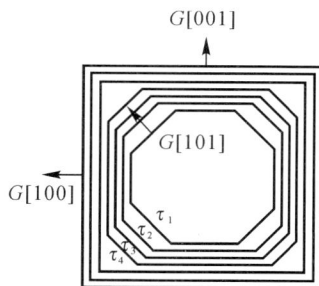

图 7-43 晶体形状与各界面长大速度 G 的关系

(2)粗糙界面的情况。具有粗糙界面结构的晶体,在正的温度梯度下生长时,其界面为平行于熔点 T_m 等温面的平直界面,它与散热方向垂直,如图 7-42(b)所示。一般来说,这种晶体成长时所需的过冷度很小,界面温度与熔点 T_m 十分接近,所以晶体长大时界面只能随着液体的冷却而均匀一致地向液相推移,如果一旦局部偶有突出,那么它便进入低于临界过冷度甚至高于熔点 T_m 的温度区域,长大立刻减慢下来,甚至被熔化掉,所以固液界面始终近似地保持平面。这种长大方式称为平面长大方式。

2. 在负的温度梯度下生长的界面形态

具有粗糙界面的晶体在负的温度梯度下生长时,其界面的移动不再为已结晶的固相和型壁的散热条件所控制,也不再以平面方式长大。由于界面前沿液体中的过冷度较大,如果界面的某一局部发展较快而偶有突出,则它将伸入过冷度更大的液体中,从而更加有利于此突出尖端向液体中的成长,如图7-44所示。虽然此突出尖端在横向也将生长,但结晶潜热的散失提高了该尖端周围液体的温度,而在尖端的前方,潜热的散失要容易得多,因而其横向长大速度远比朝前方的长大速度小,故此突出尖端很快长成一个细长的晶体,称为主干。假如刚开始形成的晶核为多面体晶体,那么这些光滑的小平面界面在负的温度梯度下也是不稳定的,在多面体晶体的尖端或棱角处,很快长出细长的主干。这些主干即为一次晶轴或一次晶枝。在主干形成的同时,主干与周围过冷液体的界面也是不稳定的,主干上同样会出现很多凸出尖端,它们长大成为新的晶枝,称为二次晶轴或二次晶枝。对一定的晶体来说,二次晶轴与一次晶轴具有确定的角度,如在立方晶系中,二者是相互垂直的。二次晶枝发展到一定程度后,又在它上面长出三次晶枝,如此不断地枝上生枝,同时各次枝晶又在不断地伸长和壮大,由此而形成如树枝状的骨架,故称为树枝晶,简称枝晶,每一个枝晶长成为一个晶粒,如图7-45(a)所示。当所有的枝晶都严密合缝地对接起来,并且液相也消失时,就分不出树枝晶了,只能看到各个晶粒的边界,如图7-45(b)所示。如果金属不纯,则在枝与枝之间最后凝固的地方留存杂质,其树枝状轮廓仍然可见。如若在结晶过程中间,在形成了一部分金属晶体之后,立即把其余的液态金属抽掉,这时就会看到,正在长大着的金属晶体确实呈树枝状。有时在金属锭的表面最后结晶终了时,由于枝晶之间缺乏液态金属去填充,结果就留下了树枝状的花纹。如图7-46所示为在钢锭中观察到的树枝晶。

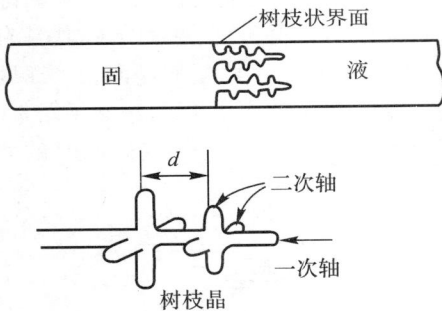

图7-44 树枝状晶体生长示意图

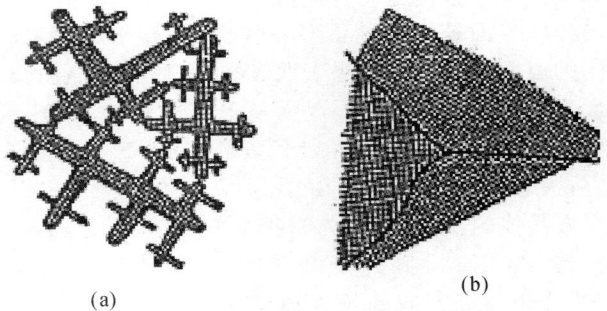

图7-45 由树枝状长成的树枝晶(a)和晶粒(b)

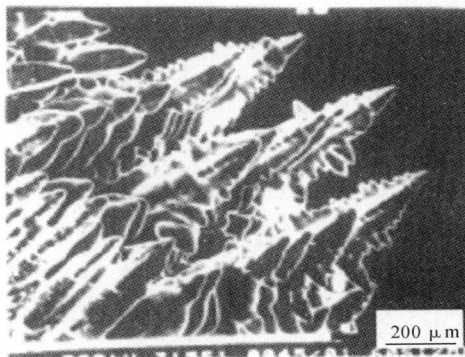

图7-46 钢锭中的树枝状晶体

不同结构的晶体,其晶轴的位向可能不同,见表 7 - 7。面心立方晶格和体心立方晶格的金属,其树枝晶的各次晶轴均沿<100>的方向长大,各次晶轴之间相互垂直。其他不是立方晶系的金属,各次晶轴彼此可能并不垂直。

表 7 - 7　树枝晶的晶轴位向

金属	晶格类型	晶轴位向
Ag,Al,Au,Cu,Pb	面心立方	<100>
α-Fe	体心立方	<100>
β-Sn($c/a=0.545\ 6$)	体心立方	<110>
Mg($c/a=1.623\ 5$)	密排立方	<$10\overline{1}0$>
Zn($c/a=1.856\ 3$)	密排六方	<0001>

长大条件不同,则树枝晶的晶轴在各个方向上的发展程度也会不同,如果枝晶在三维空间得以均衡发展,各方向上的一次晶轴近似相等,那么这时所形成的晶粒叫做等轴晶粒。如果枝晶某一个方向上的一次晶轴长得很长,而在其他方向长大时受到阻碍,那么这样形成的细长晶粒叫做柱状晶粒。

树枝状生长是具有粗糙界面物质的最常见的晶体长大方式,一般金属结晶时,均以树枝状生长方式长大。

具有光滑界面的物质在负的温度梯度下长大时,如果杰克逊因子 α 值不太大,仍有可能长成树枝状晶体,但往往带有小平面的特征,例如锑出现带有小平面的树枝状晶体即为此例,如图 7 - 47 所示。但是当负的温度梯度较小时,仍有可能长成规则的几何外形。对于 α 值很大的晶体来说,即使在较大的负温度梯度下,仍有可能形成规则形状的晶体。

图 7 - 47　纯锑表面的树枝晶

7.7　凝固理论的应用

7.7.1　铸锭晶粒的细化

晶粒的大小称为晶粒度,通常用晶粒的平均面积或平均直径来表示。

晶粒大小对金属的机械性能有很大影响,在常温下,金属的晶粒越细小,强度和硬度则越高,同时塑性韧性也越好。表 7-8 列出了晶粒大小对纯铁力学性能的影响。由表可见,细化晶粒对于提高金属材料的常温力学性能作用很大,这种用细化晶粒来提高材料强度的方法称为细晶强化。但是,对于在高温下工作的金属材料,晶粒过于细小性能反而不好,一般希望得到适中的晶粒度。对于制造电机和变压器的硅钢片来说,晶粒反而越粗大越好。因为晶粒越大,则其磁滞损耗越小,效应越高。此外,除了钢铁等少数金属材料外,其他大多数金属不能通过热处理改变其晶粒度,因此通过控制铸造及焊接时的结晶条件来控制晶粒度,便成为改善力学性能的重要手段。

表 7-8　晶粒大小对纯铁力学性能的影响

晶粒平均直径/mm	抗拉强度/MPa	屈服强度/MPa	伸长率/(%)
9.7	165	40	28.8
7.0	180	38	30.6
2.5	211	44	39.5
0.20	263	57	48.8
0.16	264	65	50.7
0.10	278	116	50.0

金属结晶时,每个晶粒都是由一个晶核长大而成的。晶粒的大小取决于形核率和长大速度的相对大小。形核率越大,则单位体积中的晶核数目越多,每个晶粒的长大余地越小,因而长成的晶粒越细小。同时长大速度越小,则在长大过程中将会形成更多的晶核,因而晶粒也将越细小。反之,形核率越小而长大速度越大,则会得到越粗大的晶粒。因此,晶粒度取决于形核率 $\dot{N}$ 和长大速度 G 之比,$\dot{N}/G$ 越大,晶粒越细小。根据分析计算,单位体积中的晶粒数目 Z_V 为

$$Z_V = 0.9 \left(\frac{\dot{N}}{G} \right)^{3/4} \qquad (7-63)$$

单位面积中的晶粒数目 Z_S 为

$$Z_S = 1.1 \left(\frac{\dot{N}}{G} \right)^{1/2} \qquad (7-64)$$

由此可见,凡能促进形核,抑制长大的因素,都能细化晶粒;相反,凡是抑制形核促进长大的因素,都使晶粒粗化。根据结晶时的形核和长大规律,为了细化铸锭和焊缝区的晶粒,在工

业生产中可以采用以下几种方法。

1. 控制过冷度

　　形核率和长大速度都与过冷度有关,增大结晶时的过冷度,形核率和长大速度均随之增加,但两者的增大速率不同,形核率的增长率大于长大速度的增长率,如图 7 - 48 所示。在一般金属结晶时的过冷范围内,过冷度越大,则 N/G 越大,因而晶粒越细小。

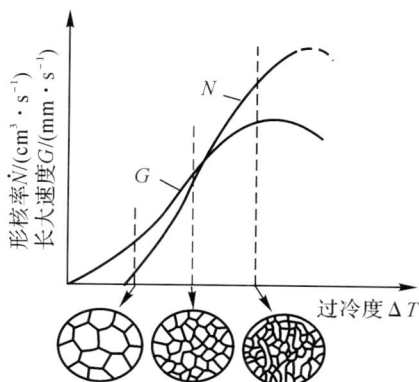

图 7 - 48　金属结晶时形核率和长大速度与过冷度的关系

　　增加过冷度的方法主要是提高液态金属的冷却速度。在铸造生产中,为了提高铸件的冷却速度,可以采用金属型或石墨型代替砂型,增加金属型的厚度,降低金属型的温度,采用蓄热多、散热快的金属型,局部加冷铁,以及采用水冷铸型等。增加过冷度的另一种方法是采用低的浇注温度、减慢铸型温度的升高,或者进行慢浇注,这样做一方面可使铸型温度不致升高太快,另一方面由于延长了凝固时间,晶核形成的数目增多,可获得较细小的晶粒。

　　若将液态金属喷洒在一个吸热能力很强的冷却板上,它所产生的冷却速度可达 10^6 ℃/s,此时在液体中形成极大数量的晶核,它们尚未来得及长大便相互碰撞、接触了。用这种方法得到的铸件很薄且表面粗糙不平整。曾有人用这种方法生产出晶粒大小为十分之几微米的 Al - Cu 合金,发现它的强度比一般铸造方法得到的强度高 6 倍以上。

2. 变质处理

　　用增加过冷度的方法细化晶粒只对小型或薄壁的铸件有效,而对较大的厚壁铸件就不适用。因为当铸件断面较大时,只是表层冷得快,而心部冷得很慢,因此无法使整个铸件体积内都获得细小而均匀的晶粒。为此,工业上广泛采用变质处理的方法。

　　变质处理是在浇注前往液态金属中加入形核剂(又称变质剂),促进形成大量的非均匀晶核来细化晶粒。例如在铝合金中加入钛和硼,在钢中加入钛、锆、钒,在铸铁中加入硅铁或硅钙合金就是如此。还有一类变质剂,它虽不能提供结晶核心,但能起阻止晶粒长大的作用,因此又称其为长大抑制剂。例如将钠盐加入 Al - Si 合金中,钠能富集于硅的表面,降低硅的长大速度,使合金的组织细化。

3. 振动、搅动

　　对即将凝固的金属进行振动或搅动,一方面是依靠从外面输入能量促使晶核提前形成,另一方面是使成长中的枝晶破碎,使晶核数目增加,这已成为一种有效的细化晶粒组织的重要手段。

进行振动或搅动的方法很多,例如用机械的方法使铸型振动或变速转动,使液态金属流经振动的浇铸槽,进行超声波处理,在焊枪上安装电磁线圈,造成晶体和液体的相对运动等,均可细化晶粒组织。

7.7.2 单晶体的制备

单晶体对研究材料的本征特性方面具有重要的理论意义,而且在工业中的应用也日益广泛。单晶是电子元件和激光器的重要材料,金属单晶已开始应用于某些特殊要求的场合,如喷气发动机叶片等。因此,单晶制备是一项重要的技术。

单晶制备的基本要求就是防止凝固时形成许多晶核,而使凝固中只存在一个晶核,由此生长、获得单晶体。下面介绍两种最基本的制备单晶的方法。

1. 垂直提拉法

这是制备大单晶的主要方法,其原理如图 7-49 所示。用加热器先将坩埚中原料加热熔化,并使其温度保持在稍高于材料的熔点以上。将籽晶夹在籽晶杆上(如想使单晶按某一晶向生长,则籽晶的夹持方向应使籽晶中某一晶向与籽晶杆轴向平行)。然后将籽晶杆降低,使籽晶与液面接触,籽晶的温度在熔点以下,而液体和籽晶的固液界面处的温度恰好为材料的熔点。为了保持液体的均匀和固液界面处温度的稳定,籽晶与坩埚通常以相反的方向旋转。籽晶杆一边旋转,一边向上提拉,这样液体就以籽晶为晶核不断地结晶生长而形成单晶。半导体电子工业所需的无位错 Si 单晶就是采用上述方法制备的。

2. 尖端形核法

图 7-50 是尖端形核法原理图,是在液体中利用容器的特殊形状形成一个单晶。该方法是先将原料放入一个尖底的圆柱形坩埚中加热熔化,然后让坩埚缓慢地向冷却区降低,底部尖端的液体首先到达过冷状态,开始形核。恰当地控制凝固条件,就可能只形成一个晶核。随着坩埚的继续降低,晶体不断生长而获得单晶。

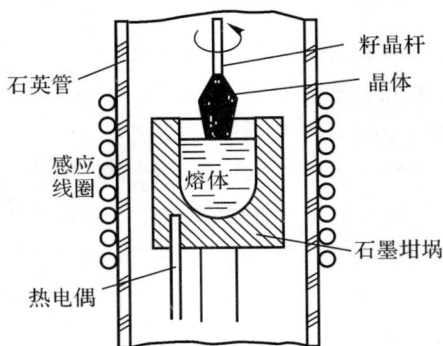

图 7-49 垂直提拉法

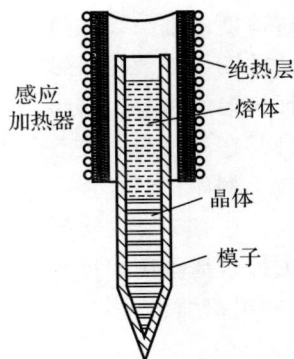

图 7-50 尖端形核法

7.7.3　定向凝固

定向凝固(directional solidification)又称定向结晶,是使金属或合金在熔体中定向生长晶体的一种工艺方法。由金属学原理可知,晶界处原子排列不规则、杂质多、扩散快,因此在高温受力条件下,晶界是较薄弱的地方,裂纹常常是沿垂直于受力方向的横向晶界扩展,甚至断裂。如果采取定向凝固方式,使晶粒沿受力方向生长,消除横向晶界,则能大大提高材料的性能。在凝固过程中,如果热流(散热)是单向的,又有足够的温度梯度,则新晶核的形成将受到限制,晶体便以柱状晶方式生长,且这种生长有一定的晶体学取向,这便是定向凝固技术。定向凝固技术已在涡轮与叶片生产、磁性材料等方面取得了应用。例如涡轮叶片在高温工作过程中常呈晶界断裂,断裂特别容易在沿与主应力相垂直的晶界上发生,通过定向凝固技术,可使叶片中的晶界与主应力平行,从而使叶片的使用寿命显著提高。

7.7.3.1　定向凝固工艺参数

由凝固原理可知,获得单向生长柱状晶的根本条件是避免在固-液界面前方的液体中形成新的晶核,即固-液界面前方不存在形核和晶粒游离现象,使柱状晶的纵向生长不受限制。定向凝固技术的工艺参数主要有固-液界面前沿液相中的温度梯度 G_L 和固-液界面向前推进的速度,即晶体生长速率 R。G_L/R 是控制晶体长大形态的重要判据。在提高 G_L 的条件下增大 R,才能获得所要求的晶体形态,才能细化组织、改善质量、提高生产率。

对一定成分的合金来说,从熔体中定向生长晶体时,必须在固-液界面前沿建立必要的温度梯度,以获得某种晶体形态的定向凝固组织。温度梯度大小直接影响晶体的生长速率和晶体的质量。此处以坩埚下降定向凝固法(见图 7-51)为例。其温度梯度可表示为

$$G_L = \frac{G_s\lambda_s - R\rho L}{\lambda_L} \tag{7-65}$$

式中:R 为凝固速率;L 为结晶潜热;ρ 为熔体的密度;λ_s,λ_L 分别是固体和液体的热导率;G_s 为固相温度梯度。

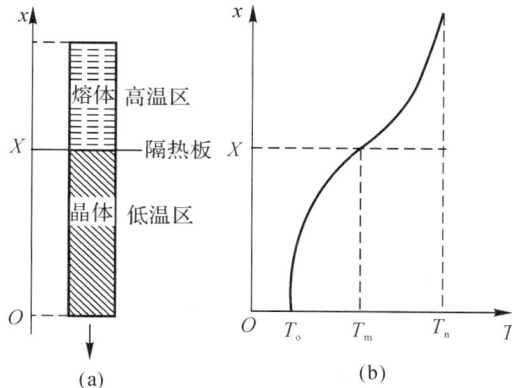

图 7-51　坩埚下降定向凝固装置示意图和温度分布

若 λ_s,λ_L 为常数,则当凝固速率一定时,G_L 与 G_s 成正比,通过增大 G_s 来增强固相的散热

强度,这是实际生产中获得大 G_L 的重要途径。但是,固相散热强度的增大,在提高 G_L 的同时,也会使凝固速率 R 增大,不利于柱状晶的形成及稳定。因此,常用提高固-液前沿熔体的温度来达到提高 G_L 的目的。单向凝固装置在凝固界面附近加上辐射板正是为了达到此目的。G_L 较大时,有利于抑制成分过冷,从而提高晶体的质量。但是并不是温度梯度 G_L 越大越好,特别是当制备单晶时,熔体温度过高,会导致液相剧烈地挥发、分解和受到污染,从而影响晶体的质量。固相温度梯度 G_S 过大,会使生长着的晶体产生大的内应力,甚至使晶体开裂。

采用功率降低法(见图 7-52)时,定向凝固的铸件在凝固时所释放的热量,只靠水冷结晶器导出。随着凝固界面的推移,结晶器的冷却效果越来越小,温度梯度也逐渐减小,因而凝固速率不断减缓。采用快速凝固法(见图 7-53)时,凝固速率实际上取决于铸型或炉体的移动速率。

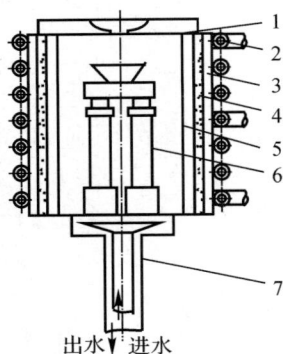

图 7-52 功率降低法(P·D法)
1—保温盖;2—感应圈;3—玻璃布;4—保温层;
5—石墨层;6—模壳;7—结晶器

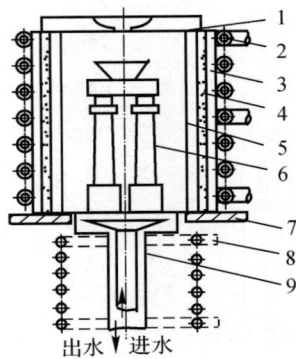

图 7-53 快速凝固法(H·R·S法)
1—保温盖;2—感应圈;3—玻璃布;4—保温层;
5—石墨层;6—模壳;7—挡板;8—冷却圈;9—结晶器

通常将固-液界面稳定在辐射板附近,使之达到一定的 G_L/R 值,保证晶体稳定生长。利用这种方法,可使铸件在拉出初期,热量主要靠传导传热,通过结晶器导出。随着铸件不断拉出,铸件向周围辐射传热逐渐增加。显然,采用快速凝固法时,G_L 受到铸件拉出速度、热辐射条件和铸件径向尺寸的影响。在稳定态生长条件下,铸件拉出的临界速率主要受到铸件辐射传热特性的影响;在小于临界拉出速率时,凝固速率 R 与拉出速率 v 基本一致,固—液界面稳定在辐射挡板附近。

7.7.3.2 定向凝固的方法

1. 发热剂法

发热剂法主要是将型壳置于绝热耐火材料箱中,底部安放水冷结晶器。型壳中浇入金属液后,在型壳上部盖以发热剂,使金属液处于高温,就建立了自下而上的凝固条件。由于无法调节凝固速率和温度梯度,因此只能制备小的柱状晶铸件,这种方法多用于磁钢生产。

2. 功率降低法(P·D法)

功率降低法是将铸型加热感应圈分两段,铸件在凝固过程中不移动。当模壳被预热到一定过热温度时,向型壳内浇入过热合金液,切断下部电源。上部继续加热,G_L 随着凝固的距离增大而不断减小。G_L 和 R 值都不能人为地控制。

3. 快速凝固法(H·R·S法)

快速凝固法与功率降低法的主要区别是,快速凝固法中,铸型加热器始终加热,在凝固时,铸件与加热器之间产生相对移动。另外,在热区底部使用辐射挡板和水冷套。在挡板附近产生较大的温度梯度 G_L,G_S。这种方法可以大大缩小凝固前沿两相区,局部冷却速度增大,有利于细化组织,提高力学性能。

4. 液态金属冷却法(L·M·C法)

该方法工艺过程与快速凝固法基本相同。当合金液浇入型壳后,按选择的速度将型壳拉出炉体,浸入金属浴,金属浴的水平面保持在凝固的固-液界面近处,并使其保持在一定温度范围内。液态金属作为冷却剂应满足以下需求:

(1)熔点低,有良好的热学性能。

(2)不溶于合金中。

(3)蒸汽压低,可在真空条件下使用。

(4)价格便宜。

目前,使用的金属浴有锡液、镓铟合金、镓铟锡合金等。镓、铟价格过于昂贵,在工业生产中难以采用。锡液应用的较多,其熔点为 232 ℃,沸点为 2 267 ℃,有理想的热学性能,但锡为高温合金的有害元素,如果操作不当,则易使锡污染合金,会严重恶化合金性能。

7.7.3.3　定向凝固技术的应用

1. 单晶生长

晶体生长的研究内容之一是制备成分准确,尽可能无杂质、无缺陷(包括晶体缺陷)的单晶体。单晶体是人们认识固体的基础,定向凝固是制备单晶最有效的方法。为了得到高质量的单晶体,首先要在金属熔体中形成一个单晶核;可引入粒晶成自发形核,而在晶核和熔体界面不断生长出单晶体。

单晶在生长过程中绝对要避免固-液界面不稳定而生出晶胞或柱晶。故而固-液界面前沿不允许有温度过冷或成分过冷。固-液界面前沿的熔体应处于过热状态,结晶过程的潜热只能通过生长着的晶体导出。定向凝固满足上述热传输的要求,只要恰当地控制固-液界面前沿熔体的温度和速率,就可以得到高质量的单晶体。

2. 柱状晶生长

柱状晶包括柱状树枝晶和胞状柱晶。通常采用定向凝固工艺,使晶体有控制地向着与热流方向相反的方向生长。共晶体取向为特定位向,并且大部分柱状晶贯穿整个铸件。这种柱晶组织大量用于高温合金和磁性合金的铸件上。定向凝固柱状晶铸件与用普通方法得到的铸件相比,前者可以减少偏析、疏松等,而且形成了取向平行于主应力轴的晶粒,基本上消除了垂直应力轴的横向晶界,使航空发动机叶片的力学性能有了新的飞跃。另外,对面心立方晶体的磁性材料,如铁等,当铸态柱晶沿晶向取向时,因与磁化方向一致,磁性大大改善。

3. 高温合金的制备

高温合金是现代航空燃气涡轮、舰船燃气轮机、地面和火箭发动机的重要金属材料,在先进航空发动机中,高温合金的用量为 40%～60%,因此这种材料被誉为"燃气轮的心脏"。采用定向凝固技术生产的高温合金基本上消除了垂直于应力轴的横向晶界,并以独特的平行于零件主应力轴择优生长的柱晶组织以及有益的力学性能而获得长足发展。

4. 功能材料的制备

磁性材料是古老而年轻的功能材料,它是指具有可利用的磁学性质的材料,具有优异的磁性能。深过冷快速凝固是目前国内外制备块体纳米磁性材料的研究热点之一,采用该工艺时,可先制备出大块磁性非晶,再对其进行退火热处理而获得纳米磁性材料,也可以直接将整块金属进行晶粒细化至纳米级而获得纳米磁性材料。

5. 复合材料的制备

定向凝固技术也是一种制备复合材料的重要手段。西北工业大学在自行研制的具有高真空、高温度梯度、宽抽拉速度等特点的定向凝固设备上制备出自生 Cu-Cr 复合材料棒。经研究发现,Cu-Cr 自生复合材料的定向凝固组织是由 α 基体相和分布于 α 相间的纤维状共晶体复合组成的。随着凝固速度的增大,各向生长定向性得到提升且径向尺寸均得到细化。致密、均匀、规整排列的组织减少了横向晶界。微观组织中 α 基体相起导电作用,纤维状共晶体起增强作用。Cu-Cr 自生复合材料的强度、塑性、导电性均高于同体积凝固试样,复合材料的综合性能得到提高。

6. 单晶连铸坯的制备

O.C.C 技术主要应用于单晶材料、复杂截面薄壁型材及其他工艺难以加工的合金连铸型材。O.C.C 技术制备的金属单晶材料表面异常光洁,没有晶界和各种铸造缺陷,具有优异的变形加工性能,可拉制成极细的丝和压延成极薄的箔。西北工业大学在 O.C.C 的技术基础上将定向凝固、高梯度与连续铸造结合起来制备出准无限长的铜单晶,为高频、超高频信号的高清晰、高保真传输提供了关键技术。图 7-54 所示是连铸单晶的样件,与多晶相比,其塑性大幅度提高,电阻率降低 38%。而且西北工业大学用纯度 99.9% 铜所获得单晶的相对电导率优于日本用纯度为 99.999 9% 获得的相对电导率。

图 7-54 连铸单晶的样件

第8章　二元合金相图

　　纯金属在工业上有一定的应用,通常强度不高,难以满足许多机器零件和工程结构件对力学性能提出的各种要求,尤其是在特殊环境中服役的零件,有许多特殊的性能要求,例如要求耐热、耐蚀、导磁、低膨胀等,纯金属更无法胜任,因此工业生产中广泛应用的金属材料是合金。合金的组织要比纯金属的复杂,为了研究合金组织与性能之间的关系,就必须了解合金中各种组织的形成及变化规律。合金相图正是研究这些规律的有效工具。

　　合金就是由一种金属元素同一种或数种其他金属元素或非金属元素通过熔合、烧结等方法结合在一起所组成的具有金属特性的物质。例如,铁碳合金就是由铁和碳两种元素通过熔合所组成的具有金属特性的物质。

　　组成合金的最基本的、独立的物质单元称为组元。例如,在铜锌合金中,纯铜、纯锌都是组元。由二个组元组成的合金称为二元合金。

　　所谓相,就是指合金中具有同一结构、同一聚集状态和性质并以界面隔开的均匀组成部分。一个多相系合金必然是不均匀的,在两相界面处有物理性质和化学性质的突变。例如在一个有冰和水的两相系统中,其物理性质在相界面处有突然变化。纯铁也是如此,在结晶过程中液相铁和固相铁两相共存,两者原子的聚集状态不同,又被相界面分开,因此在液相和固相的界面处,其物理性能也有突然变化。

8.1　合金的相结构

　　虽然相的种类极其繁多,但根据合金中各种元素之间相互作用的不同,组成合金的基本相可分为两大类——固溶体和金属化合物。

8.1.1　固溶体

　　合金的组元之间以不同的比例相互混合,混合后形成的固相晶体结构与组成合金的某一组元的相同,这种相就称为固溶体,这种组元称为溶剂,其他组元即为溶质。根据固溶体的不同特点,可以将固溶体进行不同的分类。

1. 按溶质原子在晶格中所占位置分类

　　置换固溶体是指溶质原子位于溶剂晶格的某些结点位置所形成的固溶体,犹如这些结点上的溶剂原子被溶质原子所置换一样,因此称之为置换固溶体,如图 8-1(a)所示;间隙固溶体溶质原子不是占据溶剂晶格的正常结点位置,而是填入溶剂原子间的一些间隙中,如图 8-1(b)所示。

2. 按固溶度分类

　　(1)有限固溶体。在一定条件下,溶质组元在固溶体中的浓度有一定的限度,超过这个限度就不再溶解了。这一限度称为溶解度或固溶度,这种固溶体就称为有限固溶体,大部分固溶体都属于这一类。

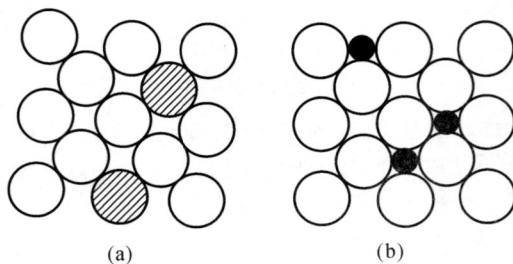

图 8 - 1 固溶体的两种类型
(a)置换固溶体;(b)间隙固溶体

(2)无限固溶体。溶质能以任意比例溶入溶剂,固溶体的溶解度可达 100%,这种固溶体就称为无限固溶体。事实上此时很难区分溶剂与溶质,二者可以互换。通常以浓度大于 50% 的组元为溶剂,浓度小于 50% 的组元为溶质。无限固溶体只可能是置换固溶体。能形成无限固溶体的合金系不很多,Cu - Ni,Ag - Au,Ti - Zt,Mg - Cd 等合金系可形成无限固溶体。图 8 - 2 为无限固溶体示意图。

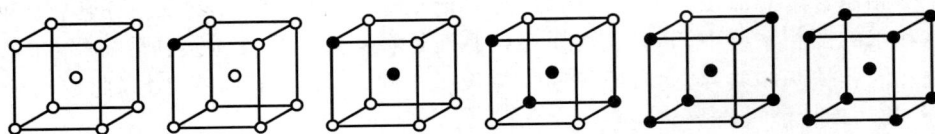

图 8 - 2 无限置换固溶体中两组元素原子置换示意图

3. 按溶质原子与溶剂原子的相对分布分类

(1)无序固溶体。溶质原子统计地或随机地分布于溶剂的晶格中,它或占据着与溶剂原子等同的一些位置,或占据着溶剂原子间的间隙,看不出有什么次序性或规律性,这类固溶体叫做无序固溶体。

(2)有序固溶体。当溶质原子按适当比例并按一定顺序和一定方向,围绕着溶剂原子分布时,这种固溶体就叫作有序固溶体,它既可以是置换式的有序,也可以是间隙式的有序。但是应当指出,有的固溶体由于有序化的结果,会引起结构类型的变化,所以也可以将它看作金属化合物。

除上述分类方法外,还有一些其他分类方法。如以纯金属为基的固溶体称为一次固溶体或端际固溶体,以化合物为基的固溶体称为二次固溶体等。

8.1.2 金属化合物

A,B 两组元组成合金时,除形成以 A 或 B 为基的两种有限固溶体外,还可能形成与 A,B 两组元晶格类型均不相同的一种新的晶格类型,这种相称为金属化合物。金属化合物的结构特点是与其组成元素晶体结构均不相同,这种新结构,有的较简单,但大多数比较复杂。金属化合物的成分多处于两种固溶体最大溶解度之间,故又称为中间相。金属化合物的组元通常有一定的比例,可用化学分子式表示其组成,但有些化合物可形成以它为溶剂的固溶体,所以它可在一个成分范围内存在。

金属化合物中的价电子至少有一部分可自由运动,这意味着大多数金属化合物中原子间的结合方式是金属键与其他类型结合键如离子键、共价键、分子键相混合的一种结合方式,因此具有一定的金属性。同时,表示它们组成的化学分子式并不一定符合化合价规律,如 $CuZn$, Fe_3C,TiC 等。

影响金属化合物的形成及结构的主要因素有负电性、电子浓度和原子尺寸等因素,每一种影响因素都对应着一类化合物,例如正常价化合物、电子化合物以及间隙相和间隙化合物。

8.2　相平衡与相图测定

相平衡主要研究多组分(或单组分)多相系统中的平衡问题,即多相系统的平衡状态(包括相的个数、每相的组成、各相的相对含量等)如何随着影响平衡的因素(温度、压力、组分的浓度等)变化而改变的规律。

一个多相系统中,在一定条件下,当一个相的生成速度与它的消失速度相等时,宏观上没有任何物质在相间传递,系统中每一个相的数量不随时间变化,这时系统便达到了相平衡,该平衡是一种动态平衡。

1. 相变过程

在一定条件下,物质由一相迁移到另一相的过程称为相变过程,例如液体的蒸发、蒸汽的凝结、固体的溶解、液体的结晶、熔体的析出、晶体的熔融以及不同晶型的转变等都是相变的过程。在相变过程中,随着新相不断地生成,旧相不断地消失。

2. 相平衡

多相系统在一定条件下,相的生成速度等于相的消失速度,则系统达到相平衡。在宏观上没有任何物质在相间传递,系统中每一个相的数量不随时间变化,但从微观上看,不同相间分子转移并未停止,只是两个方向的迁移速率相同而已,整个系统达到动态平衡状态。

3. 相图测定

合金结晶后,既可以获得单相的固溶体,也可以获得单相的金属化合物,但更常见的是既有固溶体又有金属化合物的多相组织。组元不同,获得的固溶体和化合物的类型也不同,即使在组元确定之后,结晶后获得相的性质、数目及其相对含量也随着合金成分和温度的变化而变化,即在不同的成分和温度下,合金将以不同的状态存在。为了研究不同合金系中的状态与合金成分和温度之间的变化规律,就要用到相图这一工具。

相图是表示在平衡条件下合金系中合金的状态与温度、成分间关系的图解,又称为状态图或平衡图。利用相图可以一目了然地了解到不同成分的合金在不同温度下的平衡状态,它存在哪些相,相的成分及相对含量如何,以及在加热及冷却时可能发生哪些转变等。

为了建立相图,首先要测定合金系中的一系列成分不同的合金的相变温度,即临界点。然后,则可根据临界点的数据,画出相图中的各种线条,形成该合金系的相图。

测定合金临界点的方法有很多,如热分析法、金相分析法、膨胀法、磁性法、电阻法和 X 射线结构分析法等。除金相法及 X 射线分析法外,其他方法都是利用当合金的组织或状态发生变化时,将要引起的合金性质的突变来测定其临界点的。热分析法是最常采用的方法,但合金在固态下转变的热效应很小,常需要采用上述的其他方法来测定其固态下的临界点。

此处以 Cu-Ni 合金为例(见图 8-3),说明二元合金相图的测定方法:

(1)首先配制成几组成分不同的 Cu-Ni 合金;

(2)测定上述合金的冷却曲线;

(3)找出上述合金的临界点;

(4)将各临界点标在以温度为纵坐标、以成分为横坐标的图中,将同类临界点连接起来。

其中上临界点的连线称为液相线,表示合金结晶的开始温度或加热过程中熔化终了的温度;下临界点的连线称为固相线,表示合金结晶终了的温度或在加热过程中开始熔化的温度。这两条曲线把 Cu-Ni 合金相图分成三个相区:在液相线之上,所有的合金都处于液态,是液相单相区,以 L 表示;在固相线以下,所有的合金都已结晶完毕,处于固态,是固相单相区,经 X 射线结构分析或金相分析表明,所有的合金都是单相固溶体,以 α 表示;在液相线和固相线之间,合金已开始结晶,但结晶过程尚未结束,是液相和固相的两相共存区,以 α+L 表示。至此,相图的建立工作即告完成。

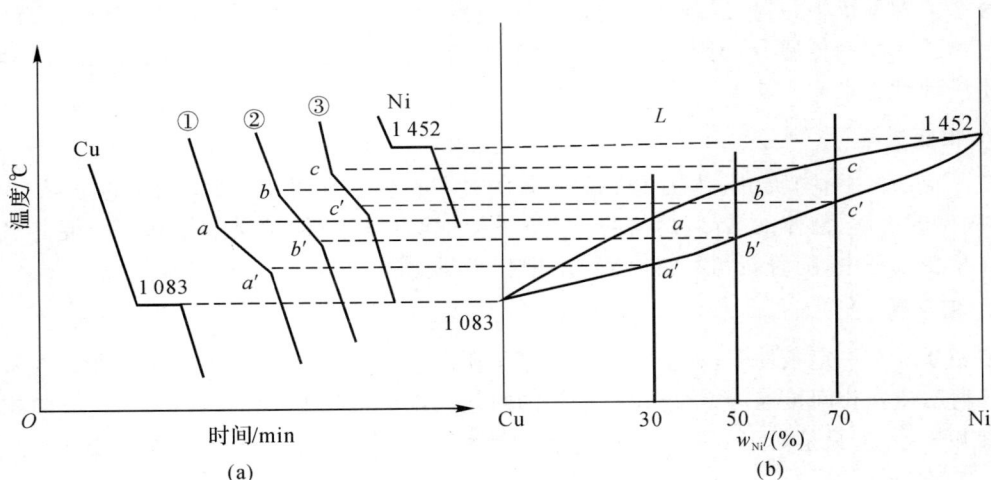

图 8-3 用热分析法从测定 Cu-Ni 合金相图
(a)冷却曲线;(b)相图

为了精确测定相图,应配制较多数目的合金,采用高纯度金属和先进的实验设备,并同时采用几种不同的方法进行测定。

8.3 相图的热力学基础、相律及杠杆定律

8.3.1 相平衡的热力学条件

相平衡是指合金系中参与相变过程的各相,长时间不再互相转化时所达到的平衡。而相

平衡的热力学条件是,合金系中各组元在各平衡相中的化学势彼此相等。如用 μ 表示化学势,则 μ_A^α 表示 α 相中 A 组元的化学势,即上标表示平衡相,下标表示组元。当 $A-B$ 二元系处于 α,β,γ 三相平衡时,其热力学条件为 $\mu_A^\alpha = \mu_A^\beta = \mu_A^\gamma$。即当 $A-B$ 二元合金系实现 α,β,γ 三相平衡共存时,各平衡相的自由能之和应最低。

设某一合金系含有 C 个组元,组元 1 的含量为 $n_1 \text{mol}$,组元 2 的含量为 $n_2 \text{mol}$,……,组元 C 的含量为 $n_C \text{mol}$,当各组元的含量变动时会引起该合金系性质的变化,因吉布斯自由能 G 是温度 T、压力 p 以及各组元含量 $n_1,n_2,\cdots,n_C$ 的函数,则 $G=G(T,P,n_1,n_2,\cdots,n_C)$,经微分运算和整理后可得

$$dG = -SdT + Vdp + \sum_{i=1}^{C} \mu_i dn_i \tag{8-1}$$

式中:S 和 V 分别为体系的总熵和总体积;$\sum\limits_{i=1}^{C} \mu_i dn_i$ 表示各组元量改变时引起体系自由能的变化,其中 $\mu_i = \dfrac{\partial G}{\partial n_i}$ 是组元 i 的偏摩尔自由能,也称为组元 i 的化学势,它代表体系内物质传输的驱动力。当某组元在各相中的化学势相等时,由于没有物质迁移的驱动力,体系处于平衡状态。如多元系各相平衡(有 C 个组元,P 个相的体系)的热力学条件为

$$
\begin{aligned}
\mu_1^\alpha &= \mu_1^\beta = \cdots = \mu_1^P \\
\mu_2^\alpha &= \mu_2^\beta = \cdots = \mu_2^P \\
&\cdots\cdots \\
\mu_C^\alpha &= \mu_C^\beta = \cdots = \mu_C^P
\end{aligned} \tag{8-2}
$$

8.3.2　固溶体的自由能-成分曲线

利用固溶体的准化学模型:①对混合焓 ΔH_m 作近似处理;②混合后的体积变化 $\Delta V_m = 0$;③只考虑两组元不同排列方式产生的混合熵,而不考虑温度引起的振动熵。由此可得固溶体的自由能为

$$G = \underbrace{X_A \mu_A^0 + X_B \mu_B^0}_{G^0} + \underbrace{\Omega X_A X_B}_{\Delta H_m} + RT \underbrace{(X_A \ln X_A + X_B \ln X_B)}_{-T\Delta S_m} \tag{8-3}$$

式中:X_A 和 X_B 分别表示 A,B 组元的摩尔分数;μ_A^0 和 μ_B^0 分别表示 A,B 组元在 $T(\text{K})$ 温度时的摩尔自由能;R 为气体常数;Ω 为相互作用参数,其表达式为

$$\Omega = N_A Z \left[e_{AB} - \frac{e_{AA} + e_{AB}}{2} \right] \tag{8-4}$$

式中:N_A 为阿伏伽德罗常数;Z 为配位数;e_{AB},e_{AA} 和 e_{AB} 分别为 $A-A$,$B-B$,$A-B$ 对组元的结合能。

以上可见,固溶体的自由能 G 是 G^0,ΔH_m 和 $-T\Delta S_m$ 三项综合的结果,是成分(摩尔分数 X)的函数,因此可按三项值的不同,分别作出任意给定温度下的固溶体自由能-成分曲线,如图 8-4 所示。

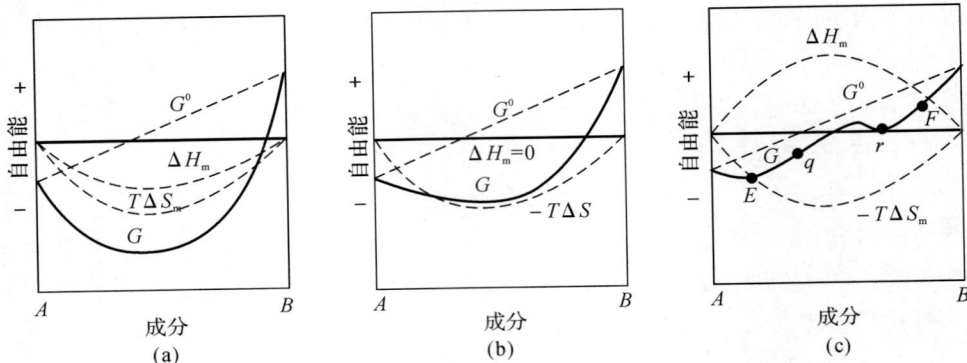

图 8-4 固溶体的自由能-成分曲线示意图

8.3.3 多相平衡的公切线原理

在任意一相的自由能-成分曲线上每一点的切线,其两端分别与纵坐标轴相截,与 A 组元的截距 μ_A 表示 A 组元以固溶体成分为切点成分时的化学势,与 B 组元的截距 μ_B 表示 B 组元以固溶体成分为切点成分时的化学势。

在二元系中,当 α,β 两相平衡时,其热力学条件为 $\mu_A^\alpha=\mu_A^\beta$,$\mu_B^\alpha=\mu_B^\beta$,即两组元分别在两相中的化学势相等。因此,两相平衡时的成分由两相自由能-成分曲线的公切线确定,如图 8-5 所示。

在二元系中,当仅 α,β,γ 三相平衡时,其热力学条件为 $\mu_A^\alpha=\mu_A^\beta=\mu_A^\gamma$,$\mu_B^\alpha=\mu_B^\beta=\mu_B^\gamma$,即三相的切线斜率相等,为它们的公切线,切点所示的成分分别表示 α,β,γ 三相平衡时的成分,切线与 A,B 组元轴相交的截距就是 A,B 组元的化学势,如图 8-6 所示。

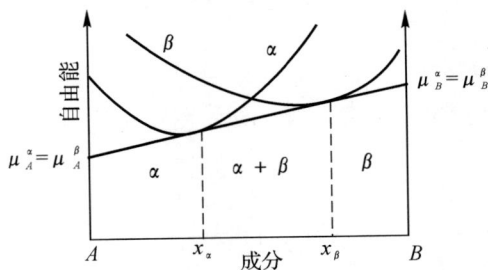

图 8-5 两相平衡时的自由能-成分曲线

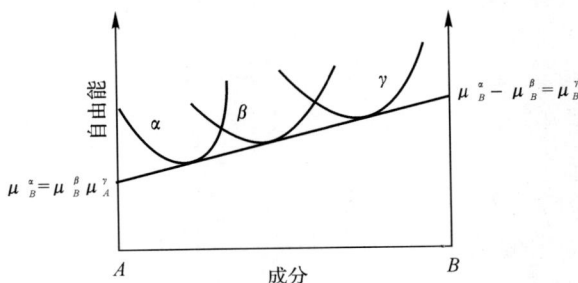

图 8-6 二元系中三相平衡时的自由能-成分曲线

分析可知,多相平衡时,利用公切线,可确定多相平衡时各相的成分及 A,B 组元的化学势。

8.3.4　相律及杠杆定律

1. 相律及其应用

相律是检验、分析和使用相图的重要工具,所测定的相图是否正确,要用相律检验,当研究和使用相图时,也要用到相律。相律表示的是在平衡条件下,系统的自由度数、组元数和相数之间的关系,是系统平衡条件的数学表达式。相律可用下式表示:

$$f = c - p + 2 \tag{8-5}$$

当系统的压力为常数时,则为

$$f = c - p + 1 \tag{8-6}$$

式中:c 是系统的组元数;p 为平衡条件下系统中的相数;f 为自由度数。所谓自由度是指在保持合金系的相数目不变的条件下,合金系中可以独立改变的、影响合金状态的内部及外部因素的数目。影响合金状态的因素有合金的成分、温度和压力,当压力不变时,则合金的状态由成分和温度两个因素确定。因此,对纯金属而言,成分固定不变,只有温度可以独立改变,所以纯金属的自由度数最多只有一个。而对二元系合金来说,已知一个组元的含量,则合金的成分即可确定,因此合金成分的独立变量只有一个,再加上温度因素,所以二元合金的自由度数最多为二个。依次类推,三元系合金的自由度数最多为三个,四元系的为四个。

2. 杠杆定律

在合金的结晶过程中,随着结晶过程的进行,合金中各个相的成分以及它们的相对含量都在不断地发生变化。对于某一具体合金来说,不但需要了解相的成分,而且还需要了解相的相对含量,杠杆定律正是用来解决这一问题的。在二元系合金中,用杠杆定律确定相的相对含量,主要适用于两相区,因为对单相区来说无此必要,而三相区又无法确定。

要确定相的相对含量,首先必须确定相的成分。根据相律可知,当二元系处于两相共存时,其自由度为1,这说明只有一个独立变量——温度,那么两个平衡相的成分均随温度的变化而变化。当温度恒定时,自由度为零,两个平衡相的成分也随之固定不变。两个相成分点之间的连线(等温线)称为连接线。实际上两个平衡相成分点即为连接线与两条平衡曲线的交点。下面以 Cu – Ni 合金为例对此进行说明。

如图 8 – 7 所示,在 Cu – Ni 二元相图中,液相线是表示液相的成分随温度变化的平衡曲线,固相线是表示固相的成分随温度变化的平衡曲线,镍的含量为 $b\%$ 的合金在温度 T_1 时,处于两相平衡状态,要确定液相 L 和固相 α 的成分,可通过温度 T_1 作一水平线段 abc,分别与液、固相线相交于 a 和 c。a,c 两点在成分坐标轴上的投影分别表示液、固两相的成分。

下面计算液相和固相在温度 T_1 时的相对含量。设合金的总质量为1,液相的质量为 Q_L,固体的质量为 Q_α,则有

$$Q_L + Q_\alpha = 1$$

此外,合金中的含镍量应等于液相中镍的含量与固相中镍的含量之和,即

$$Q \cdot b = Q_L \cdot a + Q_\alpha \cdot c$$

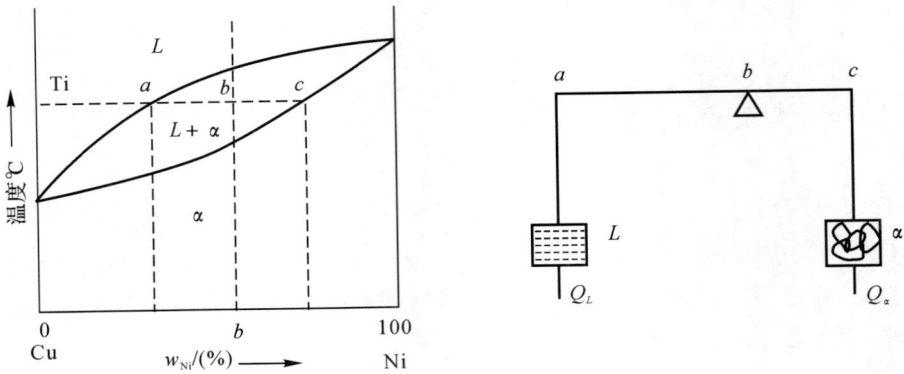

图 8-7 杠杆定律的证明及力学比喻

由以上两式可以得出

$$\frac{Q_L}{Q_\alpha} = \frac{b-c}{a-b} = \frac{bc}{ab}$$ (8-7)

如果将 b 点看作支点,将 Q_L,Q_α 看作作用于 a 和 c 的力,则按力学的杠杆原理就可得出式(8-7),因此将式(8-7)称为杠杆定律。

值得注意的是,在推导杠杆定律的过程中,并没有涉及 Cu-Ni 相图的性质,而是基于相平衡的一般原理推导的。因而不管怎样的系统,只要满足相平衡的条件,那么在两相共存时,其两相的含量都能用杠杆定律确定。

8.4 二元匀晶相图

两组元不但在液态无限互溶,而且在固态也无限互溶的二元合金系所形成的相图,称为匀晶相图。具有这类相图二元合金系主要有 Cu-Ni,Ag-Au,Cr-Mo,Cd-Mg,Fe-Ni,Mo-W 等等。在这类合金中,结晶时都是从液相结晶出单相的固溶体,这种结晶过程称为匀晶转变。应该指出,几乎所有的二元合金相图都包含有匀晶转变部分,因此掌握这一类相图是学习二元合金相图的基础。

8.4.1 二元匀晶相图分析

图 8-8 所示为 Cu-Ni 二元合金相图,该相图有两条曲线,上面一条为液相线,下面一条为固相线,液相线和固相线把相图分为三个区域:液相区 L、固相区 α 以及液、固两相共存区 $L+\alpha$。

8.4.2 固溶体的平衡凝固

平衡凝固是指合金在极缓慢的冷却条件下进行的凝固过程。在此条件下得到的组织称为平衡组织。

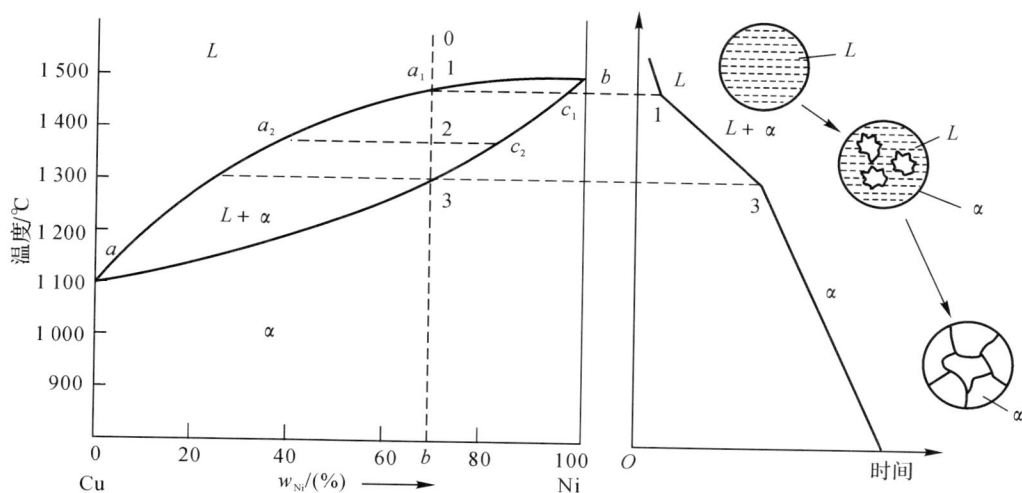

图 8-8 Cu-Ni 相图及典型合金平衡凝固过程分析

下面以 Ni 的质量分数为 $b\%$ 的 Cu-Ni 合金为例,分析合金的平衡凝固过程。从图 8-8 可见,当液态合金自高温缓慢冷却到 t_1 时,开始从液相中结晶出固溶体。根据杠杆定律可知,与浓度为 a_1 的液相相平衡的固相浓度为 c_1,由图 8-8 可知,c_1 固溶体的含 Ni 量,远高于原液相本身的含 Ni 量。

继续冷却结晶出来的固相成分为 c_2,液相成分是 a_2。同时原来在 t_1 温度下结晶出来的成分为 c_1 的固相,也要通过扩散变成 c_2。液相从 a_1 变成 a_2,两相达到新的平衡。

所以,在温度不断下降的过程中,固溶体的成分不断地沿固相线而变化,液相成分则沿液相线而变化。固相的量不断增加,液相的量不断减少。

当合金冷却到 t_3 温度时,结晶终了。得到与原合金成分相同的单相 α 固溶体。即成分为含 Ni 的质量分数为 $b\%$ 的固溶体。α 固溶体的显微组织和纯金属一样,是由多面体的晶粒所组成。

固溶体合金的结晶需要在一定的温度范围内进行,在此温度范围内的每一温度下,只能结晶出来一定数量的固相。随着温度的降低,固相的数量增加,同时固相的成分和液相的成分分别沿着固相线和液相线而连续地改变,直至固相线的成分与原合金的成分相同时,结晶才完毕。这就意味着,固溶体合金在结晶时,始终进行着溶质和溶剂原子的扩散过程,其中不但包括液相和固相内部原子的扩散,而且包括固相与液相通过界面进行的原子互扩散,这就需要足够长的时间,才得以保证平衡凝固过程的进行。

可以将固溶体的凝固过程概述如下:固溶体晶核的形成(或原晶体的长大),造成相内(液相或固相)的浓度梯度,从而引起相内的扩散过程,这就破坏了相界面处的平衡(造成不平衡),因此,晶体必须长大,才能使相界面处重新达到平衡。可见,固溶体晶体的长大过程是平衡→不平衡→平衡→不平衡的辩证发展过程。

8.4.3 固溶体的非平衡凝固与微观偏析

如上所述,固溶体的凝固过程必须有组元间的相互扩散。欲使扩散过程充分进行,就需要极缓慢的冷却速度。但在工业生产过程中,液态合金浇注后,冷却较快,每一温度下的扩散过程来不及充分进行。因而,在凝固过程中,每一温度下结晶出来的固溶体,其平均成分将要偏离固相线所示的成分。这种偏离平衡条件的凝固称为非平衡凝固。

如图 8-9 所示,在实际铸造条件下,由于过冷,合金 I 在冷至与液相线相交的温度时,并不开始结晶,而是可能要过冷到温度 t_1 时才开始结晶,结晶出来的固溶体的成分为 α_1。当冷却到温度 t_2 时,其平衡成分应为 α_2,这时原先已经结晶出来的、成分为 α_1 的固溶体,应该通过原子扩散,使其成分改变为 α_2。但是,如果冷速较快,扩散过程来不及充分进行,即成分为 α_1 的固溶体来不及将其成分改变为 α_2,而在温度 t_2 时结晶出来的成分为 α_2 的固溶体已经在其周围结晶。因此,晶体的心部与外围的成分将发生差异,其平均成分为介于 α_1 与 α_2 之间的 α_2'。同理,在温度 t_3 时,固溶体的平均成分也不会是平衡成分 α_3,而是 α_3'。当冷却到温度 t_4 时,如按照平衡结晶过程,固溶体的成分应为 α_4,即合金 I 的成分,凝固过程应该完成。但在实际铸造条件下,由于冷却速度较大,在温度 t_4 时,晶体的平均成分为 α_4',合金 I 的结晶过程也未结束。只有在继续冷却到温度 t_5 时,固溶体的平均成分 α_5 才与合金 I 相同。此时,结晶过程方告完成。

图 8-9 中 α_1,α_2',α_3',α_4',α_5 连成的线是快冷时固溶体的平均成分线,它是一条偏离平衡相成分的固相线,它与平衡成分线的偏离幅度随冷却速度的增加而加大。

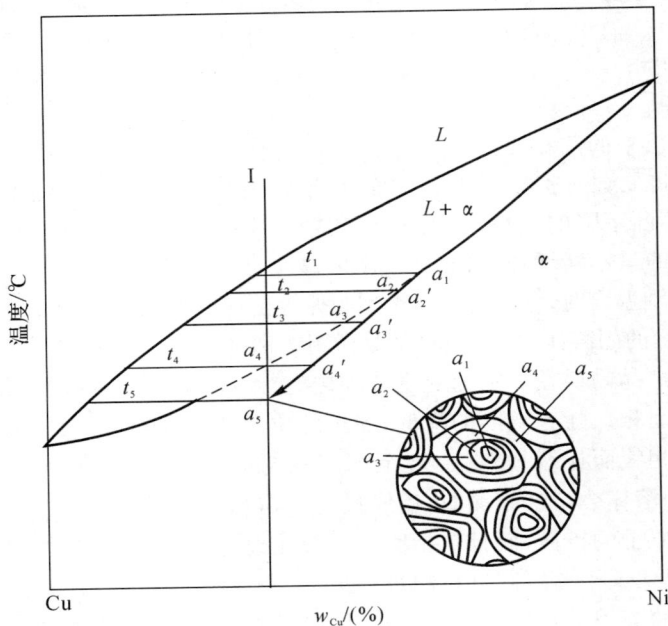

图 8-9 固溶体合金不平衡凝固示意图

固溶体合金不平衡凝固的结果,使前后从液相中结晶出的固相成分不同,再加上冷却速度较快,不能使成分扩散均匀,结果就使每个晶粒内部的化学成分很不均匀。先凝固的含低熔点的组元较多,在晶粒内部存在浓度差别,这种在一个晶粒内部化学成分不均匀的现象,称为晶内偏析。固溶体晶体通常成树枝状,使枝干和枝间的化学成分不同,所以又称为枝晶偏析。合金在不平衡结晶时所形成的晶内偏析,是属于一个晶粒范围内晶轴与枝间的微观偏析。

晶内偏析对合金的性能有很大的影响,严重的晶内偏析会使合金的机械性能下降,特别是使塑性和韧性显著降低,甚至使合金不容易进行压力加工。

8.4.4　固溶体的宏观偏析

固溶体合金在不平衡结晶时还往往造成宏观偏析或区域偏析,即在大范围内化学成分不均匀的现象。下面以固相内无扩散,液相借助于扩散、对流或搅拌,化学成分可以充分混合的情况为例,阐述晶体在长大过程中的溶质原子分布情况,说明造成宏观偏析或区域偏析的原因。

如图 8-10 所示,假定成分为 C_0 的液态合金在圆管内自左端向右端逐渐凝固,并假设固液界面保持平面。当合金在 t_1 温度开始结晶时,结晶出的固相成分为 k_0C_1,液相成分为 C_1［见图 8-10(a)］,晶体长度为 x_1［见图 8-10(b)］。当温度降至 t_2 时,析出的固相成分为 k_0C_2,就意味着,在温度 t_1 时形成的晶体长大至 x_2 的位置,由于液相的成分能够充分混合,所以晶体长大时向液相中排出的溶质原子使液相成分整体而均匀地沿液相线由 C_1 变至 C_2。当温度降至 t_3 时,晶体由 x_2 长大至 x_3,此时晶体的成分为 C_0,即原合金的成分,晶体长大时所排出的溶质原子使液相成分变至 C_0/k_0。由于固相内无扩散,故先后结晶的固相成分依次为 $k_0C_1 \rightarrow k_0C_2 \rightarrow C_0$。由图可以看出,尽管此时相界面处的固相成分已达到 C_0,但已结晶的固相成分的平均值仍低于合金成分,因此仍保持着较多的液相。在以后的结晶过程中,液相中的溶质原子越来越富集,结晶出来的固相成分也越来越高,最后结晶的固相成分往往要比原合金成分高好多倍。由此可见,对于铸锭或铸件来说,这就造成大范围内的化学成分不均匀,即区域偏析。

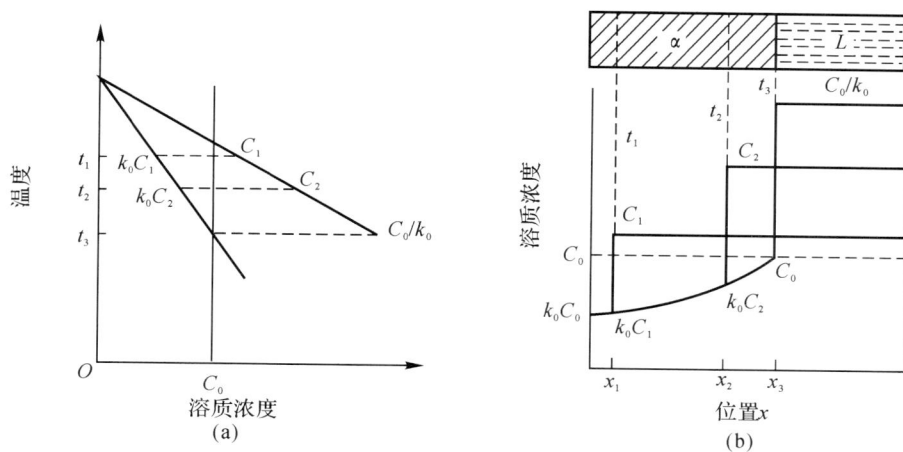

图 8-10 区域偏析的形成过程

在实际的结晶过程中,液相中的溶质原子不可能时时处处混合得十分均匀,因此上面讨论的是一种极端情况。下面讨论另外一种极端情况,即固相中无扩散,液相中除了扩散之外,没有对流或搅拌,即液相中的溶质原子混合得很差。为了讨论问题方便,仍然假设液态合金于圆管中从单方面凝固,液固相界面为一平面,并逐步向液相中推进,如图 8-11 所示。成分为 C_0 的合金在 t_1 温度开始结晶,结晶出的固相成分为 k_0C_1［见图 8-11(a)］,此时将从已结晶的固相向液相排出一部分溶质原子。但是由于液相中无对流或搅拌的作用,不能将这部分溶质原子迅速输送到远处的液体中,于是在相界面的邻近液相中形成了浓度梯度,溶质原子只能借助于浓度梯度的作用向远处的液相中输送。但是由于扩散速度慢,所以使溶质原子在相界面处有所富集。随着温度的不断降低、晶体的不断长大和相界面向液相中的逐渐推移,溶质的富集层便越来越厚,浓度梯度越来越大,溶质原子的扩散速度也随着浓度梯度的增高而加快[见图8-11(b)]。

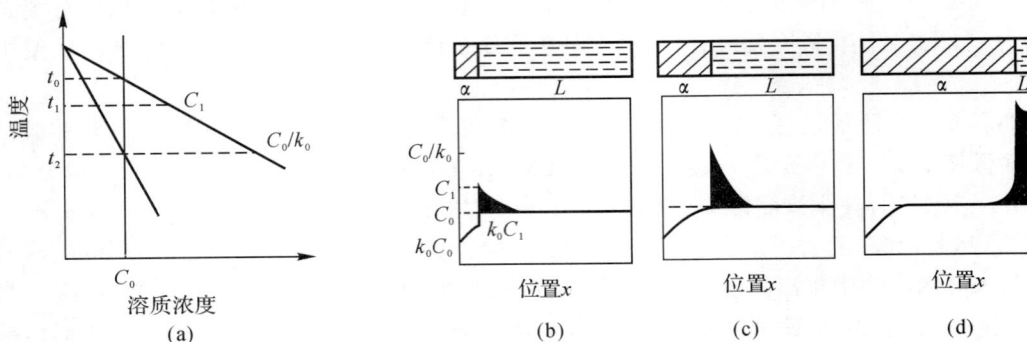

图 8-11　液相中只有扩散的单向结晶过程

当温度达到 t_2 时,相界面处液相的成分达到 C_0/k_0,固相成分达到 C_0,此时从固相中排到相界面上的溶质原子数恰好等于扩散离开相界面的溶质原子数,即达到了稳定态。此后结晶即在 t_2 温度下进行,此时固相成分保持原合金成分 C_0,界面处的液相成分保持 C_0/k_0,由于扩散进行得很慢,所以远离相界面的液体成分仍保持 C_0,如图 8-11(c)所示。直至结晶临近终了,最后剩下的少量液体,其浓度又开始升高,如图 8-11(d)所示。最后结晶的那一小部分晶体,其浓度往往较合金的浓度高出许多。

实际的不平衡结晶,既不会像第一种情况那样,液体中的成分随时都可以混合均匀,也不会像第二种情况那样,液体中仅仅存在扩散,液体的成分很不均匀,大多数是介于以上两种极端的中间情况。在分析铸件或铸锭的结晶时,应当结合凝固的具体条件进行分析。

8.4.5　区域熔炼

固溶体合金在不平衡结晶时还往往造成宏观偏析或区域偏析,即在大范围内化学成分不均匀的现象。区域偏析对合金的性能有很大影响,应当予以避免,但可依据这一原理提纯金属。设想如果将杂质富集的末端切去,然后再熔化,再凝固,金属的纯度就可不断得到提高。但是用这种提纯方法步骤颇为复杂。

如果在提纯时不是将金属棒全部熔化,而是将圆棒分小段进行熔化和凝固,也就是使金属棒从一端向另一端顺序地进行局部熔化,那么凝固过程也随之顺序地进行(见图8-12)。由于固溶体是选择结晶,先结晶的晶体将杂质排入熔化部分的液体中。当熔化区走过一遍之后,圆棒中的杂质就富集于另一端,重复多次,即可达到目的,这种方法就是区域熔炼。从提纯的效果看,熔化区的长度越短,则提纯效果越好。这是由于当熔区较长时,会将已经推到另一端的溶质原子重新熔化而又跑向低的一端。通常熔区的长度不大于试样全长的1/10。

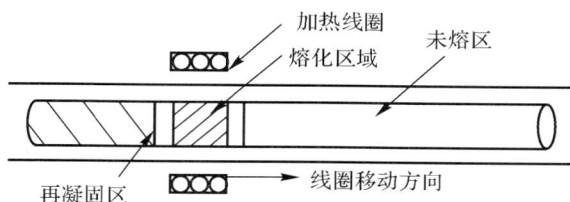

图 8-12　区域熔炼示意图

提纯效果还与 k_0 的大小及液体搅拌的激烈程度有关。k_0 越小,则提纯效果越好;搅拌越激烈,液体的成分越均匀,则结晶出的固相成分越少,提纯效果也越好。为此,最好采用感应加热,熔区内有电磁搅拌,使液相内的溶质浓度易于均匀,这样加热区的前进速度也可大些。如此反复几次,就可将金属棒的纯度大大提高。例如,对于 $k_0=0.1$ 的情况,只需进行五次区域熔炼,就可使金属棒前半部分的杂质含量降低至原来的千分之一。因此,区域提纯已经广泛应用于提纯许多半导体材料、金属、有机及无机化合物等。

8.4.6　合金中的成分过冷

当讨论纯金属的结晶过程时,如果固液界面前沿液体中的温度梯度为正,固液界面呈平面状生长;而当温度梯度为负时,则固液界面呈树枝状生长。当固溶体合金凝固时,即使固液界面前沿液体中的温度梯度为正,也经常发现其呈树枝状成长,还有的呈胞状成长。造成这一现象的原因是,固溶体合金在凝固时,溶质组元重新分布,在固液界面处形成溶质的浓度梯度,从而产生成分过冷。

为了讨论问题方便起见,设 C_0 成分的固溶体合金为定向凝固,在液体中只有扩散而无对流或搅拌,图 8-13(a)中的分配系数 $k_0<1$,液相线和固相线均为直线。液态合金中的温度分布如图 8-13(b)所示,由图可知其温度梯度是正值,它只受散热条件的影响,而与液体中的溶质分布情况无关。当 C_0 成分的液态合金温度降至 t_1 时,结晶出的固相成分为 k_0C_0,由于液相中只有扩散而无对流或搅拌,所以随着温度的降低,在晶体成长的同时,不断排出的溶质便在固液界面处堆集,形成具有一定浓度梯度的边界层,界面处的液相成分和固相成分分别沿着液相线和固相线变化。当温度达到 t_2 温度时,固相的成分为 C_0,液相的成分为 C_0/k_0,界面处的浓度梯度达到了稳定态,而远离界面处液体成分仍为合金成分 C_0。在固液界面处的溶质边界层的溶质分布情况如图 8-13(c)所示。

固溶体合金的平衡凝固温度与纯金属不同,对纯金属来说,它的平衡凝固温度(熔点)是确定不变的,而固溶体合金的平衡凝固温度则随合金成分的不同而变化。当 $k_0<1$ 时,合金的平衡凝固温度随着溶质浓度的增加而降低[见图 8-13(a)],这一变化规律由其液相线表示。这样一来,由于液体边界层中的溶质浓度随距界面的距离 x 的增加而减小,故边界层中的平衡凝固温度也将随距离 x 的增加而上升。边界层中的平衡凝固温度与距离 x 的变化关系示于图 8-13(d)中。在 $x=0$ 处,边界层中的溶质浓度最高,其值为 C_0/k_0,如图 8-13(c)所示,相应地平衡凝固温度也最低[见图 8-13(a)(d)]。此后随着距离 x 的增加,溶质浓度不断减小,平衡凝固温度也随之升高,至达到原液态合金的成分 C_0 时,平衡凝固温度升高至相应的 t_0。

温度。

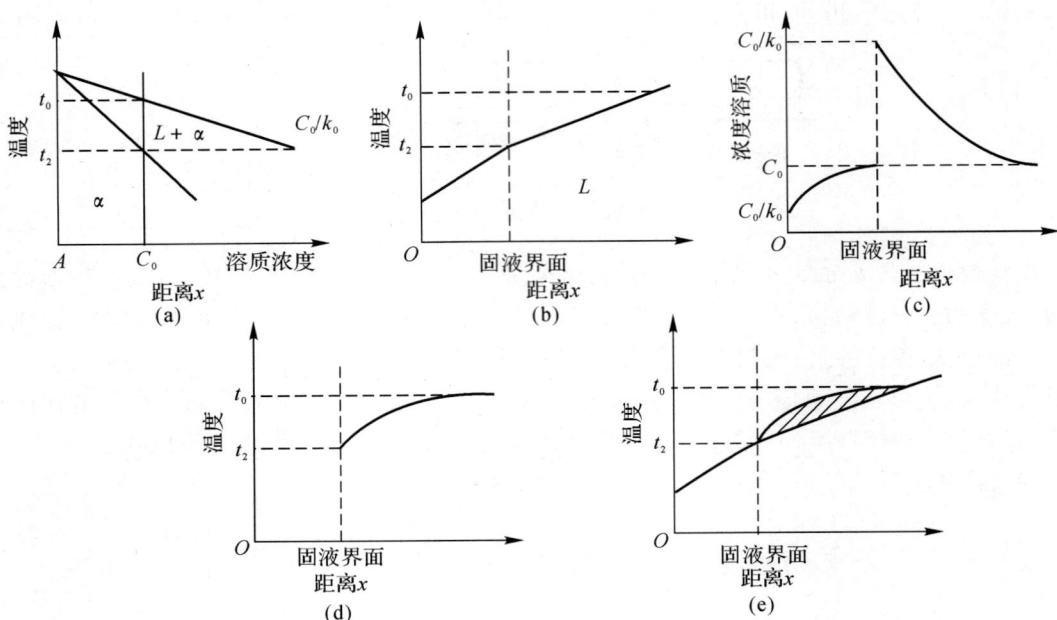

图 8-13　成分过冷示意图

　　如果将图 8-13(b)(d)叠加在一起,就构成了图 8-13(e)。由此图可见,在固液界面前方一定范围内的液相,其实际温度低于其平衡凝固温度,在界面前方出现了一个过冷区域,平衡凝固温度与实际温度之差即为过冷度,这个过冷度是由于液相中的成分变化而引起的,所以称为成分过冷。

　　对固溶体合金来说,除受温度梯度的影响外,更主要的是要受成分过冷的影响。在温度梯度为负值时,固溶体与纯金属一样,凝固时晶体易于长成树枝状,而在温度梯度为正值时,由溶质元素在固液界面前沿的富集而形成的成分过冷,将对固溶体合金的晶体形态产生很大的影响。

8.5　二元共晶相图

　　两组元在液态时相互无限互溶,在固态时相互有限互溶,发生共晶转变,形成共晶组织的二元系相图,称为二元共晶相图。Pb-Sn,Pb-Sb,Ag-Cu,Pb-Bi 等合金系的相图都属于共晶相图,在 Fe-C,Al-Mg 等相图中,也包含有共晶部分。下面以 Pb-Sn 相图为例,对共晶相图及其合金的结晶进行分析。

8.5.1　共晶相图分析

Pb-Sn 合金相图如图 8-14 所示,图中 AE,BE 为液相线,$AMENB$ 为固相线,MF 及

NG 线分别表示锡溶于铅中及铅溶于锡中的溶解度曲线,又称为固溶线。

合金系中有三个相:液相 L 及固相 α,β。α 相是锡溶于铅中的固溶体,β 相是铅溶于锡中的固溶体。

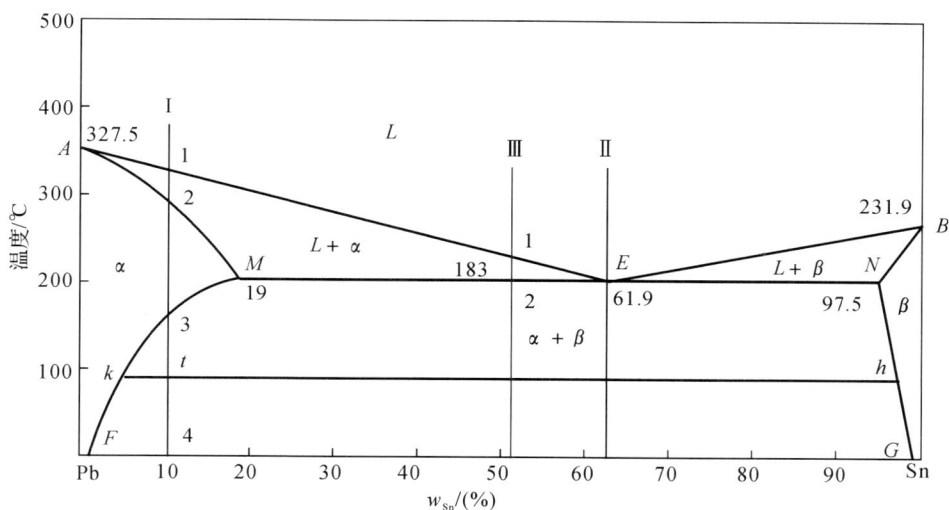

图 8 – 14　Pb – Sn 合金相图

相图中有三个单相区,即 L,α 及 β 相区。三个两相区,即 $L+\alpha,L+\beta$ 及 $\alpha+\beta$。还有一个三相(L,α,β)共存的水平线,即 MEN 线。

在 MEN 水平线所对应的温度下,成分相当于 E 点的液相(L_E),同时结晶出成分与 M 点相对应的 α 固溶体(α_M)和成分与 N 点相对应的 β 固溶体(β_N),形成这两种固溶体的混合物。这种转变的反应式是

$$L_E \underset{t_E}{\overset{t_E}{\rightleftharpoons}} \alpha_M + \beta_N$$

由相律可知,在二元合金中,在发生这种三相平衡共存时,其自由度为零($f=2-3+1=0$),因此,这一转变必须在恒温下进行。这种在一定的温度下,由一定成分的液相同时结晶出成分一定的两个固相的转变过程,称为共晶转变或共晶反应。共晶转变的产物为两个固相的混合物,称为共晶组织。

相图中的 E 点称为共晶点。成分对应于共晶点的合金称为共晶合金,成分位于共晶点以左、M 点以右的合金称为亚共晶合金,成分位于共晶点以右、N 点以左的合金称为过共晶合金。E 点所对应的温度(t_E)称为共晶温度,MEN 线称为共晶线。

此外,应当指出,当三相平衡时,其中任意两相之间也必然相互平衡,即 α-L,β-L 及 α-β 之间也存在着相互平衡关系,ME,EN 和 MN 分别为它们之间的连接线,在这种情况下就可以利用杠杆定律分别计算平衡相的含量。

8.5.2　典型合金的平衡凝固

1. 含锡量小于 19% 的 Pb – Sn 合金

由图 8 – 14 可以看出,当含锡量为 10% 的合金由液态慢冷到 1 点时,与液相线相交,开始

结晶出 α 固溶体。随着温度的降低,α 固溶体的数量不断增加,而液相的数量不断减少,α 固溶体的成分沿 AM 线变化,液相的成分沿 AE 线变化。当合金冷却到与固相线相交的 2 点时,全部结晶为 α 固溶体。这一过程和前面提过的匀晶转变完全相同。

继续冷却时,在 2 点～3 点的温度范围内,合金状态不发生变化,为单相 α 固溶体。当冷却到 3 点时,与 α 固溶体的固溶线 MF 线相交。此时,锡在铅中的溶解度达到此温度下的饱和状态,温度再降低,则将发生过剩的锡以 β 固溶体的形式从 α 固溶体中析出的过程。随着温度的继续降低,从 α 固溶体中继续析出 β 固溶体,而且,α 固溶体的成分沿 MF 线变化,而析出的 β 固溶体的成分则沿 NG 线变化。

由固溶体中析出另一相的过程称为二次结晶。二次结晶析出的相称为次生相或二次相,次生的 β 固溶体用 $β_{II}$ 表示,以区别于从液体中直接结晶出来的初生 β 固溶体。由于固态下原子的扩散能力小,析出的次生相不易长大,一般都比较细,分布于晶界或固溶体中。图 8-15 为 Sn 含量为 10％的 Sn-Pb 合金平衡结晶过程的示意图。

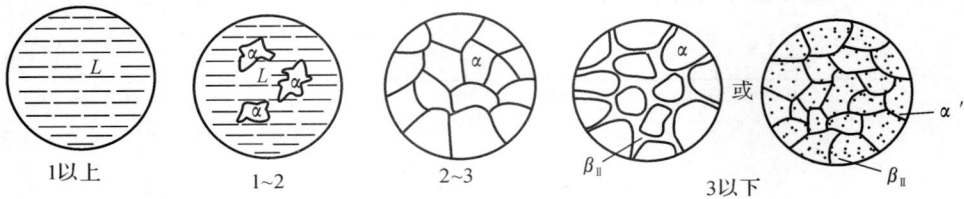

图 8-15　Sn 含量为 10％的 Sn-Pb 合金平衡结晶过程的示意图

图 8-16 为 Sn 含量为 10％的 Sn-Pb 合金的显微组织,图中黑色基体为 α 相,白色颗粒为 $β_{II}$。对于这种固溶体的固溶线随温度而降低的合金,在实际生产中,可以采用一些方法,以得到弥散分布的第二相质点,从而使其强度、硬度得到很大的提高。如果析出的第二相为脆性相,而且沿晶粒边界呈网状分布,则会使合金的塑性大大降低,必须设法加以改善。

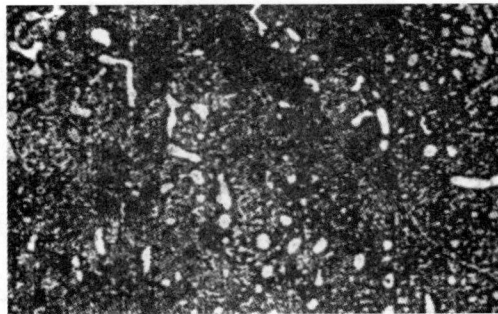

图 8-16　Sn 含量为 10％的 Sn-Pb 合金的显微组织(500×)

2. 含锡量为 61.9％的 Pb-Sn 合金

含锡量为 61.9％的合金为共晶合金(见图 8-14)。共晶合金由液态慢冷到温度 t_E 时,将发生共晶转变,同时结晶出 α,β 两种固溶体。这一过程在 t_E 温度下一直进行到液相完全消失为止。结晶终了后的合金为 α 固溶体与 β 固溶体组成的共晶组织,共晶组织中 $α_M$ 与 $β_N$ 的相对量可用杠杆定律加以计算。

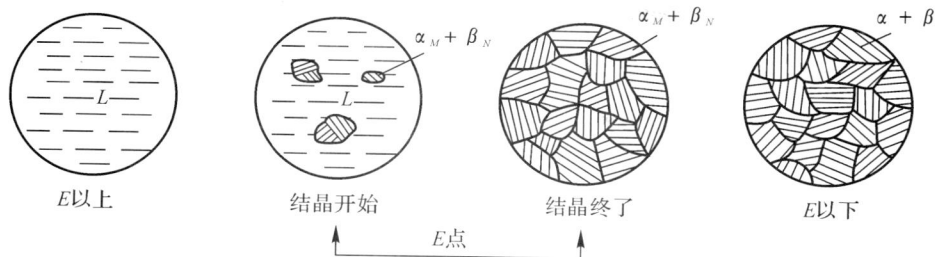

图 8 - 17　Pb - Sn 共晶合金平衡结晶过程的示意图

合金继续冷却时,共晶组织中的 α,β 固溶体也将分别沿固溶线 MF 及 NG 改变成分,并从其中分别析出 β_{II} 和 α_{II}。由于从共晶组织中析出的次生相(α_{II} 和 β_{II})常与共晶组织中的 α,β 固溶体混在一起,因而在显微镜下很难分辨出共晶组织中的次生相。图 8 - 17 所示为 Pb - Sn 共晶合金平衡结晶过程的示意图。

图 8 - 18 为 Pb - Sn 共晶合金的显微组织,α 和 β 呈层片状交替分布,图中黑色为 α 相,白色为 β 相。从图中可以看到,共晶组织的特征是其中的两个相都比较细小、高度分散而且交错分布。

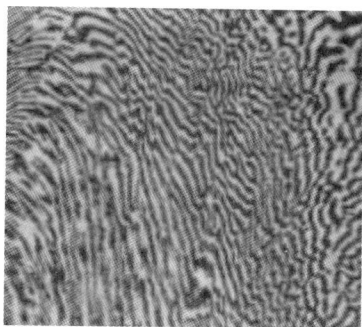

图 8 - 18　Pb - Sn 共晶合金的显微组织

共晶组织的形体很多,按其中两相的分布形态,可将它们分为层片状、棒状(条状或纤维状)、球状(短棒状)、针片状、螺旋状等。共晶组织的形态受到多种因素的影响,在研究纯金属结晶时已知,晶体的生长形态与固液界面的结构有关。金属的界面为粗糙界面,亚金属和非金属的界面为光滑界面。因此,金属-金属型的两相共晶组织大多为层片状或棒状,金属-非金属型两相共晶组织通常具有复杂的形态,表现为树枝状、针片状或骨骼状等。

共晶合金是怎样形成的?其形成机理是什么?现以层片状的共晶组织为例进行说明。

和纯金属及固溶体合金的结晶过程一样,共晶转变同样要经过形核和长大的过程,在形核时两个相中总有一个在先,一个在后,首先形核的相叫领先相。如果领先相是 α,由于 α 相中的含锡量比液相中的少,多余的锡从晶体中排除,使界面附近的液相中锡量富集,这就给 β 相的形核在成分上创造了条件。而 β 相的形成又要排出多余的铅,使界面前沿的液相中铅含量富集,这又给 α 相的形核在成分上创造了条件。于是两相就交替地形核和长大,构成了共晶组织[见图 8 - 19(a)]。进一步的研究表明,共晶组织中的两个相都不是孤立的,α 片与 α 片、β 片

与 β 片分别互相联系共同构成了一个共晶领域，或称为共晶团。这样，两个相就不需要反复形核，很可能是以图 8－19(b)所示的"搭桥"方式形成的。

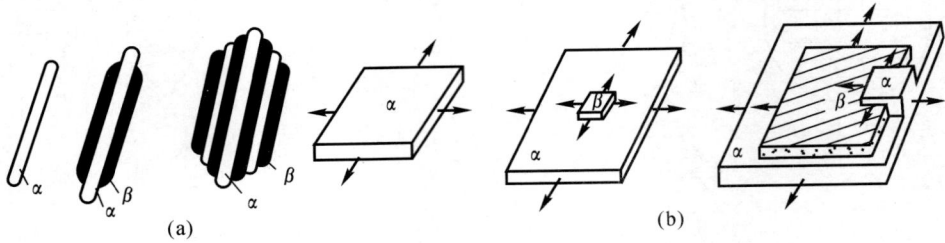

图 8－19　层片状共晶合金的形核与生长示意图

(a)层片状交替生长；(b)搭桥机制

3. 含锡量为 50% 的 Pb－Sn 合金

成分位于共晶点 E 以左，M 点以右的合金(见图 8－14)叫做亚共晶合金。下面以含锡量为 50% 的 Pb－Sn 合金为例，分析其结晶过程。

当合金缓冷至 1 点时，开始结晶出 α 固溶体。在 1～2 点温度范围内，随着温度的缓慢下降，α 固溶体的数量不断增多，α 相的成分和液相成分分别沿着 AM 和 AE 线变化。这一阶段的转变属于匀晶转变。

当温度降至 2 点时，α 相和剩余液相的成分分别达到 M 点和 E 点，在温度 t_E 时，成分为 E 的液相便发生了共晶转变，即

$$L_E \xrightleftharpoons{t_E} \alpha_M + \beta_N$$

这一转变一直进行到剩余液相全部形成共晶组织为止。共晶转变前形成的 α 固溶体叫做初晶或先共晶相。共晶合金在共晶转变刚刚结束之后的组织是由先共晶 α 相和共晶组织(α+β)所组成的。其中共晶组织的量即为温度 t_E 时液相的量。在 2 点以下继续冷却时，将从 α 相(包括先共晶 α 相和共晶组织中的 α 相)和 β 相(共晶组织中的)分别析出次生相 β_{II} 和 α_{II}。在显微镜下，只有从先共晶 α 相中析出的 β_{II} 可能观察到，共晶组织中析出的 β_{II} 和 α_{II} 一般难以分辨。

8.5.3　共晶系合金非平衡凝固

前面讨论了共晶系合金在平衡条件下的结晶过程，非平衡凝固远比平衡凝固复杂，而铸锭和铸件的凝固又都是非平衡凝固。下面仅定性地讨论非平衡凝固中的一些重要规律。

1. 伪共晶

在平衡凝固条件下，只有共晶成分的合金才能获得完全的共晶组织。但在不平衡凝固条件下，成分在共晶点附近的亚共晶或过共晶合金，也可能得到全部共晶组织，这种非共晶成分的合金所得到的共晶组织称为伪共晶。由于伪共晶组织具有较高的机械性能，所以研究它具有一定的实际意义。

从图 8－20 可以看出，在不平衡结晶条件下，由于冷却速度较大，将会产生过冷，当液态合金过冷到两条液相线的延长线所包围的阴影区域时，就可得到共晶组织。这是因为这时的合

金液体对于 α 相和 β 相都是过饱和的,所以既可以结晶出 α 相,又可以结晶出 β 相,它们同时结晶出来就形成了共晶组织。图中的阴影区即为伪共晶区。当亚共晶合金 I 过冷至 t_1 温度以下进行结晶时就可以得到全部共晶组织。

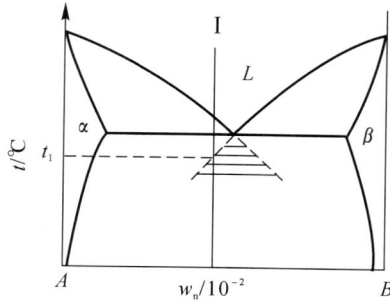

图 8 - 20　伪共晶示意图

　　从形式上看,越靠近共晶成分的合金越容易得到伪共晶组织,可是事实并不全是这样,实际的伪共晶区与上述的伪共晶区有不同程度的偏离,例如工业上广泛应用的 Al - Si 系合金的伪共晶区就不是液相线的延长线所包围的区域。在金属合金系中,伪共晶区的形状有两类,如图 8 - 21 所示。其中在图 8 - 21(b)中,随温度的降低伪共晶区相对于共晶点近乎对称地扩大,属于这一类的为金属-金属型共晶,如 Pb - Sn,Ag - Cu 系等;在图 8 - 21(a)中伪共晶区偏向一边歪斜地扩大,属于这一类的为金属-非金属(亚金属)共晶,如 Al - Si,Fe - C 和 Sn - Bi 系等属于这一类。伪共晶区的形状主要取决于共晶中两个相单独生长时的长大速度和过冷度的关系。如果两个相单独生长时的长大速度与过冷度的关系差别不大,则伪共晶区向共晶点下面两边呈对称性地扩大[见图 8 - 21(b)];如果两个相的长大速度与过冷度的关系相差很大,其中一个相的长大速度随过冷度的增加下降很快,此时该相的生长就会被抑制,使伪共晶区歪斜地偏向该相的一边[见图 8 - 18(a)]。那么什么因素影响相的长大速度呢? 主要是各相本身的晶体结构及其固液界面的性质。晶体结构复杂并呈光滑界面的相,其长大速度随温度的降低而下降较快,所以伪共晶区即向该相区偏斜。

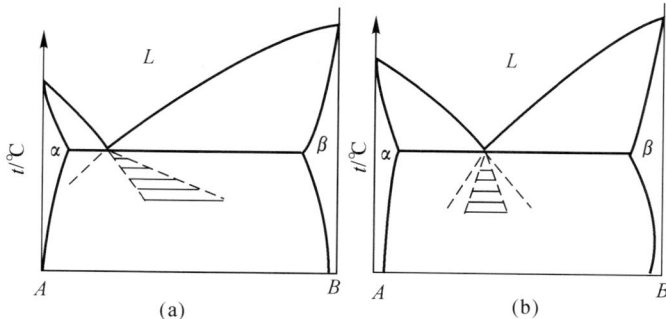

图 8 - 21　两类伪共晶区相图

2. 离异共晶

在先共晶相数量较多而共晶组织甚少的情况下,有时共晶组织中与先共晶相相同的一相,会依附于先共晶相上生长,剩下的另一相则单独存在于晶界处,从而使共晶组织的特征消失,这种两相分离的共晶称为离异共晶。离异共晶可以在平衡条件下获得,也可以在非平衡条件下获得。例如,在合金成分偏离共晶点很远的亚共晶(或过共晶)合金中,它的共晶转变是在已存在大量先共晶相的条件下进行的。此时如果冷却速度十分缓慢,过冷度很小时,那么共晶中的 α 相如果在已有的先共晶 α 相上长大,要比重新生核再长大要容易得多。这样,α 相易于与先共晶 α 相合为一体,而 β 相则存在于 α 相的晶界处。当合金成分越接近 M 点(或 N 点)时(见图 8-22 合金 I),越易发生离异共晶。

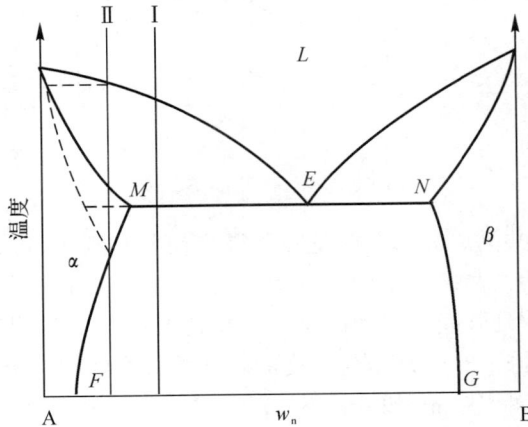

图 8-22 可能产生离异共晶示意图

此外,M 点左侧的合金(合金 II)在平衡冷却时,结晶的组织中不可能存在共晶组织,但是在不平衡凝固条件下,其固相的平均成分线将偏离平衡固相线,如图 8-22 中的虚线所示。于是合金冷却至共晶温度时仍有少量的液相存在。此时的液相成分接近于共晶成分,这部分剩余液体将会发生共晶转变,形成共晶组织。但是,由于此时的先共晶相数量很多,共晶组织中的 α 相可能依附于先共晶相上长大,形成离异共晶。

离异共晶可能会给合金的性能带来不良影响,不平衡凝固所出现的这种组织,经均匀化退火后,能转变为平衡态的固溶体组织。

8.6 二元包晶相图

两组元在液态下相互无限溶解,在固态下相互有限溶解,并发生包晶转变的二元合金系的相图,称为包晶相图。具有包晶转变的二元合金系有 Pt-Ag,Sn-Sb,Cu-Sn,Cu-Zn 等。在 Fe-C 合金相图中,也包含有包晶转变部分。下面,以 Pt-Ag 合金系为例,对包晶相图进行分析研究。

8.6.1 包晶相图分析

Pt-Ag 合金相图如图 8-23 所示。图中 ACB 为液相线,$APDB$ 为固相线,PE 及 DF 分别是银溶于铂中和铂溶于银中的溶解度曲线。

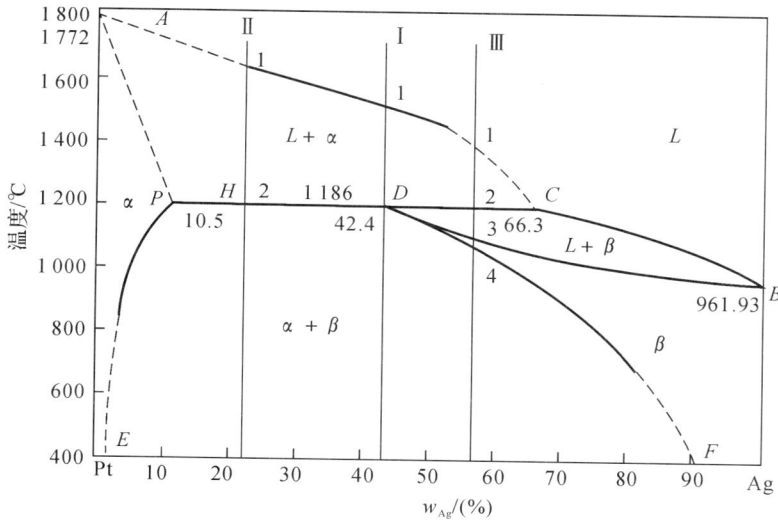

图 8 − 23 Pt − Ag 合金相图

合金系中有三个相,即液相 L 及固相 α,β。α 相是银溶于铂中的固溶体,β 相是铂溶于银中的固溶体。

单相区之间有三个两相区,即 $L+\alpha$,$L+\beta$ 及 $\alpha+\beta$;两相区之间还有一个三相(L,α,β)共存的水平线,即 PDC 线。

水平线 PDC 是包晶转变线,在 PDC 水平线所对应的温度下,成分相当于 P 点的已结晶出来的 α 固溶体(α_P)和它周围的成分相当于 C 点的液相(L_C)作用,形成一个成分相当于 D 点的 β 固溶体(β_D)。这种转变可用反应式表示为

$$L_C + \alpha_P \underset{}{\overset{t_D}{\rightleftharpoons}} \beta_D$$

这种在一定的温度下,由一定成分的固相与一定成分的液相作用,形成另一个一定成分的固相的转变过程,称为包晶转变或包晶反应。

由于转变时有三相平衡共存,由相律可知,其自由度为零($f=2-3+1=0$)。即三个相的成分不变,且转变在恒温下进行。在相图上,包晶转变区具有以下特征:反应相是液相和一个固相,其成分点位于水平线的两端,所形成的固相位于水平线中间的下方。

相图中的 D 点称为包晶点,D 点所对应的温度(t_D)称为包晶温度,PDC 线称为包晶线。

8.6.2 典型合金的平衡凝固

1. 含银量为 42.4% 的 Pt − Ag 合金

由图 8 − 23 可知,当含银量为 42.4% 的 Pt − Ag 合金(合金 I)由液态慢冷到与液相线相交的 1 点时,开始从液相中结晶出 α 固溶体。随着温度的降低,α 固溶体的量不断增多,而液相的量则不断减少,α 固溶体的成分沿 AP 线变化,液相的成分则沿 AC 线变化。

当温度降到 t_D(D 点)时,合金中 α 固溶体的成分相当于 P 点的成分,液相的成分相当于

C 点的成分,它们的相对量可由杠杆定律算出,即

$$\frac{Q_L}{Q_{合金}} = \frac{PD}{PC} \qquad \frac{Q_\alpha}{Q_{合金}} = \frac{PC}{PC}$$

式中:$Q_{合金}$,Q_L,Q_α 分别表示合金的总质量、液相的质量和 α 固溶体的质量。

此时,在温度 t_D 下,一定相对量的、一定成分的 α 固溶体,与一定相对量的、一定成分的液相将共同作用,发生包晶转变,转变为成分相当于 D 点的 β 固溶体,即

$$L_C + \alpha_P \underset{t_D}{\overset{}{\rightleftharpoons}} \beta_D$$

这一转变过程,在温度 t_D 下,将一直进行到液相与 α 固溶体全部消失,只剩下新生成的 β 固溶体为止。

合金继续冷却时,由于铂在 β 固溶体中的溶解度随着温度的下降而减小,因而将不断地从 β 固溶体中析出 α_{II},合金的室温组织为 $\beta + \alpha_{II}$。

合金 I 的平衡凝固过程如图 8-24 所示。

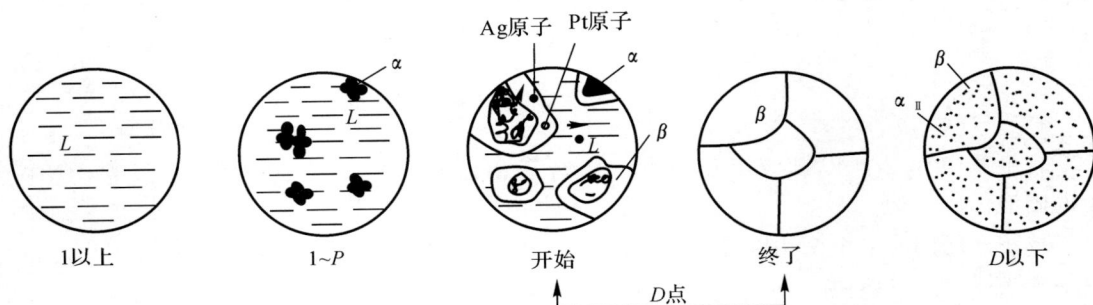

图 8-24 含银量为 42.4% 的 Pt-Ag 合金的平衡凝固过程示意图

包晶转变也需要一定的过冷度,当温度降低到略低于包晶温度(t_D)时,开始从液相中析出 β 固溶体,β 固溶体将在原有的初晶 α 固溶体的表面形核及长大,在 α 固溶体的表面形成一层 β 固溶体的外壳。此时,α 固溶体的成分相当于 P 点,β 固溶体的成分相当于 D 点,而液相的成分则相当于 C 点。由图 8-23 可知,P 点的含银量为 10.5%,D 点的含银量为 42.4%,C 点的含银量为 66.3%。即 β 固溶体中的含银量比液相低但比 α 固溶体高,其中的含铂量则比 α 固溶体的低而比液相的高。由于在各相的界面上存在着浓度梯度,因此,液相中的银原子将不断地由液相向 β 固溶体扩散,并继而向 α 固溶体扩散;而 α 固溶体中的铂原子则不断地由 α 固溶体向 β 固溶体扩散,并继而向液相扩散。这样,最初形成的 β 固溶体外壳,向外将不断地消耗液相而向液相中生长,同时,也不断地消耗 α 固溶体而向内生长,直至最后把液相及 α 固溶体全部消耗完毕为止(见图 8-24)。

在这种结晶过程中,β 固溶体包围着 α 固溶体,不断地消耗液相及 α 固溶体而进行结晶,故称之为包晶转变。

2. 含银量为 10.5%~42.4% 的 Pt-Ag 合金

由图 8-23 可见,合金 II 由液态慢冷至与液相线相交的 1 点时开始结晶,由液相中结晶出 α 固溶体。在 1—2 点之间,随着温度的降低,α 固溶体的量不断增加,液相的量不断减少,α 固溶体的成分沿 AP 线变化,液相的成分沿 AC 线变化。

当温度降低到 t_D 点（2 点）时，α 固溶体与液相的成分分别相当于 P 点与 C 点的成分，两者的相对量为

$$\frac{Q_L}{Q_{合金}} = \frac{PH}{PC} \qquad \frac{Q_\alpha}{Q_{合金}} = \frac{HC}{PC}$$

式中：$Q_{合金}$，Q_L，Q_α 分别为合金 Ⅱ 的总质量，在 t_D 时的液相和 α 固溶体的质量。

在 t_D 温度下，成分相当于 P 点的 α 固溶体与成分相当于 C 点的液相共同作用，发生包晶转变，转变成 β 固溶体，即

$$L_C + \alpha_P \underset{}{\overset{t_D}{\rightleftharpoons}} \beta_D$$

与上述的含银量为 42.4％的合金 Ⅰ 比较，合金 Ⅱ 在 t_D 温度，其 α 固溶体的相对量较多。因此在包晶转变结束后，合金 Ⅱ 中除了新形成的 β 固溶体外，还有剩余的 α 固溶体。

由于银在 α 固溶体中的溶解度以及铂在 β 固溶体中的溶解度均随着温度的降低而分别沿 PE 线及 DF 线减小。因此，当合金 Ⅱ 继续冷却时，将不断地从 β 固溶体中析出 α_{II}，从 α 固溶体中析出 β_{II}，合金 Ⅱ 在室温时的组织为 $\alpha + \beta + \alpha_{\mathrm{II}} + \beta_{\mathrm{II}}$。合金 Ⅱ 的平衡凝固过程如图 8 - 25 所示。

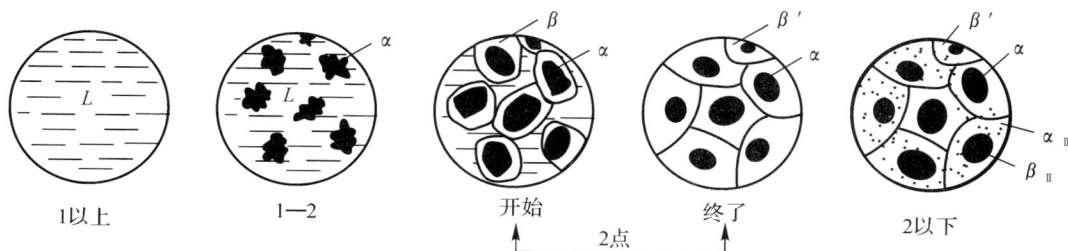

图 8 - 25　含银量为 10.5％～42.4％的 Pt - Ag 合金的平衡凝固过程示意图

3. 含银量为 42.4％～66.3％的 Pt - Ag 合金

由图 8 - 23 可见，合金 Ⅲ 由液态慢冷至与液相线相交的 1 点时开始结晶，由液相中结晶出 α 固溶体，在 1—2 点之间，随着温度的降低，α 固溶体量不断增加，而液相量则相应减少，α 固溶体与液相的成分，分别沿 AP 线及 AC 线变化。

当温度降低到 2 点（t_D）时，α 固溶体的成分相当于 P 点的成分，而液相的成分相当于 C 点的成分，在 t_D 温度下，α 固溶体（α_P）与液相（L_C）共同作用，发生包晶转变，形成 β 固溶体（β_D），即

$$L_C + \alpha_P \underset{}{\overset{t_D}{\rightleftharpoons}} \beta_D$$

这些转变过程与上述的合金 Ⅱ 的转变过程类似。但是，由杠杆定律可以算出，在 t_D 温度下，与合金 Ⅰ 相比较，合金 Ⅱ 中 α 固溶体的相对量较多，而在合金 Ⅲ 中的液相的相对量较多。因此，在包晶转变结束后，合金 Ⅲ 中除了新形成的 β 固溶体外，还会有剩余的液相存在。

当合金的温度从 2 点继续降低时，剩余的液相将继续结晶出 β 固溶体。在 2—3 点之间，随着温度的降低，β 固溶体量继续增加，而液相量则相应减小，β 固溶体与液相的成分分别沿 DB 线及 CB 线变化。在温度降低到 3 点时，合金 Ⅲ 全部结晶为 β 固溶体。

在 3—4 点的温度范围内，合金 Ⅲ 的组织不发生变化，为单相 β 固溶体。当冷却到 4 点时，

与 β 固溶体的溶解度线 DF 线相交,此时,铂在银中的溶解度达饱和状态,温度再降低则将从 β 固溶体中析出 α_{II}。在 4 点以下,β 固溶体与 α_{II} 固溶体的成分分别沿 DF 线及 PE 线变化,并分别析出 α_{II} 及 β_{II},由于 β_{II} 的量极少,在合金Ⅲ的组织中只能观察到 $\beta+\alpha_{\mathrm{II}}$。

合金Ⅲ的平衡结晶过程如图 8-26 所示。

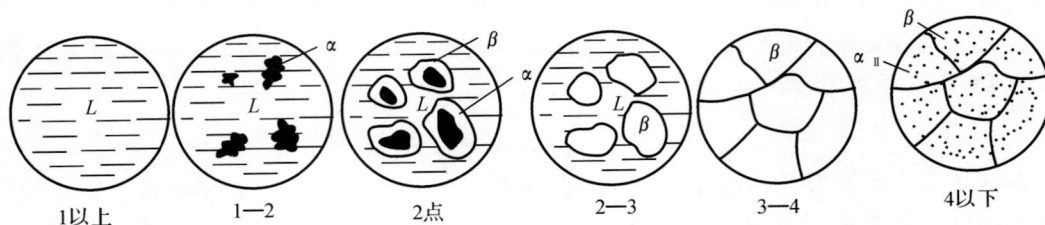

图 8-26　含银量为 42.4%～66.3% 的 Pt-Ag 合金的平衡结晶过程示意图

8.6.3　具有包晶转变合金的非平衡凝固

如上所述,当合金发生包晶转变时,新生成的 β 相依附于已有的 α 相上生核并长大,β 相很快将 α 相包围起来,从而使 α 相和液相被 β 相分隔开。要继续进行包晶转变,则必须通过 β 相层进行原子扩散,液体才能和 α 相继续相互作用形成 β 相。原子在固体中的扩散速度比在液相中的低得多,所以包晶转变是一个十分缓慢的过程。在实际生产条件下,由于冷却速度较快,包晶转变将被抑制而不能继续进行,剩余的液体在低于包晶转变温度下,直接转变为 β 相。这样一来,在平衡转变时本来不存在的 α 相就被保留下来,同时 β 相的成分也很不均匀。这种由于包晶转变不能充分进行而产生的化学成分不均匀现象称为包晶偏析。

应当指出,如果转变温度很高(例如铁碳合金),原子扩散较快,则包晶转变有可能彻底完成。包晶转变产生的不平衡组织,可采用长时间的扩散退火来减少或消除。

8.7　其他类型的二元相图及分析方法

除了匀晶、共晶和包晶三种最基本的二元相图之外,还有其他类型的二元合金相图,现作如下简要介绍。

8.7.1　其他类型的二元相图

8.7.1.1　组元间形成化合物的相图

在有些二元合金系中,组元间可能形成金属化合物,这些化合物可能是稳定的,也可能是不稳定的。根据化合物的稳定性,形成金属化合物的二元合金相图也有两种不同的类型。

1. 形成稳定化合物的相图

稳定化合物是指具有一定熔点,在熔点以下保持其固有结构而不发生分解的化合物。

Mg-Si 二元合金相图(见图 8-27)就是一种形成稳定化合物的相图。当含硅量为 $w_{Si}=$ 36.6％时,Mg 与 Si 形成稳定的化合物 Mg_2Si,它具有一定的熔点,在熔点以下能保持其固有的结构。在相图中,稳定化合物是一条垂线(见图 8-27),它表示 Mg_2Si 的单相区。这样,可把 Mg_2Si 看作一个独立组元,把相图分成两个独立部分,Mg-Si 相图则由 $Mg-Mg_2Si$ 和 Mg_2Si-Si 两个共晶相图并列而成,可以分别进行分析。

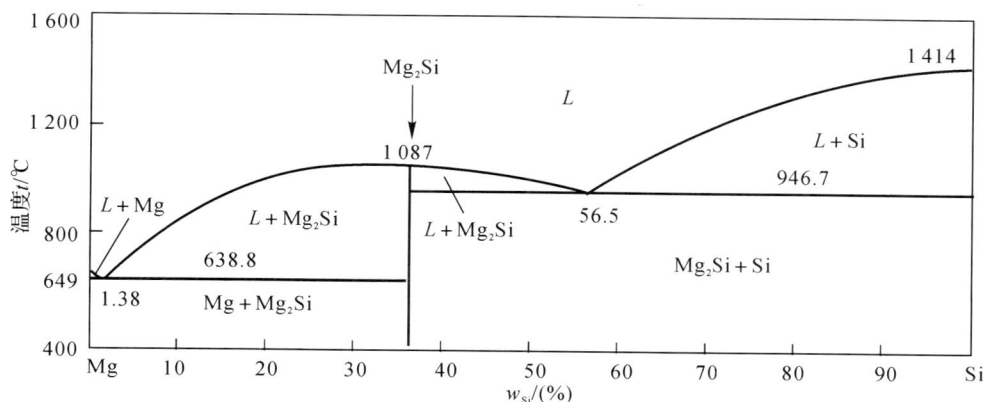

图 8-27 Mg-Si 合金相图

有时,两个组元可以形成多个稳定化合物,这样就可将相图分成更多的简单相图来进行分析。如在 Mg-Cu 相图(见图 8-28)中,存在两个稳定化合物 Mg_2Cu 和 $MgCu_2$,其中的 $MgCu_2$ 对组元有一定的溶解度,即形成以化合物为基的固溶体,在相图中就不是一条垂线,而是一个区域了,此时,可以用虚线(垂线)把这一单相区分开,这样就把 Mg-Cu 相图分成了 $Mg-Mg_2Cu$,$Mg_2Cu-MgCu_2$,$MgCu_2-Cu$ 三个简单的共晶相图。图中的 γ 相是以 $MgCu_2$ 为基的固溶体。

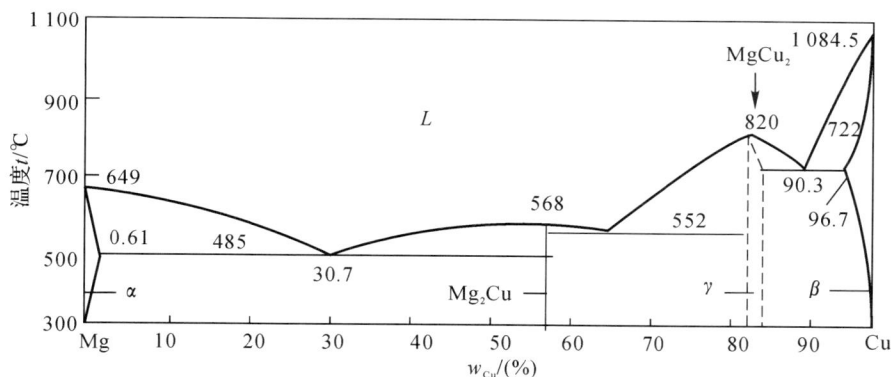

图 8-28 Mg-Cu 合金相图

形成稳定化合物的二元系很多,除了 Mg-Si,Mg-Cu 外,还有 Cu-Th,Cu-Ti,Fe-B,Fe-P,Fe-Zr,Mg-Sn 等。

2. 形成不稳定化合物的二元相图

不稳定化合物是指加热时发生分解的那些金属化合物。图 8-29 为 K-Na 合金相图。

从图中可以看出，K－Na 合金在 6.9 ℃以下形成不稳定的化合物 KNa$_2$，将其加热至 6.9 ℃时分解为液体和钠晶体。这个化合物是包晶转变的产物，即

$$L + Na \Longleftrightarrow KNa_2$$

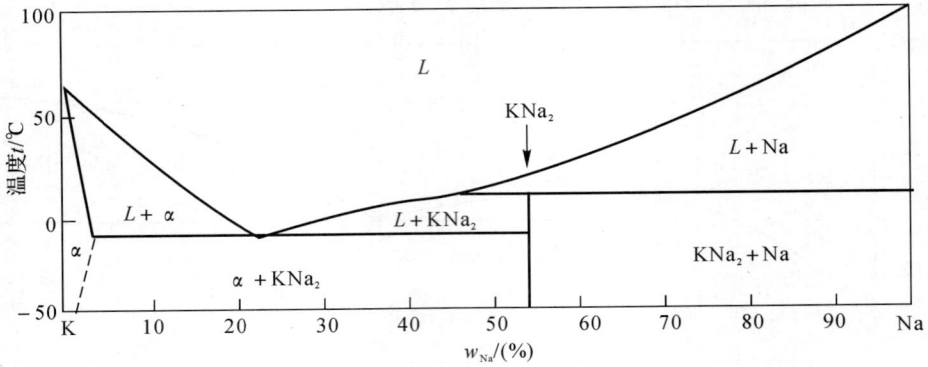

图 8－29　K－Na 合金相图

　　如果包晶转变形成的不稳定化合物与组元间有一定的溶解度，那么，它在相图上就不再是一条垂线，而是变成为一个相区。图 8－30 所示的 Sn－Sb 合金相图就是这种类型的二元合金相图，β'（或 β）即为以不稳定化合物为基的固溶体。通过以上两例可以看出，凡是由包晶转变所形成的化合物都是不稳定化合物，不能把不稳定化合物作为独立组元，从而把相图分成几个独立部分进行分析。

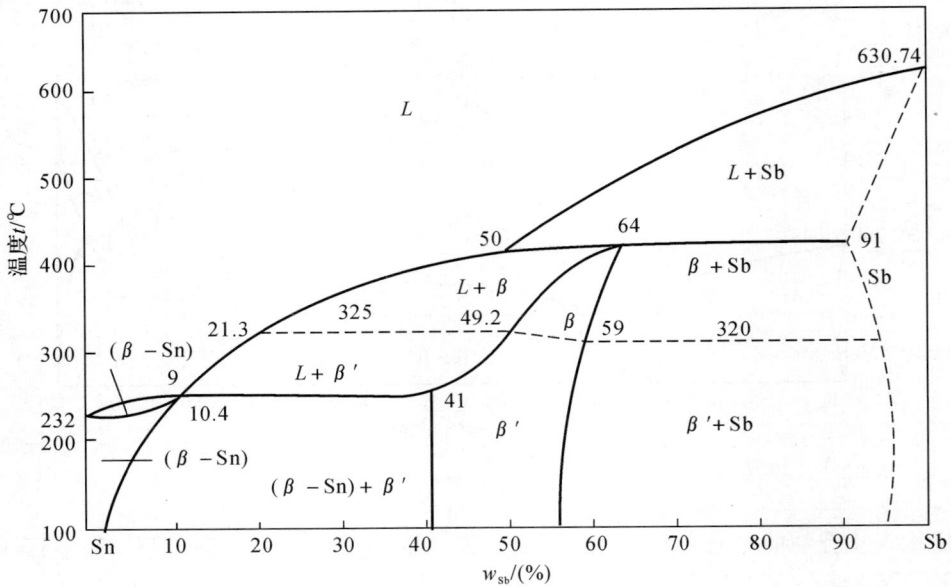

图 8－30　Sn－Sb 合金相图

8.7.1.2　偏晶、熔晶和合晶相图

1. 偏晶相图

某些合金冷却到一定温度时，由一定成分的液相 L_1，分解为一定成分的固相和另一个一定成分的液相 L_2，这种转变称为偏晶转变。

图 8-31 为 Cu-Pb 二元合金相图。在两相区上，L_1+L_2 之内是两种不相混合的液体。这两种共存的液体的成分和数量可由杠杆定律确定。在 E 点（温度为 991 ℃），L_1，L_2 相的成分均为 $w_{Pb}\approx63\%$，两相的差异消失，变为恒等。而在两相区内，不相混合的两种液体由于密度差在容器中通常分为两层。在 955 ℃，合金发生偏晶转变：$L_{36}\rightleftharpoons L_{87}+Cu$，水平线 BD 为偏晶线，M 点为偏晶点，955 ℃ 为偏晶温度。偏晶转变与共晶转变类似，都是由一个相分解为另外两个相。所不同的只是两个生成相中有一个是液相。图中下面一条水平线为共晶线，因为共晶点（$w_{Pb}=99.94\%$）和共晶温度（326 ℃）与纯铅和它的熔点（327 ℃）很接近，在图上难以表示出来。

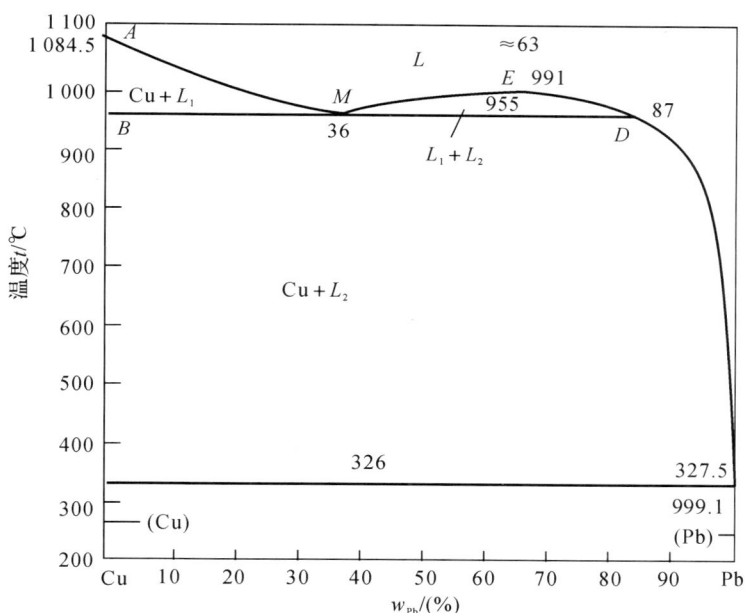

图 8-31　Cu-Pb 二元合金相图

下面分析具有偏晶成分合金的结晶过程。当温度高于 955 ℃ 时，合金液为液体 L_1，温度降至 955 ℃ 时发生偏晶反应，L_1 分解为 Cu 和 L_2，进一步降低温度时，进入了 $Cu+L_2$ 两相区。由杠杆定律可知，在此两相区内，Cu 的数量比较多，数量较少的 L_2 分散在同相 Cu 之内。当温度下降至 326 ℃ 时，分散在固相 Cu 中的 L_2 发生共晶反应，形成（Cu+Pb）的共晶组织。但是，由于这类共晶组织分散地存在于 Cu 基体中，当该共晶组织形成时，共晶组织中的 Cu 将依附于四周的 Cu 基上生长，而共晶组织中的 Pb 则存在于 Cu 的晶界上，这就是上面指出的离异共晶现象。

此外，还应指出，Cu 和 Pb 两组元的密度相差较大，在该合金的结晶过程中，先析出的固相 Cu 与含 Pb 较多的液相 L_2 之间的密度差别也较大，因此密度小的 Cu 晶体就有可能上浮至铸锭上部，使凝固后的合金铸锭上部含 Cu 多，下部含 Cu 少，造成比重偏析。冷却过程越缓

慢,则越容易产生比重偏析,防止的办法是充分地搅拌和尽快地凝固。

2. 熔晶相图

某些合金冷到一定温度时,会从一个已经结晶完毕的固相转变为一个液相和另一个固相,这种转变称为熔晶转变。Fe-B 相图中就含有熔晶转变。熔晶反应式为

$$\delta \rightleftharpoons \gamma + L$$

此外,Fe-S,Cu-Sb,Cu-Sn 等合金系均存在熔晶转变。

3. 合晶相图

合晶转变是由两个一定成分的液相 L_1 和 L_2 相互作用,形成一个固相的恒温转变,反应式为

$$L_1 + L_2 \rightleftharpoons \beta$$

8.7.1.3　具有固态转变的二元合金相图

在有些二元系合金中,当液体凝固完毕后继续降低温度时,在固态下还会继续发生各种形式的相转变,如前面提到的合金在固态下由于溶解度的变化而引起次生相的析出,就是一种固态转变,即固溶体的脱溶转变。除此之外,常见的还有共析转变、包析转变、固溶体的异晶转变、有序-无序转变、磁性转变等,现在别说明它们在相图上的特征。

1. 共析转变

一定成分的固相,在一定温度下分解为另外两个一定成分固相的转变过程,称为共析转变。在相图上,这种转变与共晶转变相类似,都是由一个相分解为两个相的三相恒温转变,三相成分点在相图上的分布也一样。所不同的只是共析转变的反应相是固相,而不是液相。例如 Fe-C 合金相图(见图 8-32)PSK 线即共析线,S 点为共析点,成分为 S 点的 γ 固溶体(奥氏体)于 727℃分解为成分为 P 点的固溶体(铁素体)和 Fe_3C,形成两个固相混合物的共析组织。由于是固相分解,其原子扩散比较困难,容易产生较大的过冷,所以共析组织远比共晶组织细密。共析转变对合金的热处理强化有重大意义,钢铁和钛合金的热处理就是建立在共析转变基础上的。

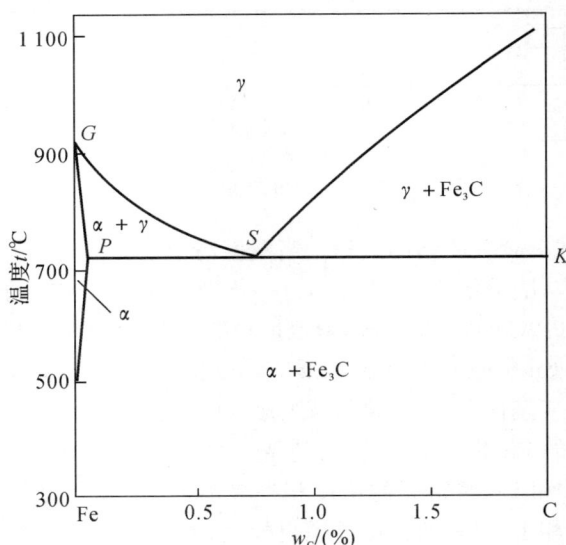

图 8-32　Fe-C 相图的局部(左下角)

2. 包析转变

包析转变是两个一定成分的固相在恒温下转变为一个新的一定成分固相的过程。包析转变在相图上的特征与包晶转变相类似,所不同的就是包析转变的两个反应相都是固相,而包晶转变的反应相中有一个液相。

3. 固溶体的同素异构转变

当合金中的组元具有同素异晶转变时,以组元为基的固溶体也常有异晶转变。例如 Fe - Ti 合金(见图 8 - 33)中,Fe 与 Ti 在固态下均发生同素异晶转变,所以在相图上靠近 Ti 的一边有 β 相(体心立方)→α(密排六方)的固溶体异晶转变,在靠近 Fe 的一边有 α(体心立方)→γ(面心立方)的固溶体异晶转变。

4. 有序-无序转变

有些合金系在一定成分和一定温度范围内会发生有序-无序转变。例如 Cu - Zn 相图(见图8 - 34),Cu 和 Zn 两组元形成的 β 相在高温下为无序固溶体,但在一定温度下会转变为有序固溶体 β'。有序固溶体是指两种原子在晶体中呈规则排列,各占据自己一定的位置,类似于化合物,又称为超结构。有序-无序转变在相图中常用虚线或细直线表示。

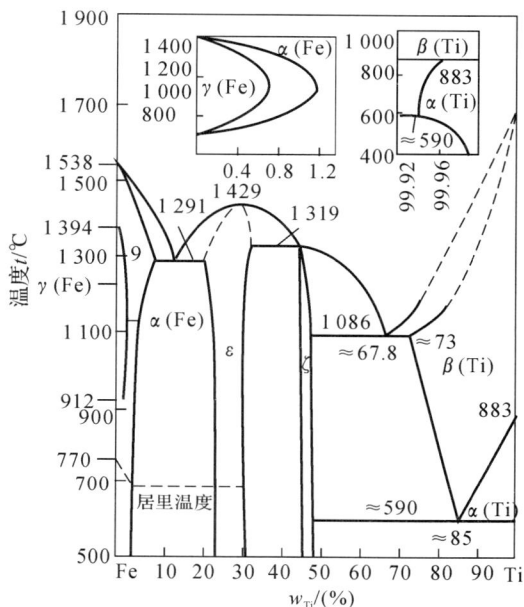

图 8 - 33　Fe - Ti 相图

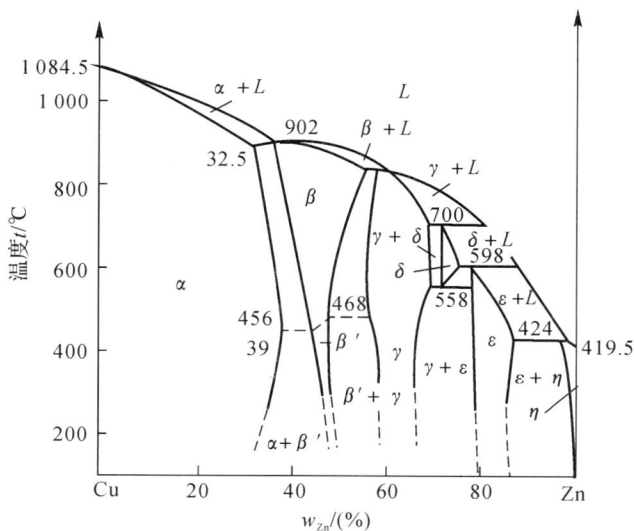

图 8 - 34　Cu - Zn 相图

5. 磁性转变

合金中的某些相会因温度改变而发生磁性转变,在相图中常用点线表示。如 Fe-C 相图中的 770 ℃ 和 230·℃ 的点线分别表示铁素体和 Fe_3C 的磁性转变温度。

8.7.2 二元相图的分析方法

二元相图反映了二元系合金的成分、温度和平衡相之间的关系,根据合金的成分及温度(表象点在相图中的位置),即可了解该合金存在的平衡相、相的成分及其相对含量。掌握了相的性质及合金的凝固规律,就可以大致判断合金凝固后的组织及性能。因此,合金相图在新材料的研制及制订加工工艺过程中起着重要的指导作用。但是,实际的二元合金相图线条繁多,结构复杂,难以分析。事实上,任何复杂的相图都是一些基本相图的综合,只要掌握了这些基本相图的特点和转变规律,就能了解合金的凝固过程,并应用于指导实践。现将分析二元相图的方法和使用相图时注意的一些问题归纳如下:

(1)首先看相图中是否存在稳定化合物,如存在的话,则以稳定化合物为独立组元,把相图分成几个部分进行分析。

(2)在分析各相区时先要熟悉单相区中所标的相,然后根据相接触法则辨别其他相区。相接触法则是指在二元相图中,相邻相区的相数相差一个(点接触情况除外),即两个单相区之间必定有一个由这两个相所组成的两相区,两个两相区之间必须以单相区或三相共存水平线隔开。

(3)找出三相共存水平线及与其相接触(以点接触)的三个单相区,从这三个单相区与水平线的相互配置位置,可以确定三相平衡转变的性质。这是分析复杂相图的关键步骤。表 8-1 列出了各类恒温转变类型,可用以帮助分析二元相图。

表 8-1 二元相图各类恒温转变类型、反应式和相图特征

恒温转变类型		反应式	相图特征
分解型(共晶型)	共晶转变	$L \rightleftharpoons \alpha + \beta$	α — L — β
	共析转变	$\gamma \rightleftharpoons \alpha + \beta$	α — γ — β
	偏晶转变	$L_1 \rightleftharpoons L_2 + \alpha$	L_2 — L_1 — α
	熔晶转换	$\delta \rightleftharpoons \gamma + L$	γ — δ — L
合成型(包晶型)	包晶转变	$L + \beta \rightleftharpoons \alpha$	L — α — β
	包析转变	$\gamma + \beta \rightleftharpoons \alpha$	γ — α — β
	合晶转变	$L_1 + L_2 \rightleftharpoons \alpha$	L_2 — α — L_1

（4）当应用相图分析实际情况时,切记相图只给出体系在平衡条件下存在的相和相对含量,并不能表达出相的形状、大小和分布。相图只表示在平衡状态下的情况,实际生产条件下很难达到平衡状态,因此要特别重视它们的非平衡条件下可能出现的相和组织。

8.8　铁　碳　相　图

碳钢和铸铁都是铁碳合金,是使用最广泛的金属材料。铁碳合金相图是研究铁碳合金的重要工具,了解与掌握铁碳合金相图,对于钢铁材料的研究和使用,各种热加工工艺的制订以及工艺废品原因的分析等方面都有很重要的指导意义。

了解铁碳合金成分与组织、性能的关系,有助于更好地研究和使用钢铁材料。本章将着重讨论铁碳相图及其应用方面的一些问题。

铁与碳可以形成一系列化合物,如 Fe_3C,Fe_2C,FeC 等。Fe_3C 的含碳量为 6.69%,铁碳合金含碳量超过 6.69%,脆性很大,没有实用价值,所以本节讨论的铁碳相图,实际是 $Fe-Fe_3C$ 相图。相图的两个组元是 Fe 和 Fe_3C。

8.8.1　铁碳相图分析

8.8.1.1　组元

1. 纯铁

Fe 是过渡族元素,1 个大气压下的熔点为 1 538 ℃,20 ℃时的密度为 7.87×10^3 kg/m^3。纯铁在不同的温度区间有不同的晶体结构（同素异构转变）,即

$$\delta\text{-Fe(体心)} \xrightleftharpoons{1\,394\,℃} \gamma\text{-Fe(面心)} \xrightleftharpoons{912\,℃} \alpha\text{-Fe(体心)}$$

工业纯铁的力学性能大致为：抗拉强度 $\sigma_b=180\sim230$ MPa,屈服强度 $\sigma_{0.2}=100\sim170$ MPa,伸长率 $\delta=30\%\sim50\%$,硬度为 50~80 HBS。可见,纯铁强度低、硬度低、塑性好,很少做结构材料,由于有高的磁导率,所以其主要作为电工材料用于各种铁芯。

2. Fe_3C(渗碳体)

Fe_3C 是铁和碳形成的间隙化合物,晶体结构十分复杂,通常称渗碳体,可用符号 C_m 表示。Fe_3C 具有很高的硬度但很脆,硬度约为 950~1 050 HV,抗拉强度 $\sigma_b=30$ MPa,伸长率 $\delta=0$。

8.8.1.2　基本相

$Fe-Fe_3C$ 相图中除了高温时存在的液相 L,和化合物相 Fe_3C 外,还有碳溶于铁形成的几种间隙固溶体相,即

（1）高温铁素体：碳溶于 δ-Fe 的间隙固溶体，体心立方晶格，用符号 δ 表示。

（2）铁素体：碳溶于 α-Fe 的间隙固溶体，体心立方晶格，用符号 α 或 F 表示。F 中碳的固溶度极小，室温时约为 0.000 8%；在 727 ℃时溶碳量最大，约为 0.021 8%，但也不大，在后续的计算中，如果无特殊要求可忽略不计。其力学性能与工业纯铁相当。

（3）奥氏体：碳溶于 γ-Fe 的间隙固溶体，面心立方晶格，用符号 γ 或 A 表示。奥氏体中碳的固溶度较大，在 1 148 ℃时最大达 2.11%。奥氏体强度较低，硬度不高，易于塑性变形。

8.8.1.3 Fe-Fe₃C 相图中各点的温度、含碳量及含义

Fe-Fe₃C 相图及相图中各点的温度、含碳量等如图 8-35 及表 8-2 所示。图 8-35 及表 8-2 中的代表符号属通用，一般不随意改变。

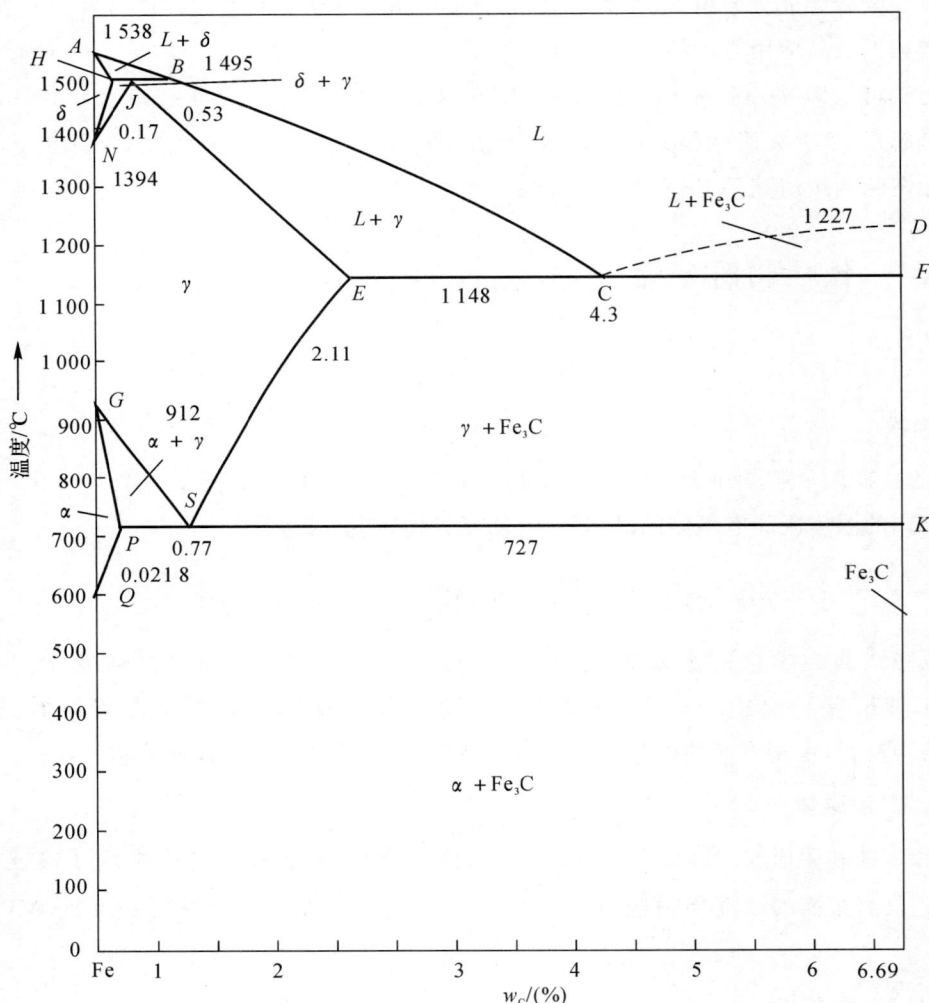

图 8-35 Fe-Fe₃C 相图

表 8 – 2 相图中各点的温度、含碳量及含义

符号	温度/℃	含碳量(质量分数)/(%)	含义
A	1 538	0	纯铁的熔点
B	1 495	0.53	包晶转变时液态合金的成分
C	1 148	4.30	共晶点
D	1 227	6.69	Fe_3C 的熔点
E	1 148	2.11	碳在 γ-Fe 中的最大溶解度
F	1 148	6.69	Fe_3C 的成分
G	912	0	α-Fe→γ-Fe 同素异构转变点
H	1 495	0.09	碳在 δ-Fe 中的最大溶解度
J	1 495	0.17	包晶点
K	727	6.69	Fe_3C 的成分
N	1 394	0	γ-Fe→δ-Fe 同素异构转变点
P	727	0.021 8	碳在 α-Fe 中的最大溶解度
S	727	0.77	共析点
Q	600	0.005 7	600 ℃(或室温)时碳在 α-Fe 中的溶解度
	(室温)	(0.000 8)	

8.8.1.4　Fe–Fe_3C 相图中重要的点和线

1. 相图中三个重要的特性点

(1)J 点为包晶点。合金在平衡凝固过程中冷却到 1 495 ℃时,B 点成分的 L 与 H 点成分的 δ 发生包晶反应,生成 J 点成分的 A。包晶反应在恒温下进行,反应过程中 L,δ,A 三相共存,反应式为 $L_B+\delta_H \xrightleftharpoons{1\ 495\ ℃} A_J$ 或 $L_{0.53}+\delta_{0.09} \xrightleftharpoons{1\ 495\ ℃} A_{0.17}$。

(2)C 点为共晶点。当合金在平衡凝固过程中冷却到 1 148 ℃时。C 点成分的 L 发生共晶反应,生成 A 和 Fe_3C。共晶反应在恒温下进行,反应过程中 L,A,Fe_3C 三相共存,反应式为 $L_C \xrightleftharpoons{1\ 148\ ℃} A_E+Fe_3C$ 或 $L_{4.3} \xrightleftharpoons{1\ 148\ ℃} A_{2.11}+Fe_3C$。

共晶反应的产物是 A 与 Fe_3C 的共晶混合物,称莱氏体,用符号 L_d 表示,所以共晶反应式也可表达为 $L_{4.3} \xrightleftharpoons{1\ 148\ ℃} L_{d4.3}$。

莱氏体组织中的渗碳体称为共晶渗碳体。在显微镜下莱氏体的形态是块状或粒状 A(727 ℃时转变为珠光体)分布在渗碳体基体上。

(3)S 点为共析点。合金在平衡凝固过程中冷却到 727 ℃时,S 点成分的 A 发生共析反应,生成 P 点成分的 F 和 Fe_3C。共析反应在恒温下进行,反应过程中 A,F,Fe_3C 三相共存,反应式为 $A_S \xrightleftharpoons{727\ ℃} F_P+Fe_3C$ 或 $A_{0.77} \xrightleftharpoons{727\ ℃} F_{0.021\ 8}+Fe_3C$。

共析反应的产物是铁素体与渗碳体的共析混合物,称珠光体,用符号 P 表示,因而共析反应可简单表示为:$A_{0.77} \xrightleftharpoons{727\ ℃} P_{0.77}$

P 中的渗碳体称为共析渗碳体。在显微镜下 P 的形态呈层片状。在放大倍数很高时,可清楚看到相间分布的渗碳体片(窄条)与铁素体片(宽条)。

2. 相图中的特性线

相图中的 $ABCD$ 为液相线,$AHJECF$ 为固相线。

(1)水平线 HJB 为包晶反应线。含碳量为 $0.09\%\sim0.53\%$ 的铁碳含金在平衡凝固过程中均发生包晶反应。

(2)水平线 ECF 为共晶反应线。含碳量在 $2.11\%\sim6.69\%$ 之间的铁碳合金,在平衡凝固过程中均发生共晶反应。

(3)水平线 PSK 为共析反应线。含碳量为 $0.0218\%\sim6.69\%$ 的铁碳合金,在平衡凝固过程中均发生共析反应。PSK 线在热处理中亦称 A_1 线。

(4)GS 线是合金冷却时自 A 中开始析出 F 的临界温度线,通常称 A_3 线。

(5)ES 线是碳在 A 中的固溶线,通常称 A_{cm} 线。由于在 $1\,148\ ℃$ 时,A 中溶碳量最大,可达 2.11%,而在 $727\ ℃$ 时仅为 0.77%,因此碳含量大于 0.77% 的铁碳合金自 $1\,148\ ℃$ 冷至 $727\ ℃$ 的过程中,将从 A 中析出 Fe_3C。析出的渗碳体称为二次渗碳体(Fe_3C_{II})。A_{cm} 线亦是从 A 中开始析出 Fe_3C_{II} 的临界温度线。

(6)PQ 线是碳在 F 中的固溶线。在 $727\ ℃$ 时 F 中溶碳量最大可达 0.0218%,室温时仅为 0.0008%,因此碳含量大于 0.0008% 的铁碳合金自 $727\ ℃$ 冷至室温的过程中,将从 F 中析出 Fe_3C。析出的渗碳体称为三次渗碳体(Fe_3C_{III})。PQ 线亦为从 F 中开始析出 Fe_3C_{III} 的临界温度线。

8.8.2　典型铁碳合金的平衡凝固过程

根据 $Fe\text{-}Fe_3C$ 相图,铁碳含金可分为以下三类:

工业纯铁　$w_C<0.0218\%$

钢
- 亚共析钢　$w_C=0.0218\%\sim0.77\%$
- 共析钢　$w_C=0.77\%$
- 过共析钢　$w_C=0.77\%\sim2.11\%$

白口铸铁
- 亚共晶白口铸铁　$w_C=2.11\%\sim4.3\%$
- 共晶白口铸铁　$w_C=4.3\%$
- 过共晶白口铸铁　$w_C=4.3\%\sim6.69\%$

下面分别对典型铁碳合金的凝固过程进行分析。

1. 工业纯铁

此处以含碳量为 0.01% 的铁碳合金为例,其冷却曲线(见图 $8-36$)和平衡凝固过程如下所述。

合金在 1 点以上为液相 L。冷却至稍低于 1 点时,开始从 L 中结晶出 δ,至 2 点合金全部结晶为 δ。从 3 点起,δ 逐渐转变为 A,至 4 点全部转变完。$4-5$ 点间,A 冷却不变。自 5 点始,从 A 中析出 F。F 在 A 晶界处生核并长大,至 6 点时,A 全部转变为 F。在 $6-7$ 点间 F 冷却不变。在 $7-8$ 点间,从 F 晶界析出 Fe_3C_{III}。因此合金的室温平衡组织为 $F+Fe_3C_{III}$。F 呈白色块状;Fe_3C_{III} 量极少,呈小白片状分布于 F 晶界处。若忽略 Fe_3C_{III},则组织全为 F。

2. 共析钢

其冷却曲线和平衡凝固过程如图 $8-37$ 所示。

合金冷却时,于 1 点起从 L 中结晶出 A,至 2 点全部结晶完。在 $2-3$ 点间,A 冷却不变。

至 3 点时，A 发生共析反应生成 P。从 $3'$ 继续冷却至 4 点，P 皆不发生转变。因此共析钢的室温平衡组织全部为珠光体 P，珠光体 P 呈层片状。

共析钢的室温组织组成物也全部是 P，而组成相为 F 和 Fe_3C。

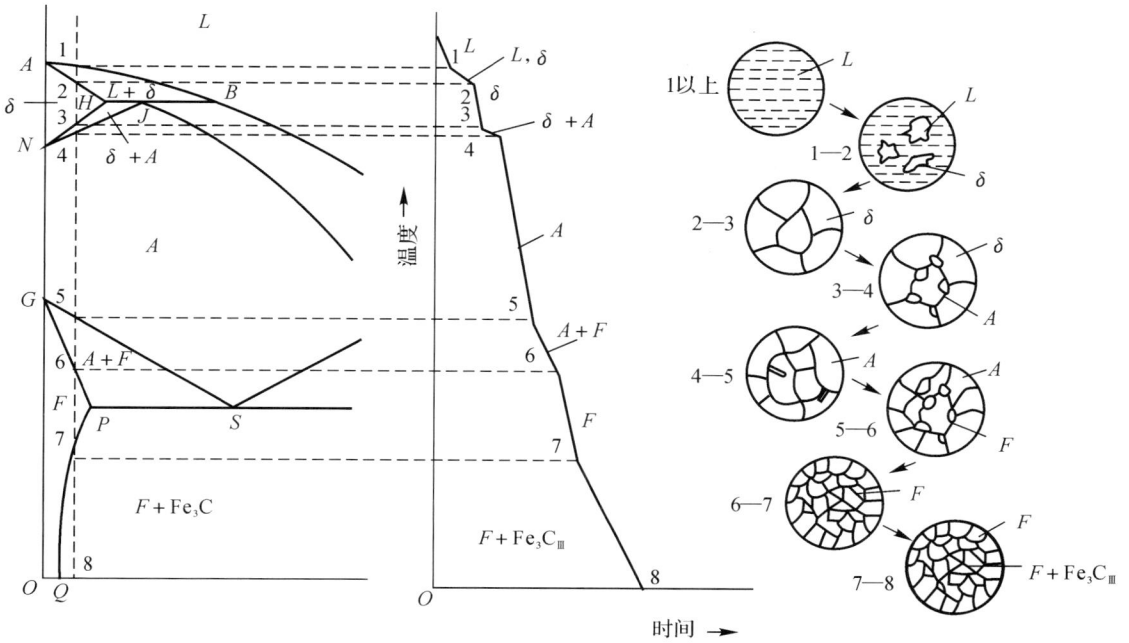

图 8-36　工业纯铁凝固过程示意图

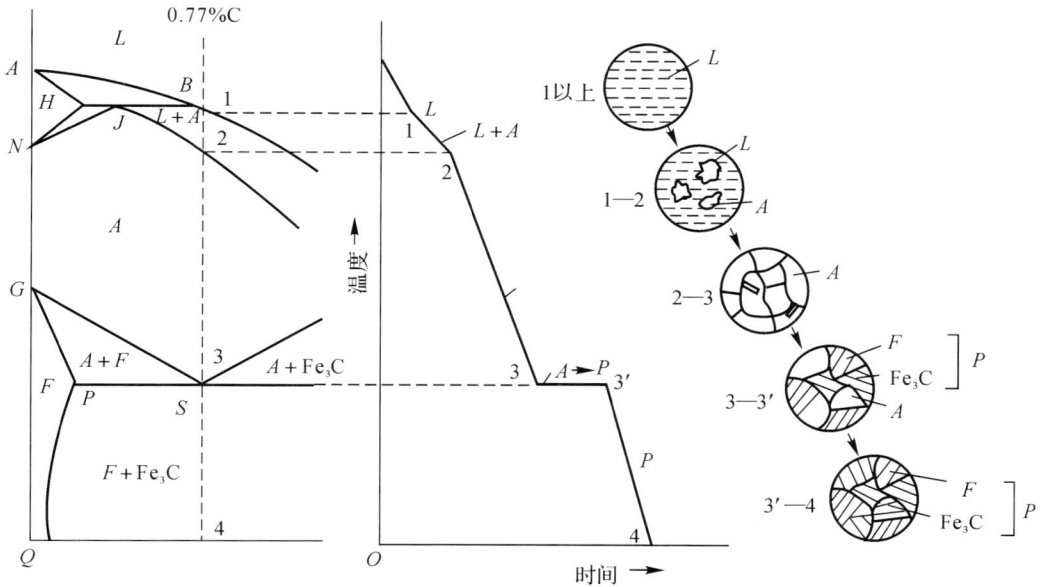

图 8-37　共析钢凝固过程示意图

3. 亚共析钢

此处以含碳量为 0.4％的铁碳含金为例,其冷却曲线和平衡凝固过程如图 8-38 所示。

合金冷却时,从 1 点起,自 L 中结晶出 δ,至 2 点时,L 中含 0.53％的碳,δ 中含 0.09％的碳,发生包晶反应生成 $A_{0.17}$,反应结束后尚有多余的 L。2′点以下,自 L 中不断结晶出 A,至 3 点合金全部转变为 A。在 3—4 点间,A 冷却不变。从 4 点起,冷却时由 A 中析出 F,F 在 A 晶界处优先生核并长大,而 A 和 F 的成分分别沿 GS 和 GP 线变化。至 5 点时,A 中含 0.77％的碳,F 中含 0.0218％的碳。此时 A 发生共析反应,转变为 P,F 不变化。从 5′继续冷却至 6 点,合金组织不发生变化,因此室温平衡组织为 $F+P$。F 呈白色块状;P 呈层片状,放大倍数不高时呈黑色块状。含碳量大于 0.6％的亚共析钢,室温平衡组织中的 F 常呈白色网状,包围在 P 周围。

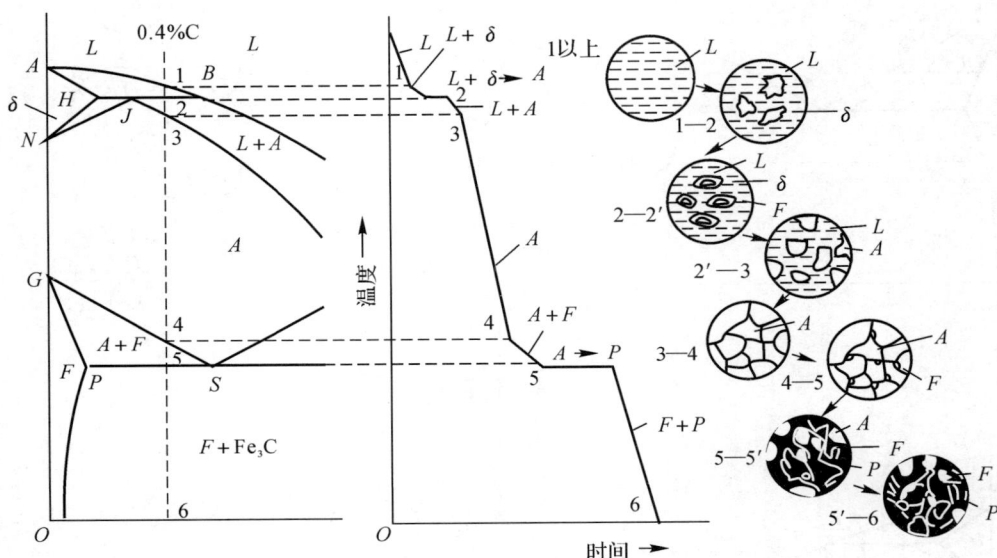

图 8-38　亚共析钢凝固过程示意图

4. 过共析钢

此处以含碳量为 1.2％的铁碳合金为例,其冷却曲线和平衡凝固过程如图 8-39 所示。

合金冷却时,从 1 点起,自 L 中结晶出 A,至 2 点全部结晶完了。在 2—3 点间,A 冷却不变;从 3 点起,由 A 中析出 Fe_3C_{II},Fe_3C_{II} 呈网状分布在 A 晶界上。至 4 点时 A 的含碳量降为 0.77％,4—4′发生共析反应,转变为 P,而 Fe_3C_{II} 不变化。在 4′—5 点间冷却时,组织不发生转变。因此室温平衡组织为 $Fe_3C_{II}+P$。在显微镜下,Fe_3C_{II} 呈网状分布在层片状 P 周围。

含碳量为 1.2％的过共析钢的组成相为 F 和 Fe_3C,组织组成物为 Fe_3C_{II} 和 P。

5. 共晶白口铸铁

共晶白口铸铁的冷却曲线和平衡凝固过程如图 8-40 所示。

合金在 1 点发生共晶反应,由 L 转变为(高温)莱氏体 $L_d(A+Fe_3C)$。在 1′—2 点间,L_d 中的 A 不断析出 Fe_3C_{II}。Fe_3C_{II} 与共晶 Fe_3C 无界线相连,在显微镜下无法分辨,但此时的莱

氏体由 $A+Fe_3C_{II}+Fe_3C$ 组成。由于 Fe_3C_{II} 的析出，至 2 点时 A 的含碳量降为 0.77%，并发生共析反应转变为 P；高温莱氏体 L_d 转变成低温莱氏体 L'_d($P+Fe_3C_{II}+Fe_3C$)。从 $2'$—3 点组织不变化，所以室温平衡组织仍为 L'_d，由黑色条状或粒状 P 和白色 Fe_3C 基体组成。

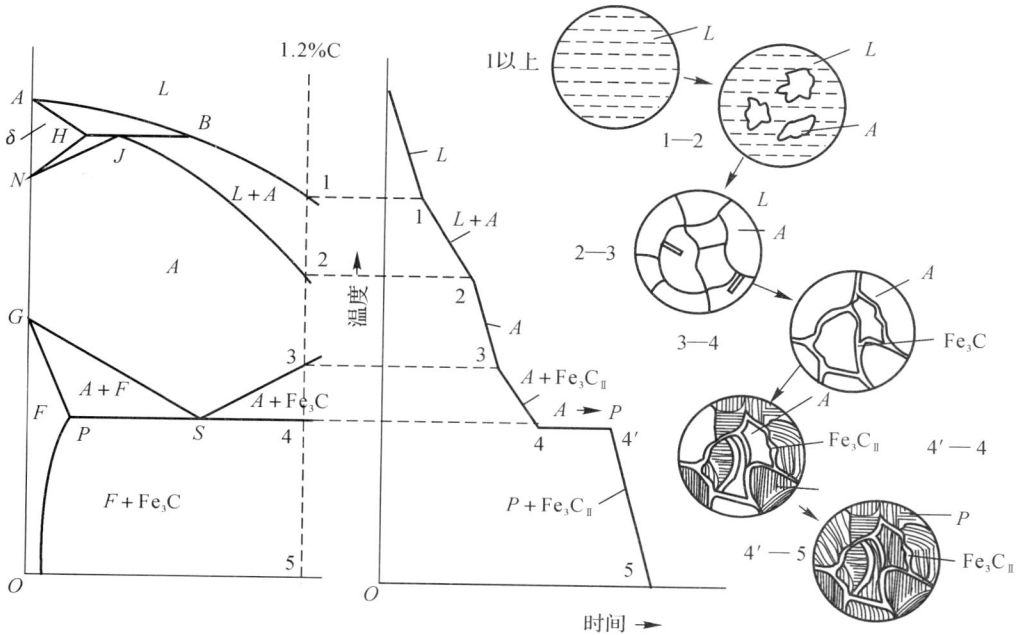

图 8-39　过共析钢凝固过程示意图

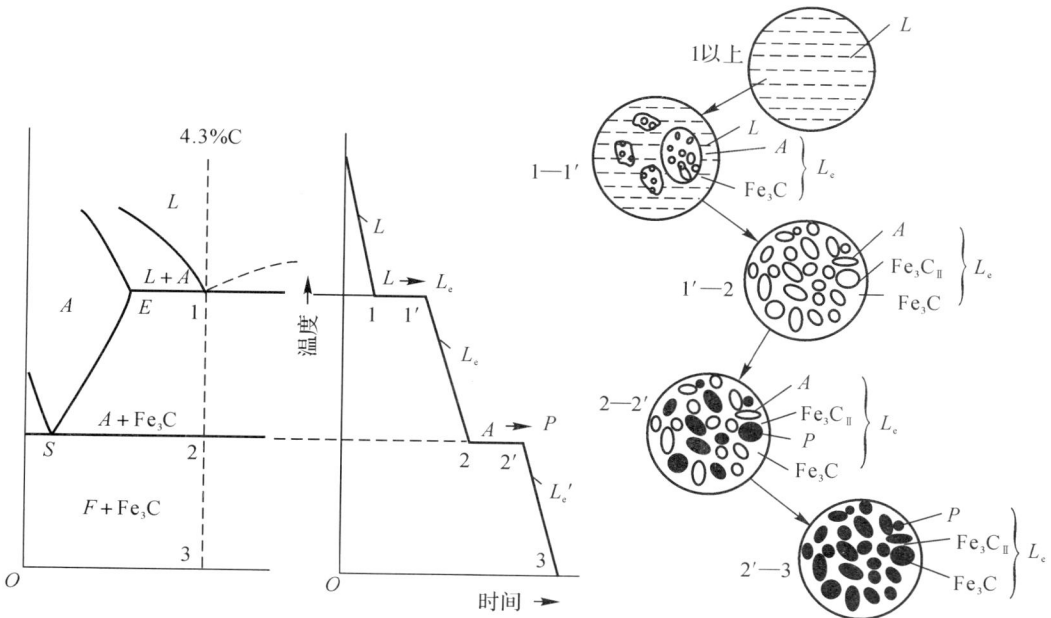

图 8-40　共晶白口铸铁凝固过程示意图

共晶白口铸铁的组织组成物全为 $L_{d'}$，而组成相还是 F 和 Fe_3C。

6. 亚共晶白口铸铁

以含碳量为 3% 的铁碳合金为例，其冷却曲线和平衡凝固过程如图 8-41 所示。

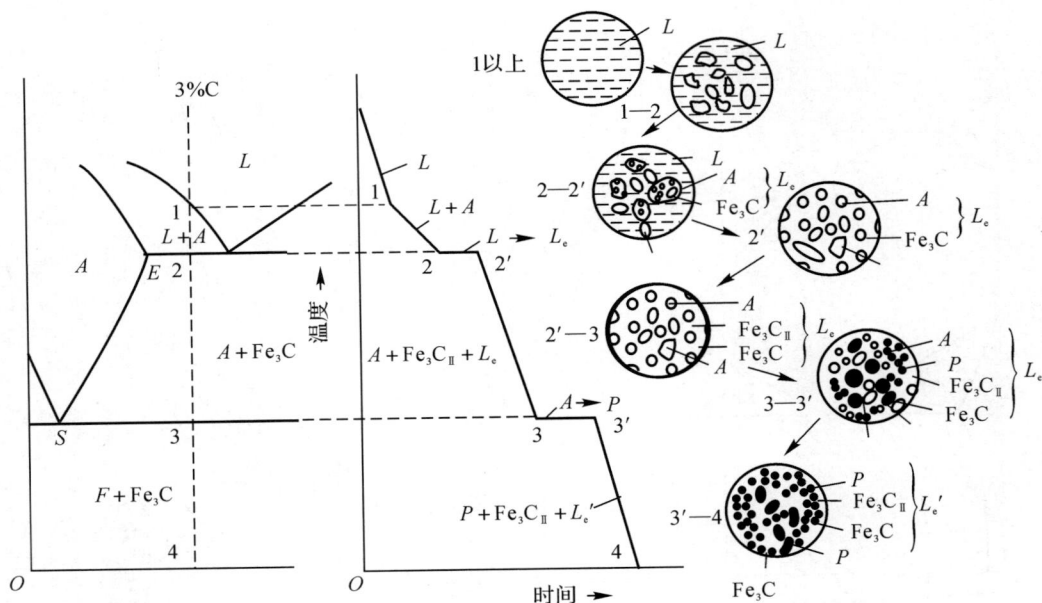

图 8-41　亚共晶白口铸铁凝固过程示意图

合金自 1 点起，从 L 中结晶出初生 A，至 2 点时 L 中含 4.3% 的碳（A 中含 2.11% 的碳），发生共晶反应转变为 L_d，而 A 不参与反应。在 $2'$—3 点间继续冷却时，初生 A 不断在其外围或晶界上析出 Fe_3C_{II}，同时 L_d 中的 A 也析出 Fe_3C_{II}。至 3 点温度时，所有 A 的成分均变为 0.77%，初生 A 发生共析反应转变为 P；高温莱氏体 L_d 也转变为低温莱氏体 L'_d。在 $3'$ 以下到 4 点，冷却不引起转变。因此室温平衡组织为 $P + Fe_3C_{II} + L'_d$。网状 Fe_3C_{II} 分布在粗大块状 P 的周围，$L_{d'}$ 则由条状或粒状 P 和 Fe_3C 基体组成。

亚共晶白口铸铁的组成相为 F 和 Fe_3C。组织组成物为 P，Fe_3C_{II} 和 L'_d。

8.8.3　碳钢及其常存杂质

由于原料和冶炼工艺的原因，碳钢中除铁与碳两种元素外，还含有少量 Mn，Si，S，P 以及微量的气体元素 O，H，N 等非特意加入的杂质元素。Si 和 Mn 是炼钢时作为脱氧剂（锰铁、硅铁）加入而残留在钢中的，其余元素则是从原料或大气中带入钢中而冶炼时不能清除尽的有害杂质。它们对钢的性能有一定影响。

锰和硅的影响如下：

Si，Mn 加入钢中，可将钢液中的 FeO 还原成 Fe，并形成 SiO_2 和 MnO。Mn 还与钢液中的 S 形成 MnS 而大大减轻 S 的有害作用。这些反应产物大部分进入炉渣，小部分残留在钢中成为非金属夹杂。钢中含 Mn 量约为 0.25%～0.80%。钢中含 Si 量约为 0.03%～0.40%。

脱氧剂中的 Si 与 Mn 总会有一部分溶于钢液,凝固后溶于铁素体,产生固溶强化作用。当它们含量不高(<1%)时,可以提高钢的强度,而不降低钢的塑性和韧性,一般认为 Si,Mn 是钢中有益元素。

其他杂质的影响如下:

(1)S,P 的影响。S 在固态铁中几乎不溶解,它与铁形成熔点为 1 190 ℃的 FeS,FeS 又与 γ-Fe 形成熔点更低的(985 ℃)共晶体。即使钢中含 S 量不高,由于严重偏析,凝固快完成时,钢中的 S 几乎全部残留在枝晶间的钢液中,最后形成低熔点的(Fe+FeS)共晶。含有硫化物共晶的钢材进行热压力加工(加热温度一般在 1 150~1 250 ℃之间),分布在晶界处的共晶体处于熔融状态,一经轧制或煅打,钢材就会沿晶界开裂。这种现象称为钢的热脆。如果钢水脱氧不良,含有较多的 FeO,还会形成(Fe+FeO+FeS)三相共晶体,熔点更低(940 ℃),危害性更大。对于铸钢件,含硫过高,易使铸件发生热裂;S 也使焊件的焊缝处易发生热裂。

P 在铁中固溶度较大,钢中的 P 一般都固溶于铁中。P 溶于铁素体后,有较其他元素更强的固溶强化能力,尤其是较高的含 P 量,使钢显著提高强度、硬度的同时,剧烈地降低钢的塑、韧性,并且还提高了钢的脆性转化温度,使得低温工作的零件冲击韧性很低,脆性很大,这种现象通常称为钢的冷脆。

S,P 在钢中是有害元素,在普通质量非合金钢中,其含量被限制在 0.045% 以下。如果要求更好的质量,则含量限制更严格。

在一定条件下,S,P 也被用于提高钢的切削加工性能。炮弹钢中加入较多的 P,可使炮弹爆炸时产生更多弹片,使之有更大的杀伤力。P 与 Cu 共存可以提高钢的抗大气腐蚀能力。

(2)O,H,N 的影响。O 在钢中溶解度很小,几乎全部以氧化物夹杂形式存在,如 FeO,Al_2O_3,SiO_2,MnO 等,这些非金属夹杂使钢的力学性能降低,尤其是对钢的塑性、韧性、疲劳强度等危害很大。

H 在钢中含量尽管很少,但当其溶解于固态钢中时,会剧烈地降低钢的塑性、韧性,增大钢的脆性,这种现象称为氢脆。

少量 N 存在于钢中,会起强化作用。N 的有害作用表现为造成低碳钢的时效现象,即含 N 的低碳钢自高温快速冷却或冷加工变形后,随时间的延长,钢的强度、硬度上升,塑性、韧性下降,脆性增大,同时脆性转变温度也提高了,造成了许多焊接工程结构和容器突然断裂事故。

8.9　小　　结

二元相图是研究二元系合金在热力学平衡条件下相和组织与其成分和温度之间关系的有力工具。二元相图中最基本的相图是匀晶相图、共晶相图和包晶相图。

基于匀晶相图可研究固溶体的平衡凝固过程:平衡凝固过程是指凝固过程的每个阶段都达到平衡,即在相变过程中有充分的时间进行组元间的扩散,以达到每个温度下平衡相的成分;运用杠杆定律,可求出某温度下两平衡相的相对量。由于实际凝固的速度较快,使凝固过程偏离了平衡条件,称为非平衡凝固。固溶体的非平衡凝固有以下几个特点:固相平均成分线或液相平均成分线均在固相线或液相线的下方;先凝固部分富含高熔点组元,后凝固的部分富含低熔点组元;凝固的终了温度低于平衡凝固时的终了温度。

　　由某一成分的液相在恒温下同时结晶出两个成分不同的固相的转变,称为共晶转变。发生共晶转变的温度称为共晶温度,共晶转变的产物即两个固相的机械混合物称为共晶组织或共晶体。在共晶转变前,由液相结晶出的固溶体称为先共晶体或初生相。成分为共晶成分的合金称为共晶合金,成分小于共晶成分且出现共晶组织的合金称为亚共晶合金,而成分大于共晶成分且能出现共晶组织的合金称为过共晶合金。在亚共晶合金和过共晶合金中,可运用杠杆定律确定初生相和共晶体的相对量(称为组织组成物的相对量计算),也可运用杠杆定律确定合金中各组成相的相对量(称为相组成物的相对量计算)。在非平衡凝固条件下,某些亚共晶或过共晶成分的合金也能得到 100% 的共晶组织,这种共晶组织称为伪共晶;此外,某些单相固溶体成分的合金也会出现少量的非平衡共晶组织,这种非平衡共晶组织失去了共晶组织中两相交替排列的特征,故称为离异共晶。

　　包晶转变是由已凝固的固相与剩余液相反应形成另一固相的恒温转变。由于包晶反应涉及原子在固相间的扩散,因此,包晶反应在通常的冷却速度下难以完全进行,即相当数量的初生固相会被保留下来。

　　掌握上述基本类型相图的分析方法,就不难对具有稳定化合物的相图以及具有其他类型转变(如偏晶转变、熔晶转变、合晶转变、共析转变和包析转变)的相图进行分析。

　　铁碳平衡相图是研究钢铁材料的组织和性能及其热加工和热处理工艺的重要工具。铁碳合金通常可按含碳量及其室温平衡组织分为三大类,即工业纯铁、碳钢和铸铁。碳钢和铸铁是按有无共晶转变来区分的:无共晶转变(即无莱氏体)的铁碳合金称为碳钢,而有共晶转变(即有莱氏体)的铁碳合金则称为铸铁。随着含碳量的增加,铁碳合金的室温平衡组织发生如下变化:

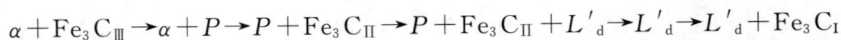

$$\alpha + Fe_3C_{\mathrm{III}} \rightarrow \alpha + P \rightarrow P + Fe_3C_{\mathrm{II}} \rightarrow P + Fe_3C_{\mathrm{II}} + L'_d \rightarrow L'_d \rightarrow L'_d + Fe_3C_{\mathrm{I}}$$

　　如果合金的基体是铁素体,那么随着碳含量的增加,渗碳体量越多,合金的强度越高;但若渗碳体这种脆性相分布在晶界上,特别是形成连续的网状分布时,则合金的塑性和韧性显著下降。

第 9 章　三元合金相图

　　工业上应用的金属材料多半是由两种以上的组元构成的多元合金,即使是二元合金,由于存在某些杂质,尤其是当发生偏析、这些杂质在某些局部地方富集时,也应该把它当作多元合金来讨论。由于第三组组元或第四组元的加入,不仅引起组元之间溶解度的改变,而且会因新组成相的出现致使组织转变过程和相图变得更加复杂。为了更好地了解和掌握金属材料相图,除了要求会使用二元合金相图外,还需会应用多元合金相图来分析多元材料。由于多元合金相图较为复杂,受测定、分析以及表达等方面限制,用的较多的是三元合金相图,简称三元相图。相对于二元相图,三元相图的类型多而复杂,现在所测定的完整的三元相图只有十多种,应用最多的是三元相图中某些特定意义的截面图和投影图。掌握三元相图的基本规律,有助于我们研究三元合金的成分、组织结构与性能之间的关系,合金从液态到固态的结晶过程以及固态相变过程的特点。

9.1　三元相图成分表示法

　　二元合金的成分中只有一个变量,其成分坐标轴用一条直线表示,二元合金相图的主要部分是由一个成分坐标轴和一个温度坐标轴所构成的平面中的一系列曲线。三元相图与二元相图相比,组元数增加了一个,成分变量是两个,故表示成分的坐标轴应为两个,两个坐标轴构成一个平面,这样,再加上垂直于平面的温度坐标轴,三元相图便成为一个三维空间的立体图形。构成三元相图的主要部分应该是一系列空间曲面,而不是二元相图中的那些平面曲线。

9.1.1　成分三角形

　　如图 9-1 所示为等边三角形表示法,三角形的三个顶点 A,B,C 分别表示 3 个组元,三角形的边 AB,BC,CA 分别表示 3 个二元系的成分坐标,则三角形内的任一点都代表三元系的某一成分。例如,三角形 ABC 内 S 点所代表的成分可通过下述方法求出。

　　设等边三角形各边长为 100%,依 AB,BC,CA 顺序分别代表 B,C,A 三组元的含量。由 S 点出发,分别向 A,B,C 顶角对应边 BC,CA,AB 引平行线,相交于三边的 c,a,b 点。根据等边三角形的性质,可得

$$Sa + Sb + Sc = AB = BC = CA = 100\%$$

　　其中,$Sc = Ca = w_A(\%)$,$Sa = Ab = w_B(\%)$,$Sb = Bc = w_C(\%)$。于是,Ca,Ab,Bc 线段分别代表 S 相中三组元 A,B,C 各自的质量分数。反之,当已知 3 个组元质量分数时,也可求出 S 点在成分三角形中的位置。

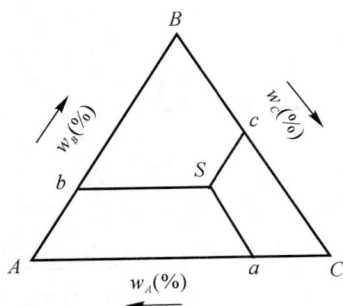

图 9-1　用等边三角形表示三元合金的成分　　图 9-2　等边成分三角形中的特殊线

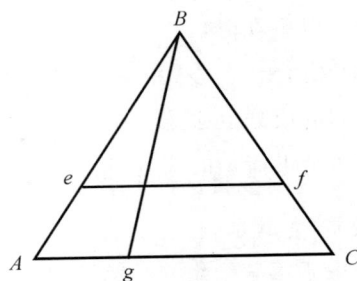

在等边成分三角形中有下列具有特定意义的线：

（1）凡成分点位于与等边三角形某一边相平行的直线上的各三元相，它们所含的、由这条边对应顶角代表的组元的质量分数相等。如图 9-2 所示，平行于 AC 边的 ef 线上的所有三元相含 B 组元的质量分数都为 $w_B = Ae(\%)$。

（2）凡成分点位于通过三角形某一顶角的直线上的所有三元系，所含此线两旁的另两顶点所代表的两组元质量分数的比值相等。如图 9-2 中 Bg 线上的所有三元相含 A 和 C 两组元的质量分数的比值相等，即 $w_A/w_C = Cg/Ag$。

9.1.2　三元相图中的定量法则

在三元合金的研究中经常遇到一些定量计算问题，例如，若将两个已知成分的合金熔配到一起，那么，所得到的新合金的成分是什么？又如，在分析合金的凝固过程时，若从液相中结晶出一个固相，或者从液相中结晶出两个固相，那么，平衡相的成分是什么？它们的含量该怎样计算？在讨论二元系时曾经指出，两相平衡时平衡相的含量可以用杠杆定律进行计算。那么在三元系中，两相平衡可以仿照二元系，应用杠杆定律进行计算，当为三相平衡相时，平衡相含量的定量计算则需要应用重心法则。

1. 直线法则和杠杆定律

根据相律，二元合金两相平衡时有 1 个自由度，若温度恒定，则自由度为零。说明两个平衡相的成分不变，其连接线的两个端点即为两平衡相的成分，这样就可以应用杠杆定律计算两个平衡相的含量。对于三元合金来说，根据相律，两相平衡时有 2 个自由度，若温度恒定，还剩下 1 个自由度，说明两个相中只有一个相的成分可以独立改变，而另一个相的成分则必须随之改变。也就是说，两个平衡相的成分存在一定的对应关系，这个关系便是直线法则。所谓直线法则（共线法则）是指三元合金在两相平衡时，合金的成分点和两个平衡相的成分点，必须在同一条直线上。利用这一法则可以确定，当合金 O 在某一温度处于 $\alpha+\beta$ 两相平衡时（见图 9-3），这两个相的成分点分别为 a 和 b，则 aOb 三点一定在一条直线上，且 O 点位于 a,b 点之间。然后应用杠杆定律，求出两相的质量之比为

$$\frac{w_a}{w_b} = \frac{Ob}{Oa}$$

直线法则和杠杆定律对于使用和加深对三元相图的理解都很有用。在以后分析三元相图时,可以得出以下规律:

(1)当给定合金在一定温度下处于两相平衡状态时,若其中一相的成分给定,则根据直线法则,另一相的成分点必位于两已知成分点的延长线上。

(2)若两个平衡相的成分点已知,合金的成分点必然位于两个已知成分点的连线上。

2. 重心法则

当三个已知成分的合金熔配在一起时,所得到的新合金的成分是什么? 或者从一个相中析出两个新相,要了解这些相的成分和它们含量的关系,就要用重心法则。

根据相律可知,当某一三元合金处于三相平衡时,其自由度为 1,这表明,三个平衡相的成分是依赖温度而变化的,当温度恒定时,则自由度为零,三个平衡相的成分为确定值。显然,三相平衡时意味着存在三个两相平衡,由于两相平衡时的连接线为直线,三条连接线必然会组成一个三角形,称之为连接三角形(见图 9 - 4)。

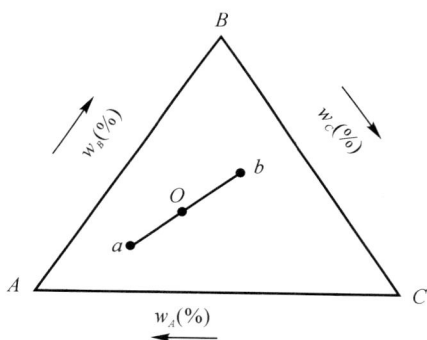

图 9 - 3　三元系中的直线法则

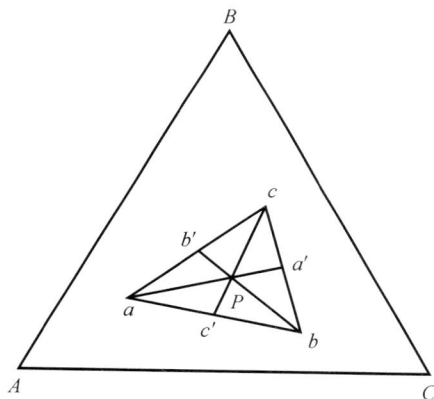

图 9 - 4　三元系中的重心法则

三元合金处于 α,β,γ 三相平衡时,$f=3-3+1=1$。当温度一定时,三个平衡相的成分是确定的,其成分点 a,b,c 构成一个三角形。若将成分比喻成质量,则合金的成分点 P 一定落在成分点 a,b,c 三角形的重心处(是三相的质量重心,不是三角形的几何重心),这一规律称重心法则。其数学表达式为

$$\begin{cases} \alpha\% = \dfrac{Pa'}{aa'} \times 100\% \\[2mm] \beta\% = \dfrac{Pb'}{bb'} \times 100\% \\[2mm] \gamma\% = \dfrac{Pc'}{cc'} \times 100\% \end{cases}$$

其实,重心法则可看作是直线法则和杠杆定律的变形。

9.2 三元匀晶相图

三个组元在液态及固态均无限溶解的相图称为三元匀晶相图。

9.2.1 相图分析

图 9-5 为三元匀晶相图的立体模型。其中 ABC 是成分三角形,三根垂线是温度轴,a,b,c 分别为三个组元 A,B,C 的熔点,三棱柱体的三个侧面是组元间形成的二元匀晶相图,它们的液相线和固相线分别构成了三元相图的两个空间曲面:上面那个向上凸的曲面叫作液相面,下面那个向下凹的曲面叫作固相面。图中有三个相区:液相面以上的空间为液相区,记为 L;固相面以下的空间为固相区,记为 α;液相面和固相面之间的空间为液固两相共存区,记为 $L+\alpha$。

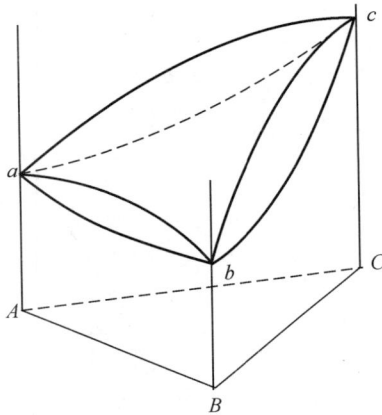

图 9-5 三元匀晶相图

9.2.2 三元固溶体合金的凝固过程

应用三元匀晶相图分析合金凝固过程的方法与应用二元相图时相似,但也有它自己的特点。现在分析合金 O 的凝固过程(见图 9-6)。当合金自液态缓慢冷却至 t_1 温度与液相面相交时,开始从液相中结晶出 α 固溶体,此时液相的成分 L_1 即为合金成分,而固相的成分为固相面上的某一点 α_1。当温度缓慢降至 t_2 时,液相数量不断减少,固相的数量不断增多,此时固相的成分由 α_1 点沿固相面移至 α_2 点,液相成分自 L_1 点沿液相面移至 L_2 点。直线法则指出,在两相平衡时,合金及两个平衡相的成分点必定位于一条直线上,由此可以确定,合金的成分必位于液相和固相成分点的连接线上。在 t_1 时,其连接线为 $L_1\alpha_1$,在 t_2 时,连接线为 $L_2\alpha_2$。依此类推,在 t_3 温度时为 $L_3\alpha_3$,在凝固终了的 t_4 温度时为 $L_4\alpha_4$,此时固相的成分即为合金的成分。

这些连接线虽然都是水平线,但是在合金的凝固过程中,液相的成分和固相的成分分别沿着液相面和固相面上的 L_1,L_2,L_3,L_4 和 $\alpha_1,\alpha_2,\alpha_3,\alpha_4$ 空间曲线变化,这两条曲线既不都处于同一垂直平面上,也不都处于同一水平平面上,它们在成分三角形上的投影很像一只蝴蝶,所以称之为固溶体合金凝固过程的蝴蝶形规律。

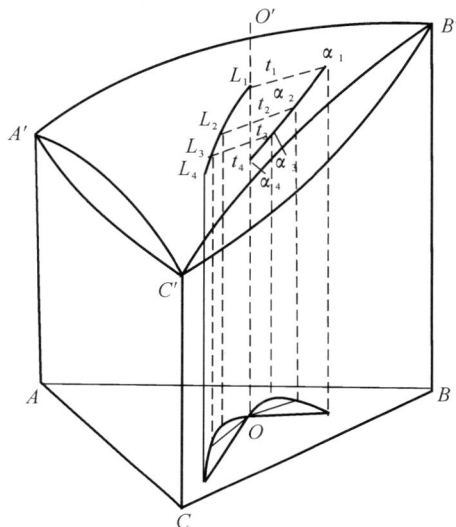

图 9 - 6　三元固溶体在凝固过程中液、固相成分的变化

从以上分析可以看出,三元匀晶转变与二元匀晶转变基本相同:两者都是选择性结晶,当液固两相平衡时,固相中高熔点组元的含量较液相中的高;两者的结晶过程均需在一定温度范围内进行,异类原子之间都要发生相互扩散。如果冷速较慢,原子间的扩散能够充分进行,则可获得成分均匀的固溶体;如果冷速较快,液固两相中原子扩散进行得不完全,则和二元固溶体合金一样,获得具有枝晶偏析的组织。欲使其成分均匀,需进行长时间的均匀化退火。但是两者之间也有差别,在凝固过程中,在同一温度下,尽管三元合金的液相和固相成分的连接线是条水平线,但液相和固相成分的变化轨迹不位于同一个平面。

9.2.3　等温截面

等温截面又称水平截面,它表示三元系合金在某一温度下的状态。如图 9 - 7(b)所示即为 ABC 三元系在 t_1 温度的等温截面,它相当于在立体模型中插入一个 t_1 温度的水平面,该面与液相面和固相面分别交截于 L_1L_2 和 $\alpha_1\alpha_2$。如图 9 - 7(a)所示,将这两条线投影到成分三角形上,就得到了图 9 - 7(b)所示的等温截面图。从图中可以看出,整个截面被分为三个不同的相区:在 ACL_2L_1 内为液相区,以 L 表示,凡是成分点位于这一相区内的合金均尚未凝固,处于液体状态,在 $B\alpha_2\alpha_1$ 内为 α 相区,成分点位于此区内的合金均已凝固终了,其相组成为单相的 α 固溶体;在 $L_1L_2\alpha_2\alpha_1$ 之内为 $L+\alpha$ 两相平衡区,成分位于这个相区的合金处于液固两相平衡状态。

曲线 L_1L_2 为液相等温线,或称液相线,成分点位于这条曲线上的合金在 t_1 温度均刚刚开始凝固。曲线 $\alpha_1\alpha_2$ 为固相等温线,或称固相线,位于这条曲线上的合金在 t_1 温度刚刚凝固终了。

在等温截面的两相区内,根据相律,系统的自由度为 2,温度固定后,还剩 1 个自由度。这就是说,只有一个平衡相的成分可以独立改变,另一个平衡相的成分必须随之改变。如果用实验方法测出了一个平衡相的成分,就可以确定出与之对应的另一个平衡相的成分。如用实验测定出固相的成分为 m,则根据直线法则,两平衡相成分点间的连接线必定通过合金的成分点,显然,mO 延长线与 L_1L_2 的交点 n 即为液相的成分点。图 9-7(b)中的五条连接线均是用实验方法测出的。

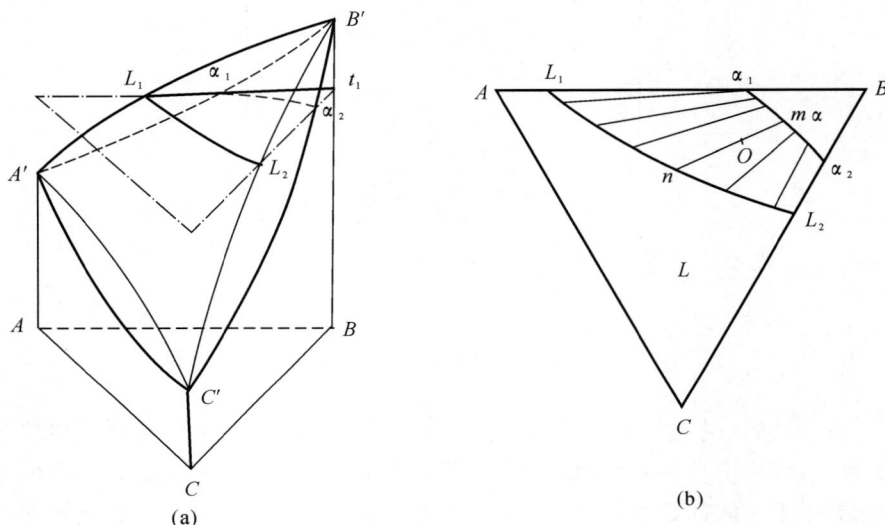

图 9-7 三元匀晶相图等温截面

(a)立体模型;(b)等温模型

在连接线确定之后,就可以利用杠杆定律计算两平衡相的含量。图 9-7(b)中的合金 O 在 t_1 温度下,固相 α 和液相 L 的含量分别为

$$w_\alpha = \frac{nO}{mn} \times 100\%, \quad w_L = \frac{mO}{mn} \times 100\%$$

9.2.4 变温截面

变温截面又称垂直截面,它可以表示三元系中在此截面上的一系列合金在不同温度下的状态,即当温度改变时,其相组成变化的情况。

变温截面也是用实验方法测定出来的,它相当于在三元相图的立体模型中插入一个垂直于成分三角形的截面,它分别与液相面和固相面相交,得到两条交线,将交线绘于该截面上,即得到变温截面,如图 9-8 所示。经常采用的变温截面有两种:一种是平行于成分三角形的一边所作的垂直截面,此时位于截面上的所有合金所含的某一组元(C 组元)的量是固定的[见图

9-8(b)中的 FE 变温截面]。另一种是通过成分三角形某一顶点所作的截面,这时截面上所有的合金中另两个组元的比值是一定的[见图 9-8(c)中的 GB 变温截面]。这样一来,在垂直截面上的合金成分就只剩下一个变量,即可以用一个坐标轴表示合金的成分。

从变温截面的形状和意义来看,它与二元相图类似,纵坐标表示温度,横坐标表示合金的成分。这两个截面图上均有上下两条曲线,其中上面那条曲线为液相线,下面的曲线为固相线。$L,L+\alpha,\alpha$ 分别表示液相区、液固两相区和固相区。

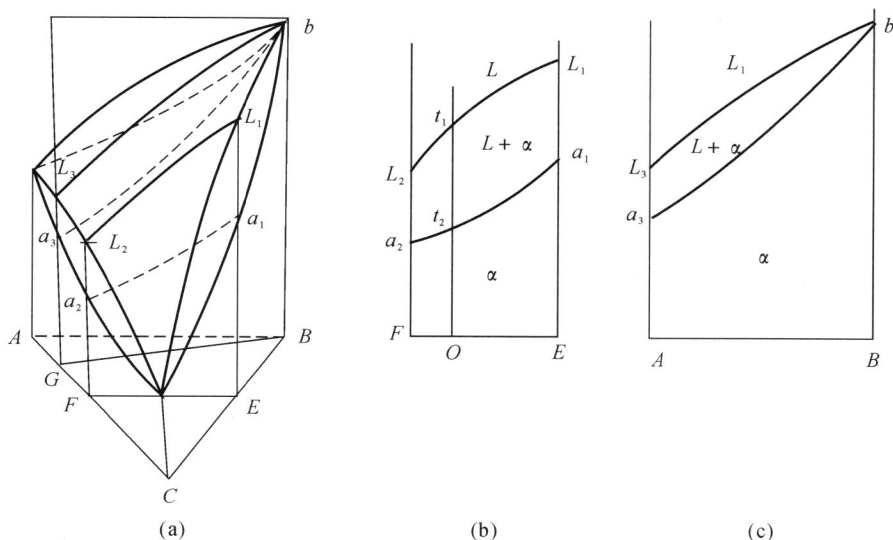

图 9-8　三元匀晶相图变温截面
(a)立体模型;(b)FE 变温截面;(c)GB 变温截面

利用变温截面可以分析合金的凝固过程,确定相变温度,了解合金在不同温度下所处的状态。现以合金 O 为例,由 O 点作垂线,与液相线和固相线相交的温度分别为 t_1 和 t_2。由此可知,当合金 O 缓慢冷却至 t_1 温度时,开始从液相中结晶出 α 固溶体;温度继续下降,结晶出来的 α 相增多;当温度降至 t_2 时,液相完全凝固成 α 相,t_2 为结晶终了温度。

虽然变温截面与二元相图的形状很相似,在分析合金的结晶过程时也大致相同,但是这二者之间存在着本质上的差别。根据三元固溶体合金结晶时的蝴蝶形规律,在两相平衡时,平衡相的成分点不是都落在一个垂直截面上。由此可知,变温截面上的液相线和固相线,不能表示平衡相的成分,不能根据这些线应用杠杆定律计算相的含量,这就是变温截面应用的局限性。

9.2.5　投影图

三元相图的等温截面只能反映一个温度下的情况(可确定不同合金的相组成、相的成分及其含量),而变温截面只能反映一个三元系中很有限的一部分合金的情况(可确定这些合金在冷却或加热时相组成的变化情况),两者都有一定的局限性。如果把一系列等温截面上的有关曲线画在同一个成分三角形中,使用起来就比较方便了。三元相图的投影图可以很好地解决这个问题。

　　投影图有两种：一种是把空间相图的所有相区间的交线都投影到成分三角形中，就如把相图在垂直方向压成一个平面，借助于对相图空间结构的了解，分析合金在冷却或加热过程中的相变；另一种是把一系列等温截面中的相界线都投影到成分三角形中，在每一条线上都注明相应的温度。第二种投影图称为等温线投影图，其等温线相当于地图上的等高线，可以反映空间相图中各种相界面的变化趋势。例如，投影图上的等温线距离越密，表示这个相面的温度变化越陡。

　　三元匀晶相图的液相面和固相面上无任何相交的点和线，所以作第一种投影图无任何意义。一般应用的是等温线投影图，如图 9 - 9 所示。其中图 9 - 9(a) 所示是不同温度的等温截面中液相线的投影图，图 9 - 9(b) 所示是固相线的投影图。液相面等温线投影图应用较广，利用它可以很方便地确定合金的熔点（开始凝固的温度）。例如，从图 9 - 9(a) 中可以看出成分点为 O 的合金在高于 t_4 低于 t_3 的温度开始凝固，在高于 t_6 低于 t_5 的温度凝固终了。

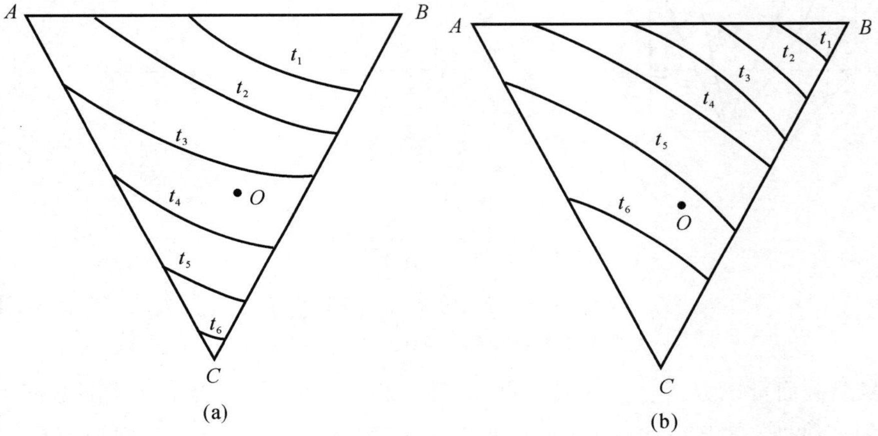

图 9 - 9　匀晶相图投影图
(a)液相线投影图；(b)固相线投影图

9.3　三元共晶相图

9.3.1　简单三元共晶相图

1. 相图的空间模型

　　图 9 - 10 所示为三组元在液态完全互溶、固态互不溶解的三元共晶空间模型。它由 A - B，B - C，C - A 三个简单的二元系共晶相图所组成。

　　图中 a，b，c 分别是组元 A，B，C 的熔点。在共晶合金中，一个组元的熔点会由于其他组元的加入而降低，因此在三元相图中形成了三个向下汇聚的液相面。其中，ae_1Ee_3a 是组元 A

的初始结晶面,be_1Ee_2b 是组元 B 的初始结晶面,ce_2Ee_3c 是组元 C 的初始结晶面。

3 个二元共晶系中的共晶转变点 e_1,e_2,e_3 在三元系中都伸展成为共晶转变线,这就是 3 个液相面两两相交所形成的 3 条熔化沟线 e_1E,e_2E 和 e_3E。当液相成分沿这 3 条曲线变化时,分别发生共晶转变

$$e_1EL \longrightarrow A+B$$

$$e_2EL \longrightarrow B+C$$

$$e_3EL \longrightarrow C+A$$

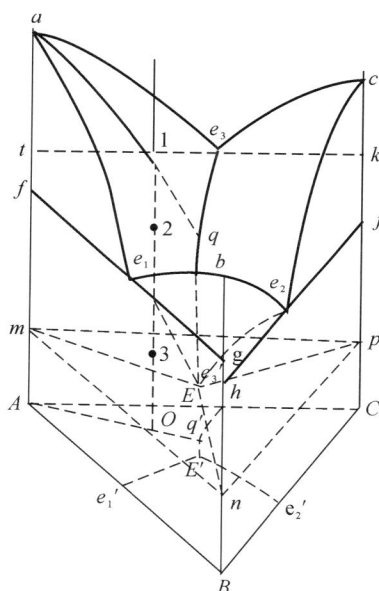

图 9 - 10　组元在固态完全不互溶的三元共晶相图图

3 条共晶转变线相交于 E 点,这是该合金系中液体最终凝固的温度。成分为 E 的液相在该点温度发生共晶转变:

$$L_E \longrightarrow A+B+C$$

故 E 点称为三元共晶点。E 点与该温度下 3 个固相的成分点 m,n,P 组成的四相平衡平面称为四相平衡共晶平面。

四相平衡共晶平面由 3 个三相平衡的连接三角形合并而成,其中三角形 mEn 是发生 $L \to A+B$ 共晶转变的三相平衡区的底面,三角形 nEp 是发生 $L \to B+C$ 共晶转变的三相平衡区的底面,三角形 pEm 是发生 $L \to C+A$ 共晶转变的三相平衡区的底面。三相平衡区和共晶转变的初始面分别示于图 9 - 11 中。

低于 E 点温度,合金全部凝固成固相,形成 $A+B+C$ 三相平衡区。

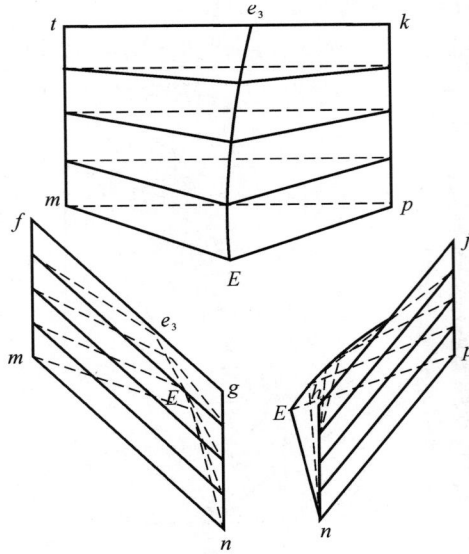

9-11 三相平衡区和两相共晶面

2. 截面图

rs 和 At 垂直截面如图 9-12 所示。rs 截面的成分轴与浓度三角形的 AC 边平行,图中 $r'e'$ 和 $e's'$ 是液相线,相当于截面与空间模型中液相面 ae_1Ee_3a 和 ce_2Ee_3c 的截线;曲线 r_1d' 是截面与过渡面 fe_1Emf 的截痕,$d'e'$、$e'i'$ 和 $i's_1$ 分别是截面与过渡面 le_3Eml、ke_3Epk 和 je_2Epj 的交线;水平线 r_2s_2 是四相平衡共晶平面的投影。

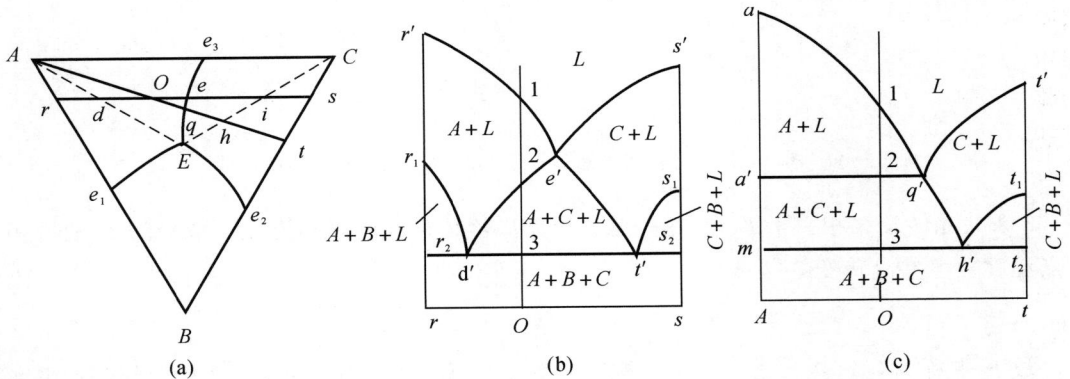

9-12 垂直截面图

(a)浓度三角形;(b)rs 截面;(c)At 截面

利用这个垂直截面可以分析成分点在 rs 线上所有合金的平衡凝固过程,并可确定其相变临界温度。此处以合金 O 为例进行说明。当其冷到 1 点开始凝固出初晶 A,从 2 点开始进入 $A+C+L$ 三相平衡区,发生 $L \rightarrow A+C$ 共晶转变,形成两相共晶 $(A+C)$,3 点在共晶平面 mnp 上,冷至此点发生四相平衡共晶转变 $L \rightarrow A+B+C$,形成三相共晶 $(A+B+C)$。

At 垂直截面的成分轴过浓度三角形的顶点 A,该截面与过渡面 le_3Eml 的截线是固相 A 与液相 L 两平衡相的连线,在垂直截面图中就是水平线 $a'q'$。

图 9-13 所示是该三元共晶相图在不同温度的水平截面,利用这些截面图可以了解到合金在不同温度所处的相平衡状态,以及分析各种成分的合金在平衡冷却时的凝固过程。

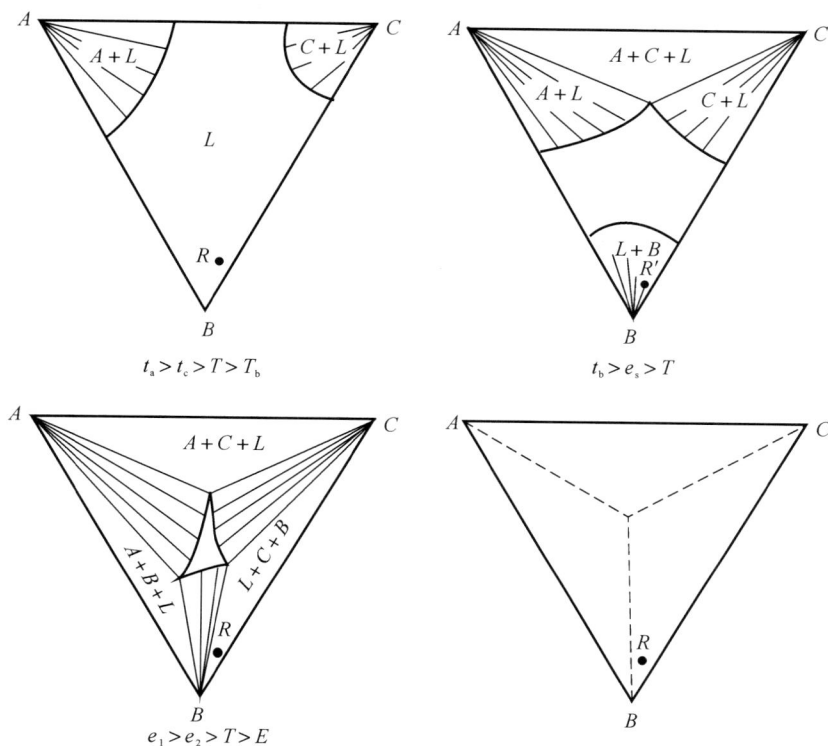

图 9-13　水平截面图

3. 投影图

在图 9-14 所示的投影图中,粗线 e_1E、e_2E 和 e_3E 是 3 条共晶转变线的投影,它们的交点 E 是三元共晶点的投影。粗线把投影图划分成 3 个区域,这些区域是 3 个液相面的投影,其中标有 t_1,t_2…字样的细线即为液相面等温线。

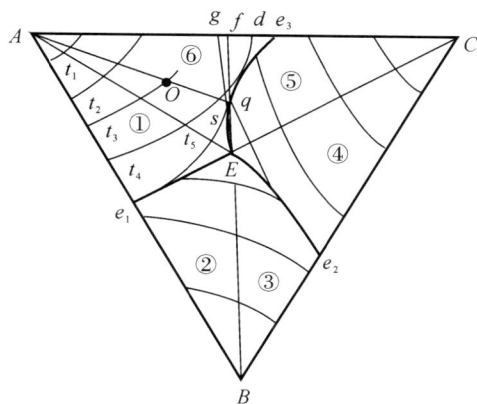

图 9-14　在固态完全不溶的三元共晶相图投影图

利用这个投影图分析合金的凝固过程,不仅可以确定相变临界温度,还能确定相的成分和相对含量。仍以合金 O 为例。在 t_3 温度(相应于空间模型和垂直截面图中的 1 点),合金温度下降到液相面 Ae_1Ee_3a,开始凝固出初晶 A,这时液相的成分等于合金成分,两相平衡相连接线的投影是 AO 线。继续冷却时,不断凝固出晶体 A,液相中 A 组元的含量不断减少。B,C 组元的含量不断增加。但液相中 B,C 组元的含量比不会发生变化,因此液相成分应沿 AO 连线的延长线变化。在与空间模型和垂直截面图中 2 点对应的 t_5 温度,液相成分改变到 e_3E 线上的 q 点,开始发生 $Lq \rightarrow A+C$ 共晶转变。此后当温度继续下降时,不断凝固出两相共晶 $(A+C)$,液相成分就沿 qE 线变化,直到 E 点(相当于空间模型和垂直截面图中 3 点所对应的温度)发生 $L \rightarrow A+B+C$ 四相平衡共晶转变。在略低于 E 点温度凝固完毕,不再发生其他转变。故合金在室温时的平衡组织是初晶 A + 两相共晶 $(A+C)$ + 三相共晶 $(A+B+C)$。

合金组织组成物的相对含量可以利用杠杆法则进行计算。如合金 O 刚要发生两相共晶转变时,液相成分为 q,初晶 A 和液相 L 的质量分数为

$$\begin{cases} w_A = \dfrac{Oq}{Aq} \times 100\% \\ w_L = \dfrac{AO}{Aq} \times 100\% \end{cases}$$

q 成分的液体刚开始发生两相共晶转变时,液体几乎占百分之百,而共晶体 $(A+C)$ 的含量近乎为零,所以这时 $(A+C)$ 共晶的成分点应是过 q 点所作的切线与 AC 边的交点 d。继续冷却时,液相和两相共晶 $(A+C)$ 的成分都将不断变化,液相成分沿 qE 改变,而每瞬间析出的 $(A+C)$ 共晶成分则可由过 qE 线上相应的液相成分点作切线确定。例如,液相沿 e_3E 线到达 s 点时,新凝固出的两相共晶成分为 s 点的切线与 AC 边的交点 g。当液相成分达到 E 点时,先后析出的两相共晶 $(A+C)$ 的平均成分应为 f(Eq 连线与 AC 边的交点)。因为剩余液相 E 与所有的两相共晶 $(A+C)$ 的混合体应与开始发生两相共晶转变时的液相成分 q 相等。因此合金 O 中两相共晶 $(A+C)$ 和三相共晶 $(A+B+C)$ 的质量分数应为

$$\begin{cases} \dfrac{w_{A+C}}{w_O} = \dfrac{Eq}{Ef} \times \dfrac{AO}{Aq} \times 100\% \\ \dfrac{w_{A+B+C}}{w_O} = \dfrac{qf}{Ef} \times \dfrac{AO}{Aq} \times 100\% \end{cases}$$

用同样的方法可以分析该合金系所有合金的平衡冷却过程及室温组织。将位于投影图中各个区域的合金之室温组织列于表 9-1 中。

表 9-1 固态完全不溶、具有共晶转变的三元合金系中典型合金的室温组织

区域	室温组织
1	初晶 A + 二相共晶 $(A+B)$ + 三相共晶 $(A+B+C)$
2	初晶 B + 二相共晶 $(A+B)$ + 三相共晶 $(A+B+C)$
3	初晶 B + 二相共晶 $(B+C)$ + 三相共晶 $(A+B+C)$
4	初晶 C + 二相共晶 $(B+C)$ + 三相共晶 $(A+B+C)$
5	初晶 C + 二相共晶 $(A+C)$ + 三相共晶 $(A+B+C)$
6	初晶 A + 二相共晶 $(A+C)$ + 三相共晶 $(A+B+C)$
AE 线	初晶 A + 三相共晶 $(A+B+C)$

续表

区域	室温组织
BE 线	初晶 A＋三相共晶$(A＋B＋C)$
CE 线	初晶 C＋三相共晶$(A＋B＋C)$
e_1E 线	二相共晶$(A＋B)$＋三相共晶$(A＋B＋C)$
e_2E 线	二相共晶$(B＋C)$＋三相共晶$(A＋B＋C)$
e_3E 线	二相共晶$(A＋C)$＋三相共晶$(A＋B＋C)$
E 点	三相共晶$(A＋B＋C)$

4. 相区接触法则

三元相图也遵循二元相图同样的相区接触法则,即相邻相区的相数差1(点接触除外),不论在空间相图、水平截面或垂直截面中都是这样。因此,任何单相区总是和两相区相邻;两相区不是和单相区相邻,就是和三相区相邻;而四相区一定和三相区相邻。但应用相区接触法则时,对于立体图只能根据相区接触的面,而不能根据相区接触的线或点来判断;对于截面图只能根据相区接触的线,而不能根据相区接触的点来判断。另外,根据相区接触法,除截面截到四相平面上的相成分点(零变量点)外,截面图中每个相界线交点上必定有四条相界线相交,这也是判断截面是否正确的几何法则之一。

9.3.2　复杂三元共晶相图

1. 相图分析

组元在固态有限互溶的三元共晶相图如图 9 - 15 所示。它与图 9 - 10 所示的固态完全不溶解的三元共晶相图之间的区别,仅在于增加了固态溶解度曲面,在靠近纯组元的地方出现了单相固溶体区——α、β 和 γ 相区。

图中每个液、固两相平衡区和单相固溶体区之间都存在一个和液相面共轭的固相面,即:

(1)固相面 $afmla$ 和液相面 ae_1Ee_3 a 共轭;

(2)固相面 $bgnhb$ 和液相面 be_1Ee_2b 共轭;

(3)固相面 $cipkc$ 和液相面 ce_2Ee_3c 共轭。

与简单的三元共晶相图类似,3 个发生两相共晶转变的三相平衡区,分别以 6 个过渡面为界与液、固两相区相邻,并且

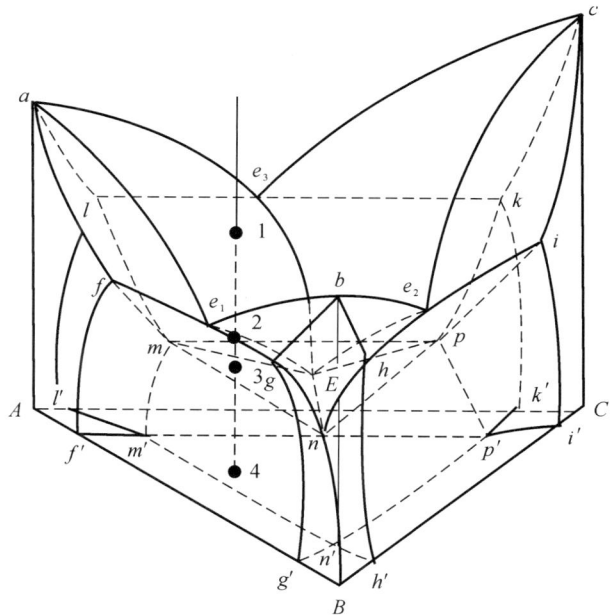

图 9 - 15　组元在固态有限溶解的共晶相图

在 t_E 温度汇聚于三相共晶水平面 mnp,即成分为 E 的液相在这里发生四相平衡的共晶转变。

$$L_{e1\sim E} \longrightarrow \alpha_{f-m} + \beta_{g-n}$$
$$L_{e2\sim E} \longrightarrow \beta_{h-n} + \gamma_{i-p} \left.\right\} L_E \longrightarrow \alpha_m + \beta_n + \gamma_p$$
$$L_{e3\sim E} \longrightarrow \gamma_{k-p} + \alpha_{l-m}$$

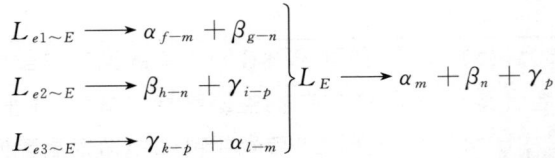

四相平衡平面 mnp 下面的不规则三棱柱体是 α,β,γ 三相平衡区,室温时这三相的连接三角形为 $m'n'p'$。

每两个固溶体单相区之间的固态两相区,分别由一对共轭的溶解度曲面包围:$\alpha+\beta$ 两相区为 $fmm'f'f$ 和 $gnn'g'g$ 面,$\beta+\gamma$ 两相区为 $hnn'h'h$ 面,$\gamma+\alpha$ 两相区为 $kpp'k'k$ 和 $lmm'l'l$ 面。

因此,组元间在固态有限互溶的三元共晶相图中主要存在以下类型曲面:3 个液相面,6 个两相共晶转变起始面,3 个单相固相面,3 个两相共晶终止面(即为两相固相面),1 个四相平衡共晶平面和 3 对共轭的固溶度曲面。它们把相图划分成 6 种区域,即液相区,3 个单相固溶体区,3 个液、固二相平衡区,3 个固态两相平衡区,3 个发生两相共晶转变的三相平衡区及 1 个固态三相平衡区。为便于理解,图 9-16 所示为三相平衡区和固态二相平衡区的形状。

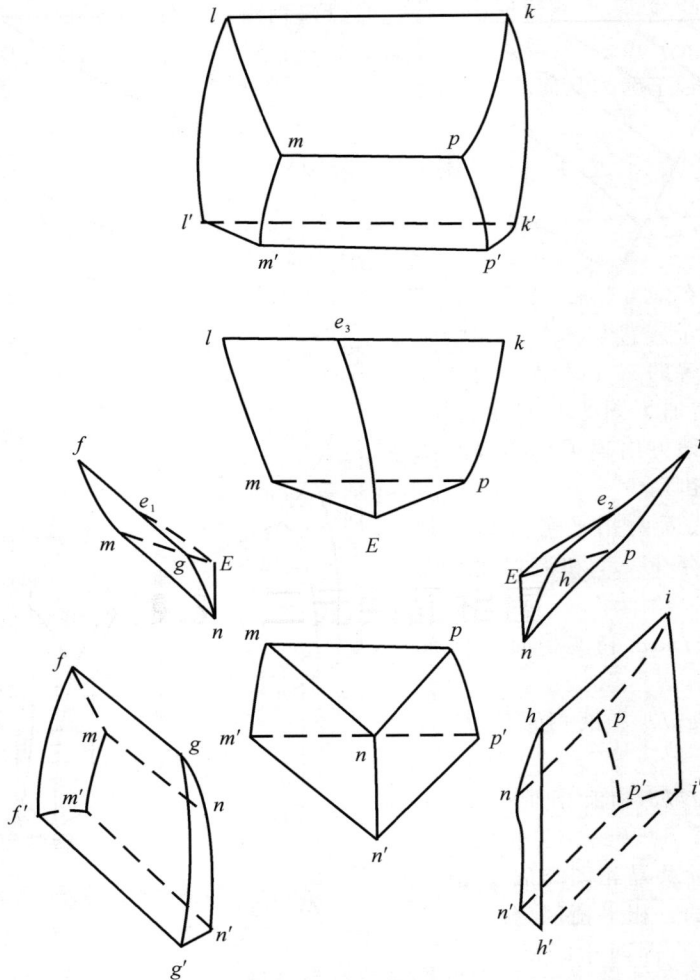

图 9-16　三元共晶相图的两相区和三相区

2. 投影图

图 9 - 17 为三元共晶相图的投影图。从图中可清楚看到 3 条共晶转变线的投影 e_1E，e_2E 和 e_3E 把浓度三角形划分成 3 个区域，即 Ae_1Ee_3A，Be_1Ee_2B 和 Ce_2Ee_3C，这是 3 个液相面的投影。当温度降低到这些液相面以下时分别生成初晶 α，β，γ 相。液、固两相平衡区中与液相面共轭的三个固相面的投影分别是 $AfmlA$，$BgnhB$ 和 $CipkC$。固相面以外靠近纯组元 A，B，C 的不规则区域，即为 α，β，γ 单相区。

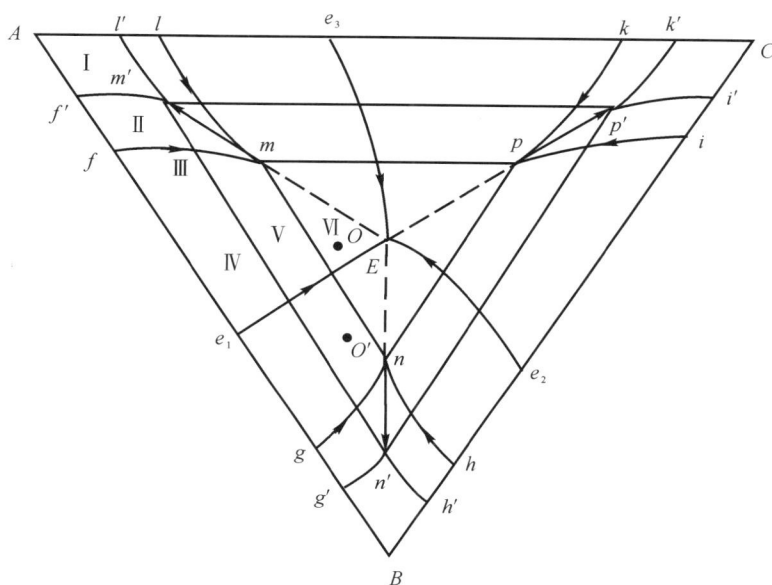

图 9 - 17　三元共晶相图的投影图

3 个发生共晶转变的三相平衡区(呈空间三棱柱体)在投影图上可看到相当于棱边的三条单变量线的投影：$L+\alpha+\beta$ 三相平衡区中相应的单变量线为 $e_1E(L)$，$fm(\alpha)$ 和 $gn(\beta)$；$L+\beta+\gamma$ 三相平衡区中相应的单变量线为 $e_2E(L)$，$hn(\beta)$ 和 $ip(\gamma)$；$L+\gamma+\alpha$ 三相平衡区中相应的单变量线为 $e_3E(L)$，$kp(\gamma)$ 和 $lm(\alpha)$。这 3 个三相平衡区分别起始于二元系的共晶转变线 fg，hi 和 kl，终止于四相平衡平面上的连接三角形 mEn，nep 和 pEm。

投影图中间的三角形 mnp 为四相平衡共晶平面。成分为 E 的熔体在 T_E 温度发生四相平衡共晶转变以后，形成 $\alpha+\beta+\gamma$ 三相平衡区。

为了醒目起见，投影图中所有单变量线都以粗线画出，并用箭头表示其从高温到低温的走向。可以看出，每个零变量点都是 3 条单变量线的交点。其中 3 条液相单变量线都自高温面下聚于四相平衡共晶转变点 E。投影图上 3 条液相单变量线箭头齐指四相平衡共晶点 E，这是三元共晶型转变投影图的共同特征。

图 9 - 18 为该三元共晶系四相平衡前后的三相浓度三角形。从图中可看到在四相平衡三元共晶转变之前可具有 $L \rightarrow \alpha+\beta$，$L \rightarrow \beta+\gamma$，$L \rightarrow \gamma+\alpha$ 共 3 个三相平衡转变，而四相平衡共晶转变后，则存在 $\alpha+\beta+\gamma$ 三相平衡。四相平衡时，根据相律，其自由度为零，即平衡温度和平衡相的成分都是固定的，故此四相平衡三元共晶转变面为水平三角形。反应相的成分点在 3 个生成相成分点连接的三角形内。

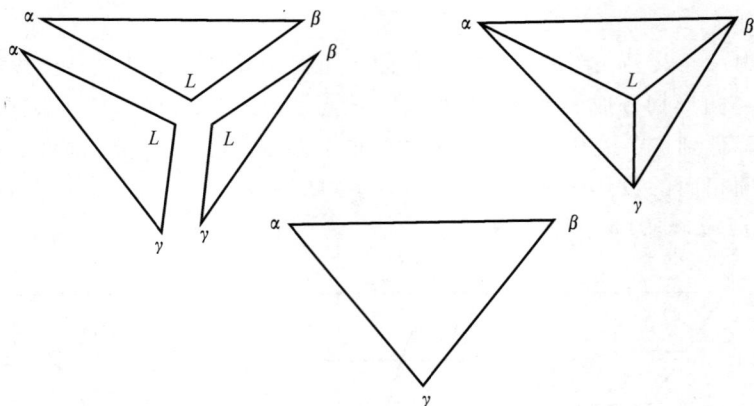

图 9-18 三元共晶系四相平衡前、后的三相浓度三角形

3. 截面图

图 9-19 为该三元系的不同温度下的水平截面。由图可看到它们的共同特点如下：

(1)三相区都呈三角形。这种三角形是共轭三角形，3 个顶点与 3 个单相区相连。这 3 个顶点就是该温度下三个平衡相的成分点。

(2)三相区以三角形的边与两相区连接，相界线就是相邻两相区边缘的共轭线。

(3)两相区一般以两条直线及两条曲线作为周界。直线边与三相区接邻，一对共轭的曲线把组成这个两相区的两个单相区分隔开。

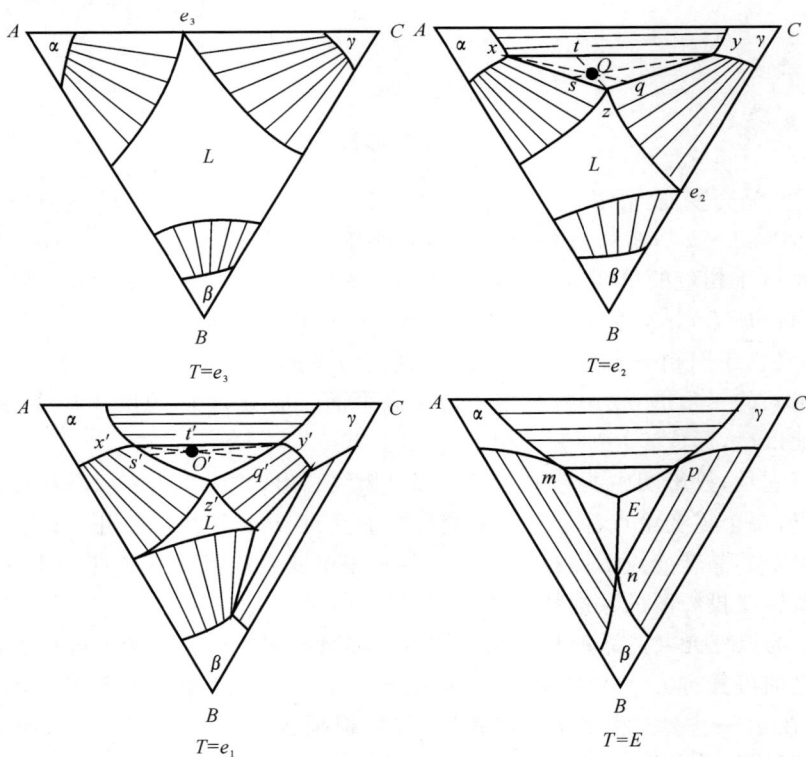

图 9-19 三元共晶相图的水平截面图

图 9－20 为该相图的两种典型垂直截面,其中图(a)表示垂直截面在浓度三角形上相应位置,而图(b)为 VW 垂直截面。凡截到四相平衡共晶平面时,在垂直截面中都形成水平线和顶点朝上的曲边三角形,呈现出共晶型四相平衡区和三相平衡区的典型特性。VW 截面中就可清楚地看到四相平衡共晶平面及与之相连的 4 个三相平衡区的全貌。

利用 VW 截面可分析合金 P 的凝固过程。合金 P 从 1 点起凝固出初晶 α,至 2 点开始进入三相区,发生 $L \rightarrow \alpha + \beta$ 转变,冷至 3 点凝固即告终止,3 点与 4 点之间处在 $\alpha + \beta$ 两相区,无相变发生,在 4 点以下温度,由于溶解度变化而析出 γ 相进入三相区。室温组织 $\alpha + (\alpha + \beta) + \gamma$(少量)。显然,在只需确定相变临界温度时,用垂直截面图比投影图更为简便。

图 9－20(c)为过 E 点的 QR 截面,这里,四相平衡共晶转变可一目了然地观察到。

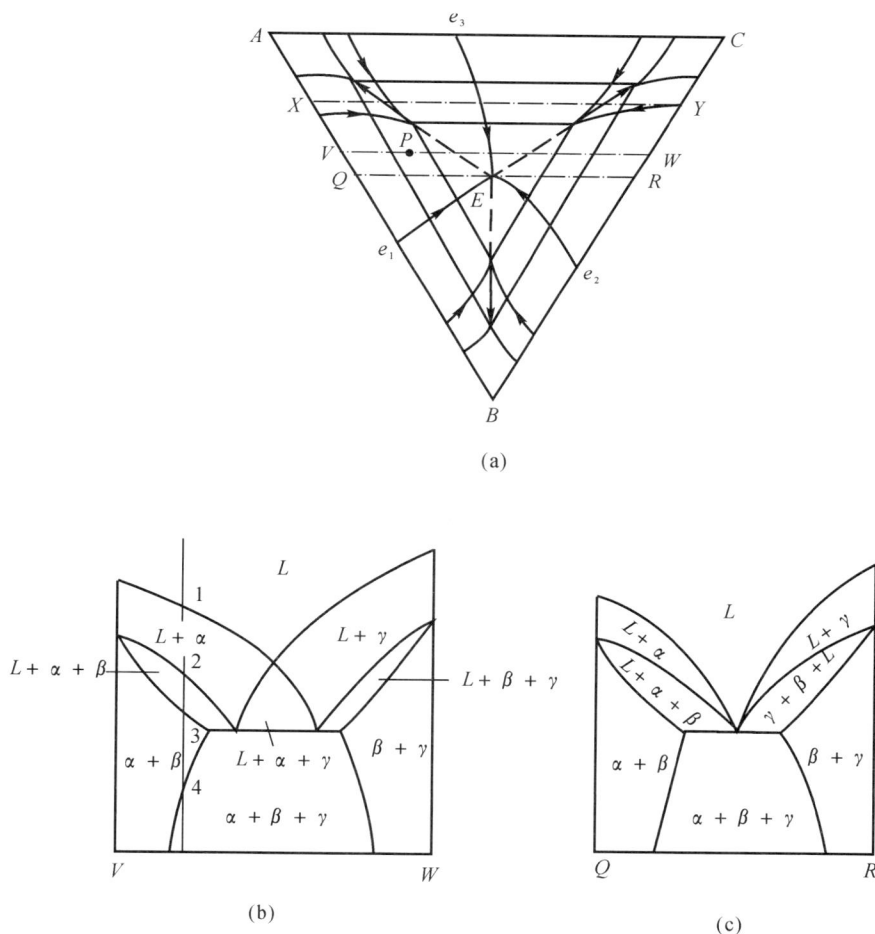

图 9－20　三元共晶相图的垂直截面

(a)投影图;(b)VW 截面;(c)QR 截面

9.4 具有包晶转变的三元合金相图简介

包晶转变的反应式为

$$L + \alpha \Leftrightarrow \beta + \gamma$$

从反应相的数目看,这种转变具有包晶转变的性质;从生成相的数目看,这种转变又具有共晶转变的性质。正因如此,才把它叫做包共晶转变。

图 9-21(a)为具有共晶-包晶四相反应的三元系空间模型,其中 $A-B$ 系具有包晶转变,$A-C$ 系也具有包晶转变,$B-C$ 系具有共晶转变,且 $T_A > T_{p1} > T_{p2} > T_B > T_p > T_c > T_e$(其中 T_p 表示四相平衡温度),四边形 $abpc$ 为包共晶转变平面。

从图中可看到该三元系在包共晶平面 $abpc$ 上方的两个三相平衡棱柱分别属 $L+\alpha \rightarrow \beta$ 和 $L+\alpha \rightarrow \gamma$ 包晶型;而四相平衡包共晶转变($L_{(p)} + \alpha_{(a)} \Leftrightarrow \beta_{(b)} + \gamma_{(c)}$)后,则存在一个三相平衡共晶转变 $L \rightarrow \beta + \gamma$ 和一个三相平衡区 $\alpha+\beta+\gamma$。图 9-21(b)(c)都可以进一步对此说明:四相平衡包共晶转变面呈四边形,反应相和生成相成分点的连接线是四边形的两条对角线。

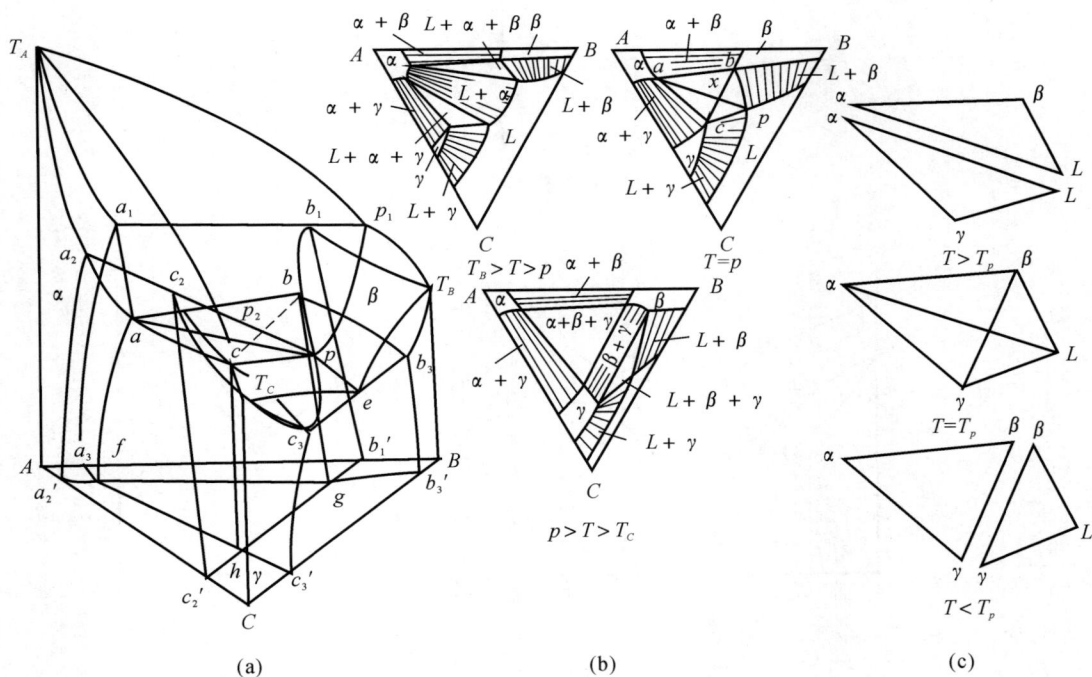

图 9-21 具有共晶-包晶转变的三元系

(a)空间模型;(b)等温截面;(c)共晶-包晶四相平衡前、后的三相浓度三角形

9.5　四相平衡包晶转变的三元系相图

四相平衡包晶转变的反应式为

$$L + \alpha + \beta \rightarrow \gamma$$

这表明四相平衡包晶转变之前,应存在 $L + \alpha + \beta$ 三相平衡,而且,除特定合金外,三个反应相不可能在转变结束时同时完全消失,也不可能都有剩余。一般是只有一个反应相消失,其余两个反应相有剩余,与生成相 γ 形成新的三相平衡。

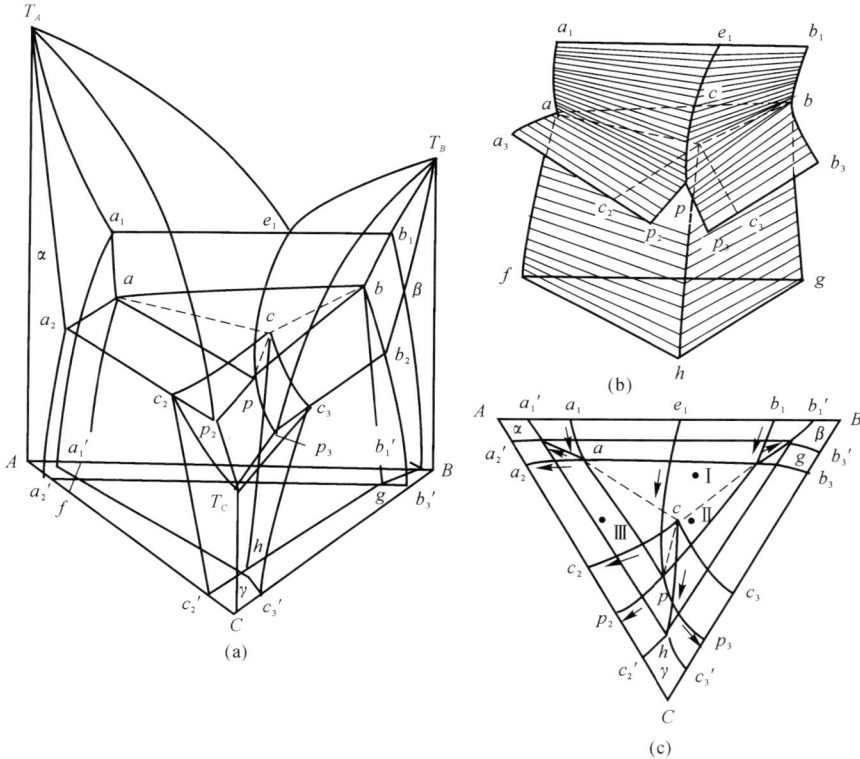

图 9 - 22　具有三元包晶四相平衡三元系相图的立体模型

图 9 - 22(a)为具有三元包晶四相平衡的三元相图立体模型。这里 $A - B$ 系具共晶转变,$A - C$ 和 $B - C$ 系都具包晶转变,且 $T_A > T_B > T_{e1} > T_p > T_{p2} > T_{p3} > T_C$,其中 T_p 表示四相平衡温度,在该温度下发生如下包晶转变

$$L + \alpha + \beta \Leftrightarrow \gamma$$

空间模型中包晶型四相平衡区是一个三角平面 abp,称之为四相平衡包晶转变平面。这个平面上方有一个三相平衡棱柱($L \rightarrow \alpha + \beta$ 共晶型)与之接合,下方有 3 个三相平衡棱柱,即 $(\alpha + \beta + \gamma)$ 三相区,一个包晶反应 $L + \alpha \Leftrightarrow \gamma$ 区和另一个包晶反应 $L + \beta \Leftrightarrow \gamma$ 区,与之接合[见图 9 - 22(b)]。图 9 - 22(c)为该三元系冷凝过程的投影图。图 9 - 23 为该三元包晶四相平衡前、后的三相浓度三角形,从这里还可看出三元包晶转变生成相 γ 的成分点在 3 个反应相成分点连接三角形内。

图 9-24 为该三元系等温截面。当 $T_{e1}>T>T_p$ 时,从图(a)可看到只有 1 个三相平衡区;而 $T=T_p$ 时正是四相平衡包晶转变平面[见图 9-24(b)];当 $T_p>T>T_{p2}$ 时,则从图(c)可看到有 3 个三相平衡区。这进一步说明,四相平衡包晶转变平面上面有 1 个三相平衡棱柱,下面有 3 个三相平衡棱柱,因为水平截面上的三相平衡区,正是相应温度下三相平衡棱柱的截面。

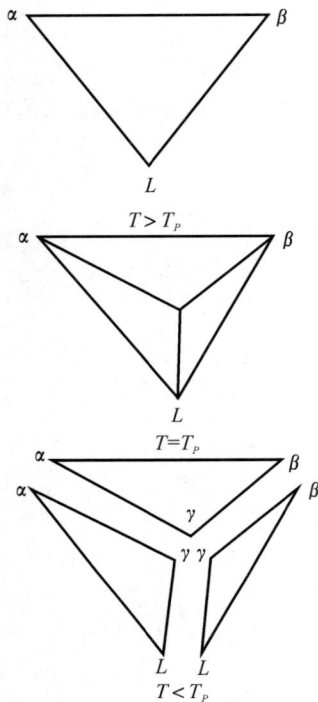

图 9-23　三元包晶四相平衡前、后的
三相浓度三角形

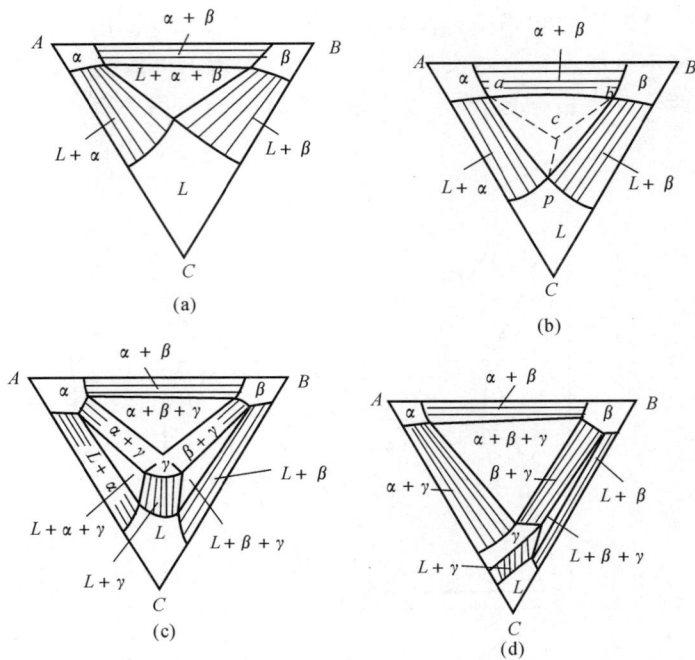

图 9-24　三元系的一系列等温截面
(a) $T_{e1}>T>T_p$;(b) $T=T_p$;(c) $T_p>T>T_{p2}$;(d) $T_{p2}>T>T_{p3}$

9.6　三元合金相图实例

9.6.1　Fe-C-Si 三元系垂直截面

图 9-25 是质量分数 w_{Si} 为 2.4% 和 4.8% 的 Fe-C-Si 三元系的两个垂直截面图。它们在 Fe-C-Si 浓度三角形中都是平行于 Fe-C 边的。这些垂直截面是研究灰口铸铁组元含量与组织变化规律的重要依据。

这两个垂直截面中有四个单相区,即液相 L、铁素体 α、高温铁素体 δ 和奥氏体 γ,还有 7 个两相区和 3 个三相区。从图中可看到,它们和铁碳二元相图有些相似,只是包晶转变($L+\delta\rightarrow\gamma$)、共晶转变($L\rightarrow\gamma+C$)及共析转变($\gamma\rightarrow\alpha+C$)等三相平衡区不是水平直线,而是由几条界线所限定的相区。同时,由于加入 Si,包晶点、共晶点和共析点的位置都有所移动,且随着 Si 含量的增加,包晶转变温度降低,共晶转变和共析转变温度升高,γ 相区逐渐缩小。

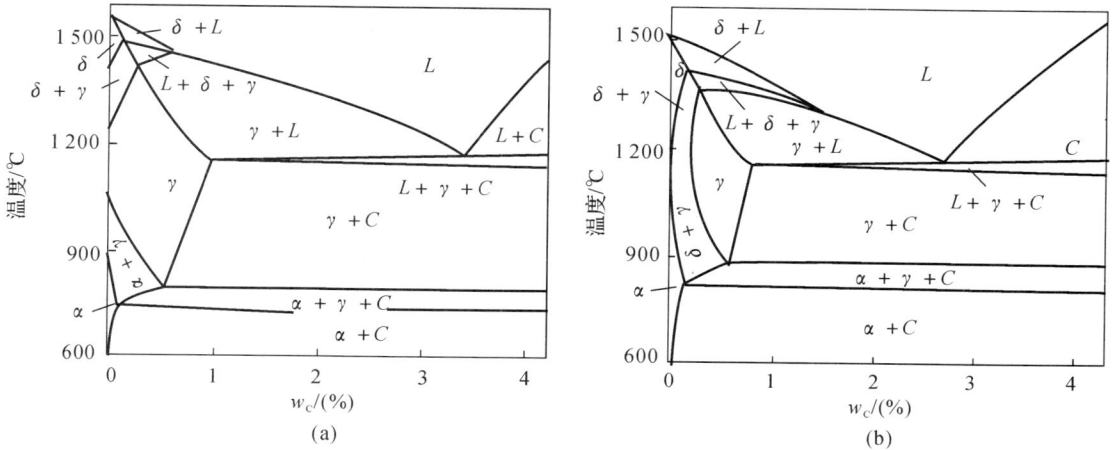

图 9-25　Fe-C-Si 三元系垂直截面

9.6.2　Fe-Cr-C 三元系相图

Fe-Cr-C 系三元合金,如铬不锈钢 0Cr13,1Cr13,2Cr13 以及高碳高铬型模具钢 Cr12 等在工业上被广泛应用。此外,其他常用钢种也有很多是以 Fe-Cr-C 为主的多元合金。图 9-26 是质量分数 w_{Cr} 为 13% 的 Fe-Cr-C 三元系的垂直截面。它的形状比 Fe-C-Si 三元系的垂直截面稍为复杂,除了 4 个单相区、8 个两相区和 8 个三相区之外,还有 3 条四相平衡的水平线。

4 个单相区是液相 L、铁素体 α、高温铁素体 δ 和奥氏体 γ。图中 C_1 和 C_2 是以 Cr_7C_3 和 $Cr_{23}C_6$ 为基础、溶有 Fe 原子的碳化物,C_3 是以 Fe_3C 为基础溶有 Cr 原子的合金渗碳体。各个两相平衡区、三相平衡区及四相平衡区内所发生的转变列于表 9-2 中。

表 9-2　Fe-Cr-C 三元系(质量分数 w_{Cr} 为 13%)垂直截面中各相区在冷却时发生的转变

两相平衡区	三相平衡区	四相平衡区
$L \rightarrow \alpha$	$L + \alpha \rightarrow \gamma$	$L + C_1 \xrightarrow{1\,175\ ℃} \gamma + C_3$
$L \rightarrow \gamma$	$L \rightarrow \gamma + C_1$	$\gamma + C_2 \xrightarrow{795\ ℃} \alpha + C_1$
$L \rightarrow C_1$	$\gamma \rightarrow \alpha + C_1$	$\gamma + C_1 \xrightarrow{760\ ℃} \alpha + C_3$
$\alpha \rightarrow \gamma$	$\gamma + C_1 \rightarrow C_2$	
$\gamma \rightarrow \alpha$	$\gamma \rightarrow \alpha + C_1$	
$\gamma \rightarrow C_1$	$\gamma + C_1 \rightarrow C_3$	
$\alpha \rightarrow C_2$	$\alpha + C_1 + C_2$	
$\alpha \rightarrow C_3$	$\alpha + C_1 + C_3$	

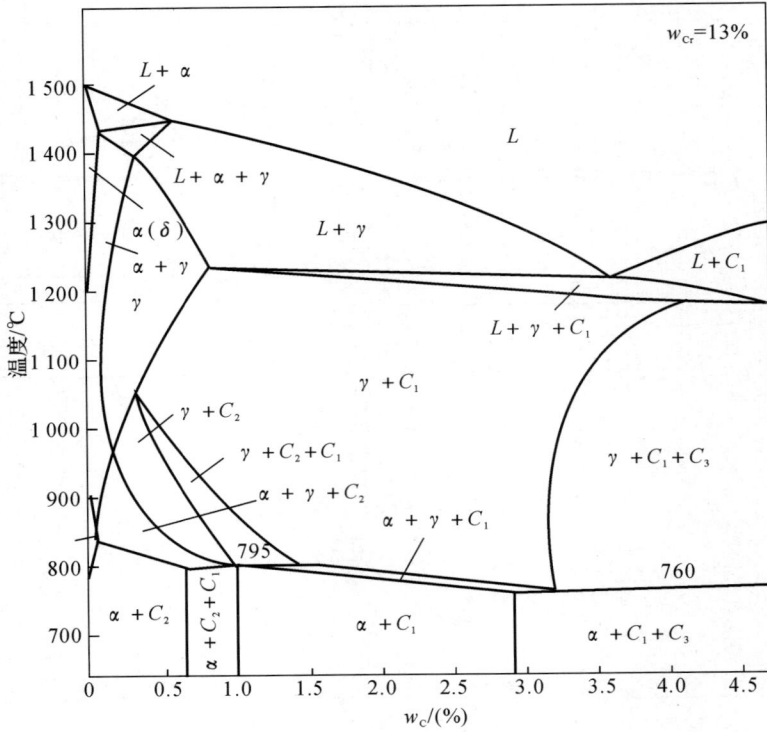

图 9 - 26 质量分数 w_{Cr} 为 13% 的 Fe - Cr - C 三元系的垂直截面

图 9 - 27 为 Fe - Cr - C 三元系在 1 150 ℃ 和 850 ℃ 时的水平截面,在这两个截面中,Cr 和 C 的含量分别采用不同比例的直角坐标表示。从图中可看到它们均有 $\alpha, \gamma, C_1, C_2, C_3$ 等单相区,但 1 150 ℃ 截面图中多了液相区,表明有些合金在该温度下已经熔化。图中各三相区都是三角形,顶点都与单相区衔接,三相平衡区之间均隔以两相平衡区。

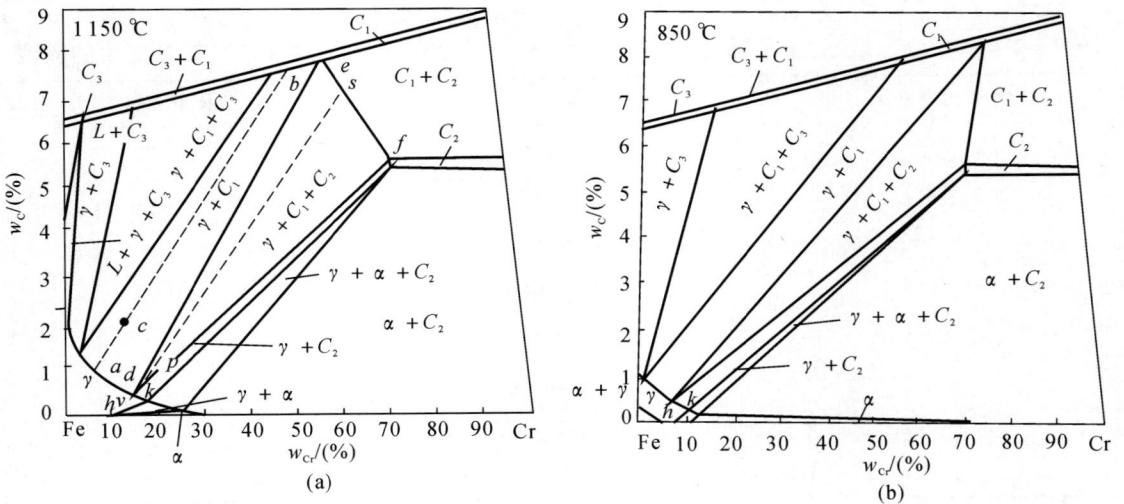

图 9 - 27 Fe - Cr - C 三元系 1 150 ℃ 和 850 ℃ 的水平截面

9.6.3　Fe‐C‐N 三元系水平截面

图 9‐28 为 Fe‐C‐N 三元系在 565 ℃和 600 ℃下的水平截面。对碳钢渗氮或碳氮共渗处理后的渗层进行组织分析时,常使用这些水平截面。图中 α 表示铁素体,γ 表示奥氏体,C表示渗碳体,ε 表示 $Fe_{2\sim3}(N,C)$ 相,γ′表示 $Fe_4(N,C)$ 相,χ 表示碳化物。图 9‐28(a)中有一个大三角形,其顶点都与单相区 α,γ′和 C 相接,三条边都与两相区相接。这是四相平衡共析转变平面:$\gamma \Leftrightarrow \alpha + \gamma' + C$。当钢中质量分数 w_C 为 0.45%（见图 9‐28 中的水平虚线）,并且工件表面氮含量足够高时,45 钢在略低于 565 ℃的温度下氮化,由表及里各分层相组成依次为 ε,γ′+ε,C+γ′,α+C,在 600 ℃氮化时,45 钢氮化层各分层的相组成应为 ε,ε+γ′,γ+ε,γ,α+γ,α+C。

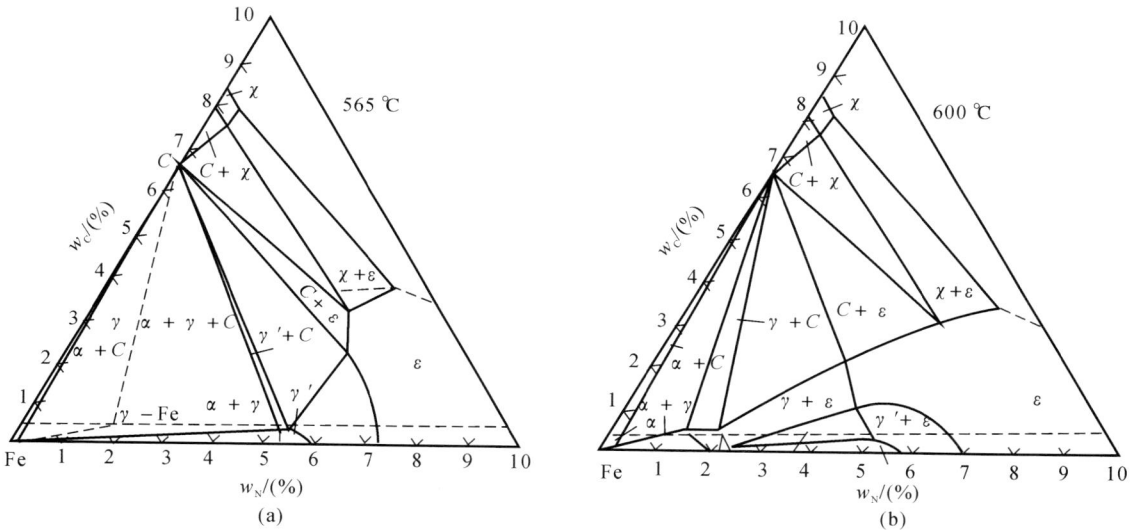

图 9‐28　Fe‐C‐N 三元系水平截面

9.6.4　Al‐Cu‐Mg 三元系投影图

图 9‐29 为 Al‐Cu‐Mg 三元系液相面投影图的富铝部分。图中细实线为等温(x ℃)线。带箭头的粗实线是液相面交线投影,也是三相平衡转变的液相单变量线投影。其中一条单变量线上标有两个方向相反的箭头,并在曲线中部画有一个黑点（518 ℃）,说明空间模型中相应的液相面在此处有凸起。图中每液相面都标有代表初生相的字母,这些字母的含意为:
α‐Al 以 Al 为溶剂的固溶体:

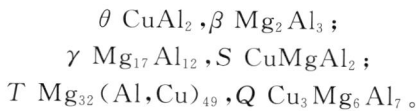

$$\theta\ CuAl_2,\beta\ Mg_2Al_3;$$
$$\gamma\ Mg_{17}Al_{12},S\ CuMgAl_2;$$
$$T\ Mg_{32}(Al,Cu)_{49},Q\ Cu_3Mg_6Al_7。$$

根据四相平衡转变平面的特点,该三元系存在下列四相平衡转变:

$$\begin{cases} L \rightarrow \alpha + \theta + S(E_T) \\ L + Q \rightarrow S + T(P_1) \\ L \rightarrow \alpha + \beta + T(E_V) \\ L + S \rightarrow \alpha + T(P_2) \end{cases}$$

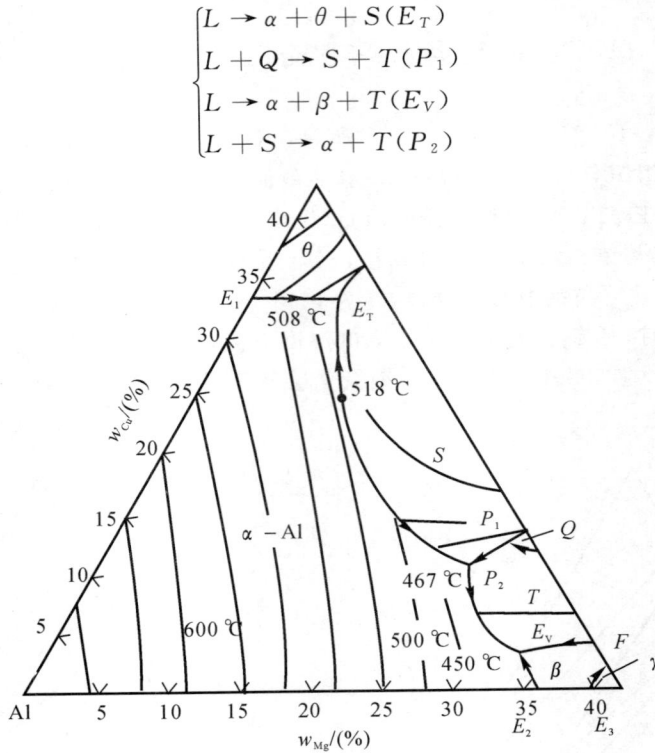

图 9-29　Al-Cu-Mg 三元系液相面投影图

图 9-30 为 A1-Cu-Mg 三元相图富 Al 部分固相面的投影图。它包含以下几项内容。

1. 7 个四相平衡水平面

四边形 $P_{13}SUV$ 为包共晶四相平衡转变 $L+U \Leftrightarrow S+V$ 的投影面,其中三角形 SUV 为固相面;四边形 $P_{12}SV\theta$ 为包共晶四相平衡转变 $L+V \Leftrightarrow S+\theta$ 的投影图,其中三角形 $S\theta V$ 为固相面;三角形 $P_{13}QU$ 为包晶四相平衡转变 $L+U+Q \Leftrightarrow S$,其中三角形 QUS 为固相面;四边形 P_2TQS 为包共晶四相平衡转变 $L+Q \Leftrightarrow S+T$,其中三角形 TQS 为固相面;三角形 $\alpha_3S\theta$ 为共晶四相平衡转变 $L \Leftrightarrow \alpha_{Al}+S+\theta$ 的投影;四边形 $P_1TS\alpha_2$ 为包共晶四相平衡转变 $L+S \Leftrightarrow \alpha_{Al}+T$,其中三角形 α_2TS 为固相面;三角形 $\alpha_1T\beta$ 为共晶四相平衡转变 $L \Leftrightarrow \alpha_{Al}+\beta+T$ 的投影。

2. 4 个三相平衡转变终了面

共晶三相平衡 $L \Leftrightarrow \alpha_{Al}+\theta$:温度自 548 ℃降至 508 ℃时,各相浓度分别沿着 $e_1E_1\alpha_4\alpha_3$ 变化,连接 $\alpha_3\alpha_4$ 与 θ 的曲面为其转变终了面,投影为 $\alpha_3\alpha_4\theta$。共晶三相平衡 $L \Leftrightarrow \alpha_{Al}+S$:温度自液相单变线 E_1P_1 上的最高温度 518 ℃,分别移向 508 ℃及 467 ℃,各相浓度分别沿着 P_1E_1 及 $\alpha_2\alpha_3$ 曲线上的最高点向两边变化,连接 $\alpha_2\alpha_3$ 与 S 的曲面为其转变终了面,投影为 $\alpha_2\alpha_3S$。共晶三相平衡 $L \Leftrightarrow \alpha_{Al}+T$:温度自 467 ℃降至 450 ℃时,各相浓度分别沿着 P_1E_2 及 $\alpha_2\alpha_1$ 变化,连接 $\alpha_2\alpha_1$ 与 T 的曲面为转变终了面,投影为 $\alpha_2\alpha_1T$。共晶三相平衡 $L \Leftrightarrow \alpha_{Al}+\beta$:温度自 451 ℃降至 450 ℃,各相浓度分别沿着 e_2E_2 及 $\alpha_0\alpha_1$ 变化,连接 $\alpha_0\alpha_1$ 与 β 的曲面为其转变终了面,投影为 $\alpha_0\alpha_1\beta$。

3.1 个初生相凝固终了面

初生相 α_{Al} 凝固终了面的投影为 $Al\alpha_0\alpha_1\alpha_2\alpha_3\alpha_4$。

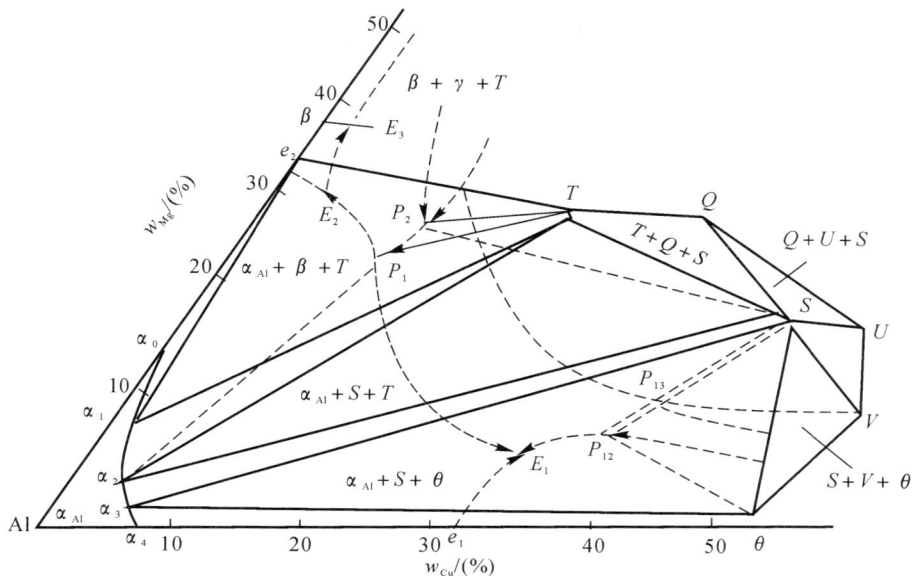

图 9-30　Al-Cu-Mg 三元相图富 Al 部分固相面投影图

9.7　三元相图小结

与二元相图相比,三元相图由于增加了一个成分变量,即成分变量是两个,从而使相图形状变得更加复杂。

根据相律,在不同状态下,三元系的平衡相数可以从单相至四相。现对三元系中的相平衡和相区特征归纳如下。

9.7.1　单相状态

当三元系处于单相状态时,根据吉布斯相律可算得其自由度数为 $f=4-1=3$,它包括一个温度变量和两个相成分的独立变量。在三元相图中,自由度为 3 的单相区占据了一定的温度和成分范围,在这个范围内温度和成分可以独立变化,彼此间不存在相互制约的关系。它的截面可以是各种形状的平面图形。

9.7.2　两相平衡

三元系中两相平衡区的自由度为 2,说明除了温度之外,在共存两相的组成方面还有一个独立变量,即其中某一相的某一个组元的含量是独立可变的,而这一相中另两种组元的含量,以及第二相的成分都随之被确定,不能独立变化。在三元系中,一定温度下的两个平衡相之间存在着共轭关系。无论在垂直截面还是水平截面中,都由一对曲线作为它与两个单相区之间的界线。两相区与三相区的界面是由不同温度下两个平衡相的共轭线组成的,因此在水平截面中,两相区以直线与三相区隔开,这条直线就是该温度下的一条共轭线。

9.7.3 三相平衡

三相平衡时系统的自由度为1,即温度和各相成分只有一个是可以独立变化的。这时系统称单变量系,三相平衡的转变称为单变量系转变。

三元系中三相平衡的转变如下:

(1)共晶型转变 $I \Longleftrightarrow II + III$,包括:

共晶转变 $L \Longleftrightarrow \alpha + \beta$;

共析转变 $\gamma \Longleftrightarrow \alpha + \beta$;

偏晶转变 $L_1 \Longleftrightarrow L_2 + \alpha$

熔晶转变 $\gamma \Longleftrightarrow L + \alpha$;

(2)包晶型转变 $I + II \Longleftrightarrow III$,包括:

包晶转变 $L + \alpha \Longleftrightarrow \beta$;

包析转变 $\alpha + \gamma \Longleftrightarrow \beta$;

合晶转变 $L_1 + L_2 \Longleftrightarrow \alpha$。

在空间模型中,随着温度的变化,三个平衡相的成分点形成三条空间曲线,称为单变量线。每两条单变量线中间是一个空间曲面,三条单变量线构成一个空间不规则三棱柱体,其棱边与单相区连接,其柱面与两相区接壤。这个三棱柱体可以开始或终止于二元系的三相平衡线,也可以开始或终止于四相平衡的水平面。

任何三相空间的水平截面都是一个共轭三角形,顶点触及单相区,连接两个顶点的共轭线就是三相区和两相区的相区边界线。三角空间的垂直截面一般都是一个曲边三角形。以合金冷却时发生的转变为例,无论发生何种三相平衡转变,三相空间中反应相单变量线的位置都比生成相单变量线的位置要高,因此其共轭三角形的移动都是以反应相的成分点为前导的,在垂直截面中则应该是反应相的相区在三相处的上方,生成相的相区在三相区的下方。

9.7.4 四相平衡

根据相律,三元系四相平衡的自由度为零,即平衡温度和平衡相的成分都是固定的。三元系中四相平衡转变大致可分为以下三类:

(1)共晶型转变 $I \Longleftrightarrow II + III + IV$,包括:

共晶转变 $L \Longleftrightarrow \alpha + \beta + \gamma$;

共析转变 $\delta \Longleftrightarrow \alpha + \beta + \gamma$。

(2)包共晶型转变 $I + II \Longleftrightarrow III + IV$,包括:

包共晶转变 $L + \alpha \Longleftrightarrow \beta + \gamma$;

包共析转变 $\delta + \alpha \Longleftrightarrow \beta + \gamma$。

（3）包晶型转变Ⅰ＋Ⅱ＋Ⅲ⇌Ⅳ，包括：

包晶转变 $L＋\alpha＋\beta \rightleftharpoons \gamma$；

包析转变 $\delta＋\alpha＋\beta \rightleftharpoons \gamma$。

四相平衡区在三元相图中是一个水平面，在垂直截面中是一条水平线。

四相平面以 4 个平衡相的成分点分别与 4 个单相区相连，以 2 个平衡相的共轭线与两相区为界，共与 6 个两相区相邻，同时又与 4 个三相区以相界面相隔。各种类型四相转变平面与周围相区的空间结构关系如图 9－31 所示。

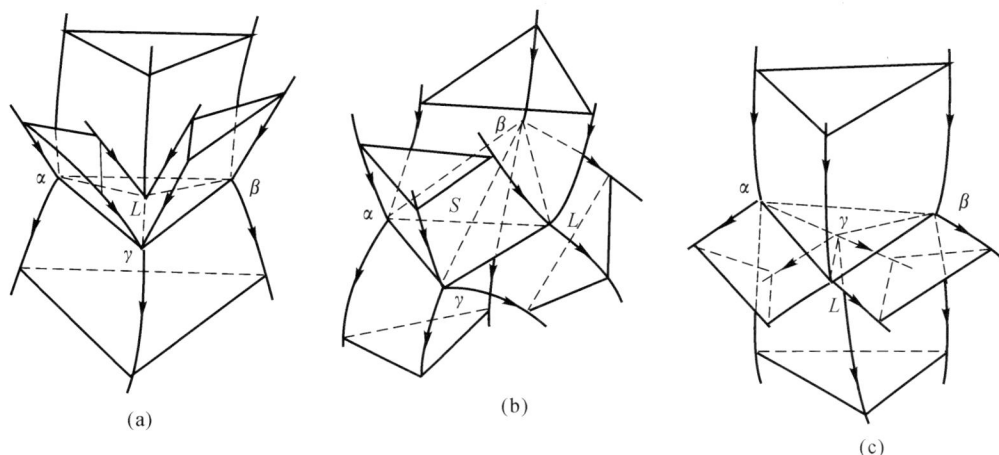

图 9－31 3 种四相平衡区的空间结构

(a)$L \rightarrow \alpha＋\beta＋\gamma$；(b)$L＋\alpha \rightarrow \beta＋\gamma$；(c)$L＋\alpha＋\beta \rightarrow \gamma$；

各种类型四相平面的空间结构各不相同，这就是说，在四相转变前后合金系中可能存在的三相平衡是不一样的，同时各种单变量线的空间走向也不相同。因此，只要根据四相转变前后的三相空间，或者根据单变量线的走向，就可以判断四相平衡转变的类型。表 9－3 列出了各种四相平衡转变的特点（单变量线投影以液相面交线为例）。

表 9－3 三元系中的四相平衡转变

转变类型	$L \rightarrow \alpha＋\beta＋\gamma$	$L＋\alpha \rightarrow \beta＋\gamma$	$L＋\alpha＋\beta \rightarrow \gamma$
转变前的三相平衡			
四相平衡			

续表

转变类型	$L \rightarrow \alpha + \beta + \gamma$	$L + \alpha \rightarrow \beta + \gamma$	$L + \alpha + \beta \rightarrow \gamma$
转变后的三相平衡			
液相面交线的投影			

  最后,还需说明的是,本章讨论的是三元相图,但实际上有不少材料的组元数目会超过 3 个,如果组元数增加到 4 个、5 个甚至更多时,就不可能用空间模型来直接表示它们的相组成随温度和成分的变化规律。通常可把系统某些组元的含量固定,使其成分只剩一个(最多两个)自变量,利用实验或计算的方法,绘制出由温度轴和成分轴为坐标的二维或三维图形。其分析和使用方法,与前面讨论的二元和三元相图相似,称这样的相图为伪二元或伪三元相图。

参 考 文 献

[1]　潘金生,仝健民,田民波. 材料科学基础. 北京:清华大学出版社,1998.
[2]　胡德林. 金属学及热处理. 西安:西北工业大学出版社,1995.
[3]　石德珂,沈莲. 材料科学基础. 西安:西安交通大学出版社,1995.
[4]　谢希文,路若英. 金属学原理. 北京:航空工业出版社,1939.
[5]　CAHN R W,HAASEN P. Physical metallurgy. Amsterdam:North-Holland Physics Publishing,1983.
[6]　VAN LACK L H. 基础材料科学与工程. 蔡希杰,徐祖光,译. 台北:晓园出版公司,1992.
[7]　郑明新. 工程材料. 北京:清华大学出版社,1991.
[8]　HUME R W,RAYNOR G V. The structure of metals and alloys. London:Institute of Metals,1962.
[9]　曹明盛. 物理冶金基础. 北京:冶金工业出版社,1985.
[10]　HAASEN P. Physical metallurgy. Combridge:Combridge University Press,1978.
[11]　CHAIMERS B. Principles of solidification. New York:John Wiley & Sons, Inc.,1964.
[12]　胡赓祥,钱苗根. 金属学. 上海:上海科学技术出版社,1980.
[13]　胡德林. 金属学原理. 西安:西北工业大学出版社,1995.
[14]　李见. 金属学原理. 沈阳:东北工学院出版社,1987.
[15]　胡德林. 三元相图及其应用. 西安:西北工业大学出版社,1992.
[16]　刘国勋. 金属学原理. 北京:冶金工业出版社,1979.
[17]　阿斯克兰. 材料科学与工程. 刘海宽,译. 北京:宇航出版社,1988.
[18]　周亚栋. 无机材料物理化学. 武汉:武汉工业大学出版社,1992.
[19]　周玉.陶瓷材料学.哈尔滨:哈尔滨工程大学出版社,1995.
[20]　诸培南,翁臻培,王天頔.无机非金属材料显微结构图册.武汉:武汉工业大学出版社,1994.
[21]　黄继华.金属及合金中的扩散.北京:冶金工业出版社,1996.
[22]　费豪文.物理冶金学基础.卢光熙,赵子伟,译.上海:上海科学技术出版社,1996.
[23]　肖纪美.合金相与相变.北京:冶金工业出版社,1987.
[24]　卢光熙,侯增寿. 金属学教程. 上海:上海科学技术出版社,1984.
[25]　蓝立文. 高分子物理.西安:西北工业大学出版社,1993.
[26]　郑修麟. 材料的力学性能. 西安:西北工业大学出版社,1999.
[27]　于春田.金属基复合材料.北京:冶金工业出版社,1995.
[28]　贾成厂. 陶瓷基复合材料导论.2版.北京:冶金工业出版社,2002.
[29]　金宗哲,包亦望. 脆性材料力学性能评价与设计. 北京:中国铁道出版社,1996.
[30]　乔生儒.复合材料细观力学性能.西安:西北工业大学出版社,1997.
[31]　李恒德,肖纪美.材料表面与界面.北京:清华大学出版社,1990.

［32］ 赫尔.复合材料导论.张双寅,郑维平,蔡良武,译.北京:中国建筑工业出版社,1989.

［33］ 赵玉庭,姚希曾.复合材料科学与工程之一:复合材料基体与界面.上海:华东化工学院出版社,1991.

［34］ 克莱恩,威瑟斯.金属基复合材料讨论.余永宁,房志刚,译.北京:冶金工业出版社,1996.

［35］ 宋焕成,张佐光.温杂纤维复合材料.北京:冶金工业出版社,1996.

［36］ 吴代华.复合材料及其结构的力学进展:第4册.武汉:武汉工业大学出版社,1994.

［37］ KELLY A. Strong solids.2nd ed. London:Clarendon Press,1973.

［38］ DERK H. An introduction of composite materials. London:Cambridge University Press,1981.

［39］ 高技术新材料编写组.高技术新材料要览.北京:中国科学技术出版社,1993.

［40］ 张国定,赵昌正.金属基复合材料.上海:上海交通大学出版社,1996.

［41］ 周如松.金属物理.北京:高等教育出版社,1992.

［42］ 汪复兴.金属物理.北京:机械工业出版社,1980.

［43］ 张宝昌.有色金属及其热处理.西安:西北工业大学出版社,1993.

［44］ 冯端.金属物理.北京:科学出版社,1998.

［45］ 李标荣.电子的瓷工艺原理.武汉:华中理工大学出版社,1986.

［46］ 杨紫霞,戴中兴.金属学研究生入学试题选编.武汉:华中理工大学出版社,1988.

［47］ LEI T C,LIN G Y,GE Q L,et al. Morphologies of monoclinic phase in ZrO_2(2 mol% Y_2O_3) revealed by TEM in site continues observations. J.of Materials Science,1997(4):11－18.

［48］ 刘智恩.材料科学基础常见题型解析及模拟题.西安:西北工业大学出版社,2001.

［49］ 范群成,田民波.材料科学基础学习辅导.北京:机械工业出版社,2005.

［50］ 王季陶.现代热力学基础简介.物理,2000(9):524－530.

［51］ 王季陶.非平衡定态相图新概念及其应用.物理,1998(2):77－83.